Kolleg Politik und Wirtschaft

Politik-Wirtschaft

Einführungsphase

mit Berufs- und Studienorientierung

Herausgegeben von
Kersten Ringe und Jan Weber

Bearbeitet von
Kersten Ringe
Oliver Thiedig
Jan Weber
Bernd Wessel

Inklusive Aktualitätendienst
Viele Schaubilder, Tabellen und Diagramme werden regelmäßig aktualisiert.

Erklärfilm
73000-501

Niedersachsen

C.C.BUCHNER

Kolleg Politik und Wirtschaft – Niedersachsen – neu
Unterrichtswerk für Politik-Wirtschaft für die Oberstufe

Herausgegeben von Kersten Ringe und Jan Weber

Einführungsphase
mit Berufs- und Studienorientierung

Bearbeitet von Kersten Ringe, Oliver Thiedig, Jan Weber und Bernd Wessel

Zu diesem Lehrwerk sind erhältlich:
- Digitales Lehrermaterial **click & teach** Einzellizenz, Bestell-Nr. 720951
- Digitales Lehrermaterial **click & teach Box** (Karte mit Freischaltcode), ISBN 978-3-661-72095-1

Weitere Materialien finden Sie unter www.ccbuchner.de.

Dieser Titel ist auch als digitale Ausgabe **click & study** unter www.ccbuchner.de erhältlich.

1. Auflage, 3. Druck 2023
Alle Drucke dieser Auflage sind, weil untereinander unverändert, nebeneinander benutzbar.

Dieses Werk folgt der reformierten Rechtschreibung und Zeichensetzung. Ausnahmen bilden Texte, bei denen künstlerische, philologische oder lizenzrechtliche Gründe einer Änderung entgegenstehen.

Die Mediencodes enthalten ausschließlich optionale Unterrichtsmaterialien. Auf verschiedenen Seiten dieses Buches finden sich Verweise (Links) auf Internetadressen. Haftungshinweis: Trotz sorgfältiger inhaltlicher Kontrolle wird die Haftung für die Inhalte externer Seiten ausgeschlossen.

Redaktion: Meike Rademacher
Layout und Satz: Wildner + Designer GmbH, Fürth
Druck und Bindung: mgo360 GmbH & Co KG, Bamberg

www.ccbuchner.de

ISBN 978-3-661-**72091**-3

Inhaltsverzeichnis

Anhang

Zur Arbeit mit dem Buch

1 Kapitelauftaktseiten

Jedes Kapitel beginnt mit einer Auftaktdoppelseite. Eine Materialseite und offene Aufgaben ermöglichen Ihnen eine erste Annäherung an die Inhalte des neuen Kapitels. Dabei können Sie auch zeigen, was Sie bereits über das Thema wissen. Ein kurzer Einführungstext hilft Ihnen außerdem, einen Überblick zu erhalten. Schließlich erfahren Sie, welche Kompetenzen Sie am Ende des Kapitels erworben haben sollten.

2 Unterkapitel

Jedes Unterkapitel zeichnet sich durch exemplarisches Vorgehen sowie eine konsequente Problemorientierung aus. Die **Materialien** sind multiperspektivisch angelegt und vertiefen zentrale Themenaspekte. Sie ermöglichen eine vielseitige und kompetenzorientierte Auseinandersetzung mit den Inhalten. Unter anderem die Darstellung aktueller Kontroversen fördert Ihre Urteilskompetenz.

In **Infoboxen** und in der **Randspalte** werden grundlegende Sachinformationen und Begriffsklärungen platziert.

3 Einstieg und Aufgaben

Einstiegsaufgaben und Material zu Beginn eines jeden Unterkapitels erleichtern den Einstieg in die Unterrichtseinheit. Anhand der Aufgaben zum Abschluss der Themeneinheit arbeiten Sie gezielt an den aufgeworfenen Zusammenhängen und Problemstellungen. Die Aufgaben sind durchgängig mit den **Operatoren für das niedersächsische Abitur** formuliert.

In der Randspalte sind Aufgaben zum **Helfen** H, **Fordern** F und mit besonderem **methodischen Schwerpunkt** M platziert sodass Sie als Schülerinnen und Schüler möglichst selbsttätig arbeiten können.

Speziell in der Einführungsphase sind über das gesamte Buch verteilt Aufgaben zur **Berufs- und Studienorientierung** BO gekennzeichnet. Sie geben Ihnen Impulse zur individuellen Auseinandersetzung. Die Inhalte des Kapitels werden hier mit eigenen beruflichen Zukunftsvorstellungen verknüpft.

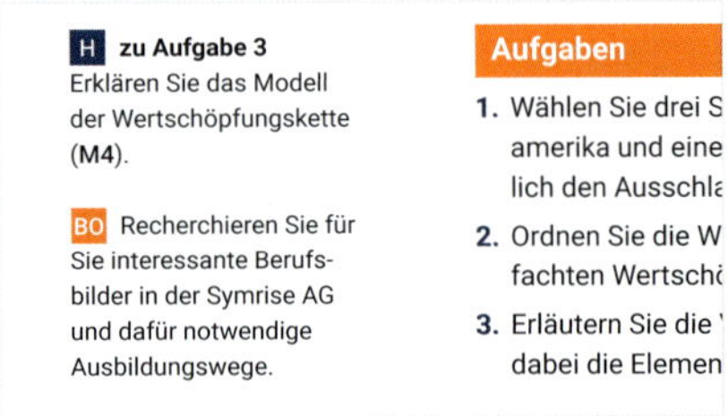

4 Methoden und Urteilsbildung

Grundlegende **Methoden** und **Arbeitstechniken** für das Fach werden verständlich und strukturiert eingeführt und beispielhaft ausgearbeitet. In Bausteinen werden die Aspekte der **Urteilsbildung** dargestellt und mit Arbeitshilfen versehen.

5 Handelnd lernen

In jedem Großkapitel kann über eine handlungsorientierte Methode ein **aktivierender Zugang** zum Thema gewählt werden: So können Sie das Arbeitsleben in einer Betriebsversammlung simulieren, internationale Zusammenarbeit in einer UN-Verteilerkonferenz erproben oder eine Problemstellung in einer Talkshow diskutieren. Ein Symbol im Inhaltsverzeichnis und zu Beginn der Kapitel weist diese Elemente aus.

6 Digitale Anwendungen

Vorgefertigte **digitale Anwendungen** (Umfragen, Rankings, Wortwolken u. a.), die Sie über einen QR-Code durch mobile Endgeräte direkt anwählen und durchführen können, ermöglichen einen innovativen, interaktiven Unterricht. Die Anwendungen sind an konkrete Aufgaben im Buch angebunden, häufig bei den Einstiegsaufgaben, aber auch zum Abschluss der Unterkapitel.
Am Ende der Unterkapitel sind **digitale Übungen zur Selbstüberprüfung** (multiple choice, Zuordnung, Wahr-falsch-Aussagen u. a.) verknüpft, die es Ihnen ermöglichen, spielerisch das erworbene Wissen zu prüfen und zu wiederholen.

Weitere Informationen zu digitalen Anwendungen

72091-01

Weitere Informationen zu interaktiven Übungen zur Selbstkontrolle

72091-02

7 Vertiefung

In jedem Großkapitel extra ausgewiesen sind Unterrichtseinheiten mit besonderem Anspruch, die Ihnen einen Ausblick auf und eine Entscheidungshilfe für eine mögliche Wahl des Faches auf erhöhtem Anforderungsniveau oder als Prüfungsfach auf grundlegendem Niveau bieten.

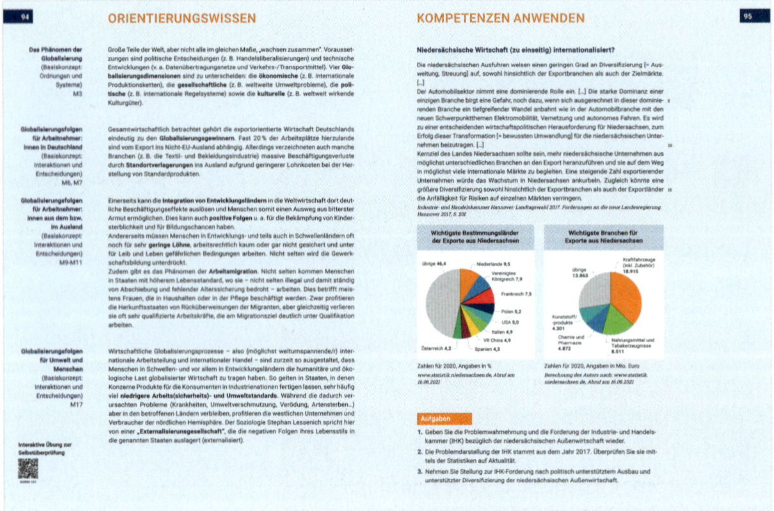

8 Kapitelabschluss

Die Rubrik **Orientierungswissen** am Ende der Unterkapitel hilft Ihnen, das erworbene Wissen konzentriert zu sichern, und ermöglicht eine Wiederholung zentraler Inhalte, inklusive **digitaler Übungen der Selbstüberprüfung**. Großkapitel schließen mit der Rubrik **Kompetenzen anwenden**: Hier können Sie die am Kapitelanfang formulierten Kompetenzen an komplexen Aufgabenstellungen zeigen und weiter ausbauen.

9 Serviceanhang

Am Ende des Buches finden Sie viele hilfreiche Angebote, mit denen Sie selbstständiges, strukturiertes Arbeiten einüben und sich auf die Herausforderungen der Qualifikationsphase vorbereiten können: Beschreibung der erwarteten Leistung zu allen **Operatoren** des niedersächsischen Zentralabiturs, Hinweise zur **Bearbeitung von Aufgabenstellungen**, ein **Glossar** wichtiger Begriffe des Kerncurriculums aus diesem Schuljahr, eine **Musterklausur mit Erwartungshorizont** und **Formulierungshilfen**.

10 Aktualitätendienst für Schaubilder, Tabellen und Diagramme

Aktualisierbare Schaubilder, Tabellen und Diagramme werden regelmäßig angepasst. Der QR- und Mediencode neben den jeweiligen Grafiken bietet immer die aktuelle Version zum Download. Die Grafiken im Aktualitätendienst sind wie folgt konzipiert:

- Unterhalb oder neben der Grafiküberschrift findet sich der jeweilige Stand der Grafik-Aktualisierung, z. B. „Stand: 2022“. Dieser Stand zeigt immer die letzte Datenüberprüfung an.
- Die Quellenangabe unter der Grafik informiert über den aktuellsten Datenerhebungszeitpunkt seitens verschiedenster Quellen.

*Lesebeispiel zur nebenstehenden Grafik: Die aktuellsten Daten von **M10** stammen von DESTATIS aus dem Jahr 2020. Die letzte Datenüberprüfung, ob es aktuellere Daten als aus dem Jahr 2020 gibt, fand im Jahr 2022 statt.* Zusammengefasst garantiert Ihnen der Aktualitätendienst für alle Grafiken mit QR- und Mediencodes die im jeweiligen Jahr aktuellsten verfügbaren Daten. Sie stammen im Fall von **M10** aus dem Jahr 2020.

Letzte Überprüfung nach aktuellsten Daten

73000-360

M10 **Das Ende des Normalarbeitsverhältnisses? Die Entwicklung von Beschäftigungsformen in Deutschland**

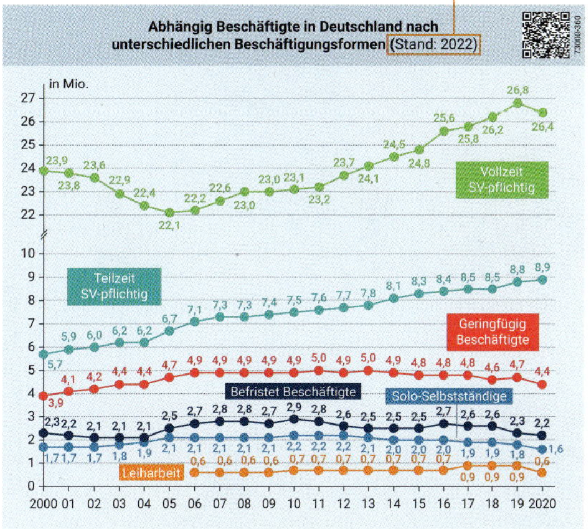

C.C. Buchner Verlag, aktuellste Daten nach: DESTATIS, 2020

Datenerhebungszeitraum

Erklärfilm zum Aktualitätendienst

73000-501

11 Allgemeine Hinweise

- Das **Register** zum Auffinden von Querverweisen kann ein wichtiges Hilfsmittel sein und das selbstständige Arbeiten mit dem Buch erleichtern.
- Eigens für das Lehrbuch erstellte Zusatzmaterialien oder **Erklärfilme** (drei bis fünf Minuten) können Sie auf der Verlagshomepage (www.ccbuchner.de) kosten- und werbefrei jederzeit abrufen. Mithilfe von Mediencodes können Sie sie entweder direkt (Quick-Response-Code ↔ Smartphone/Tablet) oder über die Eingabe des jeweiligen Mediencodes in das Suchfeld der Verlagshomepage beziehen.
- Geschlechtergerechte Sprache: Die Reihe Kolleg Politik und Wirtschaft – Niedersachsen - neu lebt Vielfalt und Gleichheit unabhängig von Alter, Herkunft, Handicap, sexueller Orientierung, Geschlecht und individueller Identität. Wenn in Texten entweder lediglich die weibliche oder männliche Form verwendet wird, dient dies in der Regel ausschließlich der besseren Lesbarkeit. Sie bezieht aber selbstverständlich stets alle Menschen mit ein.
- Sofern bei Materialien aus dem Internet kein Verfasserdatum ermittelt werden konnte, wird das „Abrufdatum“ genannt.
- Die URL/vollständigen Internetadressen aller verwendeten Materialien aus dem Internet können Sie über den nebenstehenden QR- und Mediencode einsehen.

URL aller verwendeten Materialien aus dem Internet

72091-03

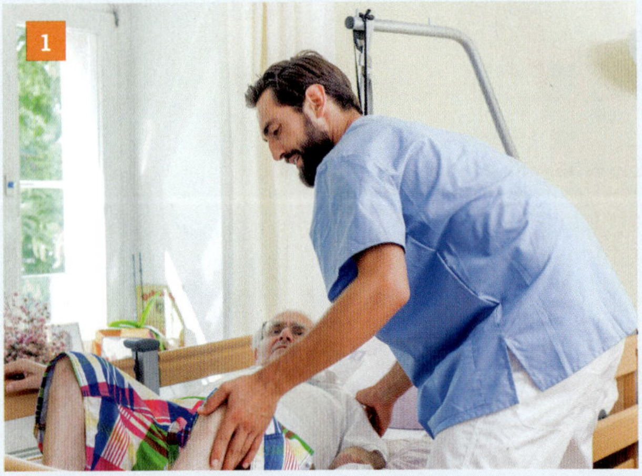

Altenpfleger im Seniorenheim

Paketzusteller an seinem Dienstfahrzeug

Einer der bekanntesten Co-Working Spaces: Das betahaus in Berlin

Spezialistinnen programmieren und testen einen Roboterarm.

Digitale Anwendung

72091-04

Aufgaben

1. Vergleichen Sie die in den Bildern dargestellten Berufe bzw. Arbeitssituationen (mögliche Aspekte: Freude an der Arbeit, körperliche und kognitive Anforderungen, Stressfaktoren, Selbstständigkeit, vermutlicher Verdienst, Aufstiegschancen ...).
2. Diskutieren Sie, welche der dargestellten Berufe und Tätigkeitsfelder große Zukunftschancen aufweisen. Begründen Sie Ihre Einschätzungen.

Der Wandel der Beschäftigungs- und Produktionsstruktur in Deutschland

1

Berufliche Arbeit ist stets starken Wandlungsprozessen unterworfen. Gegenwärtig werden diese zunächst auf der Ebene der einzelnen Unternehmen sichtbar, wenn beispielsweise Beschäftigte im Rahmen mobiler Arbeit „24/7" verfügbar sind bzw. gedanklich mit ihrer Arbeit verbunden bleiben oder Sorge haben, dass ihre Arbeit recht bald von Robotern oder komplexen IT-Systemen übernommen wird (Beschäftigungsstruktur). Damit sind gesellschaftliche und politische Konflikte um „gute Arbeit" verbunden, denen Sie sich in diesem Kapitel über ein konkretes Fallbeispiel nähern (Kap. 1.1) und die Sie abschließend am Beispiel der Diskussion um ein Recht auf Homeoffice diskutieren (Kap. 1.2.6).
In Kapitel 1.2 werden Sie einige der durch das Fallbeispiel aufgeworfenen Problemfelder der heutigen Arbeitswelt sowie noch weitere näher untersuchen. Im Anschluss an das Fallbeispiel geht es zunächst um die Herausforderungen, die sich aus der Digitalisierung der Arbeitswelt ergeben (Kap. 1.2.1), sowie um flexible, die Mitarbeiterinnen und Mitarbeiter permanent herausfordernde Arbeitsstrukturen (Kap. 1.2.2). Flexible Arbeitsverträge führen oft auch zu beruflicher und sozialer Unsicherheit, die Sie im Anschluss in den Blick nehmen (Kap. 1.2.3), ehe Sie den Arbeitsmarkt der Gegenwart aus der Perspektive von Unternehmen analysieren, die sich einem immer größeren Fachkräftemangel ausgesetzt sehen (Kap. 1.2.4). Nicht zuletzt bestehen auf Arbeitsmärkten erhebliche geschlechtsspezifische Ungleichheiten, die Sie in Kap. 1.2.5 untersuchen und bewerten.
Parallel zu diesen Veränderungen der Arbeitsorganisation verändern sich auch die „Gegenstände" der Arbeit beständig. Stand im Verlauf der Menschheitsgeschichte lange Zeit die Aneignung der Natur im Fokus, forcierten die technischen Innovationen der Industriellen Revolution den Weg in die Massenproduktion von Gütern, die das 20. Jahrhundert prägte. Im 21. Jahrhundert scheint sich ein erneuter fundamentaler Wandel der Produktionsstruktur zu vollziehen: Nun prägen vor allem digitale Produkte und Dienstleistungen die wirtschaftliche Entwicklung. Diesen Veränderungsprozess werden Sie abschließend hinsichtlich seiner ökonomischen und gesellschaftlichen Implikationen analysieren und diskutieren (Kap. 1.3).

Kompetenzen

Am Ende dieses Kapitels sollten Sie Folgendes wissen und können:

- die Entwicklung der Beschäftigungs- sowie der Produktionsstruktur beschreiben und mithilfe der Drei-Sektoren-Hypothese erläutern.
- vielfältige Veränderungen in der Arbeitswelt (z. B. Flexibilisierung, Digitalisierung) beschreiben und die damit verbundenen Anforderungen an Beschäftigte bewerten.
- ökonomische und politische Herausforderungen der sich wandelnden Arbeitswelt und Wirtschaftsstruktur analysieren und Lösungsstrategien beurteilen.

1.1 Der Konflikt um eine neue Arbeitsorganisation am Beispiel eines Versicherungskonzerns – eine Betriebsversammlung

Einstiegsaufgabe

Beschreiben Sie die Herausforderungen, vor denen die „Senzorga AG" steht (**M1**). Unterscheiden Sie dabei zwischen

- externen Einflüssen: Aufgrund welcher gesellschaftlichen, technologischen und ökonomischen Entwicklungen sieht sich der Vorstand zum Handeln veranlasst?
- und internen Aspekten: Welche Beschäftigtengruppen werden den Vorstoß vom Vorstand (vermutlich) begrüßen, welche werden ihn eher ablehnen?

M1 Die „Senzorga AG": Ein Traditionsunternehmen vor neuen Herausforderungen

Die Ausgangslage

Der Versicherungskonzern „Senzorga AG" gehört seit fast 100 Jahren zu den wichtigeren Versicherungsanbietern in der Bundesrepublik Deutschland. Neben Hausrat- und Gebäude- sowie Haftpflichtversicherungen sind Versicherungen für unterschiedliche Kraftfahrzeuge seit vielen Jahrzehnten ein wichtiges Standbein des Unternehmens. Doch gerade im Bereich der KfZ-Versicherungen steht das Unternehmen unter großem Wettbewerbsdruck, der das bislang recht profitable Geschäft in diesem Bereich zu gefährden droht.

Ursächlich hierfür ist unter anderem die Tendenz, dass Kund:innen mögliche Versicherungsangebote immer häufiger über Vergleichsportale im Internet ermitteln und bewerten, um für sich das beste – oft das preisgünstigste – Angebot zu erhalten. Dabei erfordern die vielfältigen Kundenbedürfnisse eine immer größere Diversifizierung und Individualisierung der Versicherungsangebote (z. B. „Pay-as-you-drive"-Policen), um am Markt zu bestehen.

Interner Kostendruck entsteht vor allem durch eine vergleichsweise traditionelle Arbeitsstruktur und einen recht großen Mitarbeiterstamm: Die Arbeitsabläufe sind durch eine Parallelstruktur von analoger und digitaler, jedoch lediglich auf Scans beruhenden Aktenführung geprägt. Das heißt, der Großteil der Verträge und Akteneinträge wird analog bzw. handschriftlich (z. B. in Vordrucken) erstellt und anschließend gescannt und in die digitale Aktenführung integriert. Zudem wird die persönliche Betreuung der Kundschaft durch ein wohnortnahes Beraternetz sichergestellt.

Der Vorstoß des Managements

Vorstand und Management der „Senzorga AG" möchten durch eine „konsequente Modernisierungs- und Digitalisierungsstrategie den Konzern insgesamt, vor allem aber die Sparte der KfZ-Versicherungen zukunftssicher und profitabel ausrichten", wie es in einer offiziellen Pressemitteilung heißt.

Diese Strategie soll nach Vorstellung von Vorstand und Management folgende Maßnahmen umfassen:

- Der Abschluss neuer Versicherungsverträge sowie Änderungen an bestehenden Verträgen sollen vor allem internetbasiert online vorgenommen werden, sodass das Beraternetz ausgedünnt und auf größere Städte reduziert werden kann.
- Auch die Schadensregulierung soll vor allem online sowie telefonisch von der Konzernzentrale aus vorgenommen werden.
- Die Aktenführung sowie die Kundenkommunikation zum Vertragswesen und zur Schadensregulierung sollen zudem zukünftig vollständig digital (papierlos) erfolgen.
- Mit zunehmender Digitalisierung der Arbeitsvorgänge sollen die Mitarbeiter:innen zunehmend die Möglichkeit erhalten, einen Teil ihrer vertraglich verabredeten Arbeitszeit flexibel im Homeoffice (Telearbeitsplatz) abzuleisten. Das Unternehmen verspricht sich hiervon eine bessere Vereinbarkeit von Familie und Beruf sowie eine größere Mitarbeitermotivation, ein flexibleres Eingehen auf Kundenwünsche sowie einen geringeren Bedarf an Büroflächen.

Autorentext

M2 Die Modernisierungs- und Digitalisierungsstrategie der „Senzorga AG“ in der Diskussion

Die vom Vorstand der „Senzorga AG“ vorgelegte „Modernisierungs- und Digitalisierungsstrategie“ ruft bei den Beschäftigten des Unternehmens sehr unterschiedliche Reaktionen hervor. Um die Basis für eine konstruktive unternehmensinterne Diskussion über die Unternehmensstrategie zu ermöglichen, lädt der Betriebsrat der „Senzorga AG“ die Beschäftigten der Sparte KfZ-Versicherungen sowie den Unternehmensvorstand zu einer Betriebsversammlung ein, in deren Verlauf die vom Vorstand verantwortete Strategie vorgestellt und zwischen den Beschäftigten diskutiert werden soll.
An dieser Betriebsversammlung nehmen u. a. die nachfolgenden Akteure teil.

a) Dunja Vollmer, IT-Abteilung

Dunja Vollmer (27) ist vor vier Jahren direkt nach ihrem Bachelor im Fach Wirtschaftsinformatik in der IT-Abteilung der „Senzorga AG“ eingestiegen. Ihre Entscheidung für dieses Unternehmen war verbunden mit der Hoffnung, dass sie hier ihre im Rahmen von Studium und Praktika erworbenen Kenntnisse und Fähigkeiten im Bereich Online-Marketing und (teilautomatisiertem) Direktvertrieb (Einsatz von Chatbots) würde einbringen können.
Diese Hoffnung hat sich in ihrem bisherigen Arbeitsalltag noch nicht bestätigt, sie ist angesichts der eher „traditionellen“ Arbeitsabläufe im Unternehmen eher mit der Pflege (interner) Nutzerkonten und des firmeninternen Kommunikationsnetzwerkes sowie der Betreuung der Standardsoftware betraut. Wenn sich innerhalb von zwei Jahren für sie keine Perspektive ergibt, ihre Fähigkeiten erfolgreich einbringen zu können und für diese Arbeit angemessene Wertschätzung zu erfahren, wird sie sich nach Alternativen umsehen, auch wenn sie dafür möglicherweise ihre geliebte Heimatstadt verlassen müsste. Würde sie hingegen in der „Senzorga AG“ ihren Fähigkeiten entsprechend gefordert und gefördert werden, wäre sie gerne bereit, sich – auch zeitlich – über das normale Maß hinaus einzubringen und anstehende Projekte auch im häuslichen Büro vorantreiben.

b) Hildegard Heisterklump, Versicherungskauffrau im Innendienst

Hildegard Heisterklump (55) ist ein Urgestein der „Senzorga AG“. Sie arbeitet bereits seit ihrer Ausbildung zur Versicherungskauffrau, die sie im Alter von 17 Jahren begonnen hat, im Unternehmen. Aufgrund ihrer zuverlässigen und gewissenhaften Arbeitsausführung und ihres freundlichen Umgangs im Kundenkontakt erhielt sie von ihren Vorgesetzten stets gute Beurteilungen.
Die alleinstehende Frau schätzt das angenehme, fast familiäre Miteinander im Großraumbüro, wo die Arbeit durchaus auch einmal mit einem privaten Gespräch verbunden werden kann. Zudem entspricht die strikte Trennung zwischen Beruf und Privatleben bzw. Freizeit, die die festen Arbeitszeiten im Büro ermöglichen, voll und ganz ihren Lebensvorstellungen.
Frau Heisterklump möchte ihre voraussichtlich noch zehn Arbeitsjahre gerne in gewohnten Bahnen verleben: Mit dem Wissen um einen sicheren und auskömmlichen Arbeitsplatz, aber ohne allzu große Veränderungen, die für sie mit dem Erlernen grundlegend neuer Arbeitstechniken verbunden wären.

„Pay-as-you-drive“-Policen
Autoversicherungsverträge, deren (flexible) Versicherungsprämie anhand der tatsächlichen, digital erfassten und übermittelten Fahrleistung und Fahrweise (z. B. Einhaltung von Geschwindigkeitsbeschränkungen) festgelegt wird

Chatbot
IT-Anwendungen, die durch (geschriebene oder gesprochene) Sprache mit Nutzer:innen (beispielsweise einer Website) in Austausch treten; durch die im Hintergrund laufende Nutzung von Datenbanken sowie den Einsatz künstlicher Intelligenz sind sie in der Lage, auf Anfragen sachgerecht zu reagieren.

Rollenkarte Berthold Berkel, Betriebsrat
72091-05

c) Ulf Strombach, Versicherungskaufmann im Innendienst

Ulf Strombach (36) arbeitet, nachdem er Ausbildung und Berufseinstieg bei einem Konkurrenten der „Senzorga AG" absolviert hat, seit fünf Jahren im Unternehmen. Nachdem er bei seinem ersten Arbeitgeber eine Unternehmenskrise mit ständiger Sorge um seinen Arbeitsplatz miterleben musste, hofft er nun, bei der „Senzorga AG" eine langfristige berufliche Heimat gefunden zu haben. Perspektivisch möchte er sich gerne weiterbilden und im Unternehmen auch kleinere leitende Aufgaben (z. B. Teamleitung) übernehmen.
Zugleich ist ihm zurzeit auch eine gute Vereinbarkeit von Familie und Beruf wichtig. Der Vater zweier Kinder kann sich daher gut vorstellen, einen Teil seiner beruflichen Aufgaben im Homeoffice zu erledigen. Dies gilt umso mehr, als er mit dieser Option seine (Auto-)Fahrten zur Arbeit, die er als zeitintensiv und nervenaufreibend empfindet, reduzieren könnte.

CEO
„Chief Executive Officer", bezeichnet zunehmend auch in Deutschland die Vorstandsvorsitzenden (geschäftsführendes Vorstandsmitglied) in Aktiengesellschaften

Dividende
Gewinnbeteiligung, die die Aktionäre eines Unternehmens (Aktiengesellschaft (AG)) in der Regel ein Mal pro Kalenderjahr erhalten; in Abhängigkeit vom jeweiligen Unternehmensgewinn beschließt die Hauptversammlung der AG auf Vorschlag des Unternehmensvorstandes die Höhe der Dividende, die je Aktie (steuerpflichtig) ausbezahlt wird.

d) Petra Müller, Vorstandsvorsitzende der „Senzorga AG" (CEO)

Als Vorstandsvorsitzende der „Senzorga AG" ist Petra Müller (48) dafür (mit) verantwortlich, dass das Unternehmen erfolgreich und somit vor allem profitabel arbeitet. Insbesondere die Aktionäre erwarten steigende Aktienkurse sowie eine angemessene, jährlich steigende Dividende, damit sich ihre Risikoinvestition rentiert. Die Möglichkeit einer lukrativen Dividendenausschüttung wiederum ist von Umsatz und Gewinn des Unternehmens abhängig.
Vor dem Hintergrund der Wettbewerbssituation der „Senzorga AG" (vgl. M1) ist Petra Müller absolut überzeugt davon, dass die angestrebte „Modernisierungs- und Digitalisierungsstrategie" der richtige und unerlässliche Weg ist, das Unternehmen – auch mit Blick auf die Interessen der Anteilseigner – zukunfts- und gewinnorientiert aufzustellen. Das Modernisierungsprogramm ermöglicht nach Auffassung des Vorstandes effizientere Arbeitsprozesse bei höherer Mitarbeitermotivation und ein flexibleres Eingehen auf Kundenwünsche.

e) Jonas Diercks, Außendienstmitarbeiter

Der 50-Jährige Jonas Diercks ist Verkäufer mit Leib und Seele. Er führt ein Vertriebsbüro der „Senzorga AG" in einer Kreisstadt. Zahlreiche Familien gehören zu seinen Stammkunden; sie lassen sich immer von ihm beraten, wenn eine veränderte Lebenssituation eintritt oder ein neues Auto angeschafft wird. Er selbst nimmt gerne Kontakt zu seiner Kundschaft auf, aber auch mit potenziellen Neukunden; seiner Erfahrung nach führt die direkte Kommunikation immer zu einem für beide Seiten vorteilhaften Ergebnis. Dem gerade im KfZ-Bereich stark verbreiteten „Versicherungshopping", bei dem die Kundschaft häufig ihren Versicherungsanbieter wechselt, kann er so entgegenwirken.
Seine Kund:innen werden, immer älter. Schnelles Internet ist vor allem in den kleineren Gemeinden des Landkreises noch immer nicht flächendeckend verfügbar, weshalb für Jonas Diercks infrage steht, ob die geplante Umstellung tatsächlich zu einem größeren Unternehmenserfolg führt.

Eine Betriebsversammlung durchführen

1 Worum geht es?

- Gegenstand der Betriebsversammlung sind Chancen und Risiken der vom Vorstand anvisierten „Modernisierungs- und Digitalisierungsstrategie“.
- Ziel ist es vor allem, dass die Fragen und Interessen der Beschäftigten thematisiert werden, sodass diese in weiteren Verhandlungen durch den Betriebsrat vertreten werden können.

2 Wie läuft die Betriebsversammlung ab?

- Zunächst begrüßt der Betriebsrat alle Anwesenden und führt in das Thema der Betriebsversammlung ein.
- Sodann hat der Vorstand die Möglichkeit, die eigenen Vorstellungen in einem kurzen Statement zu artikulieren.
- Fragen und Diskussion zur „Modernisierungs- und Digitalisierungsstrategie“ nehmen den größten Teil der Betriebsversammlung ein. Diese Phase wird vom Betriebsrat moderiert und durch Fragen an die Anwesenden „in Gang gehalten“.
- Alle reden sich mit „Sie“ und den Rollennamen an.

3 Nach der Betriebsversammlung:

Treten Sie nach der Simulation der Betriebsversammlung aus Ihren Rollen heraus und reflektieren Sie beispielsweise die folgenden Leitfragen:

- (Warum) Ist Ihnen die Übernahme Ihrer Rolle leicht oder schwer gefallen?
- Welche Argumente aus der Diskussion waren (warum) inhaltlich besonders überzeugend?

Aufgaben

1. Bereiten Sie die Betriebsversammlung vor und führen Sie diese mit verteilten Rollen (**M2**) durch.
   - Bereiten Sie hierfür in Kleingruppen arbeitsteilig Ihre Rollen vor: Welche Bewertungen der Unternehmensstrategie nehmen Sie aufgrund welcher Interessen vor? Mit welchen Argumenten verleihen Sie Ihren Bewertungen und Forderungen Nachdruck? Wie reagieren Sie auf (zu erwartende) Gegenargumente?
   - Führen Sie nach der Vorbereitung die Betriebsversammlung unter Leitung des Betriebsrates durch.
2. Analysieren Sie den vorliegenden Arbeitskonflikt hinsichtlich der unterschiedlichen Bewertungen und der dahinterliegenden Interessen (**M1, M2**).
3. Diskutieren Sie die Chancen und Risiken der „Modernisierungs- und Digitalisierungsstrategie“ der „Senzorga AG“ (**M1, M2**).

M zu Aufgabe 2
Visualisieren Sie Ihre Ergebnisse in einem Venn-Diagramm.

H zu Aufgabe 3
Nutzen Sie hierfür die Methodenseite „Sachverhalte und Probleme mehrperspektivisch beurteilen (→ Kap. 1.2.6).

1.2 Unsicher und ständig verfügbar? Herausforderungen des Wandels von Arbeit und Beschäftigung

1.2.1 „Kollege Computer“ oder: Schafft die Digitalisierung die Arbeit ab?

Einstiegsaufgaben

- Analysieren Sie die Karikatur (**M1**).
- „Verdrängt die Digitalisierung menschliche Arbeit?“ Entwickeln Sie anhand unterschiedlicher Berufe und Branchen Hypothesen zu dieser Fragestellung.

Digitale Anwendung

72091-06

M1 (Industrie-)Arbeit ohne Zukunft?

Karikatur: Danomyte, 21.10.2015

M2 Wie die Digitalisierung die Arbeitswelt verändert

Die Bereiche Wirtschaft und Arbeit unterliegen mit der voranschreitenden Digitalisierung einem umfassenden Wandel, der sowohl den Arbeitsalltag beinahe jedes einzelnen Menschen betrifft, als auch ganze Unternehmen und Wirtschaftszweige erfasst. […]

Diese Veränderungen im Bereich der Fertigung und Dienstleistung werden häufig als vierte Industrielle Revolution bezeichnet, worauf der gängige Begriff der „Industrie 4.0“ verweist. Er bezeichnet allgemein die weitgehende Automatisierung und Vernetzung der Produktion sowie zentraler Leistungen und Prozesse im Dienstleistungssektor.

Für die Fertigung in Industriebetrieben bedeutet das vor allem: Menschen steuern nicht länger einzelne Maschinen, sondern überwachen die Produktion an zentraler Stelle. Damit das funktioniert, ist entsprechende Hardware notwendig, beispielsweise Fertigungsroboter oder führerlose Transportfahrzeuge. Außerdem braucht ein Unternehmen der Industrie 4.0 spezielle Software, mit deren Hilfe es Menschen

Zum **wirtschaftlichen Strukturwandel** und dessen technologischen Antriebskräften (Basisinnovationen) → vgl. Kap. 1.3.1

möglich ist, die Produktion zu überwachen. Diese Software kommt darüber hinaus zum Einsatz, um weitgehend selbstgesteuert Produktionsprozesse zu planen und zu optimieren.
In einer Produktion der Industrie 4.0 sind zudem alle Bestandteile der Fertigung, also etwa Maschinen oder Bauteile, über das Internet erfasst und miteinander vernetzt. So ist es möglich, dass Prozesse wie der Wareneinkauf, die Produktion und die Auslieferung in großen Teilen automatisiert erfolgen, wie es bei einigen erfolgreichen Automobilherstellern gegenwärtig bereits der Fall ist. Jedoch ist das längst noch kein Standard für alle Industriebetriebe, die ihre Arbeits- und Produktionsprozesse bislang überwiegend schrittweise und über längere Zeiträume hinweg digitalisieren. Die Studie „Industrie 4.0 2020" stellt fest, dass in Deutschland lediglich neun Prozent der erfassten Unternehmen eine umfassende Industrie-4.0-Strategie verfolgen. Die Mehrheit arbeitet der Studie zufolge derzeit mit punktuellen Ansätzen. Die Automatisierung und Vernetzung der Produktion macht die Fertigungsprozesse effizienter, weil sie unter anderem besser planbar sind und die Fertigung potenziell rund um die Uhr erfolgen kann. Dadurch ist es möglich, Produkte schneller und teilweise auch günstiger anzubieten. [...]
Die Industrie 4.0 umfasst auch den Dienstleistungssektor. Dieser galt lange Zeit als schwer automatisierbar, da zahlreiche Tätigkeiten in diesem Bereich von menschlicher Kommunikation geprägt sind. Doch die Technologien entwickeln sich in dieser Hinsicht ebenfalls weiter und können bestimmte Aufgaben abdecken. Ein Beispiel dafür sind Chatbots. Sie sind etwa Teil des Serviceangebots vieler Krankenkassen [...] und [...] machen [...] bei einfachen Fragen den Kontakt zu Kundenberaterinnen und -beratern überflüssig. Problemstellungen und Rückfragen komplexerer Natur können jedoch weiterhin nur Menschen bearbeiten.
Darüber hinaus übernehmen viele Kundinnen und Kunden im Zusammenspiel mit digitalen Anwendungen manche Aufgaben lieber selbst. Statt sich etwa im Reisebüro beraten zu lassen und es schließlich mit der Buchung einer Reise zu beauftragen, recherchieren und buchen sie diese Reise direkt über das Internet und die dafür verfügbaren Plattformangebote. Dabei kommt es nicht zwangsläufig zu einem Wegfall von Arbeitsplätzen. Schließlich ist es notwendig, die neuen digitalen Dienste zu entwickeln und zu betreuen. Ebenso besteht eine umfassende neue Aufgabe darin, eine Struktur aufzubauen, um mit den entstandenen Daten umzugehen und sie so zu organisieren, dass Unternehmen und Kundschaft sie jeweils sinnvoll nutzen können.

Chatbots
→ vgl. auch Kap. 1.1 (Rollenkarte Dunja Vollmer)

Müller-Brehm, Jaana/ Otto, Philipp/ Puntschuh, Michael: Wirtschaft und Arbeit. In: Informationen zur politischen Bildung Nr. 344. Bonn: Bundeszentrale für politische Bildung 2020, S. 36ff.

M3 Geht der (digitalen) Welt die Arbeit aus?

Rationalisierungsmaßnahmen haben bislang in erster Linie Beschäftigte mit geringer bis mittlerer Qualifikation betroffen. Die fortschreitende Digitalisierung und Automatisierung bedroht jedoch zunehmend auch die Perspektiven von besser Qualifizierten. Es deutet sich an, dass eine formale Qualifikation nicht mehr das entscheidende Kriterium für ein zukunftssicheres Berufsbild ist.
So schätzt eine vielzitierte Studie [der Ökonomen Frey und Osborne], dass rund 47 Prozent aller Beschäftigten in den USA in Berufen arbeiten, die zumindest mittelfristig davon bedroht sind, durch Maschinen, Roboter und Computerprogramme ersetzt zu werden. Methodisch wird darin die jeweilige Schwierigkeit ermittelt, vor denen Ingenieure stehen, um einen bestimmten Beruf zu „automatisieren". Bei dieser Vor-

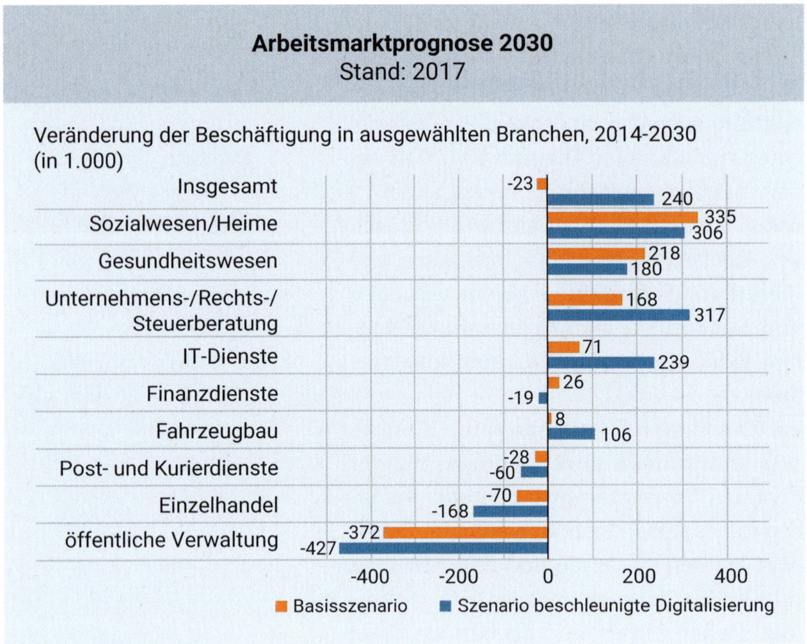

Autorengrafik nach: Bundesministerium für Arbeit und Soziales: Weißbuch Arbeiten 4.0. Berlin Januar 2017, S. 52 (gekürzt)

gehensweise finden sich auf den vorderen Rängen der von Automatisierung bedrohten Berufe Telefonverkäufer, einfache Büroangestellte, Köche und Packer, aber auch Piloten und Richter. Bei letzteren wird argumentiert, dass sie einen ungleichen Kampf gegen Autopiloten und Algorithmen antreten, die fehlerfrei navigieren beziehungsweise routiniert entscheiden würden.

Von Rationalisierungsmaßnahmen sind also vor allem Berufe bedroht, in denen Präzision und Routine eine hohe Bedeutung zukommen. Hier sind Maschinen den Menschen überlegen. Umgekehrt zeichnen sich zukunftssichere Beschäftigungsfelder vor allem durch hohe Anforderungen in den Bereichen Kreativität, soziale Intelligenz und unternehmerisches Denken aus. Dazu zählen zum Beispiel Architekten, Ärzte, Lehrer und Psychologen, aber auch Förster und Fitnesstrainer. Die Übertragung dieser Prognosen auf Deutschland [durch das Mannheimer Zentrum für Europäische Wirtschaftsforschung (ZEW), vgl. Statistik] liefert zumindest vordergründig ähnliche Resultate. [...]

In einem tätigkeitsbasierten Ansatz weisen [jedoch] [...] nur 12 Prozent der Arbeitsplätze in Deutschland ein relativ hohes Automatisierungsrisiko auf. Dementsprechend scheint insgesamt Vorsicht bei der Beurteilung des technischen Automatisierungspotenzials angebracht, da dieses wohl eher überschätzt wird.

Dennoch werden die Veränderungen in der Welt der Berufe erhebliche Implikationen für Bildung und Ausbildung haben. Abgesehen davon, dass die Automatisierungswahrscheinlichkeit für Geringqualifizierte systematisch höher ausfallen dürfte, stellt sich womöglich sogar die Frage, inwieweit sich die Arbeitswelt gänzlich von dem tradierten Konzept der „Berufe" löst. [...] Für die berufliche Ausbildung würde dies implizieren, dass künftig spezifische Berufsabschlüsse durch Abschlüsse abgelöst werden könnten, die allgemeinere Bündel von Kompetenzen umfassen und auf diese Weise vermutlich erheblich besser für vielfältigere Tätigkeiten und lebenslanges Lernen vorbereiten.

Rinne, Ulf/ Zimmermann, Klaus F.: Die digitale Arbeitswelt von heute und morgen. In: Aus Politik und Zeitgeschichte 18-19/2016, S. 6f.

Die Autoren sind Forschungs- bzw. Gründungsdirektor des Instituts zur Zukunft der Arbeit (IZA) Bonn.

M4 Problemlösungskompetenz

„Am wenigsten gefährdet erscheinen [...] Tätigkeiten, die komplexe Wahrnehmung, Handhabung und Bearbeitung beinhalten oder auf kreativer oder sozialer Intelligenz beruhen. Problemlösungskompetenz auf diesem Gebiet erscheint aus heutiger Vorstellung nicht durch Digitalmaschinen oder IT-Systeme substituierbar."

Möller, Joachim: Verheißung oder Bedrohung? Die Arbeitsmarktwirkungen einer vierten industriellen Revolution. IAB Discussion Paper. 18/2015, S. 13

INFO

Typologie der Erwerbsarbeit

(**a**) Als **Einfacharbeit** werden Tätigkeiten bezeichnet, die aufgrund ihrer geringen Qualifikationsanforderungen nach einer kurzen Einarbeitungsphase ausgeübt werden können. Es handelt sich um Routinetätigkeiten in einem überschaubaren und konstanten Arbeitsbereich, die sowohl im produzierenden Gewerbe als auch im Dienstleistungsbereich (z. B. Gebäudereinigung) zu finden sind.

(**b**) Der Begriff der **Wissensarbeit** bezeichnet kommunikative und auf Interaktion ausgerichtete Tätigkeiten (z. B. Unternehmensberatungen oder Finanzdienstleistungen), die in hohem Maße fachspezifisches Wissen benötigen. Dieses Wissen kann nicht einmalig im Rahmen einer Berufsausbildung oder eines Hochschulstudiums erworben werden, sondern muss immer wieder im Arbeitsprozess erneuert und erweitert werden.

(**c**) **Service Work** bezeichnet Dienstleistungstätigkeiten, die in der Regel im direkten Kundenkontakt ausgeführt werden, die jedoch häufig einer geringeren Qualifikation bedürfen und stärker standardisiert sind. Zentrales Charakteristikum dieses Arbeitstypus ist es, dass die Interaktion mit dem Kunden stets (auch) durch persönliche Eigenschaften wie die Emotionalität oder auch das Aussehen der Arbeitskraft geprägt wird. Daher ist diese Form der Dienstleistungsarbeit oft auch Emotionsarbeit: Arbeitgeber erwarten ein freundliches und zugewandtes Auftreten, auch wenn es nicht der aktuellen Gefühlslage der Arbeitskräfte entspricht.

(**d**) Berufliche **Facharbeit** ist bzw. war zentral für die industrielle Produktionsarbeit in Deutschland. Der Begriff beschreibt Arbeiten auf einem mittleren Kompetenzniveau, die gleichermaßen planende wie ausführende Tätigkeiten beinhalten – beispielsweise die Arbeit eines Werkzeugmechanikers oder eines Maschinen- und Anlagenführers. Die Qualifikationen, die für die Bewältigung dieser Anforderungen erforderlich sind, werden im System der dualen Berufsausbildung erworben und anschließend im Rahmen der Berufserfahrung weiter ausgebaut.

Autorentext

Digitale Anwendung

72091-07

Aufgaben

1. Beschreiben Sie (mögliche) Auswirkungen der Digitalisierung auf die Arbeitswelt (**M2**).
2. Analysieren Sie – ausgehend von Ihren Hypothesen aus der Einstiegsaufgabe – die (potenziellen) Auswirkungen der Digitalisierung auf den Arbeitsmarkt (**M2-M4**). Gehen Sie dabei auch auf die unterschiedlichen Typen der Erwerbsarbeit (Infobox) ein.
3. Erörtern Sie Chancen und Risiken der Digitalisierung der Arbeitswelt (**M2-M4**).

BO
- Ordnen Sie ausgewählte, für Sie in Frage kommende Berufe bzw. Berufsfelder in die Debatte um die Digitalisierung der Arbeitswelt ein.
- Reflektieren Sie mögliche Konsequenzen der Digitalisierung der Arbeitswelt für Ihre eigene Berufswahl. Gehen Sie dabei auch auf Ihre eigenen Neigungen und Fähigkeiten im Bereich digitaler Medien ein.

H zu Aufgabe 1
Konkretisieren Sie den Einsatz digitaler Technologien und dessen Auswirkungen anhand eigener Arbeitserfahrungen und/oder anhand der möglichen Veränderungen in der „Senzorga AG“ (siehe Kap. 1.1).

H zu Aufgabe 3
Nutzen Sie hierfür die Methodenseite „Sachverhalte und Probleme mehrperspektivisch beurteilen (→ Kap. 1.2.6).

1.2.2 „24/7" oder: Wie der Wandel der Arbeitswelt die (individuelle) Lebensführung verändert

Digitale Anwendung

72091-08

Einstiegsaufgaben

- Vergleichen Sie die beiden (idealtypischen) Arbeitsverträge (**M5**) hinsichtlich ihrer Wirkungen auf die Arbeitssituation und Leistungsbereitschaft der Beschäftigten.
- BO Begründen Sie, welchen der Arbeitsverträge Sie bevorzugen würden.

M5 Wie möchte ich arbeiten? Zwei Arbeitsverträge im Vergleich

Die folgende Gegenüberstellung zeigt die zentralen Regelungen zweier fiktiver, idealtypischer Arbeitsverträge:

ARBEITSVERTRAG 1

Der/die Beschäftigte ...
- ist an den regulären Arbeitstagen von 8:00h bis 16:30h abzüglich der gesetzlich vorgesehenen Pausenzeiten am Arbeitsplatz anwesend.
- führt die ihm/ihr durch den/die Vorgesetzte/n zugewiesenen Aufgaben innerhalb dieser Arbeitszeit unter vollem Einsatz seiner/ihrer Fähigkeiten und Kenntnisse aus.
- erhält für seine/ihre Arbeitsleistung ein fixes Monatsgehalt.

ARBEITSVERTRAG 2

Der/die Beschäftigte ...
- führt die ihm/ihr zugewiesenen bzw. innerhalb des Teams verabredeten Tätigkeiten und Aufgaben termin- und aufgabengerecht aus.
- kann seine/ihre Aufgaben, sofern die damit verbundenen Tätigkeiten dies zulassen, zeitlich und räumlich flexibel erledigen.
- erhält für seine/ihre Arbeitsleistung ein fixes monatliches Basisgehalt. Zusätzlich werden Prämien ausbezahlt, wenn die Arbeitsergebnisse des jeweiligen Teams zum Unternehmenserfolg beitragen.

M6 Abschied von der Stechuhr: Flexible Arbeit in Unternehmen

In den meisten Behörden, aber auch in Industrie- oder Dienstleistungskonzernen ist sie ebenfalls üblich: die Stempeluhr. Doch was zu Zeiten der Industrialisierung als reines Kontrollinstrument diente, hat sich mittlerweile auch zu einem Instrument im Sinne der Arbeitnehmer entwickelt. Erst die moderne elektronische Zeiterfassung ermöglicht Gleitzeit und hat in der immer flexibler werdenden Arbeitswelt zugleich eine Schutzfunktion, indem Arbeitszeiten dokumentiert werden. Trotzdem wird die Stempeluhr dem modernen Arbeiten vielfach nicht mehr gerecht: Denn zumindest geistig stempeln viele Beschäftigte heutzutage sowieso nicht mehr aus.

Der Abteilungsbericht, der noch durchgearbeitet werden muss, landet am Abend auf dem heimischen Küchentisch. Als Wochenend-Lektüre werden für den Job wichtige Texte gelesen – irgendwie interessieren die einen ja auch persönlich. Am Sonntagabend werden die Arbeits-Mails gelesen: Wer will schon unvorbereitet in die Woche starten? Die Kollegen sind schließlich auch immer informiert. Ach, und diese tolle Idee, die einem durch den Kopf schwirrt, wird von unterwegs schnell in die Firmen-Cloud gespeist. Bei der Gelegenheit kann man auch gleich gucken, was den Kollegen so eingefallen ist. Arbeits- und Privatleben verschwimmen – wobei die Erwerbsarbeit meist den Takt vorgibt. „Entgrenzung" nennt das der Industrie- und Techniksoziologe Günter Voß [...].

Ein Grund für diese Entwicklung, die seit den 1980er Jahren immer mehr zunimmt: „An vielen Stellen wird umgestellt von einer sehr detaillierten, direktiven [auf Anweisung durch Vorgesetzte beruhenden] Steuerung auf projektförmige Arbeit oder zumindest Arbeit, die viel mit Selbstorganisation zu tun hat", sagt Voß. Firmen geben immer weniger vor, wie und wann genau etwas zu passieren hat. Ja, manchmal nicht einmal, was eigentlich genau passieren soll – nur irgendwann muss da ein Ergebnis stehen, das überzeugt und am besten auch noch überrascht. Das lässt Arbeitskräften viel Raum, etwas zu gestalten, setzt sie aber auch unter enormen Druck. „Letztlich führt es dazu, dass die Beschäftigten auch als Menschen völlig in die Erwerbsarbeit hineingezogen werden. Sie müssen alles von sich hergeben und all ihre Kompetenzen zur Verfügung stellen", beschreibt Voß die Auswirkungen.

Als letzte Konsequenz bekommt sogar die Freizeit arbeitsförmigen Charakter. Hobbys sind nicht mehr nur erbaulich, sondern Tätigkeiten, bei denen die Menschen ihre Fähigkeiten erweitern, die sie wiederum für die Arbeit nutzen können. Der Japanisch-Sprachkurs ist vielleicht auf lange Sicht beruflich nützlich. Hobbygärtner sind viel entspannter, vielleicht auch auf dem Chefsessel. Und wer immer hübsch an der Isar entlangläuft anstatt auf dem Sofa zu sitzen, ist womöglich nicht nur gesünder, sondern auch attraktiver – beides ist im Arbeitsleben hilfreich. Und selbst Kinder tröten nicht mehr sinnfrei auf ihrer Blockflöte, sondern – so die Hoffnung – erwerben damit allerlei Kompetenzen und neue Gehirnvernetzungen, die ihnen später nützlich sein könnten. [...]

Erwerbsarbeit kommt also eine immer größere Bedeutung in unserem Leben zu, sie vereinnahmt immer mehr Ressourcen, bestimmt immer mehr, was uns ausmacht. Warum eigentlich? Ist es die Sorge um unser Auskommen, die uns treibt? Die Angst vor dem Verlust des Arbeitsplatzes, in einer Gesellschaft, in der immer weniger Menschen immer mehr arbeiten und die anderen sich auf Dauer mit dem Jobcenter arrangieren müssen, um ihren Hartz-IV-Anspruch nicht zu verlieren? Das ist zumindest ein Motor für diese Entwicklung [...] stellt [der Soziologe] Klaus Dörre fest [...].

Doch es geht nicht nur um das sogenannte Prekariat [→ vgl. Kap. 1.2.3]. Die Entwicklung wirke sich auch auf diejenigen aus, die – noch – in gesicherten Positionen arbeiteten, sagt Dörre. Sie empfänden das mehr und mehr als ein Privileg und brächten eine enorme Bereitschaft zur Flexibilität mit. Auch Facharbeiter in der Industrie müssten heutzutage in unterschiedlichsten Positionen an wechselnden Orten arbeiten und ganz verschiedene Aufgaben erfüllen. Karrieren seien nicht mehr linear und schwer planbar. [...]

Abstiegsängste und wirtschaftliche Not sind also sicherlich wichtige Gründe dafür, warum Beschäftigte der Erwerbsarbeit seit 20, 30 Jahren einen zunehmend größeren Raum in ihrem Leben zugestehen. Doch es gibt noch eine ganz andere Ursache dafür, warum die neue flexibilisierte Arbeitswelt mit ihren Zielvereinbarungen und Projekten sich immer umfassenderen Zugriff auf die Individuen sichern konnte: Sie macht Spaß.

Kaum jemand kann sich mehr vorstellen, wie sich Arbeiten in den 50er oder 60er Jahren angefühlt hat. Klar, es gab viele Dinge, die aus heutiger Sicht Privilegien sind: unbefristete Arbeitsverträge, feste Arbeitszeiten, festes Einkommen, klare Anforderungen. Doch es gab auch: starre hierarchische Strukturen, Anweisungen von oben, immer die gleichen Kollegen, eine fest vorgezeichnete berufliche Lauf-

Entgrenzung der Arbeit
Mit Entgrenzung von Arbeit ist [...] das Aufbrechen zeitlicher und räumlicher Strukturen betrieblich organisierter Arbeit gemeint, die zu einer Auflösung der Grenzen zwischen Erwerbsarbeit und Privatleben führen [...]. Grenzen zwischen Arbeit und Privatleben werden diffus und es kommt zu einer Vermischung der beiden Bereiche.

Ruiner, Caroline/Wilkesmann, Maximiliane: Arbeits- und Industriesoziologie. Paderborn 2016, S. 116

Zielvereinbarungen
Vereinbarung zwischen Arbeitgeber:in und Arbeitnehmer:in, in der ein Ziel definiert wird, das der/die Arbeitnehmer:in in einem vorgegebenen Zeitraum erreichen muss; dies kann sich gleichermaßen auf ein unternehmensrelevantes Arbeitsergebnis als auch auf die persönliche Weiterentwicklung beziehen.

bahn. Über den Tellerrand schauen? Eigene Ideen? War nicht gefragt.

Der US-amerikanische Soziologe Richard Sennett [...] nannte es das „offensichtliche Übel der Routine“ und konstatierte, es sei „extrem langweilig für die Arbeitskräfte“ gewesen. „Die neue Arbeitswelt hat durchaus Vorteile“, sagt Günter Voß. [...] Doch gerade hier zeigt sich, dass es von der Freiheit zum Zwang oft nur ein kleiner Schritt ist. [...]

Um der völligen Vereinnahmung zu begegnen, muss man sich klar machen, welche widersprüchlichen Mechanismen eigentlich wirken und wer davon in welcher Weise profitiert. [...] Der umfassenden Verwertung der eigenen Person ist auch so nicht zu entkommen. Denn der Beschäftigte, der mit seinen persönlichen Ressourcen umzugehen weiß, tut sich zwar selbst etwas Gutes – seinem Arbeitgeber aber letztlich auch.

Galaktinow, Barbara: Warum wir nie ausstempeln. In: Süddeutsche Zeitung, 11.03.2015

INFO

Flexibilisierung der Arbeit

Durch die Flexibilisierung der Arbeitsorganisation und der Arbeitsverträge versuchen Unternehmen, ihre Betriebsabläufe vor allem unter Kostengesichtspunkten, aber auch hinsichtlich sich verändernder Markterfordernisse (schwankende Nachfrage nach Waren und Dienstleistungen) zu optimieren. Dabei lassen sich vor allem drei Flexibilisierungsstrategien unterscheiden:

- zeitliche Flexibilisierung, also kurzfristige Anpassungen der Arbeitszeit
- räumliche Flexibilisierung, also die Möglichkeit oder Vorgabe, Arbeiten auch außerhalb des Unternehmenssitzes auszuführen (z. B. Homeoffice)
- vertragliche Flexibilisierung hinsichtlich unterschiedlicher Beschäftigungsformen, die somit vor allem mit externen Flexibilisierungsstrategien korrespondiert

Man unterscheidet zwischen der internen Flexibilisierung, bei der Arbeitseinsatz und -organisation innerhalb des Unternehmens variiert (z. B. Arbeitszeitkonten) werden, und der externen Flexibilisierung, die auf Vertragsbeziehungen zu Akteuren außerhalb des Unternehmens fußt (Outsourcing durch z. B. Zeitarbeit, Crowdworking).

Autorentext

H zu Aufgabe 1b
Konkretisieren Sie dabei die unterschiedlichen Aspekte beispielsweise anhand der (zu erwartenden) Arbeitssituation in der „Senzorga AG“ (siehe Kap. 1.1) nach Umsetzung der „Modernisierungs- und Digitalisierungsstrategie“ und nutzen Sie Ihre Überlegungen aus der Einstiegsaufgabe (M5).

F
Setzen Sie sich mit dem Spannungsverhältnis von „Freiheit [und] Zwang“ (vgl. Z. 128f.) auseinander.

Aufgaben

1. a) Fassen Sie Galaktinows Darstellung des heutigen Arbeitslebens (**M6**) hinsichtlich folgender Aspekte zusammen:
- Entgrenzung von Arbeit und Freizeit als Charakteristikum des Arbeitslebens
- Ursachen des Wandels hin zu einem „immer umfassenderen Zugriff auf die Individuen“ (vgl. Z. 112).

b) Erläutern Sie die – widersprüchlichen – Tendenzen der Flexibilisierung und Entgrenzung von Arbeit (**M6, Randspalte**).

2. Analysieren Sie die dargestellten Formen der Flexibilisierung von Arbeit (**M6, Infobox**) hinsichtlich ihrer Vor- und Nachteile für Arbeitskräfte und Unternehmen.

BO
- Erheben und dokumentieren Sie in Ihrem privaten Umfeld (Familie und Bekannte) das Ausmaß flexibilisierter und entgrenzter Arbeitsorganisation.
- Reflektieren Sie Chancen und Risiken flexibilisierter Arbeit für Ihren persönlichen beruflichen Werdegang.

1.2.3 Vom „Normalarbeitsverhältnis“ zur „prekären Arbeit“ oder: Was passiert, wenn nicht alle (immer) gebraucht werden?

Einstiegsaufgaben

- Sammeln Sie Ihre Vorstellungen über den Arbeitsalltag und beruflichen Status eines Piloten in der Luftfahrtbranche.
- Charakterisieren Sie Arbeitsalltag und beruflichen Status des Ryanair-Piloten Marco Witterling (**M7**).
- Vergleichen Sie Ihre Ergebnisse mit Ihren (ursprünglichen) Vorstellungen vom Beruf des Piloten.

Digitale Anwendung

72091-09

M7 Im Traumberuf ins Abseits?

Witterling ist verheiratet, Vater eines kleinen Mädchens, und er hat vor ein paar Jahren eine Eigentumswohnung in einer Kleinstadt gekauft, für die er nun die Schulden abbezahlen muss. Nachts kann er oft nicht gut schlafen. Dabei arbeitet Witterling in einem Beruf, der früher mal ein Traumjob war. Pilot.

Für viele seiner Kollegen ist der Beruf wahrscheinlich immer noch die Erfüllung ihres Kleinjungentraums. Bloß eben nicht für Witterling. Der Enddreißiger fliegt für Ryanair. [...] Für viele der Piloten, die in Deutschland und anderswo in Europa für die Fluggesellschaft die Maschinen lenken, dachte der Konzern sich ein besonderes Anstellungsmodell aus – oder besser gesagt: ein Nicht-Anstellungsmodell. Neue Ryanair-Piloten mussten Ich-AGs gründen. Als Selbstständige, die tageweise gebucht wurden und Rechnungen an ihren Auftraggeber schreiben, trugen sie fortan selbst das wirtschaftliche Risiko. Zum Beispiel jenes, krank zu werden und kein Geld mehr zu verdienen. Und dann etwa die Hypotheken für die Eigentumswohnung nicht mehr zahlen zu können. Fällt ein Pilot [...] aus, muss Ryanair ihn nicht bezahlen – er ist ja nicht geflogen. Auch für die Altersvorsorge zahlt der Flugkonzern durch dieses Modell nicht mit. Und er wird die Piloten viel leichter los, sollte einmal Flaute bei den Buchungen herrschen.

Dowideit, Anette: Die Angezählten. Wenn wir von unserer Arbeit nicht mehr leben können. Bonn: Bundeszentrale für politische Bildung 2020, S. 7f.

Ich-AG
im engeren sozialrechtlichen Sinne: Einzelunternehmungen, die von ehemals arbeitslosen Personen mithilfe eines Existenzgründungszuschusses der Bundesagentur für Arbeit gegründet werden bzw. wurden (in dieser Form endete die Maßnahme 2006); Verwendung in journalistischem Zusammenhang: selbstständige Tätigkeiten, die zuvor bzw. üblicherweise von Angestellten eines Unternehmens (Paket- und Warenzustellung, Pilot usw.) ausgeübt wurden; häufig Synonym mit **Scheinselbstständigkeit** bzw. Solo-Selbstständigkeit (vgl. Infobox).

INFO

Atypische Beschäftigung vs. Normalarbeitsverhältnis

Als atypisch werden Beschäftigungsverhältnisse betrachtet, die nicht dem sog. Normalarbeitsverhältnis entsprechen. Unter [einem] Normalarbeitsverhältnis versteht man eine unbefristete Beschäftigung in Vollzeit, die typischerweise in der Erwartung eingegangen wird, dass das Beschäftigungsverhältnis nicht nur auf dem Papier, sondern auch tatsächlich längerfristig bestehen bleibt. Das Normalarbeitsverhältnis steht also gleichermaßen für ein (wenigstens) ausreichendes Einkommen wie für Beschäftigungssicherheit.

Wegen der starken Bindung von Sozialleistungen in Deutschland an ein sozialversicherungspflichtiges Beschäftigungsverhältnis – bestimmte Beschäftigungszeiten sind beispielsweise Voraussetzung dafür, überhaupt eine Rente oder Leistungen aus

der Arbeitslosenversicherung beziehen zu können – gilt das Normalarbeitsverhältnis auch als wichtige Voraussetzung für die Einkommenssicherung über den gesamten Lebensverlauf.
Als atypische Beschäftigungsverhältnisse gelten daher vor allem folgende Erscheinungsformen:
- Teilzeitbeschäftigung,
- geringfügige (nicht sozialversicherungspflichtige) Beschäftigung (sog. Minijobs),
- befristete Beschäftigung sowie
- Leiharbeit (auch Zeitarbeit genannt).

Ebenso hinzurechnen kann man [unter bestimmten Umständen] Praktika oder auch die sog. Ein-Euro-Jobs (Arbeitsgelegenheiten) nach dem SGB II [Sozialgesetzbuch] [...]. Auch die sog. „freie Mitarbeit", die z. B. im Bereich der Medien relativ häufig ist, [...] [sowie] die sog. Scheinselbstständigkeit [Solo-Selbstständigkeit] [weisen Merkmale atypischer Beschäftigung auf].

Ludwig-Mayerhofer, Wolfgang: Arbeitsmarkt. Für alle wichtig, für viele unsicher. In: Stefan Hradil (Hg.): Deutsche Verhältnisse. Eine Sozialkunde. Bonn 2012, S. 305f.

M8 Atypische Beschäftigung und soziale (Un-)Sicherheit

Die nachfolgende Tabelle zeigt auf, wie sich „atypische" Beschäftigungsverhältnisse im Gegensatz zum Normalarbeitsverhältnis auf die Lebenssituation der Betroffenen auswirken:

Sozialversicherungspflicht
Zu den SV-pflichtig Beschäftigten zählen in erster Linie Arbeiter:innen und Angestellte mit einem Verdienst von mindestens 450 € pro Monat (Ausnahmeregelungen in der „Gleitzone" bis 850 €). Diese Arbeitnehmer:innen sowie ihre Arbeitgeber:innen (AG) entrichten prozentual zum Bruttolohn festgelegte Beiträge zur Kranken-, Renten- Arbeitslosen- und Pflegeversicherung sowie zur Unfallversicherung (nur AG). Somit erwerben diese Beschäftigten Ansprüche auf Leistungen dieser Sozialversicherungen.

Beschäftigungsform / Vergleichskriterium	Teilzeitbeschäftigung	geringfügige Beschäftigung	befristete Beschäftigung	Leiharbeit	Solo-Selbstständigkeit
Wie hoch ist das **Einkommen**?	anteilig entsprechend der Arbeitszeitreduktion, oft jedoch noch niedriger	niedrig und entsprechend der sozialrechtlichen Vorgaben gedeckelt (450 € pro Monat/ Stand Oktober 2021)	tendenziell geringer, da Gehälter im langjährigen Beschäftigungsverhältnis oft kontinuierlich steigen	geringer als im Normalarbeitsverhältnis	geringer als im Normalarbeitsverhältnis, reduziert durch laufende Kosten der Betriebsführung
In welchem Umfang erfolgt die **Integration** in die gesetzliche **Rentenversicherung**?*	anteilig entsprechend der Arbeitszeitreduktion	minimal	für den Beschäftigungszeitraum gegeben	erfüllt	geringer und kostenintensiver als im Normalarbeitsverhältnis
Wie stabil ist das Beschäftigungsverhältnis (**Beschäftigungsstabilität**)?	grundsätzlich erfüllt	instabil	per Definition nicht gegeben, aber Anschluss möglich	instabiler als im Normalarbeitsverhältnis	unsicher/instabil
Trägt die Beschäftigung zur Weiterqualifizierung bei (**Beschäftigungsfähigkeit**)?	gegeben, aber geringer als bei Normalarbeitsverhältnis	sehr gering	gegeben, aber geringer als bei Normalarbeitsverhältnis	gegeben, aber geringer als bei Normalarbeitsverhältnis	gegeben, aber geringer als bei Normalarbeitsverhältnis

** Die Rentenversicherung steht hier exemplarisch für die Systeme der sozialen Sicherung.*
Autorengrafik nach Keller, Berndt/Seifert, Hartmut: Flexicurity (WISO-Diskurs). Bonn 2008

M9 Wer arbeitet in atypischen Beschäftigungsverhältnissen?

a) Wer arbeitet in Teilzeit?

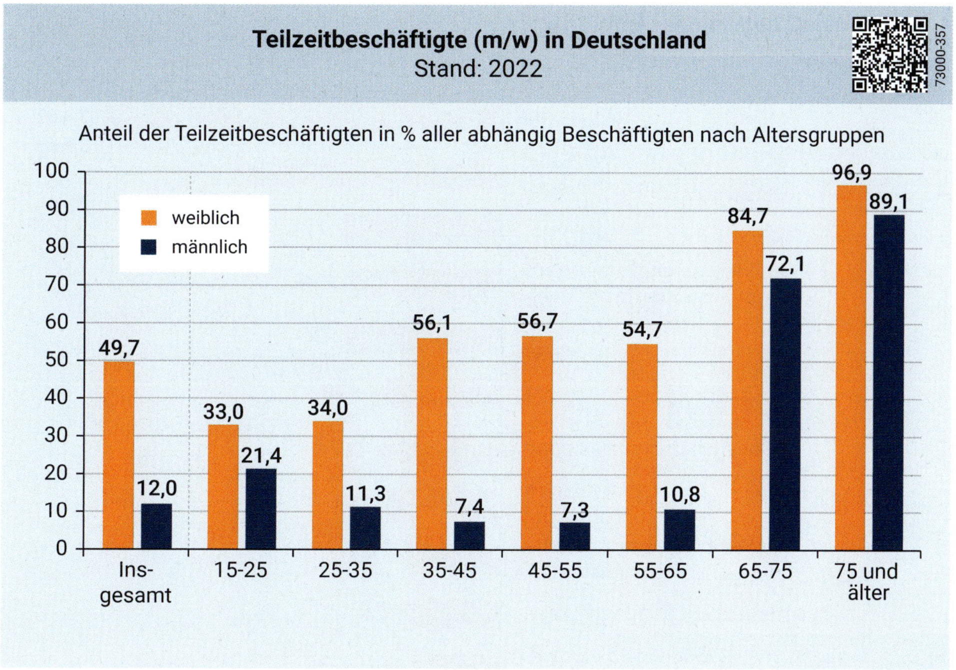

C.C. Buchner Verlag, aktuellste Daten nach: DESTATIS: Mikrozensus, 2020

b) Wer arbeitet befristet beschäftigt?

Arbeitgeber:innen können Arbeitsverträge zeitlich befristen. Dabei wird zwischen Befristungen mit Sachgrund (z. B. bei Auftragsspitzen, Vertretungsbedarfen oder Tätigkeiten, die aufgrund ihrer Spezifika zeitlich begrenzt sind) und Befristungen ohne Sachgrund (nach Ergebnissen von Arbeitgeberbefragungen vor allem zur Überprüfung der Eignung einer Arbeitskraft) unterschieden, wobei letztere nur bei Neueinstellungen möglich sind; die Befristung darf hier maximal zwei Jahre betragen und in dieser Zeit maximal drei Mal verlängert werden. Für die Befristungen mit Sachgrund gibt es keine vergleichbaren Höchstgrenzen.
Der Tatbestand einer befristeten Beschäftigung ist unabhängig von einer Probezeit zu betrachten, die auch in unbefristeten Arbeitsverträgen gilt.

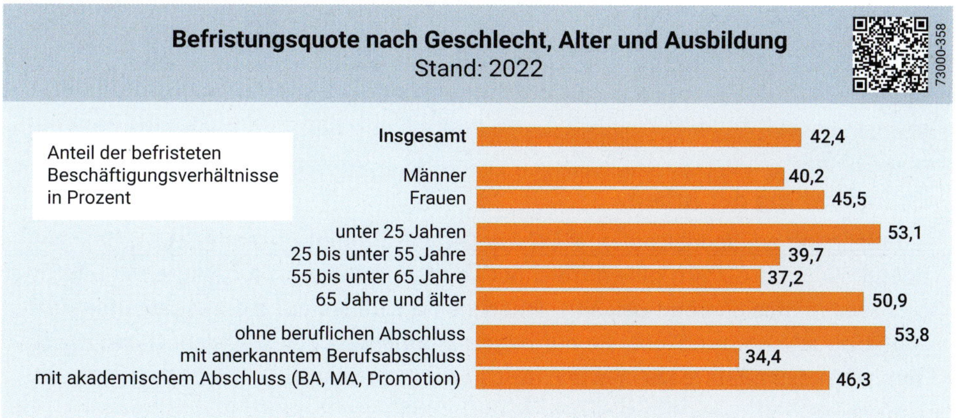

C.C. Buchner Verlag, aktuellste Daten nach: Bundesagentur für Arbeit, 2021

c) In welchen Branchen sind Solo-Selbstständige tätig?

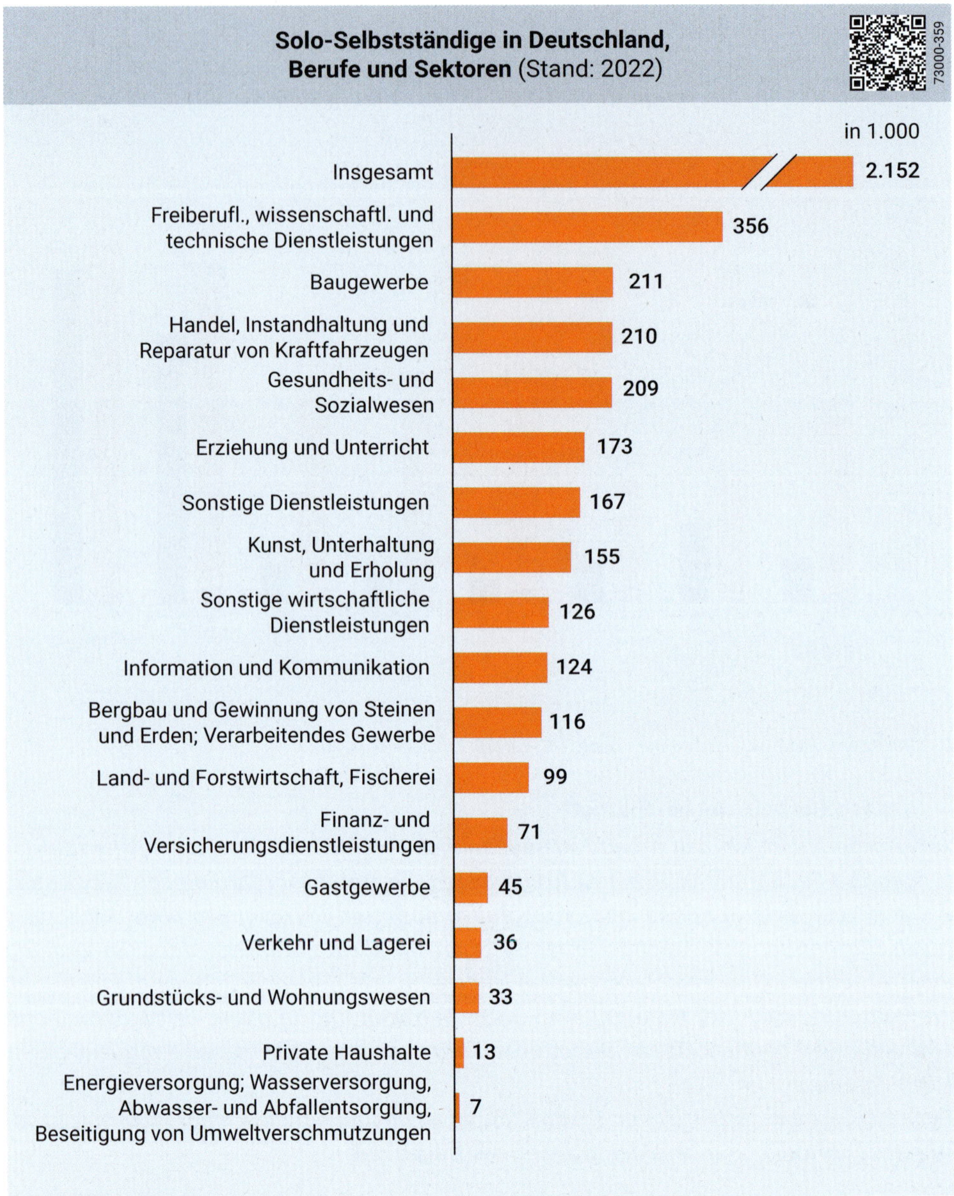

C.C. Buchner Verlag, aktuellste Daten nach: DESTATIS: Mikrozensus, 2019

INFO

Prekarisierung der Arbeit

In Anlehnung an die International Labour Organisation (ILO) kann prekäre Beschäftigung als Erwerbsform gekennzeichnet werden, die den Beschäftigten nur geringe Arbeitsplatzsicherheit gewährt, ihnen wenig Einfluss auf die Ausgestaltung der Arbeitssituation ermöglicht, sie nur begrenzt arbeitsrechtlich absichert und die so deren materielle Existenzsicherung durch Arbeit erschwert.

Autorentext

M10 Das Ende des Normalarbeitsverhältnisses? Die Entwicklung von Beschäftigungsformen in Deutschland

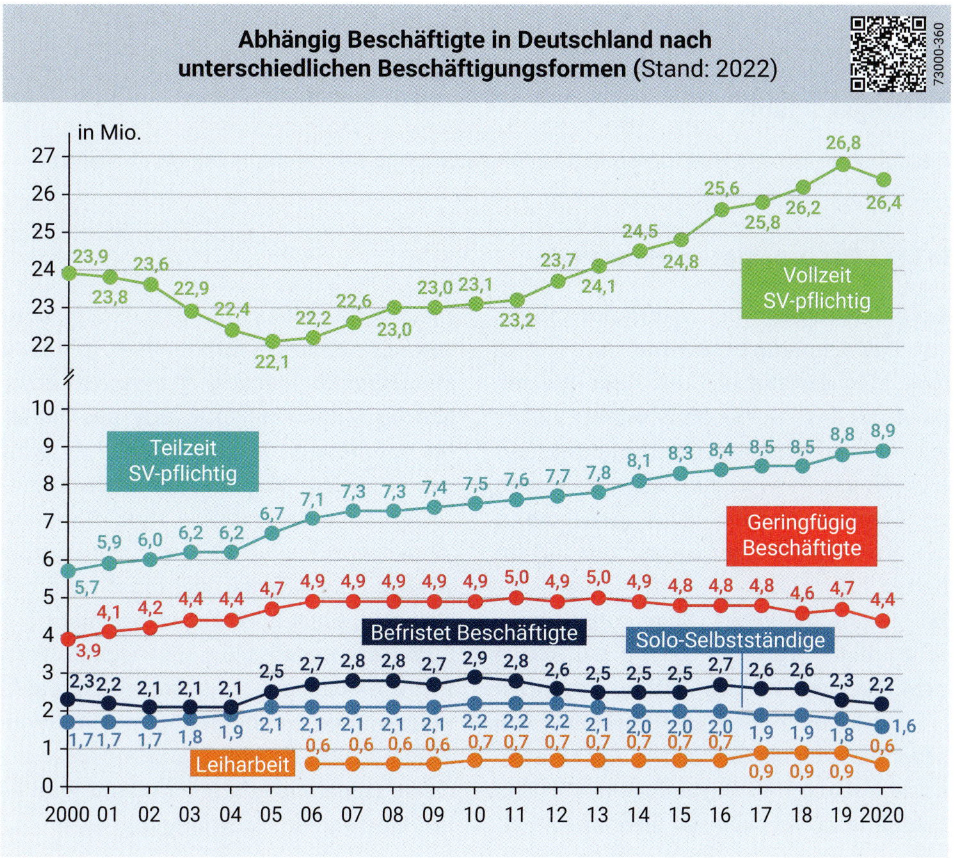

C.C. Buchner Verlag, aktuellste Daten nach: DESTATIS, 2020

Aufgaben

1. Beschreiben Sie ausgehend von **M8** die Folgen atypischer Beschäftigungsverhältnisse für die betroffenen Individuen und die Gesamtgesellschaft. Berücksichtigen Sie u. a. für das Individuum die Aspekte Lebensplanung, soziale Sicherheit und gesellschaftliche Teilhabe, für die Gesamtgesellschaft die Aspekte Steuereinnahmen, Sozialausgaben und gesellschaftlicher Zusammenhalt.
2. a) Analysieren Sie die Statistiken **M9 (a-c)** hinsichtlich der Spezifika ausgewählter atypischer Beschäftigungsverhältnisse.
   b) Erläutern Sie vor dem Hintergrund Ihrer Analyseergebnisse mögliche Interessen und Motive von Unternehmen und Erwerbstätigen, atypische Arbeitsverhältnisse einzugehen.
3. a) Zahlreiche Kommentatoren postulieren für den bundesdeutschen Arbeitsmarkt eine „Prekarisierung der Arbeit". Überprüfen Sie diese These (**M10**, **Infobox**).
   b) Entwickeln Sie aus der Perspektive von (atypisch) Beschäftigten skizzenhaft Forderungen, die die staatliche Arbeitsmarktpolitik bei der Regulierung von Beschäftigungsverhältnissen berücksichtigen sollte.

M zu Aufgabe 2
Analysieren Sie die Statistiken arbeitsteilig und führen Sie Ihre Ergebnisse (beispielsweise) in einem Gruppenpuzzle zusammen. Nutzen Sie hierfür auch die Methodenseite „Statistiken analysieren" (→ Kap. 2.1.3).

M zu Aufgabe 3
Gestalten Sie hierzu einen Leserbrief, den Marco Witterlich an eine überregionale Tageszeitung schreibt.

1.2.4 Was passiert, wenn Arbeitskräfte fehlen? Die Herausforderung des Fachkräftemangels

Fachkräftemangel
Studien gehen davon aus, dass in Deutschland bis 2025 bis zu 2,9 Mio. Arbeitskräfte fehlen werden. Nach Angaben des Bundesministeriums für Wirtschaft sind vor allem folgende Branchen und Berufsgruppen betroffen:

- Akademische Berufsgruppen in den Bereichen Medizin, Ingenieurwesen im Maschinen- und Fahrzeugbau, Elektrotechnik, IT und Softwareentwicklung und Programmierung.
- Handwerk: Elektroinstallation und -montage, Zerspanungstechnik, Kunststoffverarbeitung, Rohrleitungsbau, Schweißtechnik, Maschinenbau.
- Pflege: Kranken- und Altenpflege.

Autorentext

Einstiegsaufgabe

Beschreiben Sie das Phänomen des Fachkräftemangels in Deutschland (**M11, Rand**).

M11 Personalnot im Handwerk

Baubesprechung im Mehrfamilienhaus von Tim Lehmann im Berliner Südwesten. Ewa Maciejewska hat mit ihrer kleinen Baufirma das Treppenhaus saniert [...], für eine Wärmedämmung des Daches gesorgt [...], weil das Haus in die Jahre gekommen ist. Mehrere Wochen hat Tim Lehmann gewartet, bis die Handwerker Zeit für ihn hatten. [...]
Im Gesamthandwerk liegt die durchschnittliche Wartezeit derzeit bei knapp neun Wochen, bis ein Auftrag begonnen werden kann. Im Bau- und Ausbaubereich sogar bei zehn bis 15 Wochen. Auf eine Reparatur seiner Heizungsanlage wartet Tim Lehmann inzwischen seit über einem halben Jahr. [...]
Laut Zentralverband des Deutschen Handwerks fehlen im Handwerk bundesweit 250.000 Mitarbeiter. [...] Ewa Maciejewska beschäftigt sechs langjährige Mitarbeiter, allesamt aus Polen. Für mindestens 15 weitere gäbe es zwar Arbeit genug, aber es sei einfach niemand zu bekommen – trotz Stundenlöhnen von bis zu 30 Euro: „Gute Handwerker, also Arbeiter, die muss man gut bezahlen, sonst funktioniert das nicht. [...]" Gute Handwerker seien inzwischen wertvoll wie Goldstaub. [...] Während ein Fachkräftemangel in anderen Branchen durch Automatisierung und Digitalisierung teilweise aufgefangen werden kann, wird es im Handwerk [...] schwierig [...].

Nehls, Anja: Wie das Handwerk gegen die Personalnot kämpft. In: Deutschlandfunk, 18.10.2021

M12 Welche Ursachen hat der (mögliche) Fachkräftemangel?

„Babyboomer"
Bezeichnung für Angehörige geburtenstarker Jahrgänge. Im geteilten Deutschland sind damit die Geburtsjahrgänge zwischen 1955 und 1969 gemeint, wobei 1964 die Höchstzahl der Geburten erreicht wurde.

Das Wirtschaftsforschungsinstitut Prognos AG hat untersucht, wie sich Arbeitskräftenachfrage und -angebot künftig voraussichtlich entwickeln werden.
Der Mangel an qualifiziertem Personal ist für viele Unternehmen schon heute das Geschäftsrisiko Nummer eins. Und in den kommenden Jahren deutet sich kaum Entspannung an – im Gegenteil. [...] Weil die Babyboomer-Generation Zug um Zug aus dem Arbeitsleben ausscheidet, wird die Lücke 2031 mit 3,6 Millionen fehlenden Fachkräften ihren Höhepunkt erreichen. [...]
Die Nachfrage wird bestimmt durch die weltwirtschaftliche Entwicklung, Veränderungen im Konsumverhalten oder politische Rahmenbedingungen. Eine wichtige Rolle spielt zudem der technologische Wandel, wenn etwa im Zuge der Digitalisierung Algorithmen oder Roboter Jobs übernehmen, die zuvor von Menschen ausgeübt wurden [vgl. Kap. 1.2.2]. [...]
Das Angebot an Arbeitskräften hängt vor allem an der demografischen Entwicklung. Es wird spürbar kleiner werden, wenn in den nächsten 15 Jahren die geburtenstarken Jahrgänge [...] mehrheitlich das Rentenalter erreichen. Kamen 2017 auf einen Rentner noch drei Bürger im erwerbsfähigen Alter, wird dieser sogenann-

te Altenquotient bis zum Jahr 2045 auf eins zu zwei sinken. Ob ausreichend passende Arbeitskräfte zur Verfügung stehen, hängt aber auch von Faktoren wie der Erwerbsbeteiligung von Frauen, der Studien- und Berufswahl, der Zahl der Teilzeitbeschäftigten oder der Zuwanderung ab.

Auf der Nachfrageseite rechnen die Prognos-Experten mit tiefgreifenden Veränderungen. Allein im Handel werden bis 2025 rund 130.000 Beschäftigte weniger benötigt, weil Kunden immer häufiger online ordern. In fast allen Branchen sehen die Experten eine sinkende Nachfrage nach Arbeitskräften – mit wenigen Ausnahmen wie der IT- und Kommunikationsbranche [...] oder dem Gesundheits- und Sozialwesen.

„Gleichzeitig schrumpft in den nächsten Jahren aber die Zahl der Personen im erwerbsfähigen Alter erheblich, sodass unter dem Strich eine Fachkräftelücke entsteht", sagt vbw-Hauptgeschäftsführer Bertram Brossardt. [...] Und: Qualifikation und Bedarf passen immer seltener zusammen, weil zum Beispiel verstärkt Handwerker gesucht werden, es die Schulabgänger aber weiter an die Hochschulen zieht.

Specht, Frank: Demographischer Wandel: Deutschland fehlen bald 2,9 Millionen Arbeitskräfte. In: Handelsblatt online, 01.03.2019

M13 Die Bewältigung des Fachkräftemangels – eine Aufgabe für Unternehmen und Politik

Die [Prognos-]Studie zeigt allerdings auch Auswege aus der Arbeitskräftemisere auf. Denn in ihrem Basisszenario gehen die Forscher zunächst davon aus, dass es auf der Angebotsseite keine Verhaltensänderung gibt. Dass also der Run auf die Hochschulen anhält, dass Frauen und Ältere weiter nur in dem Maße arbeiten wie heute oder dass keine Beschäftigten von einem Teilzeit- in einen Vollzeitjob wechseln. Genau hier liegen aber die Stellschrauben, um dem Mangel entgegenzuwirken. Die Arbeitskräftelücke im Jahr 2025 könnte um rund 1,3 Millionen Personen kleiner ausfallen, wenn Arbeitszeitpotenziale besser genutzt, also vor allem mehr Teilzeit- in Vollzeitjobs umgewandelt würden. [...] Großes Potenzial sieht Prognos auch in einer weiteren Erhöhung der Erwerbsbeteiligung – durch eine bessere Vereinbarkeit von Familie und Beruf, den schnelleren Wiedereinstieg junger Mütter oder den längeren Verbleib älterer Menschen im Beruf. [...]

Auch durch eine bessere Weiterbildung und Qualifizierung von Beschäftigten, eine höhere Durchlässigkeit zwischen Berufen, oder eine breite Bildungsoffensive ließe sich nach Ansicht der Wirtschaftsforscher die absehbare Arbeitskräftelücke verkleinern, wenn auch in deutlich geringerem Maße.

Specht, Frank: Demographischer Wandel: Deutschland fehlen bald 2,9 Millionen Arbeitskräfte. In: Handelsblatt online, 01.03.2019

Digitale Anwendung

72091-10

Aufgaben

1. Erläutern Sie die wesentlichen gesellschaftlichen Ursachen des (drohenden) Fachkräftemangels in Deutschland (**M12**).
2. a) Entwickeln Sie ausgehend von **M13** konkrete Maßnahmen zur Bewältigung des (drohenden) Fachkräftemangels. Unterscheiden Sie dabei zwischen politisch-gesetzlichen sowie unternehmerischen Maßnahmen.
   b) Diskutieren Sie die Realisierungschancen und die Erfolgsaussichten der in Aufgabe 2a entwickelten Maßnahmen.

BO
- Recherchieren Sie, ob in den Berufszweigen, die Sie bislang in die engere Wahl gezogen haben, ein Fachkräftemangel droht oder ein Arbeitskräfteüberhang besteht.
- Reflektieren Sie vor diesem Hintergrund Ihre bisherige Berufswahlplanung.

H zu Aufgabe 2b
Gehen Sie dabei – beispielsweise unter Bezugnahme auf Kapitel 1.2.2 – auf die Spezifika besonders betroffener Branchen und Berufe ein.

F zu Aufgabe 2b
Recherchieren Sie in Ihrer Gemeinde, welche Maßnahmen zur Bewältigung des Fachkräftemangels durch welche Akteure ergriffen werden. Präsentieren und diskutieren Sie ausgewählte Maßnahmen in der Klasse.

1.2.5 (Kein) Gleicher Lohn für gleiche Arbeit!? Geschlechtsspezifische Aspekte des Arbeitsmarktes

Digitale Anwendung

72091-11

Einstiegsaufgaben

- Beschreiben Sie das gesellschaftliche Problem, auf das mit dem Equal Pay Day (**M14**) aufmerksam gemacht werden soll.
- Sammeln Sie (begründete) Vermutungen, wodurch dieses Problem verursacht wird.

M14 10. März 2021: Equal Pay Day in Deutschland

Der Equal Pay Day – sinngemäß auf Deutsch: Tag der gleichen Bezahlung – bezeichnet den Tag im Jahr, von dem an Frauen – aufs Jahr gerechnet – genauso viel Geld verdienen wie Männer. [Anders formuliert: Bis zu diesem Tag arbeiten Frauen rechnerisch umsonst!]
Durchschnittlich 18,62 Euro bekommt eine Frau in Deutschland brutto in der Stunde. Bei einem Mann sind es gut vier Euro mehr: 22,78 Euro. So hat es das Statistische Bundesamt für das Jahr 2020 ausgerechnet. Die Lücke, **Gender Pay Gap** genannt, beträgt somit 18 Prozent. [...] [Im Jahr 2020 lag der Equal Pay Day am 17. März, für 2022 ist der 7. März errechnet worden.]

Fünffinger, Anita: „Eklatante Ungerechtigkeit“ – seit Jahren. In: www.tagesschau.de, 10.03.2021

M15 Frauen und Männer auf dem Arbeitsmarkt

a) Beschäftigungsumfang und Branchen

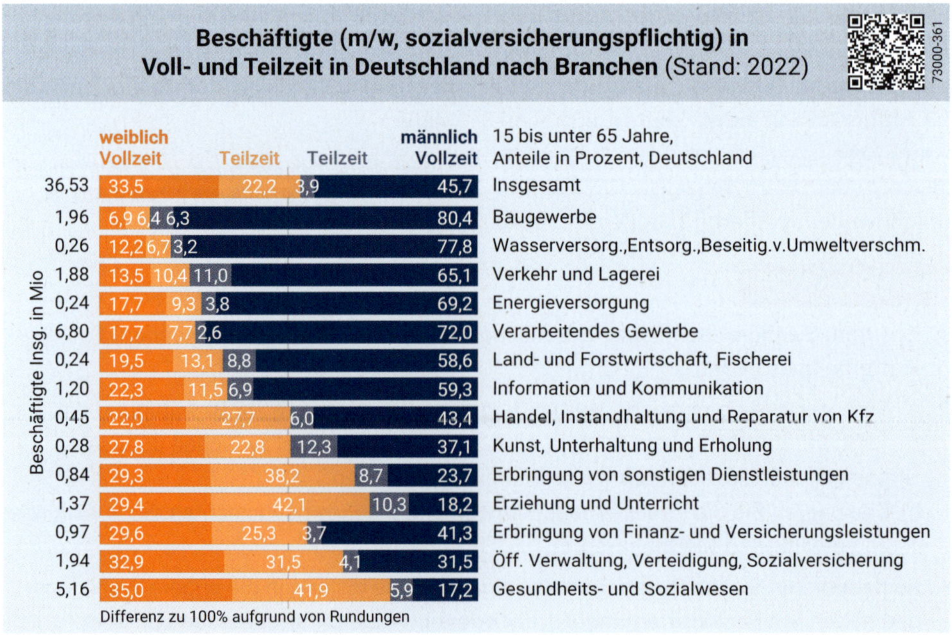

C.C. Buchner Verlag, aktuellste Daten nach: DESTATIS, 2021

Durchschnittsverdienst in ausgewählten Branchen
Monatliches Bruttoeinkommen vollzeitbeschäftigter Arbeitskräfte (II. Quartal 2021)

- Gesundheits- und Sozialwesen: **4.306 €**
- Erziehung und Unterricht: **4.753 €**
- Finanz- und Versicherungsdienstleistungen: **7.414 €**
- Gastgewerbe: **1.894 €**
- Information und Kommunikation: **6.273 €**
- Verarbeitendes Gewerbe: **4.964 €**
- Baugewerbe: **3.860 €**

Zusammenstellung des Autors nach: Statistisches Bundesamt: Verdienste und Arbeitskosten. Fachserie 16, Reihe 2.1, 22.09.2021

b) Qualifikationsstruktur, berufliche Stellung und Verdienst

Anteile und Verdienste vollzeitbeschäftigter Arbeitnehmerinnen und Arbeitnehmer im Produzierenden Gewerbe und im Dienstleistungsbereich
Stand: 2022

73000-362

	Anteil der Arbeitnehmer/-innen in Leistungsgruppen (in %) 			Durchschnittlicher Bruttomonatsverdienst (ohne Sonderzahlungen) (in Euro) 		
	insgesamt	Frauen	Männer	insgesamt	Frauen	Männer
Insgesamt	100	100	100	4.033	3.626	4.209
Arbeitnehmer:innen in leitender Stellung, z. B. Geschäftsführer:innen oder Abteilungsleiter:innen. Die meist kaufmännische oder technische Tätigkeit setzt in der Regel ein Hochschulstudium voraus.	12,1	10,2	13,0	7.329	6.285	7.677
Herausgehobene Fachkräfte, z. B. Meister und Vorarbeiter:innen, die ihre berufliche Kompetenz im Zuge einer mehrjährigen Berufsausbildung sowie von Weiterbildungen erweitert haben.	23,7	24,9	23,2	4.811	4.383	5.009
Fachkräfte führen voraussetzungsreiche Tätigkeiten aus, für die sie sich im Rahmen einer Berufsausbildung qualifiziert haben.	45,1	47,5	44,0	3.343	3.135	3.440
Angelernte Arbeitnehmer:innen führen einfache Tätigkeiten nach einer Anlernzeit von maximal zwei Jahren aus.	13,7	11,6	14,6	2.678	2.413	2.770
Ungelernte Arbeitnehmer:innen führen einfach(st)e Tätigkeiten nach einer Anlernzeit von maximal drei Monaten aus.	5,4	5,8	5,2	2.277	2.140	2.342

C.C. Buchner Verlag, aktuellste Daten nach: DESTATIS, 2021

Bruttogehalt
bezeichnet das vom Arbeitgeber vertraglich zugesicherte Gehalt, von dem noch die an diesem Gehalt (prozentual) orientierte Steuerlast sowie die Arbeitnehmerbeiträge zu den Sozialversicherungen abzuziehen sind; dieses um Steuern und Sozialversicherungsbeiträge „bereinigte" Gehalt wird netto an die Beschäftigten ausbezahlt.

maiLab Video zum Gender Pay Gap

72091-18

M16 (Wie) Lässt sich der Gender Pay Gap erklären?

Zerlegung des Gender Pay Gap Bruttostundenverdienst in Euro (Stand: 2018)

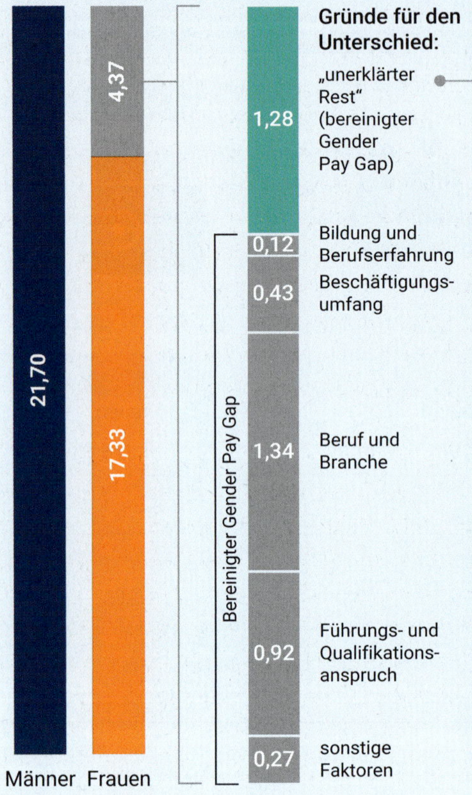

Viele [Aspekte] der Lohnlücke gehen [...] nicht auf freiwillige Entscheidungen von Frauen zurück, sondern sie sind das Ergebnis von Diskriminierung im Arbeitsmarkt – und das gilt auch für jene Faktoren, die im bereinigten Gender-Pay-Gap gar nicht mehr enthalten sind [„unerklärter Rest“]. So gibt es Belege dafür, dass Frauen nicht freiwillig auf Führungspositionen verzichten, sondern dass sie in einer männerdominierten Berufswelt größere Hürden zu überwinden haben. [...] Auch wählen Frauen nicht freiwillig Berufe, die schlechtere Löhne zahlen. Sondern Studien zeigen, dass in Deutschland die Löhne in solchen Berufszweigen sinken, in die Frauen vordringen.
Und viele Frauen suchen sich eben nicht freiwillig aus, gar nicht oder nur wenige Stunden pro Woche zu arbeiten. Sondern es werden ihnen viele Hürden in den Weg gelegt, die es wenig attraktiv machen, überhaupt zu arbeiten oder mehr zu arbeiten. Dazu gehört das umstrittene Ehegattensplitting [vgl. M17]. Es führt dazu, dass es sich für verheiratete Frauen oft kaum lohnt, mehr zu arbeiten.

Fratzscher, Marcel: Nein, der Gender-Pay-Gap ist kein Mythos. In: Zeit online, 22.03.2019

Autorengrafik, Zahlen: Statistisches Bundesamt; © Bundeszentrale für politische Bildung/bpb, Datenreport 2021, Rub. 5.2, Abb 3, S. 172

M17 Wie kann gleiche Bezahlung von Frauen und Männern erreicht werden? Internationale Erfahrungen

Ehegattensplitting
Durch die Kombination der Steuerklassen 3 und 5 ist die Person mit dem höheren Einkommen – meist der Mann – im Vorteil, wohingegen die Person mit dem geringeren Einkommen im Verhältnis eine höhere Steuerlast trägt. Hinzu kommt: Je größer der Lohnunterschied, desto größer die Ausbeute.

„Noch hat kein Land der Welt Entgeltgleichheit erreicht“, sagt Henrike von Platen, [...] Gründerin des gemeinnützigen Fair Pay Innovation Labs (FPI). Aber viele sind auf dem Weg dorthin. Seit 2012 lässt sich in der Europäischen Union beobachten, dass der Gender Pay Gap sinkt, wie aus zuletzt veröffentlichten Daten von Eurostat hervorgeht. Am besten steht Luxemburg mit einem Unterschied von einem Prozent da. Dicht gefolgt von Rumänien, wo der Lohn von Männern und Frauen um drei Prozent voneinander abweicht.
Das liegt an einer Reihe gesetzlicher Initiativen: [...] Besonders die skandinavischen Länder kämpfen stark gegen eine Lohnlücke an. So schreiben Entgelttransparenzgesetze unter anderem vor, dass Unternehmen eine faire Bezahlung nachweisen müssen. Ansonsten drohen Sanktionen. In Island kostet jeder Tag, den ein Unternehmen keine Zertifizierung der Vergütungsstrukturen vorweisen kann, rund 400 Euro.

Und weiter: Die Elternzeit muss unter Paaren aufgeteilt werden und auch das Ehegattensplitting ist zum Beispiel in Schweden bereits vor fast 30 Jahren abgeschafft worden, während es in Deutschland weiterhin besteht. Durch das Ehegattensplitting steigt der Anreiz für Frauen in Teilzeit zu gehen, sobald sie Kinder haben. Fast die Hälfte der sozialversicherungspflichtig beschäftigten Frauen arbeiten in Deutschland in Teilzeit. „Die größte Wahrscheinlichkeit, sich in Deutschland die Karriere zu ruinieren, ist Mutter zu werden", sagt Henrike von Platen [...].

Lehrreich ist auch ein Blick auf den kleinen Inselstaat Neuseeland: Das seit vergangenem August geltende Equal Pay Amendment Bill soll die geschlechtsspezifische Lohndiskriminierung in Branchen, die Frauen dominieren, bremsen. Mit dem neuen Gesetz wird die Bewertung von Arbeit – gerade in frauendominierten Tätigkeitsbereichen – neu aufgestellt, um die Unterbewertung dieser Tätigkeiten aufzuheben. Die Lohnlücke zwischen Männern und Frauen hat das Land seit 1998 halbiert: 2018 lag sie bei 9,3 Prozent. Im weltweiten Vergleich liegt Neuseeland damit auf dem 6. Platz. Doch in dem Inselstaat zeigt sich auch, dass es selbst innerhalb der weiblichen Belegschaften Gerechtigkeitslücken gibt: Frauen europäischer Herkunft verdienen – so das FPI – mehr als Frauen asiatischer Herkunft oder Maorifrauen, also die Angehörigen der einheimischen Bevölkerung Neuseelands. [...]

Weltmeister in Sachen fairer Bezahlung ist Island, verkündete das Weltwirtschaftsforum 2018. In keinem anderen Land schrumpft die Lohnlücke derart schnell, wie das FPI bestätigt. Im Gegensatz zum benachbarten Norwegen, wo Entgelttransparenz gewährleistet wird, indem die Einkommenshöhe der Beschäftigten für andere einsehbar ist, liegt es in Island bei den Unternehmen, für faire Bezahlung zu sorgen. Dies erhöhe laut dem FPI den Druck auf die Unternehmensführung – und sorge dafür, dass die Lohnlücke geschlossen wird. [...]

In einigen Ländern lassen sich aber auch die Unterschiede im Gehalt durch das Bildungsniveau erklären. Eine höhere Bildung ist mit höheren Löhnen verbunden. So wie in Rumänien: Dort beträgt der Anteil hochqualifizierter beschäftigter Frauen 86,4 Prozent. Deshalb steigt das Durchschnittsgehalt und liegt dadurch tatsächlich nah am Lohn der Männer.

Osterholt, Sina: Deshalb klappt Fair Pay in anderen Ländern besser als in Deutschland. In: Wirtschaftswoche online, 08.03.2021

Digitale Anwendung

72091-12

Aufgaben

1. a) Analysieren Sie die Statistiken (**M15**) hinsichtlich der Stellung von Frauen und Männern auf dem deutschen Arbeitsmarkt.
b) Erklären Sie das Zustandekommen des „bereinigten" und „unbereinigten" Gender Pay Gaps (**M15**, **M16**).

2. a) Ordnen Sie die Maßnahmen gegen ungleiche Bezahlung von Frauen und Männern (**M17**) den unterschiedlichen Ursachen des (bereinigten bzw. unbereinigten) Gender Pay Gaps zu.
b) Diskutieren Sie die vorgestellten Maßnahmen hinsichtlich ihrer (vermutlichen) Wirksamkeit und Durchsetzbarkeit auf dem deutschen Arbeitsmarkt.

BO Reflektieren Sie Ihre gegenwärtigen beruflichen Vorstellungen und/oder die Wahl Ihres Praktikumsplatzes vor dem Hintergrund des Gender Pay Gaps.

- Sind Ihre beruflichen Vorstellungen eher typisch oder eher untypisch für Ihr Geschlecht?
- Welche Rolle spielen für Sie der zu erwartende Verdienst sowie berufliche Aufstiegsmöglichkeiten bis hin zu leitenden Tätigkeiten?

M zu Aufgabe 1
Bearbeiten Sie Aufgabenteil a) arbeitsteilig und führen Sie Ihre Teilergebnisse anschließend bei der Bearbeitung von b) zusammen (z. B. in Form eines Partnerpuzzles oder Lerntempoduetts).

F zu Aufgabe 2
Setzen Sie sich kritisch mit der Unterscheidung des „bereinigten" und „unbereinigten" Gender Pay Gaps auseinander.

1.2.6 Brauchen und wollen wir ein Recht auf Homeoffice? Politische Regulierungen für „gute Arbeit" in der Diskussion

Einstiegsaufgaben

- Diskutieren Sie die Forderung nach einem Recht auf Homeoffice auf einer Positionslinie.
- Formulieren Sie – vor dem Hintergrund dieser Diskussion – individuell (Prüf-)Kriterien, von denen Sie Ihre Zustimmung zur Forderung und den konkreten Maßnahmen abhängig machen. Berücksichtigen Sie dabei auch Ihre (gegenwärtigen) Vorstellungen zu Ihrer beruflichen Zukunft.

Hubertus Heil

Das „Mobile-Arbeit-Gesetz" im politischen Prozess
Der hier skizzierte Gesetzesentwurf des Bundesarbeitsministeriums (Herbst 2020) erfuhr erhebliche Kritik und wurde vom Bundeskanzleramt mit Verweis auf weniger weitgehende Verabredungen des Koalitionsvertrages gestoppt. Die 2021 neu gewählte „Ampel"-Koalition hat sich in ihrem Koalitionsvertrag zwar darauf verständigt, Homeoffice gesetzlich klarer zu regeln, jedoch ist (auf Wunsch der FDP) zunächst kein Rechtsanspruch auf Homeoffice vorgesehen.
Autorentext

M18 „Arbeit, die zum Leben passt" – die Gesetzesinitiative für ein Recht auf Homeoffice

Im Herbst 2020 ging der Bundesarbeitsminister Hubertus Heil (SPD) mit der Forderung nach einem gesetzlich verbrieften Recht auf Homeoffice an die Öffentlichkeit, das auch mit (positiven) Erfahrungen des Arbeitens zu Hause während der Corona-Pandemie begründet wurde:
Einen Rechtsanspruch auf 24 Tage Homeoffice im Jahr sollen Beschäftigte künftig haben – sofern keine nachvollziehbaren Gründe dagegen sprechen. Das angekündigte „Mobile Arbeit Gesetz" sieht vor, dass ein Arbeitgeber den Wunsch nach mobiler Arbeit nur dann ablehnen darf, wenn es dafür organisatorische oder betriebliche Gründe gibt.
[...] Der Minister betonte, dass Beschäftigte mit ihrem Arbeitgeber auch mehr als 24 Tage aushandeln könnten. Die 24 Tage seien eine Untergrenze. Beschäftigte und Arbeitgeber könnten sich darüber hinaus individuell in Tarifverträgen oder Betriebsvereinbarungen auf mehr Heimarbeit verständigen. „Alle Beschäftigten bekommen das Recht, mit ihrem Chef über mobiles Arbeiten zu verhandeln", sagte Heil [...]. Für Arbeitgeber sei es damit aber nicht mehr möglich, mobiles Arbeiten aus Prinzip abzulehnen. Darüber hinaus schreibe das Gesetz vor, dass die Arbeitszeit im Homeoffice digital dokumentiert werden müsse. „Auch im Homeoffice muss irgendwann Feierabend sein", sagte Heil.

SPD: Arbeit, die zum Leben passt. In: www.spd.de, 05.10.2020

M19 Fünf Gründe für ein Recht auf Homeoffice

„Wir wollen, dass das Recht auf mobiles Arbeiten gesetzlich abgesichert wird", sagt [der damalige] SPD-Generalsekretär Lars Klingbeil [...]. Denn bislang gilt: Mobiles Arbeiten ist dann möglich, wenn die Arbeitgeber:innen es erlauben. Wenn nicht, schauen Arbeitnehmer:innen in die Röhre. Klingbeil fordert daher: „Das Recht auf Homeoffice kann nicht im Gutdünken der Arbeitgeber liegen." [...]
Rund zwei Drittel der Arbeitnehmer:innen wünschen sich, auch nach dem Ende der Corona-Pandemie weiterhin regelmäßig im Homeoffice zu arbeiten. Zu diesem Ergebnis kommt eine [...] Studie, die vom Bundesarbeitsministerium bei Forschungsinstituten [...] in Auftrag gegeben wurde. Demnach ist einer der entscheidenden Gründe aus Sicht vieler Arbeitnehmer:innen die bessere Vereinbarkeit

von Familie und Beruf. [...] „Wenn beide Eltern einen Beruf haben, in dem mobiles Arbeiten machbar ist, kann nach meinem Vorschlag jede Woche abwechselnd ein Elternteil einen Tag von Zuhause arbeiten. Das erleichtert das Familienleben enorm“, sagt Arbeitsminister Hubertus Heil [...].

Ein weiteres Ergebnis der Studie ist, dass immer mehr Arbeitnehmer:innen bewusst den Anspruch an ihr:e Arbeitgeber:in formulieren, zumindest einen Teil ihrer Arbeitszeit mobil arbeiten zu dürfen. Wird diesem Wunsch entsprochen, steigt auch die Jobzufriedenheit. Die vom Bundesarbeitsministerium in Auftrag gegebene Studie zeigt: 87 Prozent derjenigen, die während der Pandemie zu Hause gearbeitet haben, seien „sehr zufrieden“ oder „zufrieden“ gewesen. [...]

Bereits im August [2020] veröffentlichte Greenpeace eine Studie zu den klimapolitischen Auswirkungen von Homeoffice. Demnach könnten zwei Tage Homeoffice in der Woche den CO_2-Ausstoß um 5,4 Millionen Tonnen pro Jahr senken. Entsprechend unterstützt auch [die damalige] Bundesumweltministerin [...] Heils Vorschlag. Dies sei ein wichtiger Beitrag zu mehr Klimaschutz. Ein Recht auf mobiles Arbeiten helfe dabei, Staus und Pendelverkehre abzubauen [...]. Langfristig würde eine stärkere Verlagerung auf mobiles Arbeiten auch neue Perspektiven für den ländlichen Raum eröffnen, da Arbeitnehmer:innen nicht mehr zwingend in der Nähe des Arbeitsplatzes wohnen müssten.

[...] Zu einem [positiven Ergebnis] kommt [auch] eine Studie der DAK. Die Forschungsinstitute IGES und Forsa hatten für die DAK-Studie 7.000 Beschäftigte zum Thema Homeoffice vor und während der Corona-Pandemie befragt. Viele fühlten sich durch mobiles Arbeiten produktiver. Auch der Stresslevel der Befragten ist im Homeoffice niedriger: Vor der Corona-Pandemie fühlten sich 21 Prozent der Beschäftigten regelmäßig gestresst, in der Krise sind es nur noch 15 Prozent. Der Anteil der Arbeitnehmer:innen, die nie oder nur gelegentlich gestresst sind, stieg von 48 auf 57 Prozent.

Jordan, Jonas: „Mobile-Arbeit-Gesetz“: Fünf Gründe für das Recht auf Home Office. In: www.vorwaerts.de, 05.10.2020

Jonas Jordan ist Redakteur beim „vorwärts“, der zentralen Zeitschrift der deutschen Sozialdemokratie.

M20 Nur positive Effekte? Das Homeoffice aus der Perspektive der Beschäftigten

a) Wie nehmen Beschäftigte das Arbeiten im Homeoffice wahr? Umfrageergebnisse

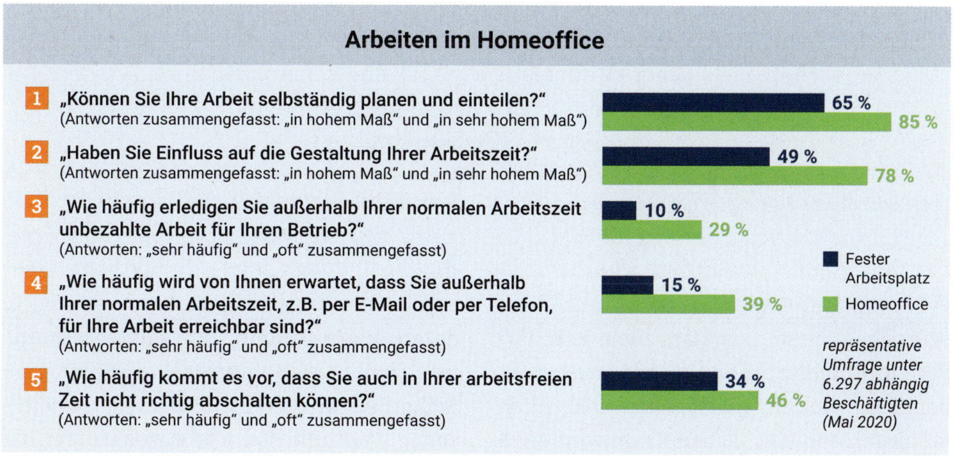

DGB: Arbeiten im Homeoffice. Zwischen Gestaltungsspielraum und Mehrbelastung, Berlin: DGB-Index Gute Arbeit, Kompakt 1/2021

Mobile Arbeit vs. Homeoffice
Der Begriff der **Mobilen Arbeit** ist dahingehend als umfassender zu verstehen, dass hierbei der Arbeitsort nicht vorgegeben ist, sodass Beschäftigte (sofern technisch möglich) auch in einem Co-Working-Space, im Zug oder einer Ferienunterkunft arbeiten können, sofern sie für Arbeitgeber:innen und Kund:innen erreichbar sind, wohingegen das **Homeoffice** in den „eigenen vier Wänden" eingerichtet werden muss. Beide Begriffe werden in der öffentlichen Diskussion und journalistischen Berichterstattung trotz dieser Bedeutungsunterschiede zum Teil synonym verwendet.

b) Welche Probleme könn(t)en aus einem Recht auf Homeoffice resultieren? Überlegungen einer Arbeitssoziologin

taz: Frau Hassel, noch arbeiten viele Beschäftigte wegen der Coronakrise im Homeoffice. Wird das nach der Pandemie so bleiben?

Anke Hassel: Das hängt stark von der Branche, vom Beruf, aber auch vom Vertrauensverhältnis zwischen Arbeitgeber und Arbeitnehmer ab. Es gibt [...] viele Bereiche in der privaten Wirtschaft, in denen die Arbeitgeber [...] den Beschäftigten nicht über den Weg trauen. Das sind Arbeitgeber, die eine direkte Kontrolle über Beschäftigte ausüben. Sie glauben, alle müssen ins Büro kommen, damit sie sie im Blick haben. [...] Selbst wenn man [zukünftig] das Recht einfordern kann, zu Hause zu arbeiten, verbessert es nicht das Klima im Unternehmen. [...] [Andererseits haben] Unternehmen [...] erkannt, dass sie viel Geld sparen, wenn die Leute zu Hause arbeiten. Denn die meisten haben keinen vom Arbeitgeber super ausgestatteten [häuslichen] Arbeitsplatz, die finanzieren das privat. Sie bekommen vielleicht ein Notebook, aber weder Schreibtisch noch Stuhl noch etwas anderes. Arbeitgeber können viel sparen, wenn sie auf Büros und Ausstattung verzichten. Der erste Schritt [...] ist zu sagen: Wir machen jetzt Floating Desk, das heißt, unsere Beschäftigten haben keine festen Arbeitsplätze mehr, die können ja zu Hause arbeiten. Diejenigen, die ins Büro kommen wollen, müssen sich morgens umgucken, wo noch ein Schreibtisch frei ist.

Wir brauchen also ein Recht auf den Arbeitsplatz in der Firma?

Ja. Aber das ist nur schwer mit der Forderung nach dem Recht auf Homeoffice zu verbinden. Dass die Arbeitnehmerseite beides bekommt, ist unwahrscheinlich. Wenn es ein Recht auf Homeoffice gibt, werden die Unternehmen sagen: Okay, dann kriegt ihr auch die Pflicht zum Homeoffice. Dann richten wir euch keinen Arbeitsplatz in der Firma mehr ein. Das wollen aber die allerwenigsten Leute.

Interview: Krüger, Anja: Arbeitgeber können viel sparen. In: die tageszeitung, 01.06.2021

Anke Hassel ist Professorin für Public Policy an der Hertie School of Governance in Berlin. Sie war zuvor wissenschaftliche Direktorin des Wirtschafts- und Sozialwissenschaftlichen Instituts (WSI) der gewerkschaftsnahen Hans-Böckler-Stiftung.

M21 Die Position der Gewerkschaften

„Der geplante Rechtsanspruch von lediglich bis zu 24 Tagen ist eindeutig zu wenig. Das bedeutet gerade einmal einen Anspruch von einem Tag mobiler Arbeit alle zwei Wochen. Ein solcher Minimalanspruch ist eine Konzession an die Arbeitgeber, die bei dem Thema immer noch blockieren."

Reiner Hoffmann, DGB-Vorsitzender

Dpa/Süddeutsche Zeitung: Widerstand gegen Heils Home-Office-Pläne, 04.10.2020

Der DGB-Vorsitzende Reiner Hoffmann differenziert in einem Interview die Positionen der Gewerkschaften:

Wir gehen davon aus, dass viele Beschäftigte ihre Kolleg:innen [...] im Betrieb wiedersehen wollen, gleichzeitig aber auch die durch mobiles Arbeiten gewonnenen Vorteile weiterhin nutzen möchten. Es ist unser Anspruch, einen gesunden Mix durch klare Regeln für selbstbestimmte Arbeit im Homeoffice, ausreichende Sicherheit im Betrieb und mehr Arbeitszeitsouveränität für alle Beschäftigten zu gestalten. [...] Der Rechtsanspruch würde Arbeitnehmer:innen neue Freiheit ermög-

lichen, wenn die Rahmenbedingungen dafür stimmen. [...]
Außerdem muss klar sein, dass Beschäftigte zwar ein Recht auf mobiles Arbeiten haben, aber keine Pflicht, dieses Angebot anzunehmen. Nicht jeder kann und will von Zuhause arbeiten, etwa weil die räumlichen Gegebenheiten nicht passen, die familiäre Situation es nicht zulässt oder eine Abgrenzung zwischen Beruf und Privatleben gewünscht ist. Das A und O ist deshalb, dass Arbeiten von Zuhause freiwillig bleibt.

Interview: Goffart, Daniel: Arbeitgeber sind in der Pflicht, für Schutz am Arbeitsplatz zu sorgen. In: Wirtschaftswoche, 24.05.2021

M22 Die Position der Arbeitgeberverbände

Das Weisungsrecht des Arbeitgebers hinsichtlich des Arbeitsortes und der Arbeitszeit ist konstitutiv für die Arbeitsbeziehungen und verfassungsrechtlich abgesichert. Eine Beschränkung dieses Rechts durch einen gesetzlichen Anspruch auf mobiles Arbeiten oder Homeoffice wäre ein schwerwiegender Eingriff in die Unternehmerfreiheit und mit höherrangigen verfassungsrechtlichen Erwägungen nicht vereinbar. Statt eines starren Anspruchs auf mobiles Arbeiten sind nachhaltige Maßnahmen in Erwägung zu ziehen, die die Bereitschaft der Vertragsparteien steigern können, entsprechende Instrumente zu nutzen. [...]
Insgesamt bieten [bereits] 61 % aller Unternehmen in Deutschland ihren Beschäftigten, für die das möglich ist, die Option zum mobilen Arbeiten an. [...] Die gegenüber dem mobilen Arbeiten engere Beschäftigungsform des Homeoffice bieten 35 % der Betriebe an [...]. Das IAB hat auch festgestellt, dass beispielsweise fast zwei Drittel der Beschäftigten, die bisher kein Homeoffice genutzt haben, dies nicht möchten, weil eine Trennung von Beruf und Privatleben gewünscht ist.
Diese Zahlen zeigen, dass es keines gesetzgeberischen Anstoßes bedarf, um mobiles Arbeiten zu fördern. Im Gegenteil, dort, wo mobiles Arbeiten möglich ist, gehört ein entsprechendes Angebot an die Beschäftigten zum Gesamtpaket, um als Arbeitgeber in Zeiten des demografischen Wandels und Fachkräftemangels attraktiv insbesondere für junge Fachkräfte sein zu können.

Bundesvereinigung der Deutschen Arbeitgeberverbände (BDA): Flexibler Rahmen für mobiles Arbeiten muss gesichert werden. In: www.arbeitgeber.de, 18.11.2020

Digitale Anwendung
72091-13

Aufgaben

1. a) Stellen Sie (mögliche) Gründe für die Einführung sowie die konkrete Ausgestaltung eines Arbeitnehmerrechtes auf Homeoffice bzw. Mobiles Arbeiten (**M18**, **M19**) dar.
   b) Erläutern Sie ausgehend von **M20** Probleme und Herausforderungen, die sich im Zusammenhang mit dem Arbeiten im Homeoffice ergeben (können).
2. a) Arbeiten Sie die Positionen von Gewerkschaften (**M21**) und Arbeitgeberverbänden (**M22**) zur Frage des Mobilen Arbeitens heraus.
   b) Erläutern Sie diese vor dem Hintergrund der Herausforderungen des Mobilen Arbeitens (Aufgabe 1b).
3. Beschäftigte sollten – in den Branchen, in denen dies grundsätzlich möglich ist – einen Rechtsanspruch auf Homeoffice haben. Nehmen Sie zu dieser arbeitspolitischen Forderung Stellung.

BO Reflektieren Sie, welche Bedeutung die Möglichkeit oder sogar eine Pflicht zum Mobilen Arbeit für Ihre eigene Berufswahlentscheidung hat.

H zu Aufgabe 1
Unterscheiden Sie hinsichtlich der Gründe und Probleme zwischen den Perspektiven bzw. Vorteilen der Gesamtgesellschaft, der Arbeitgeber:innen sowie der Arbeitnehmer:innen. Konkretisieren Sie diese anhand des Fallbeispiels der „Senzorga AG“ (Kap. 1.1).

M zu Aufgabe 2
Stellen Sie die Positionen beispielsweise tabellarisch oder in einem Venn-Diagramm gegenüber.

Sachverhalte und Probleme multiperspektivisch beurteilen (Urteilskompetenz I)

Sie werden später auch verschiedene Urteilskategorien und Grundwerte berücksichtigen.
→ vgl. hierzu Urteilsbildung II, Kap. 3.2

Warum soll ich multiperspektivisch urteilen können?
Tagtäglich begegnen uns in Alltagsgesprächen und in der Medienberichterstattung gesellschaftliche, wirtschaftliche und politische Themenkomplexe, die von einer großen Kontroversität gekennzeichnet sind. Dass diese Streitfragen von unterschiedlichen Personen unterschiedlich bewertet werden, hängt häufig mit ihrer Zugehörigkeit zu einer bestimmten Personengruppe zusammen, die mit ihrer eigenen Perspektive, den eigenen Interessen das Problem betrachtet und bewertet.
Für einen respektvollen demokratischen Diskurs ist es unerlässlich, die Vielfalt der (legitimen) Perspektiven auf ein Problem anzuerkennen und sich mit diesen unterschiedlichen Perspektiven auseinanderzusetzen. In den auf eine Beurteilung abzielenden Aufgabenstellungen (AFB III) des Politik-Wirtschaft-Unterrichts wird in diesem Sinne von Ihnen erwartet, dass Sie sich dieser Multiperspektivität politischer Positionen bewusst sind und – zumindest probeweise – auch solche – demokratisch legitimen – Positionen einnehmen, die sich nicht mit Ihrer eigenen Haltung decken.

Was bedeutet es, multiperspektivisch zu urteilen?
In allen urteilsbildenden Aufgabenstellungen („Beurteilen Sie“, „Erörtern Sie“, „Nehmen Sie Stellung“) soll daher Ihre Argumentation unterschiedliche, für die Problemstellung relevante gesellschaftliche Perspektiven berücksichtigen (Hauptteil), ehe Sie aus dieser (probeweisen) Perspektivübernahme Ihr individuelles Urteil (Schlussteil) entwickeln.

Häufig relevante gesellschaftliche Perspektiven mit ihren spezifischen Interessen und Haltungen

Arbeitnehmer:innen

- (langfristige) Sicherung des eigenen Arbeitsplatzes
- Sicherung oder Erhöhung des Arbeitseinkommens
- Anregendes, abwechslungsreiches Arbeitsumfeld
- Vermeidung zu hoher Arbeitsanforderungen …

Konsument:innen

- Große Vielfalt verfügbarer Produkte
- mit hoher Qualität und
- zu günstigen Preisen
- Schutz vor gesundheitsschädlichen, technisch unsicheren Produkten o. ä.
- „ethisch“ motivierte Konsument:innen: gute Arbeitsbedingungen und umweltverträgliche Produktionsverfahren bei Herstellung des gewünschten Produktes …

Politisch Entscheidende

- Anerkennung der politischen Entscheidungen
- Chancen der Wiederwahl
- Wahrung des Gemeinwohls …

Unternehmen

- Gewinnmaximierung
- (fortgesetzter) Erfolg am Markt
- Existenzsicherung …

Staat/Gesellschaft

- Gewährleistung eines angenommenen Gemeinwohls, zum Beispiel Schutz der Umwelt oder nachhaltiger Umgang mit natürlichen Ressourcen
- Wahrung des friedlichen Zusammenlebens aller Bürgerinnen und Bürger
- Wahrung der Handlungsfähigkeit und Souveränität des Staates nach innen und außen …

Unterschiedliche Betroffenengruppen einer politischen Maßnahme – weitere Beispiele

- Eltern und kinderlose Paare in Fragen der Familienpolitik
- Arbeitnehmer:innen und Arbeitslose in Fragen der Arbeitsmarkt-/Sozialpolitik
- Arbeitnehmer:innen vs. Rentner:innen in Fragen der Alterssicherung
- Staatsbürger:innen und Migrant:innen in Fragen der Einwanderungs- und Flüchtlingspolitik
- Sozial besser und sozial schlechter Gestellte in Fragen der Steuerpolitik …

Wie bereite ich die multiperspektivische Beurteilung eines Problems auf?
Im Folgenden wird eine Schrittfolge vorgestellt, die aber nicht rein schematisch „abgearbeitet“ werden soll. Insbesondere die Schritte 2 und 3, aber auch 4 und 5 greifen stark ineinander.

1 Die Urteilsfrage verstehen

- Grenzen Sie die Problemstellung, um die es gehen soll, möglichst genau ein.
- Formulieren Sie nach Möglichkeit zwei gegensätzliche Thesen, die die Extrempole einer Positionslinie abbilden.
- Beispielsweise stehen häufig konkrete politische Forderungen, konkrete politische Regelungskonzepte oder Thesen zu einer Problemstellung im Zentrum der Aufgabenstellung.

▼

2 Perspektiven festlegen

- Für welche Personengruppen, kollektive Akteure und Institutionen ist die Problemstellung bzw. die Forderung von Bedeutung?
- Welche Positionen nehmen diese (vermutlich) auf der Positionslinie (Schritt 1) ein?

▶

3 Argumente herausarbeiten und entwickeln

- Arbeiten Sie aus Materialien (meinungsbetonte Texte, aber ggf. auch statistisches Material) Argumente für beide Positionen zur Entscheidungsfrage heraus.
- Ordnen Sie diese Argumente den für die Problemstellung relevanten gesellschaftlichen Perspektiven zu.
- Entwickeln Sie – vor allem für die noch zu wenig berücksichtigten Perspektiven – weitere plausible Argumente. Nutzen Sie hierfür Ihr unterrichtliches Wissen.
- Achten Sie darauf, Ihre Argumente nachvollziehbar zu begründen und mit Belegen zu stützen.

Die schriftliche Ausarbeitung der Urteilsaufgabe orientiert sich an den Gliederungsprinzipien einer Erörterung (vgl. auch Schritt 4), die Ihnen aus dem Deutschunterricht der Sekundarstufe I geläufig sind.
→ vgl. hierzu auch Urteilsbildung II, Kap. 3.2

▼

4 Argumente ordnen

- Um die Ausarbeitung des Hauptteils zu strukturieren, ist es sinnvoll, die Pro- und Kontra-Argumente („Ping-Pong-Modell“) aufeinander zu beziehen. Stellen Sie also diejenigen gegensätzlichen Argumente gegenüber, die sich auf den gleichen Teilaspekt des Problems beziehen.
- Diese gleichen Aspekte können auch Urteilskategorien und Grundwerte darstellen (vgl. Urteilsbildung II, Kapitel 3.2).

▼

5 Argumente gewichten

- Bereiten Sie Ihr individuelles Urteil vor (Schritt 6), indem Sie die wichtigsten Argumente identifizieren.
- Dabei spielt Ihre persönliche Sicht selbstverständlich eine wichtige Rolle. Überprüfen Sie aber (selbst)kritisch, ob Ihre Auswahl allgemeingültigen Kriterien der Gewichtung Stand hält (z. B. Art und Schwere wahrscheinlicher Folgen für die Betroffenen, Handlungsmöglichkeiten/Selbstbestimmung von Akteuren und Betroffenen, Relevanz für gesellschaftliche Normen und Werte und den gesellschaftlichen Zusammenhalt ...).

▶

6 Eigenes Urteil entwickeln

- Nun formulieren Sie Ihr persönliches Urteil möglichst prägnant.
- Hierzu begründen Sie, welche der im Hauptteil angeführten Argumente und Perspektiven für Ihr Urteil maßgeblich sind (vgl. Schritt 5).

▼

7 Einordnung und Reflexion der eigenen Position

- Hier können Sie zusätzlich Ihre eigene Position in ein Theoriegebäude einordnen.
- Zudem wäre es möglich, dass Sie der Herkunft Ihrer politischen Überzeugung nachspüren (Einfluss von Familie, Freunden, Vorbildern; soziales Herkunftsmilieu...).

1.2.7 Zurück in die Klassengesellschaft? Die Sozialstruktur der spätmodernen Gesellschaft und ihre Folgen

Einstiegsaufgaben

- Beschreiben Sie die (visualisierten) Modelle sozialer Ungleichheit (**M23**) und fassen Sie die jeweilige Vorstellung von Gesellschaft in Form eines Titels zusammen.
- Welches Modell (**M23**) repräsentiert Ihrer Einschätzung nach am treffendsten die Gegenwartsgesellschaft der Bundesrepublik Deutschland?
  - Begründen Sie Ihre Auswahl und
  - konkretisieren Sie diese, indem Sie sich selbst und andere Gesellschaftsmitglieder im ausgewählten Modell verorten.

M23 Visualisierung sozialer Ungleichheiten

Die Wissenschaftsdisziplin der Soziologie fragt u. a. danach, wie Gesellschaften organisiert und aufgebaut sind. Dabei untersucht sie beispielsweise, anhand welcher Merkmale Individuen und sozialen Gruppen ein (niedriger oder hoher) gesellschaftlicher Status zugeschrieben wird. Auf Grundlage dieser Analyse der Sozialstruktur einer Gesellschaft entwickel(te)n Soziolog:innen Modelle sozialer Ungleichheit, die häufig mit folgenden Grafiken visualisiert werden.

Autorengrafiken

M24 Auf dem Weg in eine neue Klassengesellschaft?

Andreas Reckwitz (*1970) ist Professor für Allgemeine Soziologie und Kultursoziologie an der Humboldt-Universität Berlin.

Der Soziologe Andreas Reckwitz entwickelte in seinen Büchern „Die Gesellschaft der Singularitäten" (2017) und „Das Ende der Illusionen" (2019) ein Modell der Sozialstruktur „spätmoderner Gesellschaften", in dem er das Konzept der sozialen Klasse – verstanden als eine soziale Gruppe, die sich durch gemeinsame bzw. ähnliche materielle Ressourcen sowie, damit korrespondierend, ähnliche Wertvorstellungen und ein bestimmtes Prestigeniveau auszeichnen – als zentrales Analysekonzept verwendet. Dabei greift Reckwitz auf das Modell der Kapitalsorten des französischen Soziologen Pierre Bourdieu zurück.

a) Die neue Mittelklasse: Erfolgreiche Selbstverwirklichung im urbanen Umfeld

Charakteristikum	„Die neue Mittelklasse ist die kulturell, ökonomisch und politisch einflussreichste Gruppe der spätmodernen Gesellschaft."
Bildung und Beruf	Sie ist die „Klasse der Hochqualifizierten" und somit „eine Akademikerklasse".

Einkommen und Vermögen	Das ökonomische Kapital in Form von Einkommen und Vermögen ist zwar insgesamt „durchschnittlich bis überdurchschnittlich", weist jedoch zugleich eine große Bandbreite zwischen eher unterdurchschnittlichen Einkommen in der Kreativbranche und überdurchschnittlichen Einkommen beispielsweise in den Bereichen Medizin und Recht auf.
Wohnen	Angehörige der neuen Mittelklasse leben vor allem in aufstrebenden Metropolregionen und universitär geprägten Großstädten.
Lebensführung und kulturelle Praxis	Das einende Band für die neue Mittelklasse ist auch ihr ausgeprägtes kulturelles Kapital, das sich in beruflichem und außerberuflichem „Streben nach Selbstentfaltung" zeigt. Diese „Arbeit an der Lebensqualität durchzieht die Lebensführung in allen Bereichen: Nichts soll nur Mittel zum Zweck sein, alles soll nach Möglichkeit selbst einen Wert haben. Der Beruf beispielsweise soll nicht nur dem Broterwerb dienen, sondern erfüllend sein und die intrinsische [aus dem Inneren entspringende] Motivation ansprechen. [...] Das Essen soll nicht nur sättigen, sondern ethisch gut und/oder ästhetisch vielseitig sein. Das Kind ist nicht einfach da, sondern bringt den Eltern Erfahrungen, die sie nicht missen wollen. Die Erziehung zielt nicht auf Anpassung ab, sondern auf die Entfaltung der Begabungen und Bedürfnisse. Der Wohnort ist nicht einerlei, sondern soll attraktiv sein, zum Beispiel Kultur-, Bildungs- und Freizeitangebote bieten." Auch wenn die Angehörigen der neuen Mittelklasse somit hinsichtlich ihrer beruflichen Positionen und ihrer Lebensführung Gemeinsamkeiten aufweisen, ist die Lebensführung in dieser Klasse besonders auf Singularisierung ausgerichtet: „Was das Leben ausmacht, soll nicht standardisiert und ‚von der Stange' sein, sondern einzigartig, besonders und authentisch".

b) Die alte Mittelklasse: Ordnung, (Selbst-)Disziplin und Verwurzelung

Charakteristikum	Die alte – „man könnte auch sagen: die traditionelle – Mittelklasse [...] war einmal das ‚Maß aller Dinge', sie verkörperte ‚Mitte und Maß', die Mitte als Ausdruck des Normalen und Allgemeingültigen. Inzwischen hat sie diese kulturell dominierende Position jedoch eingebüßt."
Bildung und Beruf	„Die alte Mittelklasse umfasst vor allem Personen in mittleren beruflichen Positionen mit mittleren Bildungsabschlüssen: Facharbeiter, Angestellte mit Berufsausbildung, die klassische Büro- und Dienstleistungstätigkeiten ausüben, Beamtinnen im mittleren Dienst, selbstständige Handwerker".
Einkommen und Vermögen	„Materiell ist man weiterhin durchaus wohlsituiert oder leidlich versorgt, Einkommen und Vermögen sind meist guter Durchschnitt (mit Ausschlägen nach oben und unten)."
Wohnen	Angehörige der alten Mittelklasse leben vor allem „in den Klein- und Mittelstädten sowie im ländlichen Raum. In der Regel sind dies auch die Herkunftsregionen: Die alte Mittelklasse ist ein sesshaftes Milieu [...]."
Lebensführung und kulturelle Praxis	Die Lebensführung ist einerseits auf die Sicherung der materiellen Lebensgrundlage ausgerichtet. Andererseits „erschöpft sie sich nicht in einem reinen Materialismus. Ein Wertehorizont der Selbstdisziplin, der Ordnung und der nicht nur räumlichen, sondern auch sozialen Verwurzelung bilden den kulturellen Rahmen der Lebensführung. [...] Man entwickelt einen Stolz für die ‚harte' [...] Arbeit. [...] Eher abschätzig blickt man daher auf jene, die nicht für ihren Lebensunterhalt arbeiten, sondern beispielsweise von staatlicher Hilfe abhängen. Das Familienethos der alten Mittelklasse basiert häufig auf dem Modell einer traditionellen Arbeitsteilung zwischen den Geschlechtern und der aktiven Unterstützung innerhalb der Familie."

Spätmoderne
Die spätmoderne Gesellschaft ist für Reckwitz geprägt durch
- die ökonomische Dominanz des Dienstleistungssektors,
- eine immer größere Bedeutung höherer, vor allem akademischer Bildung sowie
- einen Wertewandel, in dessen Verlauf die Orientierung an Selbstentfaltung und Nicht-Materiellem die Orientierung an Pflichten, Bindungen und materiellem Konsum sukzessive ablöst.

Kapitalsorten
Pierre Boudieu (1930-2002) unterscheidet in seinen soziologischen Analysen der „feinen Unterschiede" (1979) zwischen
- ökonomischem Kapital in Form von Einkommen und Vermögen,
- kulturellem Kapital in Form von Bildung (im Sinne eines umfassenden, über Zeugnisse hinausgehenden Bildungsverständnisses),
- sozialem Kapital in Form von („nützlichen") sozialen Beziehungen und Gruppenzugehörigkeiten sowie
- symbolischem Kapital in Form von Ansehen und Prestige,

wobei sich der „Besitz" einer bestimmten Kapitalsorte positiv auf die „Vermehrung" anderer Kapitalsorten auswirken kann.

Autorentext

c) Die prekäre Klasse: Irgendwie durchwurschteln

Charakteristikum	Die prekäre Klasse ist die „Klasse mit strukturell unsicheren Lebensbedingungen", wobei diese Klasse in zwei Hauptgruppen differenziert werden kann:
Teilgruppen nach Arbeitsmarktposition	• „Ein Teil dieser Gruppe bewegt sich außerhalb des Arbeitsmarktes, lebt von staatlicher oder familiärer Unterstützung und zählt damit zu jenen, die man soziologisch mit dem Etikett der ‚Ausgeschlossenen' oder der ‚Überflüssigen' versehen hat. Diese Gruppe findet sich vor allem in deindustrialisierten, strukturschwachen Regionen [...]." • „Ein anderer, wichtiger Teil der prekären Klasse ist das sogenannte Dienstleistungsproletariat oder die *service class*. Diese konzentriert sich auf die Metropolregionen, welche die entsprechenden Arbeitsplätze in großer Zahl anbieten."
Bildung	• Man hat keine oder formal nur niedrige Bildungszertifikate erworben, die zudem im Kontext der Bildungsexpansion einer zunehmenden Entwertung unterliegen.
Einkommen und Vermögen	• „Das Einkommen ist in der Unterklasse generell unterdurchschnittlich, man [...] ist in den Sozialsystemen schwach abgesichert und ohne Vermögen."
Lebensführung und kulturelle Praxis	• Die Lebensführung ist daher von einem „Sichdurchschlagen oder Sichdurchwurschteln" geprägt: „Leitend für die prekäre Lebensführung ist so das Motiv des Umgangs mit den immer wieder neuen Schwierigkeiten des Lebens, mit einer Vielzahl von alltäglichen Widrigkeiten, die leicht eine existenzielle Wucht entfalten können (etwa Krankheit, Scheidung, Arbeitslosigkeit, Überschuldung, Wohnungsprobleme, Schwierigkeiten in der Schule). Der Zeithorizont der Lebensführung ist hier notgedrungen kurzfristig, eine langfristige Planung erscheint nicht möglich." • Kulturell verliert die prekäre Klasse – vor allem auch das „Dienstleistungsproletariat" – auch deshalb an Einfluss, da körperlich harte Arbeit immer weniger Ansehen genießt.

Oberklasse
In Reckwitz' Klassenmodell gibt es darüber hinaus die zahlenmäßig kleine (ca. 1 % der Bevölkerung) Oberklasse, die sich von den anderen Klassen vor allem dadurch unterscheidet, dass sie – auch wenn sie vielfach in sehr hohen Positionen erwerbstätig ist – von ihrem Vermögen leben kann, das geerbt und/oder an Kapitalmärkten erheblich vermehrt wird.

a)-c) Reckwitz, Andreas: Das Ende der Illusionen. Politik, Ökonomie und Kultur in der Spätmoderne. Berlin: Suhrkamp 2019, a) S. 90, 93; b) S. 97ff.; c) S. 103f.

M25 Warum gibt es eine neue Klassengesellschaft?

Die industrielle Moderne erodiert [hier: schrumpft, verschwindet] seit den 1970er Jahren und macht spätestens seit den 1990er Jahren einer Spätmoderne Platz [...]. Für diesen Strukturwandel lassen sich insbesondere drei Ursachenbündel festmachen:
Die erste Ursache ist eine kulturelle und zugleich sozialstrukturelle. In den 1970er Jahren findet in den westlichen Ländern [...] ein Wandel der leitenden Lebenswerte statt: Die Werte der sozialen Pflichten und der sozialen Anpassung verlieren an Rückhalt, jene der Entfaltung und Verwirklichung des Selbst gewinnen hingegen an Überzeugungskraft. [...]
Getragen wird [diese Revolution zweitens] insbesondere von der seit den 1970er Jahren aufsteigenden neuen Mittelklasse: jener stetig anwachsenden Gruppe von Akademiker/-innen, die von der Bildungsexpansion profitiert und über Lebensstandard hinaus nach Lebensqualität streben.
Der kulturelle Wandel geht [drittens] mit einem ökonomischen Wandel Hand in Hand: Die Industriegesellschaften verwandeln sich in postindustrielle Gesellschaften. [Der Großteil] der ökonomischen Wertschöpfung und der Erwerbstätigkeit findet sich nicht mehr im [...] industriellen Sektor, sondern im [...] Dienstleistungssek-

tor. Dies hat Auswirkungen auf Seiten des Konsums wie der Erwerbsarbeit: Die postindustrielle Ökonomie differenziert ihr Konsumangebot enorm aus. Es findet eine [...] Konsumentenrevolution statt, die weniger auf Massenkonsum von Standardgütern setzt, deren Bedarf rasch gesättigt ist, als auf symbolische Güter, Erlebnisse, Dienste und mediale Formate in großer Differenziertheit. [...] In den Konsumgütern mutiert die Ökonomie seit den 1980er Jahren so von einem industriellen zu einem [...] kognitiven Kapitalismus: Mit der Entindustrialisierung Hand in Hand geht die Expansion der Wissensökonomie für Hochqualifizierte. Dies sind die Arbeitsplätze der neuen Mittelklasse.

Reckwitz, Andreas: Die Gesellschaft der Singularitäten. In: Politische Bildung: Wochenschau Verlag: Heft 1/2019, S. 14

M26 Die Bundestagswahlen 2021 – Ausdruck einer neuen Klassengesellschaft?

PhiloMag: Herr Reckwitz, die Bundestagswahl [2021] hat gezeigt: CDU und SPD sind keine großen Volksparteien mehr. Wie deuten Sie diesen Wandel?

Andreas Reckwitz: Das ist in der Tat eines der wichtigsten Ergebnisse der Wahl: [...] Die ehemaligen Volksparteien der Konservativen und Sozialdemokraten sind bestenfalls mittelgroß, eine größere Zahl weiterer Parteien etabliert sich, Regierungsbildungen werden schwieriger und sind dabei eher Umgruppierungen aus der Mitte heraus, der klassische Rechts-Links-Gegensatz verblasst. Der Hintergrund ist eine sich verändernde Sozialstruktur [...]. In der organisierten Moderne unter der „Herrschaft des Allgemeinen" konnten Volksparteien dominieren, die durchaus recht verschiedene Lebenswelten vereinigten. In der Spätmoderne verlangen die sich ausdifferenzierenden Milieus und kulturellen Klassen, die sich jeweils „singularisieren", passend zugeschnittene Identifikationsangebote der Parteien. Davon profitieren Parteien mit eindeutigen Profilen wie die Grünen, die FDP oder die AfD.

FDP und Grüne wollen [im Zuge der Sondierungsgespräche vor Koalitionsverhandlungen] nun den Takt vorgeben und zunächst auf die SPD zugehen. Das ist, als Verfahren, neu. Sehen Sie in dieser Veränderung ein Zeichen, gar eine Chance?

[...] Im Zuge der spätmodernen Bildungsexpansion und Akademisierung gewinnt eine neue Mittelklasse an sozialem, kulturellem und politischem Gewicht, also vor allem Hochqualifizierte aus den Metropolregionen. Grüne und FDP sind letztlich die Repräsentanten der beiden Flügel dieser neuen Mittelklasse [...]. Gegenseitig beäugt man sich durchaus kritisch [...], aber letztlich teilt man einige grundsätzliche Gemeinsamkeiten, etwa die starke Bildungs- und Leistungsorientierung, die positive Haltung gegenüber der Globalisierung, gegenüber Europa und dem Westen oder die Bedeutung von Bürgerrechten, ebenso ist die Ausweitung der Digitalisierung ist ein wichtiges Thema.

Interview: Erhard, Dominik. In: Philosophie Magazin (online), 29.09.2021

Aufgaben

1. a) Beschreiben Sie Reckwitz' Drei-Klassen-Modell der spätmodernen Gesellschaft (**M24**).
   b) Vergleichen Sie dieses Modell mit den in **M23** visualisierten Modellen.
2. Erläutern Sie die Gründe für die Herausbildung der Drei-Klassen-Struktur in der Spätmoderne (**M25, Kap. 1.2.2-1.2.4**).
3. Diskutieren Sie (mögliche) politische Folgen einer neuen Klassengesellschaft (**M26**).

F zu Aufgabe 1b) Visualisierung der Gesellschaftsmodelle

72091-14

F zu Aufgabe 3
Nutzen Sie die Ergebnisse der Bundestagswahlen 2021 für Ihre Argumentation.

Arbeit in der modernen Gesellschaft

Arbeit gilt als ein zentraler Integrationsmotor in modernen Gesellschaften. Sie ist für sehr viele Menschen Teil ihrer **Identität** und entscheidet – über das erzielte Einkommen – mit über Chancen der gesellschaftlichen Teilhabe. Das bedeutet im Umkehrschluss jedoch auch, dass Arbeitslosigkeit oder eine Beschäftigung im Niedriglohnsektor vielfach von gesellschaftlicher Teilhabe ausschließen.
Da Arbeit einen so zentralen Stellenwert für die Identität und die **soziale Position** der Individuen hat, entstehen um die Ausgestaltung von Arbeitsbeziehungen immer wieder politische Konflikte auf betrieblicher (vgl. Fallbeispiel „Senzorga AG in Kap. 1.1) und gesamtgesellschaftlicher (vgl. Debatte um „Recht auf Homeoffice" in Kap. 1.2.6) Ebene.

Digitalisierung – das Ende der (Erwerbs-)Arbeit?
(Basiskonzept: Interaktionen und Entscheidungen)
M2, M3
siehe auch Kap. 1.1

Gegenwärtig erleben wir eine **„Vierte industrielle Revolution"**, in deren Zuge die fortschreitende **Digitalisierung** Güterproduktion und Konsum radikal verändert. Dazu gehört die zunehmende **Vernetzung autonomer und lernender Endgeräte** (z. B. Roboter, 3D-Drucker, automatisierte Transportsysteme) **und Anwendungen** (z. B. Algorithmen, Chatbots), die u. a. die kostengünstige Produktion von Einzelteilen und Produktwartung in Echtzeit ermöglichen („Industrie 4.0").
Umstritten ist, ob die fortschreitende Digitalisierung die (Industrie-)Arbeit endgültig verdrängt. Dafür spricht, dass lernende Roboter und leistungsfähige Computer – neben der Produktion von Gütern – auch immer mehr komplexe Aufgaben im Dienstleistungssektor (z. B. Versicherungs- und Finanzdienstleistungen) übernehmen können. Anderseits müssen Systeme künstlicher Intelligenz entwickelt, programmiert und überwacht werden, was die Nachfrage vor allem nach hochqualifizierten Beschäftigten verstetigen dürfte.

Flexibilisierung der Arbeitsorganisation
(Basiskonzept: Motive und Anreize, Ordnungen und Systeme)
M6, Infobox, siehe auch Kap. 1.1 und 1.2.6

In den letzten Jahren wurde die **Arbeitsorganisation** vermehrt dahingehend **flexibilisiert**, dass Ort und Zeit der Arbeitsausübung nicht mehr für alle Beschäftigten eines Unternehmens geregelt sind. Die Einführung von Vertrauensarbeitszeit, Gleitzeit oder von Homeoffice-Tagen sind Beispiele für eine Arbeitsorganisation, die einzelne Arbeitnehmer:innen stärker in die Pflicht nimmt, ein gesetztes bzw. vertraglich vereinbartes Ziel (Zielvereinbarungen) zu erreichen – diese sind dann selbst dafür verantwortlich, die hierfür notwendige Zeit effizient einzusetzen. Das (mobile) Internet und Clouds erweitern die Möglichkeiten dieser Flexibilisierung erheblich.
In allen Fällen verschwimmen die Grenzen zwischen Arbeit und privater Lebensführung zunehmend (**Entgrenzung der Arbeit**), weshalb die Frage einer Homeoffice-Option oder -Pflicht politisch und gesellschaftlich umstritten ist.

Flexibilisierung und Prekarisierung der Arbeit
(Basiskonzept: Interaktionen und Entscheidungen)
Infobox, M10

Parallel dazu konnten Unternehmen immer flexiblere und damit unsichere Arbeitsverträge durchsetzen, was zugleich eine Antwort auf den wahrgenommenen Kostendruck darstellte. Die zunehmende Verbreitung von **atypischen Beschäftigungsverhältnissen** (Befristung, Leiharbeit, unfreiwillige Teilzeit und Solo- bzw. Scheinselbstständigkeit) gilt als Indiz des Abschieds vom vormaligen **Normalarbeitsverhältnis**.
Da die genannten Arbeitsverhältnisse mit einem niedrigeren Einkommen und – daraus resultierend – einer nur rudimentären sozialen (Ab-)Sicherung einhergehen, ist die individuelle Lebensplanung für die Betroffenen von großer Unsicherheit geprägt (**Prekarität**).

Fachkräftemangel als wirtschaftliche Herausforderung
(Basiskonzept: Interaktionen und Entscheidungen)
M12, M13

Ausdruck einer florierenden Wirtschaft ist auch das stetig steigende Ausmaß offener Stellen, die von Unternehmen auch nach längerer Suche nicht besetzt werden können. Dies betrifft vor allem Branchen, in denen besonders qualifizierte und spezialisierte Beschäftigte gesucht werden, aber auch „Wachstumsbranchen" wie der Pflegesektor leiden unter einem erkennbaren **Fachkräftemangel**, der durch den **demografischen Wandel** zusätzlich verstärkt wird.
Als politische bzw. gesamtgesellschaftliche Antworten auf das Phänomen werden u. a. eine bessere Bildungs- und Weiterbildungspolitik, Maßnahmen zur Verbesserung der Vereinbarkeit von Familie und Beruf (Kinderbetreuungsangebote) oder eine gesteuerte Einwanderung diskutiert.

Geschlechtsspezifische Ungleichheiten am Arbeitsmarkt
(Basiskonzept: Interaktionen und Entscheidungen)
M16, M17

Bis heute sind Frauen am Arbeitsmarkt verschiedenen Diskriminierungen ausgesetzt, die sich als Ergebnis im **Gender Pay Gap** – der (gesamtgesellschaftlichen) Einkommenslücke von Frauen gegenüber Männern – zeigen.
Einerseits lassen sich Anteile der ungleichen Bezahlung von Frauen und Männern anhand „objektiver" Faktoren (**„bereinigter Gender Pay Gap"**) erklären. Dazu gehören die Berufswahlentscheidung für Branchen mit geringen Durchschnittsgehältern, der langsamere Aufstieg in höhere Gehaltsstufen aufgrund der Unterbrechung der Erwerbstätigkeit für Mutterschutz und Erziehungszeiten (Zeiten mit Berufserfahrung) oder das geringere Interesse an Führungsverantwortung. Andererseits werden hier auch gesamtgesellschaftliche Diskriminierungsstrukturen deutlich: Darunter fällt ein auf den gut verdienenden Ehemann zugeschnittenes Steuerrecht (Ehegattensplitting), die mangelnde Vereinbarkeit von Beruf und Familie infolge fehlender Kinderbetreuungsplätze oder die insgesamt schlechtere Bezahlung in Berufen, die traditionell vor allem von Frauen ausgeübt werden (**„unerklärter Rest"**).

Eine neue Klassengesellschaft? Die Gesellschaft der Spätmoderne
(Basiskonzept: Ordnungen und Systeme)
M24, M25

Die gesamtgesellschaftlichen Wandlungsprozesse, die vor allem in den Sphären von Wirtschaft und Arbeit zu beobachten sind, führen nach Einschätzung einiger führender Sozialwissenschaftler zu einer veränderten Sozialstruktur, die möglicherweise stärker als in früheren Generationen (1960er bis 1990er Jahre) durch Klassenstrukturen charakterisiert ist.
So spricht der Soziologe Andreas Reckwitz von einer **Drei-Klassen-Struktur** der **spätmodernen Gesellschaft**, in der die **neue Mittelklasse** der weiterhin gefragten Berufe der urbanen Zentren kulturell „den Ton angibt", wohingegen die **alte Mittelklasse** allenfalls noch ihren Status halten kann und sich in der Defensive befindet. Am unteren Ende dieser Sozialstruktur befindet sich die **prekäre Klasse**, die vor allem damit beschäftigt ist, „über die Runden zu kommen". Dagegen ist die (kleinere) **Oberklasse** von diesen alltäglichen Sorgen gänzlich enthoben, kann sie doch von ihrem Vermögen leben und national sowie global politischen Einfluss geltend machen.
Dieses Gesellschaftsmodell verweist auf die Gefahr gesellschaftlicher Spaltung, da die recht abgeschlossenen Klassen kaum mehr über (vermittelnde) Berührungspunkte in ihrer alltäglichen Lebenswelt verfügten.
Für das politische System resultiert ein sich permanent wandelndes und zersplitterte(re)s Parteiensystem, das Regierungsbildungen schwieriger macht.

Interaktive Übung zur Selbstüberprüfung

82000-139

1.3 Von der Industriegesellschaft zum Digitalen Kapitalismus!? Herausforderungen einer sich wandelnden Produktionsstruktur

1.3.1 Auf dem Weg in den Digitalen Kapitalismus!? Deutschland und die Welt im wirtschaftlichen Strukturwandel

Einstiegsaufgabe

Beschreiben Sie die Entwicklungen der global wertvollsten Unternehmen (**M1**).

M1 Welches sind die wertvollsten Unternehmen der Welt?

Ranking der Unternehmen nach Marktkapitalisierung, die anhand des aktuellen Gesamtwertes aller handelbaren Aktien eines Unternehmens ermittelt wird.

Rang/Jahr	1967		2005	2010	2017	2025*
1	GM	...	GE	Petrochina	Apple	Alibaba
2	Ford	...	Exxon Mobil	Exxon Mobil	Alphabet	Tencent
3	GE	...	Microsoft	Apple	Microsoft	Amazon
4	Chrysler	...	Citi	ICBC	Amazon	Nvidia
5	Mobil	...	Wal-Mart	Wal-Mart	Facebook	Facebook

Alibaba: chinesische Internetplattform, vor allem zur Abwicklung von Geschäftsbeziehungen zwischen Unternehmen; **Alphabet:** „Mutterkonzern" (Holding) der Google-„Familie", Sitz in Kalifornien/USA; **Citi = Citigroup:** Unternehmen für Bank- und Finanzdienstleistungen, Hauptsitz in den USA; **GE = General Electric:** Mischkonzern mit Aktivitäten u. a. in den Geschäftsfeldern Energieproduktion und -versorgung, Flugzeug-Triebwerke und Medizintechnik, Sitz in den USA; **GM = General Motors:** Automobilkonzern, Sitz in den USA; **ICBC = Industrial and Commercial Bank of China:** größte Bank der VR China; **Nvidia:** einer der weltweit größten Hersteller von Chipsätzen und Grafikprozessoren, Sitz in Kalifornien/USA; **Petrochina:** größter chinesischer Ölkonzern; **Tencent:** Internetunternehmen der VR China mit den zentralen Angeboten Messenger, Social Media und Online-Medien

** 2025 = Prognose*

Zahlen: Main First Asset Management. In: Focus Money 14/2018

Die **Drei-Sektoren-Hypothese** basiert sowohl auf Veränderungen in der Wertschöpfung als auch in der Veränderung der Beschäftigungsstruktur der untersuchten Gesellschaften (**M3**).

M2 Die Drei-Sektoren-Hypothese

a) Beschäftigungs- und Produktionsstrukturen verändern Gesellschaften

Aus dem beobachteten Strukturwandel leitet [Daniel Bell] ab, dass im wirtschaftlichen Bereich ein Übergang von der vorindustriell-landwirtschaftlichen über die industriell-güterproduzierende hin zur nachindustriellen Dienstleistungsgesellschaft erfolgt [...]. Diese Veränderungen führen nach Bell [...] zu einem grundlegenden Wandel von Arbeit [vgl. Tabelle b)]. [...] Bell nimmt an, dass mit dem Wandel eine Veränderung der Berufsstruktur einhergeht, indem höher qualifizierte, technische und akademische Berufe an Bedeutung gewinnen. Das führt dazu, dass immer mehr Menschen nicht mehr unmittelbar in der Produktion tätig sind [vgl. Kap. 1.1.4]. Im Zuge der Entwicklung hin zur postindustriellen Gesellschaft steigt somit der gesamtgesellschaftliche Wohlstand und die Relevanz von Lebensqualität, was zu einer wachsenden Nachfrage nach Dienstleistungen [vgl. Kap. 1.1.3] wie Bildung, Gesundheit, Erholung, Sport und Tourismus führt [...]. Der Massenkonsum und das Bevölkerungswachstum resultieren in einem Ausbau des Finanz-, Immobilien- und Versicherungswesens. Das steigende Einkommen führt dazu, dass Gebrauchsgüter und Luxusartikel sowie persönliche Dienstleistungen stärker nachgefragt würden. [...]

Bell [...] diagnostiziert [...] eine zunehmende Relevanz von (theoretischem) Wissen und die Entwicklung des Dienstleistungssektors als wesentliche Merkmale des gesellschaftlichen Wandels. Theoretisches Wissen wird zum axialen Prinzip der Gesellschaft [weshalb einige Autoren die nachindustrielle Gesellschaft weniger als Dienstleistungs-, sondern als Wissensgesellschaft beschreiben].

Wirtschaftssektoren
Primärer Sektor = Land- und Forstwirtschaft
Sekundärer Sektor = Produzierendes Gewerbe, Industrie
Tertiärer Sektor = Dienstleistungen

Neben **Daniel Bell** (1919 – 2011), US-amerikanischer Soziologe, gelten seine französischen Kollegen **Jean Fourastié** und **Alain Touraine** als Begründer der Drei-Sektoren-Hypothese.

b) Von der vor- zur nachindustriellen Gesellschaft

	Vorindustrielle Gesellschaft	Industrielle Gesellschaft	Nachindustrielle Gesellschaft
Dominierender Wirtschaftssektor	Primärer Sektor (Extraktive Industrien): Landwirtschaft, Bergbau, Fischerei, Forstwirtschaft	Sekundärer Sektor (Güterproduktion): Verarbeitung, industrielle Produktion	Tertiärer Sektor (Dienstleistungen): Verkehr, Banken, Erholung, Versicherungen – Gesundheit, Forschung, Ausbildung, Verwaltung
Wichtigste Berufsgruppen	Bauer, Bergmann, Fischer	Angelernter Arbeiter, Ingenieur	Technische und akademische Berufe, Akademiker
Grundlagen der Technologie	Rohstoffe	Energie	Informationen
Charakter von Arbeit	Kampf gegen die Natur	Kampf gegen die technisierte Natur	Interaktion zwischen Personen
(Ideelles) Zentrum der Gesellschaft	Traditionalismus, Begrenzung von Boden und Ressourcen	Wirtschaftswachstum, abgesichert durch staatliche Wirtschaftspolitik	Theoretisches Wissen, das sich beständig erweitert

a) + b) Nach: Ruiner, Caroline/ Wilkesmann, Maximiliane: Arbeits- und Industriesoziologie. Paderborn 2016, S. 84f.

INFO

(Technologische) Antriebskräfte des Strukturwandels

Der technische Fortschritt, der erhebliche Produktions- und Produktivitätssteigerungen ermöglicht, gilt als zentrale Ursache für gesellschaftlichen Wandel.

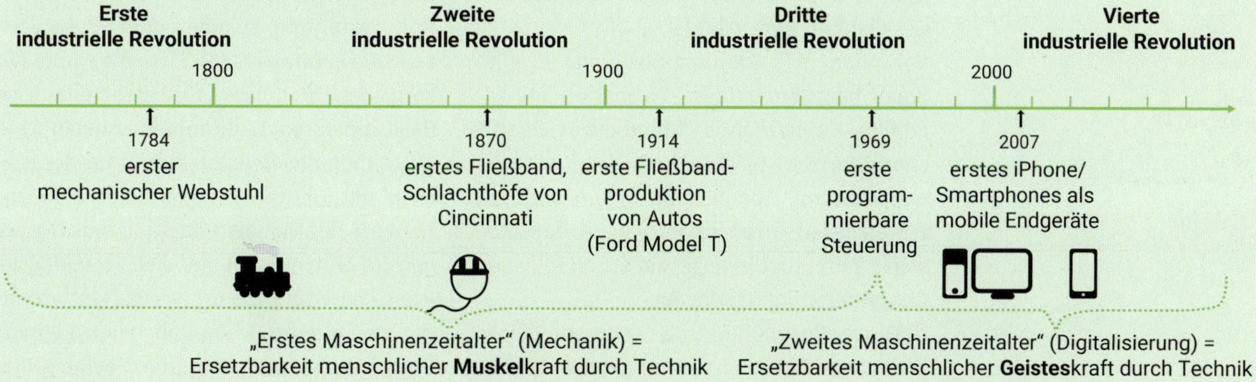

Autorengrafik nach: Ruiner, Caroline/ Wilkesmann, Maximiliane: Arbeits- und Industriesoziologie. Paderborn 2016, S. 24

Dienstleistungen
Der Begriff umfasst so unterschiedliche Tätigkeiten wie beispielsweise Unternehmensberatung, Rechtsberatung und Vertretung durch Anwälte oder psychotherapeutische Beratung sowie Gebäudereinigung und das Friseurhandwerk, aber auch Dienstleistungen von Banken und Versicherungen.
Autorentext

M3 Wo der Wohlstand erwirtschaftet wird: Produktion und Beschäftigung in Deutschland

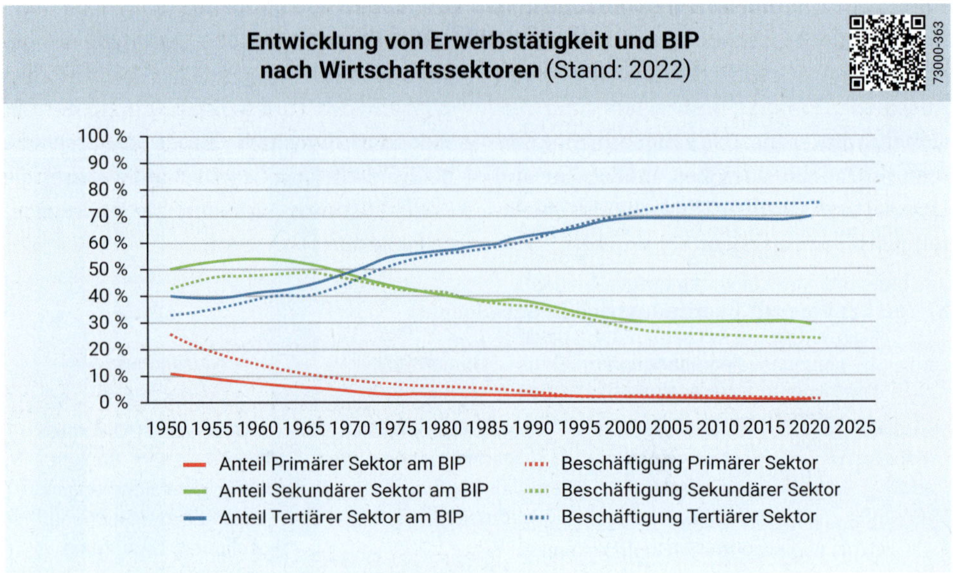

C.C. Buchner Verlag, aktuellste Daten nach: DESTATIS, 2021

M4 Exklusive Plattformen, wertvolle Daten – Konturen des Digitalen Kapitalismus

Während die Drei-Sektoren-Hypothese noch von der Verschiebung der wichtigsten wirtschaftlichen Tätigkeiten vom primären über den sekundären bis hin zum tertiären Sektor ausging (vgl. M2), konstatieren zahlreiche Autoren, dass wir uns gegenwärtig auf dem Weg in eine neue Form der wirtschaftlichen Wertschöpfung befinden.

Nach Auffassung zahlreicher Sozial- und Wirtschaftswissenschaftler:innen und politischer Akteur:innen leben wir in einem Zeitalter, in dem sich – angetrieben durch eine „Vierte Industrielle Revolution“ (vgl. Kap. 1.2.1) – eine neue, dominierende Formation im Verhältnis von Wirtschaft und Gesellschaft herausbildet.

Vor allem der Berliner Soziologe Philipp Staab bezeichnet diese Formation als Digitalen Kapitalismus. Mit diesem Begriff charakterisiert er die durch Unternehmen wie Amazon, Google, Uber oder Facebook repräsentierte und angetriebene datenbasierte Wirtschaftsweise, die durch folgende Charakteristika geprägt ist:

(1) Die maßgeblichen Unternehmen agieren nicht ausschließlich als Anbieter auf Wettbewerbsmärkten, sondern etablieren selbst Plattformen als Quasi-Märkte, die sich in ihrem Eigentum befinden. Beispiele hierfür sind Amazon als „Marktplatz“ sowie der Google-Play-Store. Aufgrund des Eigentums an diesen „Märkten“ können die Unternehmen den Zugang von Nutzer:innen und Anbieter:innen auf diesen Plattformen kontrollieren, erheblichen Einfluss auf die Preisgestaltung ausüben und – das erste zentrale kapitalistische Element – über Nutzungsgebühren bzw. Umsatzbeteiligungen (leistungsloses) Einkommen erzielen.

(2) Mittels der Bereitstellung und dem „Betrieb“ der Plattformen generieren die Unternehmen des Digitalen Kapitalismus Unmengen an Nutzerdaten, die sich in vielfältiger Weise gewinnbringend verwerten lassen – das zweite zentrale kapitalistische Element. Beispielhaft ist hierfür die Social Media-Plattform Facebook, die ihr „Produkt“, soziale Beziehungen zu pflegen und Informationen

zu verbreiten, für die privaten Nutzer:innen kostenlos bereitstellt, jedoch die gewonnenen Daten erfolgreich vermarktet, vor allem für adressatenbezogene Werbung.

(3) Das Beispiel Facebook zeigt auch, dass die führenden Unternehmen des Digitalen Kapitalismus oft ihre Gewinne über immaterielle Güter erzielen, deren Produktionskosten mit steigender Nachfrage gegen Null tendieren. Aufgrund der Plattformen als zentralem Ort wirtschaftlicher Koordination präferieren andere Autor:innen den Begriff der „Plattformökonomie" (Sascha Lobo, Nick Srnicek), während mit Verweis auf das „Schürfen" und die Vermarktung privater Daten und der damit verbundenen Tendenz zu „gläsernen Kunden" vielfach der Begriff des „Überwachungskapitalismus" (Shoshana Zuboff) verwendet wird.

Autorentext

M5 Auf dem Weg in den Digitalen Kapitalismus?

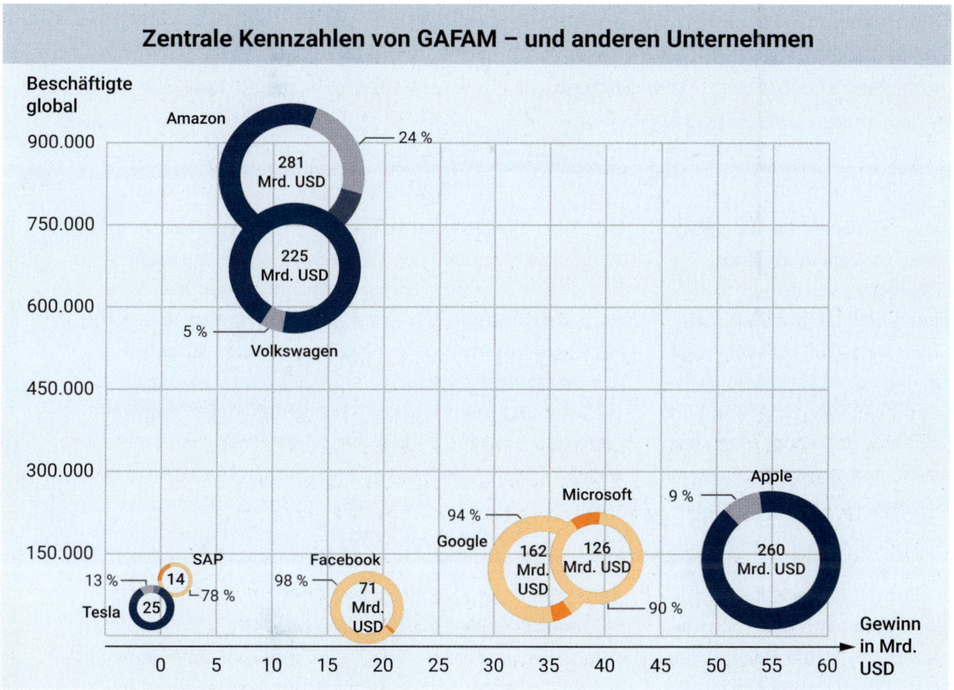

Nach: Pfeiffer, Sabine: Digitalisierung als Distributivkraft. Über das Neue am digitalen Kapitalismus. Bielefeld: transcript (X-Texte) 2021, S. 225, CC-BY

Lesehilfe
Der Durchmesser der unternehmensbezogenen „Ringe" symbolisiert den Unternehmensumsatz. Die Abgrenzungen innerhalb der Ringe (explizite Prozentangaben) weisen die datengetriebenen Umsatzanteile des jeweiligen Unternehmens aus.

GAFAM-Unternehmen
Das Akronym GAFAM verweist auf die Unternehmen Google, Amazon, Facebook, Apple und Microsoft und somit auf die nach verbreiteter Auffassung fünf Leitunternehmen des Digitalen Kapitalismus.

Aufgaben

1. Erläutern Sie das Modell des wirtschaftlichen Strukturwandels von der vorindustriellen Agrargesellschaft bis zur nachindustriellen Dienstleistungsgesellschaft (**M2, M3**).
2. Ordnen Sie die Veränderungen hinsichtlich der global wertvollsten Unternehmen (**M1**) in die Modelle des wirtschaftlichen Strukturwandels (**M2**) und des Digitalen Kapitalismus (**M4**) ein.
3. a) Analysieren Sie die Grafik **M5**. Gehen Sie dabei vor allem auf die Bedeutung menschlicher Arbeit für die Wertschöpfung im Digitalen Kapitalismus ein.
   b) Im Jahr 2020 sind Deutschland und die Welt im Digitalen Kapitalismus angekommen! Überprüfen Sie die Aussage.

H zu Aufgabe 1
Analysieren Sie dazu die Grafik **M3** (→ vgl. Methodenseite „Statistiken analysieren", Kap. 2.1).

H zu Aufgabe 2
Beschreiben Sie hierfür zunächst die Merkmale des Digitalen Kapitalismus anhand Ihnen bekannter Beispiele (selbst genutzte Dienstleistungen und Unternehmen).

1.3.2 Weltweit abrufbare Arbeitskraft: Chancen und Risiken der plattformvermittelten Arbeit

Digitale Anwendung

72091-15

Einstiegsaufgaben

- Beschreiben Sie die Arbeits- und Lebenssituation der „Riderin" Marcela (**M6**).
- Gestalten Sie ein (fiktives) Interview mit Marcela, das in einem studentisch verantworteten Hochschulmagazin veröffentlicht werden soll.

M6 Marcela – „Riderin" bei einem Essenslieferdienst

In seinem Roman „Arbeit" begleitet der Autor Thorsten Nagelschmidt diejenigen Beschäftigten des Berliner Nachtlebens, ohne die die Freizeitbeschäftigungen anderer Menschen kaum möglich wären: Rettungssanitäter:innen, Sicherheitspersonal, Kioskbetreiber:innen, Taxifahrer:innen, Polizist:innen – und Essenslieferant:innen, wie die kolumbianische Gaststudentin Marcela:

Es war bereits kurz nach sieben, als sie am Meeting Point ankam und sich über die App ins System einloggte. Sie hatte sich wirklich beeilt, doch genau vor ihr hatten fünf Niederländer den Fahrradladen betreten, um ihre Leihfahrräder zurückzugeben, und dann gab es auch noch ein Problem mit dem Kartenlesegerät. 35 Euro hatte diese Reparatur von Marcelas Rennrad gekostet, was bedeutete, dass sie an der heutigen Fünf-Stunden-Schicht so gut wie nichts verdienen würde, vom Tip mal abgesehen. Falls sie Tip bekommen würde. Es hatte auch schon Schichten ganz ohne gegeben.

Late-Log-in, verwarnte sie die App. Marcela wischte die Meldung weg [...]. Eine Push-Nachricht poppte auf. Ihr erster Auftrag. Sie nahm ihn nicht gleich an, sondern wechselte zurück in den WG-Chat, um die letzten Nachrichten von Malte noch einmal zu lesen. Plötzlich klingelte ihr Telefon. Die Nummer im Display kannte sie nicht. Sie nahm ab. »¡¿Aló?!«

»PLEASE ACCEPT YOUR NEW ORDER«, sagte eine mechanische Stimme. Marcela riss das Handy vom Ohr und starrte es an. »PLEASE ACCEPT YOUR NEW ORDER«, wiederholte die monotone Computerstimme wieder und wieder, »PLEASE ACCEPT YOUR NEW ORDER. PLEASE ACCEPT YOUR NEW ORDER ...«

Sie legte auf und sah sich um. Sie fühlte sich beobachtet. Das Handy klingelte erneut. Dieselbe Nummer. Marcela drückte den Anruf weg. Dann wechselte sie in die App, wo immer noch ihr erster Auftrag auf sie wartete, und drückte auf Accept. [...]

Ob jemand diesen Anruf in Auftrag gegeben hatte? Oder hatte das System sich von selbst bei ihr gemeldet? Die Kommunikation mit der Firma war bisher ausschließlich online oder über die App vonstattengegangen. Was ihr wahrscheinlich den Arsch gerettet hatte, als man sie letzten Herbst wegen ihrer damaligen Tätigkeit beinahe des Landes verwiesen hätte. Außerhalb der vorlesungsfreien Zeit durfte Marcela als Werkstudentin nur 20 Stunden die Woche arbeiten, musste aber [...] beweisen, dass sie genügend Geld verdiente oder über ausreichend Ersparnisse verfügte, um ihren Lebensunterhalt hier in Deutschland bestreiten zu können. Die Unterstützung ihrer Eltern reichte so gerade für ihr WG-Zimmer, den Rest musste Marcela selbst aufbringen. [...] Ohne das schnelle und unkomplizierte Onlinebewerbungsverfahren für den Job als Riderin, bei dem weder ihr Aussehen noch ihr Geschlecht, ihr Nachname, ihre Herkunft oder ihre Sprachdefizite eine Rolle spielten, hätte sie ihre Aufenthaltserlaubnis verloren und ihren Master vergessen können. Die Ausrüstung – Lieferbox, Jacke, T-Shirt und Helm – hatte man ihr nach Überweisung einer Pfandgebühr per Post zugestellt. Alle zwei Wochen trug sie sich über die App für ihre nächsten Schichten ein, und jeden Montag bekam sie eine E-Mail mit ihren wöchentlichen Performancedaten. In den Kategorien Time at Customer, Reaction Time und Speed hatte Marcela es zuletzt regelmäßig unter die Top-10-Riders of the week geschafft, und alles in allem mochte sie ihren Job. [...] Aber von einer Maschine angerufen zu werden und Befehle erteilt zu bekommen, what the fuck.

Nagelschmidt, Thorsten: Arbeit. Frankfurt/Main: S. Fischer Verlag 2020, S. 65ff.

M7 „Click-Work“: Neue Arbeitsverhältnisse in der Plattformökonomie

Ein Kunde, mehrere Angebote, ein Gewinner – das ist nicht ungewöhnlich im Kreativbereich. Doch wo früher vier oder fünf Werbeagenturen in einem „Pitch“ [Präsentationswettbewerb] ihre Entwürfe präsentierten und auf Geld hofften, kämpfen heute Hunderte oder Tausende Wettbewerber auf den Crowdworking-Plattformen um den Zuschlag. Dabei tragen meist keine großen Agenturen das unternehmerische Risiko, sondern einzelne Selbstständige. So treibt Crowdworking den permanenten Konkurrenzkampf auf die Spitze. [...]

Allein Jovoto hat nach eigenen Angaben 80.000 registrierte Teilnehmer. [...] Manche Plattformen bieten feste Honorare für einzelne Aufträge, andere zahlen nur Preisgelder aus. Gemeinsam ist allen Angeboten aber, dass ihre Crowdworker aus der ganzen Welt kommen und miteinander konkurrieren. [...]

Mit der neuen Form des Outsourcings von Arbeit ändert sich die Machtbalance in der Arbeitswelt. Mindestlohn, Kündigungsschutz, Streikrecht, Urlaubsanspruch, Rente, Lohnfortzahlung im Krankheitsfall – für Crowdworker gilt all dies in der Regel nicht. Sie werden nicht wie Angestellte, sondern wie freie Dienstleister behandelt. Das wissen inzwischen auch Konzernmanager zu schätzen, die für fast jeden Zweck Leute auf spezialisierten Marktplätzen rekrutieren können. [...]

Der Wirtschaftsinformatiker Jan Marco Leimeister glaubt, dass der Trend überall Einzug halte: „So gut wie jedes Unternehmen, das ich kenne, hat schon mal auf einer Crowdsourcing-Plattform etwas ausgeschrieben. Fast alle experimentieren damit. [...]“

Für den Professor von der Universität St. Gallen ist der Vorteil gewaltig. Die Firmen könnten mithilfe einer Crowd viel schneller auf mehr oder weniger Aufträge reagieren, könnten Kunden in ihre Entwicklung einbeziehen und insgesamt aus einem größeren Talentpool schöpfen. Auch für die Arbeitnehmer habe es enorme Vorteile: „Ich kann selbst bestimmen, was ich arbeite, wann ich arbeite und wie. Das ist im Vergleich zu der herkömmlichen Situation eines Angestellten revolutionär.“ [...]

[Doch] [w]as haben die Mitarbeiter tatsächlich davon? Warum machen viele trotz unsicherer Bezahlung mit? [...] Ramona Herrmann betreibt eine kleine Werbeagentur ohne Angestellte [Solo-Selbstständige] [...]. Dort gestaltet sie Geschäftsberichte für eine Volksbank, Webseiten für Mittelständler oder auch mal Visitenkarten, Notizblöcke und Firmenflyer. „Über Jovoto komme ich an Aufträge, die mir diese großen Firmen sonst niemals geben würden“, sagt sie. Sie schätzt auch den Austausch mit anderen. Ihren Entwurf für Greenpeace hat sie zum Beispiel zusammen mit einem Mexikaner entwickelt, der in Prag lebt. Als Sprungbrett hat sie Jovoto aber bislang nicht erlebt. „Oft hat man das Gefühl, man ist nur eine Nummer“, sagt sie. Kaum ein Auftraggeber melde sich mal persönlich. Und dann gibt es da noch das Problem mit dem Geld: „Von dem, was man bei diesen Projekten verdient, kann man nicht leben“, sagt Herrmann. Die vielen Wettbewerber drückten die Verdienstchancen.

Baurmann, Jana Gioia/ Rudzio, Kolja: Die neuen Heimwerker. In: www.zeit.de, 08.05.2016

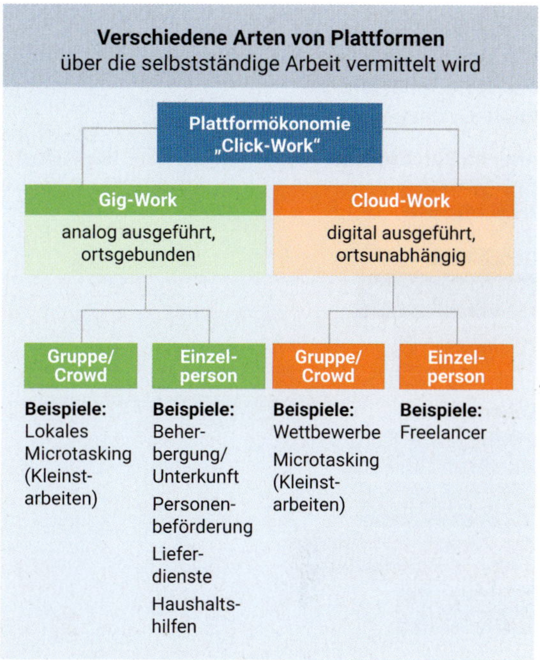

Die Bandbreite der Click-Work reicht vom einfachsten „Microtasking“ wie beispielsweise der Überprüfung und Dokumentation von Werbeaufstellern in Supermärkten über Lieferdienste (**M6**) bis zu Aufgaben, die über digitale Plattformen wettbewerbsförmig organisiert werden (**M7**).

Müller-Brehm, Jaana/ Otto, Philipp/ Puntschuh, Michael: Wirtschaft und Arbeit. In: Informationen zur politischen Bildung Nr. 344. Bonn: Bundeszentrale für politische Bildung 2020, S. 43

Wer sind die Clickworker? Das soziodemografische Profil der Click-Worker

Alter im Durchschnitt:

41 Jahre

Geschlecht:

Männlich 56%

Weiblich 44%

Lebensphase:

Single 26%

Partnerschaft 22%

Verheiratet 44%

Geschieden/verwitwet 8%

Baethge, Catherine Bettina u. a.: Plattformarbeit in Deutschland. Freie und flexible Arbeit ohne soziale Sicherung. Gütersloh: Bertelsmann Stiftung 2019, S. 16

M8 Plattformarbeit aus Perspektive der Click-Worker

a) Warum sind Menschen als Click-Worker tätig?

Motivation für und Vorteile von Plattformarbeit

Frage: „Wieso haben Sie sich entschieden, Ihre Leistungen/Dienste über eine entsprechende Online-Plattform anzubieten?
Ordnen Sie die möglichen Vorteile und Chancen dieser Arbeitsform in einer Rangfolge. Auf Platz 1 sollte der für Sie wichtigste Grund stehen, wieso Sie Ihre Leistungen über diese Online-Plattformen anbieten."

1.	Netter Nebenerwerb	Ø 5,0
2.	Zeitliche Flexibilität	Ø 5,1
3.	Unabhängigkeit | Aus Spaß	Ø 5,9
5.	Schnelle Bezahlung | Inhaltliches Interesse	Ø 6,4
7.	Entscheidungsfreiheit	Ø 6,6
8.	Mobiles Arbeiten	Ø 7,0
9.	Mehr Kunden	Ø 8,2
10.	Mich beweisen | Objektivere Bewertung	Ø 8,4
12.	Bessere Bezahlung	Ø 8,8
13.	Geldnot	Ø 8,9

Basis: Plattformarbeiter, die mehr Vorteile als Nachteile sehen bzw. dem Ganzen neutral gegenüberstehen (n = 630).

b) Click-Work – ein Vollzeitjob?

Arbeitsaufwand pro Woche für Plattformarbeit

Frage: „Wieviel Zeit wenden Sie derzeit für diese Art der Arbeit auf, die Sie über die jeweilige Plattform erhalten?"
Im Durchschnitt ca. ____ Stunden pro Woche?"

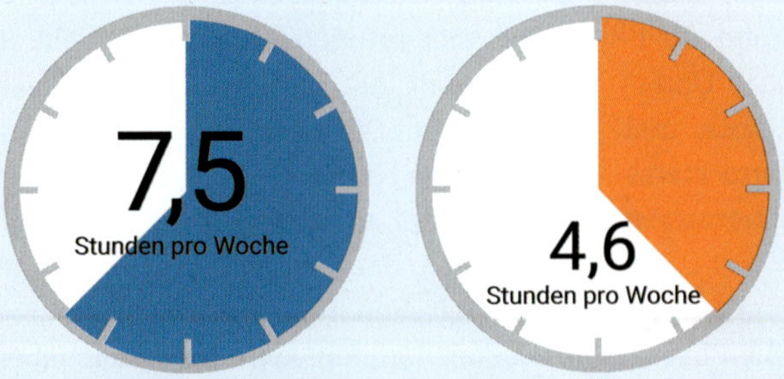

20 % der Cloudworker und **8 %** der Gigworker wenden mehr als 10 Stunden pro Woche für diese Arbeitsform auf

Cloudworker   Gigworker

Basis: Cloudworker (n = 437), Gigworker (n = 375);
Angaben in Stunden pro Woche kumuliert über die jeweiligen Plattformen auf denen sie arbeiten.

c) Was verdienen Click-Worker?

Mit Plattformarbeit erzieltes monatliches Einkommen

Frage: „Wieviel verdienen Sie im Schnitt monatlich (netto/abzüglich Steuern) an Aufträgen, die Sie insgesamt über die ausgewählten Online-Plattformen erhalten?"

	Plattformarbeiter	Freelancer	Clickworker	Testbirds	AmazonMTurk	Airbnb	Lieferando	Uber*
> 1.500 €	7 %	11%	6%	7%	15%	3%	9%	7%
801 – 1.500 €	8 %	11%	4%	12%	14%	8%	9%	11%
401 – 800 €	15 %	20%	11%	11%	24%	16%	15%	16%
201 – 400 €	22 %	27%	24%	13%	20%	27%	27%	33%
1 – 200 €	34 %	22%	43%	38%	22%	30%	27%	23%
Bisher keine Bezahlung	8 %	5%	6%	11%	4%	8%	8%	9%

Basis: Plattformarbeiter (n = 710), Cloudworker (n = 437), Gigworker (n = 375); Fehlende Werte zu 100 Prozent = „keine Angabe".

Basis: Aktiv auf – freelancer (n = 151), Clickworker (n = 124), Testbirds (n = 99), Amazon Mechanical Turk (n = 81), Airbnb (n = 195), Lieferando (n = 170), Uber (n = 56); Fehlende Werte = „keine Angabe". *Geringe Fallzahl – nur Tendenzaussagen möglich!

Plattformarbeiter (Freelancer, Clickworker, Testbirds, AmazonMTurk: Cloudworker; Airbnb, Lieferando, Uber: Gigworker)

Legende: Plattformarbeiter · Cloudworker · Gigworker

d) Nachteile und Risiken der Plattformarbeit

Nachteile von Plattformarbeit

Frage: „Wo sehen Sie Nachteile oder Risiken bei dieser ‚Plattformarbeit'?
Ordnen Sie mögliche Nachteile dieser Arbeitsform wieder in einer Rangfolge. Auf Platz 1 sollte der aus Ihrer Sicht größte Nachteil dieser Arbeitsform stehen. Bitte klicken Sie zuerst auf den in Ihren Augen größten Nachteil, als nächstes auf den zweitgrößten Nachteil usw."

1.	Fehlende soziale Absicherung	Ø 4,0
2.	Häufig unbezahlter, zusätzlicher Arbeitsaufwand	Ø 4,3
3.	Konkurrenzkampf durch die Vielzahl an Plattformarbeitern	Ø 4,4
4.	Unklare Regelungen bei Streitigkeiten mit Auftraggebern	Ø 4,5
5.	Wenig Schutz gegen unfaire Behandlung durch Auftraggeber	Ø 4,6

Alle Nachteile werden im Schnitt auf Platz 4 / 5 von 8 eingeordnet. Es gibt demnach sicher nicht den einen Nachteil, sondern alle sind relevant.

Basis: Plattformarbeiter (n = 710).

a)-d) Baethge, Catherine Bettina u. a.: Plattformarbeit in Deutschland. Freie und flexible Arbeit ohne soziale Sicherung. Gütersloh: Bertelsmann Stiftung 2019, a) S. 20, b) S. 16, c) S. 22f, d) S. 26

Aufgaben

1. a) Beschreiben Sie die Organisation von Arbeit in der „Plattformökonomie" (**M6, M7**).
   b) Arbeiten Sie Motive von Unternehmen heraus, Arbeit über Plattformen zu organisieren (**M6, M7**).
2. a) Analysieren Sie die Statistiken hinsichtlich der Vor- und Nachteile, die Plattformarbeit für Click-Worker haben kann (**M8**).
   b) Charakterisieren Sie Plattformarbeit als prekäre Beschäftigung (**M6-M8, vgl. Kap. 1.2.3**).
3. Entwickeln Sie vor dem Hintergrund Ihrer bisherigen Ergebnisse (skizzenhaft) politische bzw. gesetzliche Regelungen zur Ausgestaltung von Plattformarbeit.

Digitale Anwendung

72091-16

M zu Aufgabe 2
Bearbeiten Sie Aufgabe 2a arbeitsteilig und führen Sie Ihre Ergebnisse in „gemischten" Gruppen zusammen (Aufgabe 2b).

1.3.3 Digitalen Kapitalismus nachhaltig und gerecht gestalten – aber wie? Die Diskussion um eine Europäische Digitalsteuer

Digitale Anwendung

72091-17

Einstiegsaufgabe

Sollten international agierende Digitalkonzerne in Europa genauso besteuert werden wie „klassische" Unternehmen (**M9**)? Begründen Sie Ihre Position.

M9 Gleiche Pflichten für alle?

Lesehilfe:
Die Maske zeigt Facebook-Gründer Mark Zuckerberg.

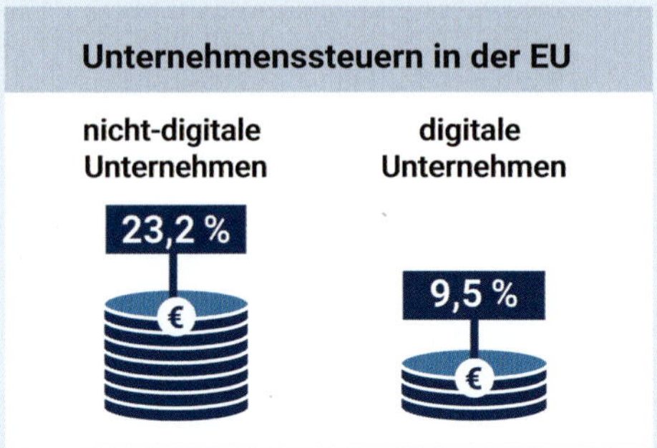

Autorengrafik, Zahlen nach: Europäische Union, 21.03.2018

Aktivist für eine Digitalsteuer vor der EU-Kommission, 04.12.2018

M10 Wie kommt es zu unterschiedlichen Steuersätzen?

Unternehmen sollen möglichst dort besteuert werden, wo die Wertschöpfung stattfindet. Dieser Ort, die sogenannte „Betriebsstätte", ist zum Beispiel der Sitz der Unternehmenszentrale. Entsprechend hat das Land, in dem sich diese Betriebsstätte befindet, das Recht, Steuern auf den Gewinn eines Unternehmens zu erheben. In einer globalisierten Welt wird dieses Modell aber in Frage gestellt.

Erstens findet die Wertschöpfung digitaler Konzerne überall und gleichzeitig statt, ohne dass ein Unternehmen dafür unbedingt einen Sitz in dem Land haben muss, in dem es wirtschaftlich tätig ist. So arbeiten große Digitalunternehmen zum Beispiel mit Software, die in den USA entwickelt wird – die Wertschöpfung findet [in dieser Sichtweise also] in den USA statt und wird dort nach den amerikanischen Steuervorschriften besteuert.

Aber viele der amerikanischen Technologiekonzerne wie Facebook oder Google sind auch in der EU sehr aktiv, zum Beispiel bei der Erhebung und Aufbereitung von Daten. Internationale Besteuerungsrechte betrachten solche Unternehmungen jedoch als „Routineaufgaben", die nicht Teil der Wertschöpfung sind. Deshalb können Tochtergesellschaften digitaler Unternehmen in der EU häufig nicht besteuert werden. Dabei ist das Verarbeiten von Daten zentraler Bestandteil des Geschäftsmodells vieler Digitalunternehmen.

Zweitens haben multinationale Unternehmen die Möglichkeit, über Tochtergesellschaften Gewinne so zu verschieben, dass sie ihre Steuerlast minimieren. Dazu fordern Tochtergesellschaften in Niedrigsteuerländern [in der EU vor allem Irland, Luxemburg und die Niederlande] hohe Preise von der Muttergesellschaft für die Nutzung

„immaterieller Wirtschaftsgüter" wie zum Beispiel Software. Nach internationalem Steuerrecht müssen diese sogenannten „Verrechnungspreise" eigentlich vergleichbar mit dem Marktpreis für ein ähnliches Produkt sein [...]. Bei immateriellen Wirtschaftsgütern wie bei einer Software handelt es sich aber nicht selten um einzigartige Strukturen, bei denen schlichtweg kein vergleichbares Produkt existiert und deswegen kein Marktpreis ermittelt werden kann. Über fiktionale Verrechnungspreise werden Gewinne so in Steueroasen verschoben, wo sie dann nur sehr niedrigen Körperschaftsteuersätzen unterliegen.

Schneemelcher, Pola: Digitalsteuer in der EU – wo stehen wir? Berlin: Jacques Delors Institute, Policy Brief vom 06.05.2019

Körperschaftsteuer
Steuer, die „juristische Personen" wie beispielsweise Kapitalgesellschaften (Unternehmen mit der Unternehmensform Aktiengesellschaft (AG) oder GmbH), Genossenschaften oder Vereine auf ihr Einkommen entrichten müssen; in Deutschland beträgt die Körperschaftsteuer aktuell 15 %. Die insgesamt von einem Unternehmen zu entrichtenden Steuern fallen dennoch in der Regel höher aus (vgl. M9), da diese beispielsweise noch die (kommunale) Gewerbesteuer zu entrichten haben.

M11 Das Konzept einer Europäischen Digitalsteuer

Am 21. März 2018 hat die Europäische Kommission neue Vorschriften vorgeschlagen, die sicherstellen sollen, dass digitale Geschäftsaktivitäten in der EU auf faire und wachstumsfreundliche Weise besteuert werden.

Die heute geltenden internationalen Steuervorschriften für Unternehmen sind im Hinblick auf die moderne globale Wirtschaft nicht mehr zeitgemäß und erfassen keine Geschäftsmodelle, mit denen ohne physische Präsenz in einem Land Gewinne erwirtschaftet werden können. [...] Die Folge ist eine Trennung bzw. eine Diskrepanz zwischen dem Ort der Wertschöpfung und dem Ort der Steuerzahlung. [...] [Die] Initiative [der EU-Kommission] zielt darauf ab, die Körperschaftsteuer-Vorschriften zu überarbeiten, damit Gewinne dort registriert und besteuert werden, wo über digitale Kanäle konkrete Interaktionen zwischen Unternehmen und Nutzern stattfinden. [...] Dieser Vorschlag würde es den Mitgliedstaaten erlauben, Gewinne die in ihrem Hoheitsgebiet erwirtschaftet werden, auch ohne eine physische Präsenz eines Unternehmens in ihrem Gebiet zu besteuern. Die neuen Vorschriften würden sicherstellen, dass Online-Unternehmen genauso wie herkömmliche Unternehmen einen Beitrag zu den öffentlichen Einnahmen leisten.
Von einer „digitalen Präsenz" oder einer virtuellen Betriebsstätte einer digitalen Plattform in einem Mitgliedstaat wird ausgegangen, wenn eines der folgenden Kriterien erfüllt ist:

Autorengrafik nach: Europäische Kommission: Faire Besteuerung der digitalen Wirtschaft. In: https://ec.europa.eu, 21.03.2018

(Entgangene) Steuereinnahmen
Die Europäische Kommission geht davon aus, dass den EU-Mitgliedstaaten durch die Steuervermeidungsstrategien der global agierenden Digitalkonzerne (vgl. M10) jährlich ca. 70 Mrd. Euro an Steuereinnahmen vorenthalten werden.
Bei Umsetzung des Vorschlags zur EU-Digitalsteuer kalkuliert die EU-Kommission mit jährlichen Einnahmen von 4,7 Mrd. Euro für alle EU-Mitgliedstaaten; davon dürften etwa 0,6 Millionen Euro auf den Haushalt der Bundesrepublik Deutschland entfallen.

Autorentext

M12 Digitalsteuer kontrovers

a) Die Digitalsteuer dient der Steuergerechtigkeit

Kaum etwas tragen britische Konservative so vor sich her wie ihr Bekenntnis zu freien Märkten. [...] Umso bemerkenswerter ist eine Ankündigung, die [...] [der britische] Schatzkanzler Philip Hammond [...] als Teil umfassender Reformpläne gemacht hat: Nach dem EU-Austritt sollen Internetkonzerne wie Google, Facebook und Amazon eine Digitalsteuer von zwei Prozent auf ihr mit britischen Nutzern verdientes Geld zahlen. Angesichts der bislang sehr geringen Steuerzahlungen der Internetriesen sei das „nur gerecht", so Hammond.

Der Vorstoß ähnelt einem Vorschlag, den die EU-Kommission im März vorgelegt hat. Während die Briten nun Nägel mit Köpfen machen, sind die übrigen Europäer von einer Einigung aber weit entfernt. Für eine gemeinsame Digitalsteuer trommelt neben der österreichischen Ratspräsidentschaft vor allem Frankreich. Doch andere EU-Länder sind dagegen – darunter Irland, das mit niedrigen Steuersätzen viele Digitalkonzerne angelockt hat. Und auch [der frühere] Bundesfinanzminister Olaf Scholz (SPD) bremst seit Langem – und plädiert stattdessen für einen weltweiten Mindeststeuersatz. Kaum etwas erledigt ehrgeizige Pläne allerdings so zuverlässig wie das Warten auf globale Einigungen.

Im deutschen Finanzministerium kritisiert man, die geplante Besteuerung von Nutzerdaten breche mit dem Prinzip, wonach Steuern am Ort der Produktion erhoben werden. Dadurch könnten Länder wie China künftig auch die Gewinne deutscher Autobauer besteuern. Weil die europäische Steuer vor allem US-Konzerne treffen würde, fürchtet man zudem neuen Ärger mit der [dortigen] Regierung [...].

Die Bedenken sind nachvollziehbar und sprechen dafür, die neue Steuer möglichst wasserdicht zu begründen. Doch Steuerpolitik kann man nicht allein mit dem Blick auf Exportmärkte machen. [Es] geht [...] bei der Digitalsteuer um Gerechtigkeit.

Durch das Internet werden ganze Branchen umgestürzt. Google hat den Werbemarkt revolutioniert, Amazon rollt nach den Buchläden immer neue Teile des Einzelhandels auf. Dieser Wandel der Wirtschaft ist kaum aufzuhalten und nützt oft dem Verbraucher. Dem Staat aber drohen dadurch massive Einnahmeverluste. Denn viele Digitalkonzerne reduzieren ihre Steuerzahlungen bislang durch geschickte Gewinnverlagerung auf ein Minimum. So zahlte Apple in Irland laut EU-Kommission im Jahr 2014 lächerliche 0,005 Prozent Steuern. Und während jeder deutsche Kioskbesitzer oder Cafébetreiber brav Umsatzsteuer zahlen muss, wird diese auf Onlineplattformen wie Amazon Marketplace bislang oft schamlos hinterzogen.

Wenn der Fiskus auf diesen grundlegenden Wandel nicht reagiert, gefährdet er auf Dauer seine Existenzgrundlage. Und er duldet, dass einige Großkonzerne auf Kosten vieler kleiner Firmen immer größer werden. Eine Digitalsteuer würde zeigen, dass es auch für Google und Co. Grenzen gibt. Wenn die Briten ein solches Signal wagen, obwohl sie nach dem Brexit besonders auf Investitionen und gute Handelsbeziehungen angewiesen sind, dann können die übrigen Europäer das auch.

Böcking, David: Lasst Google zahlen. In: Spiegel online, 31.10.2018

progressive Einkommensteuer
Der prozentuale Steuersatz steigt mit steigendem Einkommen an, sodass Bezieher:innen höherer Einkommen einen höheren Anteil ihres Einkommens als Steuer abführen als Bezieher:innen niedriger Einkommen.

b) Die Digitalsteuer behindert technologischen Fortschritt

Steuersysteme sind ein Spiegel der Gesellschaft. Der progressive Tarifverlauf unserer Einkommensteuer spiegelt den Wunsch nach Umverteilung wider; die steuerliche Begünstigung von Elektromotoren den Willen, den Einsatz fossiler Brennstoffe zu verringern. Und die derzeit vor allem in Deutschland und der EU geführte Diskussion zur Einführung einer Digitalsteuer? Sie zeigt auf, dass Europa in der digitalen Welt keinen Führungsanspruch erhebt. Die Umsätze digitaler Unternehmen sollen besteuert werden, weil es so naheliegend erscheint: Uns Europäer träfe es nicht, denn besteuert würden die großen Digitalkonzerne, die vorwiegend aus den USA kommen – wir jedoch profitierten von dem erzielten Steueraufkommen. Die EU hat zukünftige Digitalsteuern zur Finanzierung ihres Corona-Aufbauplans bereits fest eingeplant.

Doch wer trägt diese Steuer? Bei dieser Frage geht es um die Überwälzung, also darum, wer letztendlich durch eine erhobene Steuer belastet wird. Dies wird seit Jahrzehnten diskutiert und aufwendig empirisch untersucht. Die Ergebnisse sind regelmäßig gemischt. Steuererhöhungen belasten Unternehmensgewinne nur anteilig, zum Teil finden Überwälzungen auf Arbeitnehmer und Konsumenten statt. In Ländern, die bereits eine Digitalsteuer eingeführt haben, beobachten wir nun einen viel einfacheren Mechanismus: Die Steuer wird nicht von den Digitalkonzernen getragen, sondern vollständig überwälzt. Dies geschieht ganz transparent, wie die Beispiele Amazon und Google zeigen. Amazon legt die Digitalsteuer auf die Marketplace-Händler um. Google erhöht seine Preise für Werbekunden um die Digitalsteuer und weist sie separat in der Rechnung aus. Beides ist nur wegen der monopolartigen Marktstellung der Konzerne möglich. Am Ende zahlt der Konsument. Und eine zweite grundlegende Frage stellt sich: Ist es klug, digitale Unternehmen höher zu belasten? Die Idee der Digitalsteuer war, vor allem ausländische digitale Unternehmen höher zu besteuern. Das schlägt grundlegend fehl; denn deren Steuerbelastung wird nicht erhöht. Aufgrund ihrer monopolartigen Stellung ist [nämlich] zu erwarten, dass die durch Überwälzung steigenden Preise [die potenziell höhere Steuerbelastung ausgleichen]. [...] Der Plan der Belastung der anderen schlägt also fehl.

Doch der Druck vieler Staaten, mehr Steuereinnahmen zu generieren, ist durch die Corona-Pandemie deutlich gestiegen. [...] [Daher] gilt: [Nationale] Digitalsteuern [werden] weiterhin wie Pilze aus dem Boden schießen. Zumindest in all den Staaten, die digital nicht führend sind.

Dies ist jedoch zu kritisieren. Wenn zusätzliches Steueraufkommen generiert werden soll [...], dann auf anderem Wege: Eine höhere oder neue Steuer sollte nicht als techfeindliche Steuer abgehängter alter Industrienationen ausgestaltet sein, sondern Spiegel eines modernen und nachhaltigen Wirtschaftssystems sein. Sie sollte nicht traditionelle Geschäftsmodelle begünstigen, sondern nachhaltige Innovationen fördern. Sie sollte nicht Digitales behindern, sondern technologischen Fortschritt belohnen.

Schanz, Deborah: Die Nachteile der Digitalsteuer. In: Süddeutsche Zeitung online, 11.10.2020

Deborah Schanz ist Professorin für Betriebswirtschaft und Vorstand des Instituts für betriebswirtschaftliche Steuerlehre an der Ludwig-Maximilians-Universität München.

Aufgaben

1. Erläutern Sie die Probleme und Herausforderungen einer wirksamen Unternehmensbesteuerung im Zeitalter des Digitalen Kapitalismus (**M10, vgl. Kap. 1.3.1**).

2. a) Fassen Sie die in **M12** dargestellten Positionen und Argumente zu einer (Europäischen) Digitalsteuer zusammen.

b) Erläutern Sie diese Positionen vor dem Hintergrund der intendierten Funktionsweise der Europäischen Digitalsteuer (**M11**) sowie der Herausforderungen des Digitalen Kapitalismus.

3. Erörtern Sie – auf der Grundlage des vorliegenden Vorschlags (**M11**) – die Forderung nach einer (Europäischen) Digitalsteuer.

H zu Aufgabe 2a
Orientieren Sie sich dabei an der Methodendoppelseite „(Meinungsbetonte) Texte strukturiert zusammenfassen".

M zu Aufgabe 2b
Bearbeiten Sie die Texte (a/b) arbeitsteilig und führen Sie Ihre Ergebnisse anschließend in einer Partner- oder Kleingruppenarbeit (beispielsweise tabellarisch) zusammen.

H zu Aufgabe 3
Berücksichtigen Sie dabei beispielsweise folgende Perspektiven (→ Methodenseite Urteilsbildung I): Staaten (in und außerhalb der EU), Digitalkonzerne, Stationäre Produktions- und Dienstleistungsunternehmen, Internetnutzer:innen

(Meinungsbetonte) Texte strukturiert zusammenfassen

Warum sollte ich Texte strukturiert zusammenfassen können?

Texte – vor allem journalistische Texte, die in Print- und Online-Medien veröffentlicht werden – sind auch in Zeiten von Internet und sozialen Netzwerken eine unverzichtbare Informationsquelle. Sie geben Hintergrundinformationen zu politischen und gesellschaftlichen Sachverhalten und präsentieren unterschiedliche Meinungen und Argumente – und sind insofern auch unverzichtbar für die persönliche Urteilsbildung. Um sich in der Vielzahl der Textangebote orientieren zu können, ist es erforderlich, auch beim schnellen Lesen die zentralen Informationen und Positionen eines Textes eindeutig identifizieren zu können.
Auf diese Fähigkeit zielt das schulische Aufgabenformat der Textzusammenfassung, das Ihnen bereits aus dem Deutschunterricht der Sekundarstufe I geläufig ist. Es spielt auch im Politik-Wirtschaft-Unterricht der Gymnasialen Oberstufe eine wichtige Rolle, beginnt doch nahezu jede Klausur im schriftlichen Abitur unseres Faches mit einer Textzusammenfassung („fassen Sie zusammen", „geben Sie wieder").

Was muss ich bei einer Textzusammenfassung beachten?

In einer Textzusammenfassung sollen Sie unter Beweis stellen, dass Sie einen fachspezifischen Text hinsichtlich seiner zentralen Aussagen „verstehen", indem Sie dessen Kernaussagen in eigenen Worten bündeln. Aus dieser Zielsetzung ergeben sich drei zentrale Anforderungen:

- **inhaltliche Reduktion:** Dabei ist zu beachten, dass oft in den Aufgaben ein inhaltlicher Aspekt genannt wird, zu dem die Ausführungen zusammengefasst werden sollen. Alle Textaussagen abseits dieses Aspektes sind also zu vernachlässigen.
- **Strukturiertheit:** Häufig ist es sinnvoll, sich vom Aufbau des Ausgangstextes selbst zu lösen und eine eigene Struktur für die Zusammenfassung zu finden. Aufgaben, die auf mehrere inhaltliche Schwerpunkte abzielen, geben meist implizit Anregungen für diese aspektorientierte Gliederung.
- **sprachliche Distanzierung:** Verwenden Sie durchgängig eigene Formulierungen (Ausnahme: Fachbegriffe) und nutzen Sie sprachliche Mittel der Redewiedergabe (insbesondere Indirekte Rede mit Konjunktiv), um den Charakter der Meinungswiedergabe zu verdeutlichen (gilt nicht bei der Wiedergabe von allgemein bekannten bzw. anerkannten Fakten).

Wie bereite ich eine Textzusammenfassung vor?

Die schriftliche Ausarbeitung der Zusammenfassung setzt zunächst eine gründliche Arbeit am Text voraus. Insbesondere sind folgende Arbeitsschritte hilfreich:

1 Text gliedern

Gliedern Sie den Text in Sinnabschnitte und formulieren Sie für jeden Abschnitt eine Überschrift, die zentrale Inhalte wiedergibt bzw. bündelt.

▼

2 Funktion bestimmen

Bestimmen Sie für jeden Abschnitt auch, welche Funktion dieser im Argumentationsgang wahrnimmt (z. B. Formulierung der Fragestellung, Argument, Einschränkung, Kritik, veranschaulichendes Beispiel, Fazit, Forderung ...).

▼

3	Thema benennen

Benennen Sie nun das zentrale Thema/die Problemstellung des Textes.

Wie baue ich eine Textzusammenfassung auf?
Lösungsvorschlag zu Deborah Schanz, Die Nachteile der Digitalsteuer (vgl. **M12b**)

Gliederungs-schritt	Lösungsbeispiel	Das ist zu beachten!
Einleitung	In dem Artikel „Die Nachteile der Digitalsteuer", der am 11.10.2020 in der Online-Ausgabe der „Süddeutschen Zeitung" erschien, kritisiert die Autorin Deborah Schanz, BWL-Professorin an der Universität München, das Konzept einer Europäischen Digitalsteuer, das ihrer Auffassung nach problematische Lenkungswirkungen impliziert.	Der **Einleitungssatz** muss Autor, Titel, Textsorte, Quellenangaben und das Thema klar benennen. Möglich ist hier bereits eine klare Akzentuierung der Aussageabsicht (z. B. eine Forderung, eine Kritik).
Hauptteil	Schanz ruft zunächst in Erinnerung, dass Steuersysteme ein „Spiegel der Gesellschaft" (Z. 1f.) und ihrer Wertvorstellungen seien, um vor diesem Hintergrund zu kritisieren, dass die geplante Europäische Digitalsteuer einen mangelnden „Führungsanspruch" der EU im entstehenden Digitalen Kapitalismus verdeutliche (vgl. Z. 10ff.).	• Eigene Sprache verwenden, ohne umgangssprachlich zu formulieren. • **Sachlich** formulieren. • Im **Präsens** (bei Vorzeitigkeit: Perfekt) formulieren. • **Zeilenbelege** für jeden Kerngedanken.
	Hinsichtlich der konkreten Auswirkungen der geplanten Digitalsteuer argumentiert Schanz, dass diese – entgegen einer verbreiteten Hoffnung – nicht die überwiegend US-amerikanischen Digitalkonzerne treffe, sondern ihre Kunden und somit letztlich die Endverbraucher, da die Konzerne aufgrund ihrer Marktmacht problemlos in der Lage seien, die zusätzliche Steuerlast an Kund:innen und Konsument:innen zu überwälzen (vgl. Z. 29ff.).	Treffende Formulierungen verwenden, um den Text transparent zu **strukturieren** und **Zusammenhänge** zwischen den einzelnen Aussagen zu **verdeutlichen** (vgl. Wortwolke unten).

Formulierungshilfen
Der Autor
- *wirft (im ersten Abschnitt die Frage) auf/ stellt die Frage,*
- *problematisiert ...*
- *kritisiert ..., behauptet, ...*
- *verdeutlicht seine Behauptung .../ führt seine Kritik genauer aus ...*
- *veranschaulicht seine Behauptung, indem .../ gibt Beispiele für ...*
- *kommt zu dem Schluss .../*
- *appelliert/ fordert/*
- *vertritt die Position*

(Vermeiden Sie die Formulierung: Der Autor sagt/ schreibt ...)

Indirekte Rede, z. B.: Der Autor stellt fest, dass immer mehr Menschen Zugang zu Wissen und Bildung haben (Indikativ) oder hätten (Konjunktiv).
Konjunktiv: Immer mehr Menschen hätten (Konjunktiv) Zugang zu Wissen und Bildung.

ORIENTIERUNGSWISSEN

Wirtschaftlicher Strukturwandel
(Basiskonzept: Ordnungen und Systeme)
M2

Die Tendenz zur wissensbasierten Dienstleistungsbeschäftigung (vgl. Kap. 1.2.1) reflektiert den **wirtschaftlichen Strukturwandel**. Angetrieben durch technologische Innovationen entwickel(te)n sich – so die Annahme der **Drei-Sektoren-Hypothese** – aus den Agrargesellschaften zunächst Industrie- und später Dienstleistungsgesellschaften. Das jeweilige Gesellschaftsstadium wird durch den Wirtschaftssektor geprägt, in dem (a) die größte Wertschöpfung erfolgt und (b) die meisten Erwerbstätigen Arbeit finden.

Konturen des Digitalen Kapitalismus
(Basiskonzept: Ordnungen und Systeme)
M4

Die Vorstellung einer postindustriellen Dienstleistungsgesellschaft wird durch den sich gegenwärtig herausbildenden **Digitalen Kapitalismus** gleichsam auf die Spitze getrieben. So lässt sich argumentieren, dass die global führenden **Digitalkonzerne** Dienstleistungen anbieten, deren Produktion und Vermarktung jedoch unter neuen Vorzeichen vonstattengeht, denn: Die Digitalkonzerne …

- bieten häufig vor allem **immaterielle digitale Güter** an, für deren Bereitstellung menschliche Arbeit in nur geringerem Maße erforderlich ist.
- bieten ihre Dienstleistungen häufig im monetären Sinne kostenlos an. Die „Gegenleistung" der Kund:innen besteht stattdessen in der Bereitstellung personenbezogener **Daten**, die von den Digitalkonzernen gewinnbringend genutzt werden können.
- schaffen selbst **exklusive Marktplätze** (Plattformen), die ihnen ein hohes Maß an Kontrolle über potenzielle Konkurrenten und zudem über Marktnutzungsgebühren weitere Gewinne verschaffen.

Click-Worker – Arbeit in der „Plattformökonomie"
(Basiskonzept: Interaktionen und Entscheidungen)
M7, M8

Internetbasierte Marktplätze bzw. **Plattformen** werden zunehmen, auch als Instrument der **Organisation von Arbeit**. So gibt es global eine wachsende Zahl sogenannter **Click-Worker**, die ihre Aufträge weitgehend anonym via App oder Plattform erhalten.
Die Bandbreite der möglichen Aufgaben reicht dabei von analog und ortsgebunden auszuführenden Tätigkeiten wie Lieferdiensten und Haushaltshilfen (**„Gig-Worker"**) bis hin zu anspruchsvolleren Aufträgen wie Programmierung (**„Cloud- oder Crowdworker"**). Letztere werden häufig als Wettbewerb ausgelobt, wobei die Click-Worker einer nahezu globalen Konkurrenz ausgesetzt sind.
Der Arbeit von Click-Workern ist dabei gemeinsam, dass sie dahingehend als **prekär** eingestuft werden muss, dass die wirtschaftlichen bzw. **unternehmerischen Risiken** und die **soziale Absicherung** vollständig auf diese neue Gruppe von Selbstständigen abgewälzt werden.

(Ökonomische) Macht der Internetgiganten – Kontroversen um Regulierung
(Basiskonzept: Ordnungen und Systeme)
M10, M12

Die Produktionsbedingungen des Digitalen Kapitalismus statten die Digitalkonzerne mit erheblicher Marktmacht aus, die zu teils außergewöhnlich hohen **Gewinnen** führen. Zugleich bieten ihnen die Spezifika ihres Geschäftsmodells und ein auf eine „analoge" Wirtschaft ausgerichtetes internationales Steuerrecht die Möglichkeit, die **Steuerpflicht** in Staaten mit höheren Unternehmenssteuern zu **umgehen**.
Vor diesem Hintergrund gab es in den letzten Jahren verschiedene Initiativen – u. a. das Konzept einer Europäischen Digitalsteuer –, die darauf abzielten, global agierende Digitalkonzerne steuerlich stärker zu belasten.
Diese Forderungen werden vor allem mit dem Verweis auf **Steuergerechtigkeit** begründet; Digitalkonzerne sollten in den Staaten, in denen sie einen großen Teil ihres wirtschaftlichen Erfolges erzielen, genauso an der Finanzierung von Gemeinschaftsaufgaben beteiligt werden wie ortsansässige Unternehmen (Handwerk, produzierendes Gewerbe).
Demgegenüber zweifeln Kritiker dieser Konzepte die **Wirksamkeit** einer solchen Steuer an, da einerseits zukunftsweisende Unternehmensmodelle ausgebremst würden und zudem die derzeit erfolgreichen Digitalkonzerne die zunehmende Steuerlast auf Kund:innen und Konsument:innen überwälzen würden.

Interaktive Übung zur Selbstüberprüfung

82000-140

(Wie) Kann Faire Arbeit in der Plattformökonomie ermöglicht werden?

Im November 2020 veröffentlichte das Bundesministerium für Arbeit und Soziales (BMAS) unter Bundesarbeitsminister Hubertus Heil (SPD) „Eckpunkte" zur zukünftigen Regulierung von Plattformen und Plattformarbeit:

1. Arbeitsplattformen in die Verantwortung nehmen:
Plattformbetreiber, die sich nicht auf reine Vermittlungstätigkeiten beschränken, sondern unter Ausnutzung der strukturellen Besonderheiten der Plattformökonomie als […] steuernde Akteure im Dreiecksverhältnis zwischen Kunden/Auftraggeber, Plattformtätigen und Plattformbetreiber Einfluss auf die Vertragsgestaltung und -durchführung nehmen („Arbeitsplattformen"), wird das [BMAS] stärker in die Verantwortung nehmen. Damit sollen angemessene Tätigkeitsbedingungen und sozialer Schutz auch für solo-selbstständige Plattformtätige gewährleistet werden. […]

2. Sozialen Schutz stärken:
Solo-selbstständige Plattformtätige dürfen nicht ohne sozialen Schutz bleiben. Deshalb schlagen wir für solo-selbstständige Plattformtätige, die Arbeitnehmerinnen und Arbeitnehmern vergleichbar schutzbedürftig sind, eine bessere soziale Absicherung vor und werden dazu insbesondere Arbeitsplattformen an der Alterssicherung finanziell beteiligen. Zudem prüfen wir eine Einbeziehung in weitere Sozialversicherungszweige [wie insbesondere der Unfallversicherung]. […]

3. Faire Tätigkeitsbedingungen sichern:
Auch solo-selbstständige Plattformtätige sollen ihre Arbeitsbedingungen auf Augenhöhe verhandeln können.
Deshalb will das BMAS Wege finden, eine kollektivrechtliche Organisation [= Gewerkschaft] für solo-selbstständige Plattformtätige zu ermöglichen. Wer längere Zeit auf oder mit einer Plattform gearbeitet hat, darf [zudem] nicht von heute auf morgen von der Nutzung der Plattform ausgeschlossen werden. Deshalb wird das Bundesministerium für Arbeit und Soziales verbindliche Mindestkündigungsfristen in Abhängigkeit von der Dauer der Tätigkeit auf einer Plattform festschreiben.
Angesichts der steuernden Rolle von Arbeitsplattformen und der damit einhergehenden Fremdbestimmtheit der Plattformtätigen sowie der Verantwortung der Plattformbetreiber, ist auch die entsprechende Anwendung weiterer elementarer Schutzregelungen des Arbeitsrechts für solo-selbstständige Plattformtätige naheliegend. Dies betrifft etwa Regelungen zur Entgeltfortzahlung im Krankheitsfall, zum Mutterschutz und zum Urlaub. […]

5. Kontrolle von Vertragsbedingungen ermöglichen:
Solo-selbstständige Plattformtätige können ihre Vertragsbedingungen in der Praxis regelmäßig nicht auf Augenhöhe mit den Plattformbetreibern aushandeln, sondern diese werden einseitig vorgegeben. Gemeinsam mit dem für das AGB-Recht zuständigen Bundesministerium für Justiz und Verbraucherschutz wird sich das Bundesministerium für Arbeit und Soziales deshalb dafür einsetzen, dass bestimmte Klauseln in den Allgemeinen Geschäftsbedingungen, die einseitig zu Lasten der Plattformtätigen gehen, einfacher und unkomplizierter gerichtlich überprüft werden können – beispielsweise, wenn Plattformen Vergütungen grundlos einbehalten oder willkürlich Konten sperren.

Bundesministerium für Arbeit und Soziales: Kurzfassung der Eckpunkte „Faire Arbeit in der Plattformökonomie". In: www.denkfabrik-bmas.de, 27.11.2020

Aufgaben

1. Beschreiben Sie den Arbeitstypus „Click-Work" anhand seiner Arbeitsorganisation und der typischen Arbeits-„Verträge".
2. Arbeiten Sie heraus, auf welche Probleme und Herausforderungen des Digitalen Kapitalismus das BMAS mit den angekündigten Regulierungsmaßnahmen für plattformvermittle Arbeit reagiert.
3. Nehmen Sie zu den Regulierungsvorschlägen des BMAS Stellung.

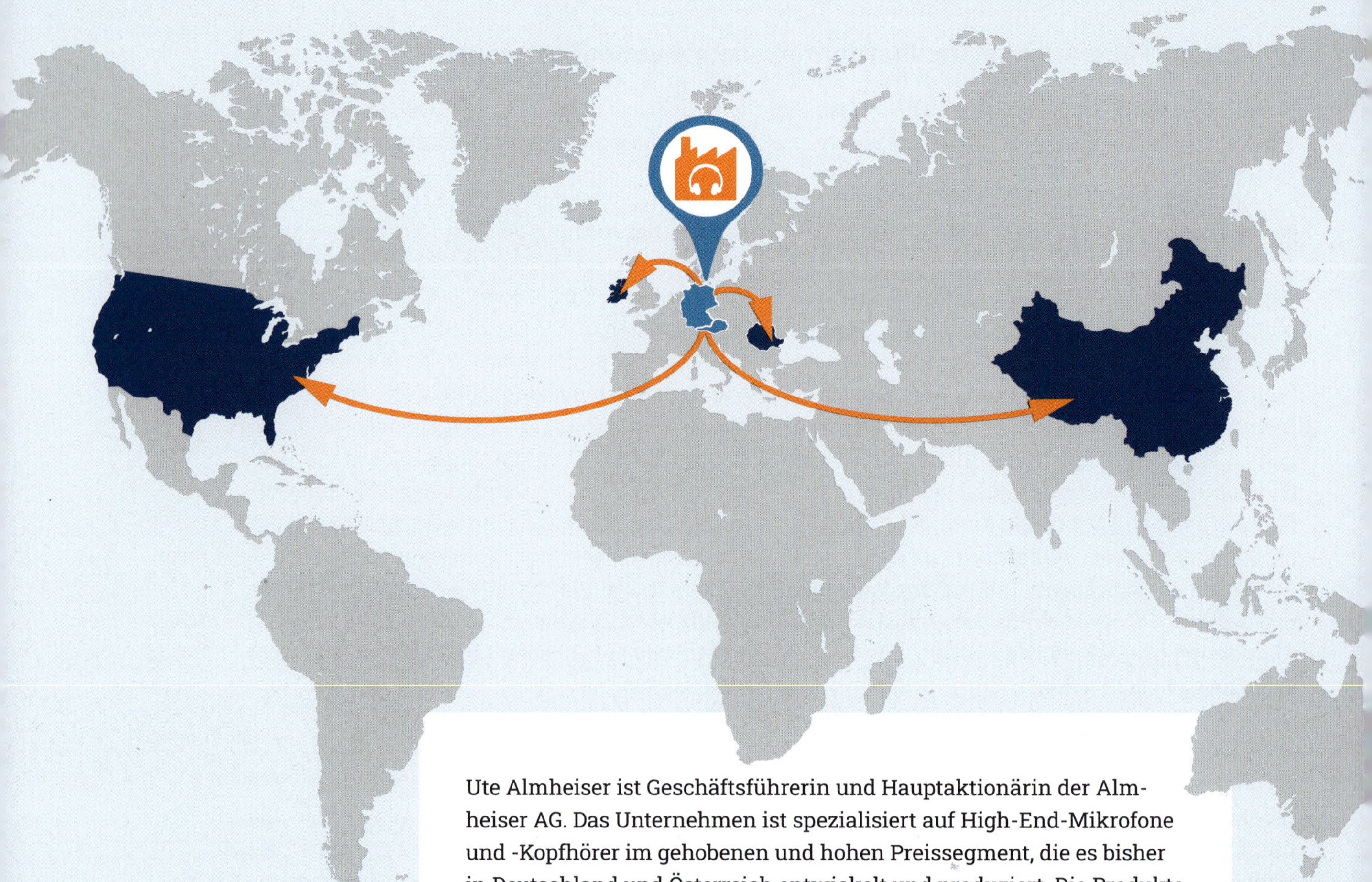

Ute Almheiser ist Geschäftsführerin und Hauptaktionärin der Almheiser AG. Das Unternehmen ist spezialisiert auf High-End-Mikrofone und -Kopfhörer im gehobenen und hohen Preissegment, die es bisher in Deutschland und Österreich entwickelt und produziert. Die Produkte mit dem geschwungenen „A" erfreuen sich beim wohlhabenden, meist städtischen Publikum gleichbleibender Beliebtheit. Ein erheblicher Teil der fast 2.500 Beschäftigten besteht aus (gut bezahlten) Ingenieurinnen und Ingenieuren.

Aber die Konkurrenz – insbesondere zwei Firmen aus den USA und Japan – schläft nicht. Zwar hat es Almheiser mit innovativen Audiolösungen immer wieder geschafft, den Umsatz Jahr für Jahr zu erhöhen, der internationale Konkurrenzdruck wird aber spürbar größer. Daher berät Ute Almheiser mit ihren Vorstandskolleginnen und -kollegen (je zwei Frauen und Männer) über eine Erweiterung der Produktion über die Grenzen des deutschsprachigen Raums hinaus. Diskutiert werden als möglicher zusätzlicher Standort für die Produktion und möglicherweise auch für die Entwicklung Orte in den USA, China, sowie den EU-Staaten Irland und Rumänien.

Aufgaben

1. Entwickeln Sie Kriterien, an denen sich der Vorstand der Almheiser AG bei der Wahl eines neuen Standorts orientieren könnte.
2. Gewichten Sie die Kriterien zur Standortauswahl aus Sicht des Vorstands. Berücksichtigen Sie dabei die Produktpalette von Almheiser und die Frage, ob lediglich ein Produktions- oder auch ein Entwicklungsstandort gesucht wird.

Digitale Anwendung

72091-19

Chancen und Risiken der Internationalisierung von Unternehmen

2

Sie kennen viele kleine und große Wirtschaftsunternehmen. Vom Schreibwarengeschäft um die Ecke über Handwerksbetriebe und mittelständische Unternehmen als wichtige Arbeitgeber vor Ort bis hin zu großen multinationalen Firmen. Doch aus welchen Gründen kommen Unternehmen auf die Idee, international tätig zu werden. Und welche Risiken entstehen dabei? Diesen Fragen gehen Sie in Kapitel 2.1 nach. Zunächst analysieren Sie die Internationalisierungsstrategien der Symrise AG aus dem niedersächsischen Holzminden, die u. a. Duft- und Geschmacksstoffe für viele bekannte Nahrungsmittel- und Parfümkonzerne produziert. In diesem Zug lernen Sie bereits sogenannte Standortfaktoren kennen. Dabei betrachten Sie sowohl Beschaffung und Produktion als auch den Vertrieb (vereinfachte Wertschöpfungskette). Davon ausgehend wägen Sie verallgemeinernd die Chancen und Risiken von Unternehmensinternationalisierungen gegeneinander ab. Auch können Sie an einer exemplarischen Maßnahme beurteilen, ob und – wenn ja – wie die Bundesrepublik Deutschland Auslandsinvestitionen deutscher Firmen gegen bestimmt Risiken absichern sollte.

Im Kapitel 2.2 lernen Sie die Dimensionen des schillernden Begriffs Globalisierung kennen. Bei deren Zustandekommen spielen politische Entscheidungen, technische Entwicklungen sowie wirtschaftliche Internationalisierungsprozesse entscheidende Rollen. Die Auswirkungen globalisierten Wirtschaftens auf den deutschen Arbeitsmarkt betrachten Sie im Anschluss. Hier hat der Export aus Deutschland entscheidenden Einfluss. Danach werfen Sie an einem prominenten Beispiel einen Blick auf Globalisierungsfolgen für Arbeitnehmerinnen und Arbeitnehmer im Ausland – nämlich auf Arbeiterinnen in der südostasiatischen Textilindustrie, die vornehmlich für westliche Kunden nähen. In diesem Zusammenhang können Sie die Wirksamkeit des sogenannten „Lieferkettengesetzes“ von 2021 (in Form einer Talkshow) diskutieren. Vertiefend können Sie sich mit der These des Soziologen Stephan Lessenich auseinandersetzen, dass wir in einer „Externalisierungsgesellschaft“ leben, von der wir im globalen Norden zwar unmittelbar profitieren, mittel- und langfristig aber niemand. Denn die Schäden, die anderswo an Natur und Mensch durch die durch unseren Konsum bedingte Produktion entstünden, seien nicht nur für die unmittelbar Betroffenen sondern auf mittlere Sicht auch für uns verheerend.

Kompetenzen

Am Ende dieses Kapitels sollten Sie Folgendes wissen und können:

- die Motive sowie die Chancen und Risiken der Internationalisierung von Wirtschaftsunternehmen beschreiben.
- verschiedene Internationalisierungsstrategien von Unternehmen bezogen auf Beschaffung, Produktion und Vertrieb analysieren.
- Auswirkungen von Unternehmensinternationalisierung bzw. wirtschaftlicher Globalisierung auf Arbeitnehmer:innen in Deutschland und weltweit sowie die Umwelt erläutern.
- die politische Rahmensetzung für die Internationalisierung deutscher Unternehmen am Beispiel erörtern.

2.1 Motive und Strategien der Internationalisierung von Wirtschaftsunternehmen

2.1.1 Düfte und Geschmäcker aus Niedersachsen für die Welt: Wie international ist die Symrise AG aus Holzminden?

Digitale Anwendung

72091-20

Einstiegsaufgabe

Mit großer Wahrscheinlichkeit haben Sie bzw. Ihre Familienmitglieder, ohne es zu wissen, in den vergangenen Tagen Produkte der Symrise AG zu sich genommen oder anderweitig verbraucht.

a) Stellen Sie in einem Blitzlicht die von Ihnen genutzten Produkte vor, die von Symrise stammen könnten.

b) Tragen Sie zusammen, aus welchen Weltregionen die Rohstoffe für diese Produkte stammen könnten.

M1 Einblicke in die Symrise AG

zum Großteil auf der Basis natürlicher Rohstoffe wie Vanille, Zitrus, Zwiebeln, Fisch, Fleisch, Blüten- und Pflanzenmaterialien

aktueller Weltmarktanteil: 10 % im Markt für Geschmacks- und Duftstoffe

Zahlen (2020)
Umsatz: 3.520 Mio. €
Gewinn: 307 Mio. €

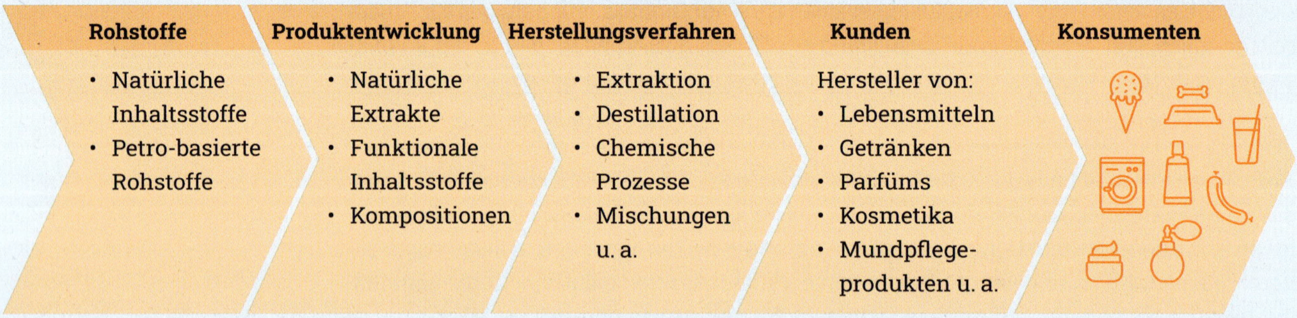

ca. 30.000 Produkte u. a. Duft-, Geschmacks- und Lebensmittelinhaltsstoffe (u. a. Vanille und Menthol), kosmetische Grund- und Wirkstoffe

Mitarbeiter:innen: 10.665
davon in Deutschland: 2.817
Anteil Frauen: 39 % insg.,
28 % erste Führungsebene,
42 % zweite Führungsebene

„[M]ittlerweile stehen alle großen Lebensmittel- und Parfümerie- und Kosmetikkonzerne der Welt in unseren Auftragsbüchern."

Dr. Heinz-Jürgen Bertram, Vorstandsvorsitzender der Symrise AG

Informationen und Zitat nach: Symrise AG: Unternehmensbericht 2020. Holzminden 2021, S.18, 46

M2 Wie ist die Symrise AG aufgebaut?

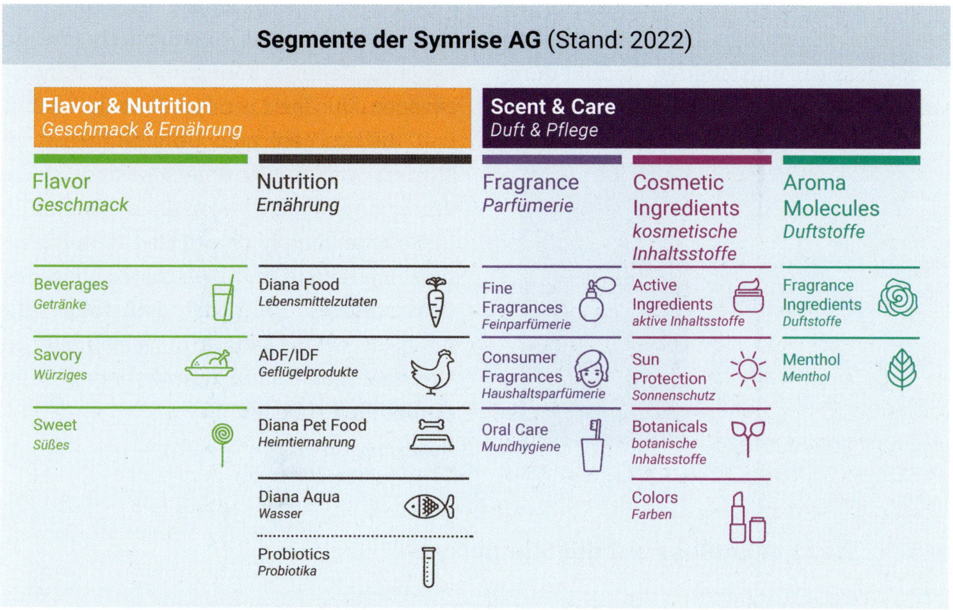

Symrise AG: Finanzbericht. Holzminden 2021, S. 9

M3 Wo ist die Symrise AG tätig?

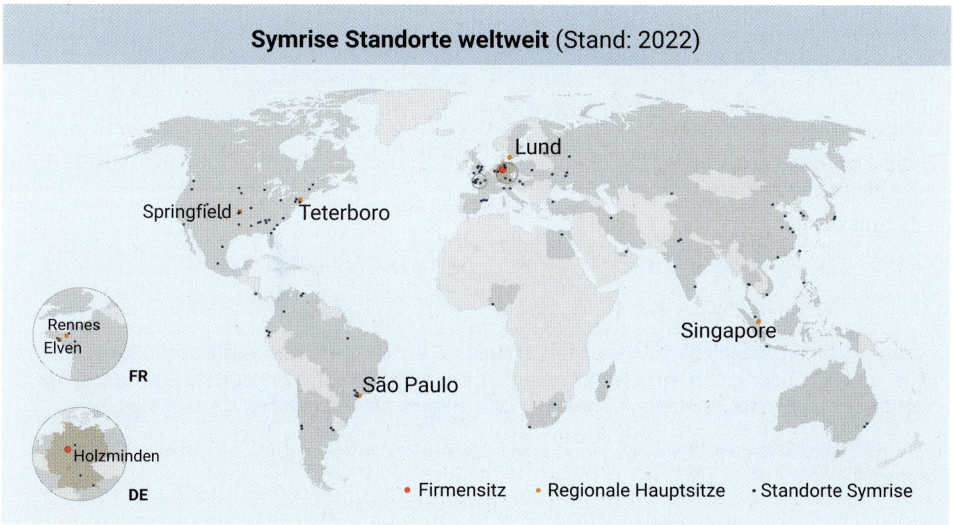

Nach: Symrise AG: Finanzbericht. Holzminden 2021, S. 8

M4 Beschaffung, Produktion, Vertrieb – die vereinfachte Wertschöpfungskette

Der bekannte Wirtschaftswissenschaftler Michael E. Porter analysierte ab den frühen 1980er Jahren die Prozesse in einem Unternehmen, die schließlich zur Bereitstellung eines Produkts (Waren, Dienstleistungen) führen; beginnend bei der Beschaffung von Rohstoffen oder Vorprodukten, über die Produktion bis hin zum Vertrieb/Ver-

Geschichte der Symrise AG – Eckdaten

1874/76 – Gründung der Firma Haarmann & Reimer in Holzminden, nachdem dort ein Verfahren zur künstlichen Herstellung von aromatischem Vanillin entwickelt wurde

1919 – Gründung der Firma Dragoco für Duft- und Geschmacksstoffe sowie Kosmetikbestandteile

1954 – Übernahme von Haarmann & Reimer durch die Bayer AG, das größte deutsche Chemieunternehmen

1973 – erstmals künstliche Herstellung von Menthol (u. a. für Zahnpasta, Kaugummi, Süßwaren)

2003 – Entstehen der Symrise AG durch Verkauf von Haarmann & Reimer durch Bayer und Verschmelzung mit Dragoco

2006 – Börsengang an der Frankfurter Börse (größter im Jahr 2006)

2013 – Kauf des US-Duftherstellers Belmay

2014 – Kauf der französischen Firma Diana (u. a. Aromastoffe, Tierfutter, Babynahrung) und Mehrheitsanteile an der schwedischen Firma Probi (Probiotika – Nahrung (-sergänzung) mit lebenden Mikroorganismen)

2018 – Auszeichnung als Deutschlands nachhaltigstes Großunternehmen

2021 – Aufstieg in den DAX (wichtigster deutscher Aktienindex) im Zuge von dessen Erweiterung auf die 40 größten und liquidesten deutschen Unternehmen

Produktivität
Verhältnis der produzierten Güter zum Einsatz der dazu notwendigen Produktionsfaktoren (Arbeit, Kapital, Rohstoffe)

kauf. Die Ergebnisse seiner Analysen fasst er im Modell der Wertschöpfungskette (Value Chain) zusammen. Die Grundannahme lautet, dass das entstehende Produkt durch jeden Teilprozess in der Kette an Wert gewinnt. Daher dient das Modell auch dazu, eventuelle Effizienzdefizite in Teilprozessen eines Betriebes aufzuspüren und zu beheben. Dadurch könnte die Produktivität bezogen auf das Einzelprodukt und somit u. U. die des gesamten Unternehmens gesteigert werden. Zu unterscheiden ist die Wertschöpfungskette von der sogenannten Lieferkette (Supply Chain) bzw. dem Liefernetz. Lieferkette und Liefernetz sollen den Gesamtprozess von der Rohstoffgewinnung, der Verarbeitung in verschiedenen Unternehmen bis hin zum Verbrauch beim Endkunden abbilden.

Autorentext

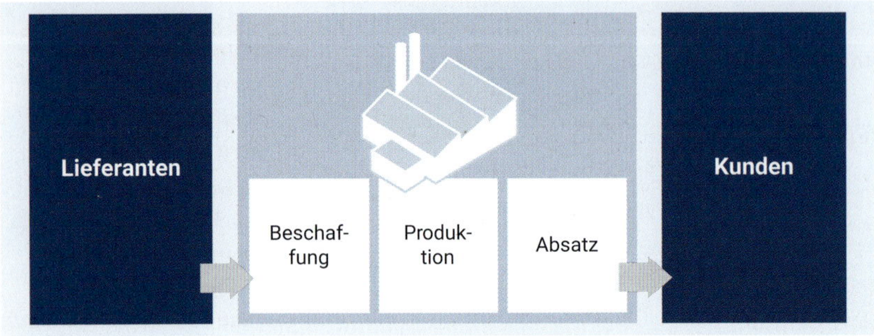

M5 Was hat Einfluss auf die Standortwahl?

Standortfaktoren bezogen auf die Wertschöpfungskette

Beschaffung	Produktion	Absatz
• Preise für und Verfügbarkeit von Grund und Boden • Nähe zu Rohstoffmärkten • Anlieferungswege • Verfügbarkeit von Arbeitskräften • Zugang zum Kapitalmarkt • Nähe zu Forschung und Bildungseinrichtungen • Lebensqualität • ...	• Klima & Geologie • Wertvorstellungen, Bildungsstand • technologische Infrastruktur • benötigte Dienstleister • Abfallentsorgung/ Umweltschutz • Lohnkosten • Produktionsanlagen • Infrastruktur • Energiekosten • Kündigungsschutz • Lohnstückkosten • ...	• Kundennähe • Kaufkraft • Absatzwege • Konkurrenzsituation • Markttransparenz • Marktgröße • ...

Rechtssicherheit, staatliche Subventionen, Steuerlast, gesellschaftliche Verhältnisse (Gesundheits- und Bildungssystem, soziale Sicherung ...), Gesetzgebung (insbesondere Arbeits- und Vertragsrecht), politische Situation, Aufwand im Umgang mit der öffentlichen Verwaltung ...

Nach: Vahs, Dietmar/Schäfer-Kunz, Jan: Einführung in die Betriebswirtschaftslehre. München 2015, S. 113 (ergänzt)

H zu Aufgabe 1
Beschreiben Sie die Produktpalette und die weltweite Verteilung der Standorte der Symrise AG (**M2, M3**).

H zu Aufgabe 3
Erklären Sie das Modell der Wertschöpfungskette (**M4**).

BO Recherchieren Sie für Sie interessante Berufsbilder in der Symrise AG und dafür notwendige Ausbildungswege.

Aufgaben

1. Wählen Sie drei Standorte der Symrise AG – einen aus Europa, einen aus Lateinamerika und einen aus China. Arbeiten Sie heraus, welche Standortfaktoren vermutlich den Ausschlag für die Wahl des jeweiligen Standorts gegeben haben (**M3, M5**).
2. Ordnen Sie die Wertschöpfungskette der Symrise AG (**M1**) in das Modell der vereinfachten Wertschöpfgungskette ein (**M4**).
3. Erläutern Sie die Vorteile der Internationalisierung für die Symrise AG. Beziehen Sie dabei die Elemente der Wertschöpfungskette in Ihre Überlegungen mit ein (**M1-M5**).

2.1.2 Beschaffung, Produktion und Vertrieb weltweit – (Wie) Wird sich Symrise weiter internationalisieren?

Einstiegsaufgabe

Nehmen Sie die Perspektive eines Vorstandsmitglieds der Symrise AG ein. Ihre Firma ist international durchgängig gewachsen. Werfen Sie grundsätzliche Möglichkeiten auf, die Internationalisierung des Unternehmens weiter voranzutreiben. Berücksichtigen Sie dabei ggf. Überlegungen zu Beschaffung, Produktion und Vertrieb.

M6 Die Internationalisierung von Symrise: Welche Wege? Welche Absichten?

Im Interview im Unternehmensbericht 2020 äußerte sich der Vorstandsvorsitzende der Symrise AG, Dr. Heinz-Jürgen Bertram, auch zu Wachstumsaussichten und damit zusammenhängend zu Internationalisierungsstrategien des Unternehmens.

Kommen wir [...] zum Thema Wachstum. Was erwarten Sie für die kommenden Jahre?

Wir werden weiter gesund und nachhaltig wachsen, indem wir drei Hebel nutzen. Erstens wollen wir organisch stärker werden, also in unseren alten und neuen Geschäftsfeldern die Kapazitäten vergrößern, neue Kunden gewinnen und die Umsätze steigern. Außerdem werden wir unser Geschäftsmodell sukzessive erweitern und schließlich auch weiterhin ausgewählt aquirieren [also Firmen(teile) aufkaufen].

Gibt es aktuelle Beispiele dafür?

Im vergangenen Geschäftsjahr [2020] haben wir zum Beispiel unsere größte Einzelinvestition überhaupt eröffnet: den neuen Standort für die Geschmack- und Duftproduktion im chinesischen Nantong, in den wir 50 Mio. € investiert haben. [...] Außerdem haben wir das amerikanische Unternehmen ADF/IDF in Symrise integriert, das wir 2019 für 900 Mio. USD[ollar] gekauft haben. Es erweitert unser Portfolio und schafft gleichzeitig [...] Marktzugänge oder neue Technologien. [...] 2021 planen wir das Duft und Teile des Aromengeschäfts des US-Unternehmens Sensient Technologies zu übernehmen. Deren Produkte stammen vor allem aus erneuerbaren Rohstoffen wie Kiefernöl oder Zitrusfrüchten, die mit Prozessen der Grünen Chemie verarbeitet werden. Sensient hat Standorte in Mexiko und Spanien, wo wir in Grenada stark investieren und das Werk zum zweitgrößten Mischbetrieb für Duftstoffe und Parfümkompositionen in der EAME-Region ausbauen wollen.

Und in welchen Bereichen werden Sie Ihr Profil ausbauen?

[...] Ein [...] stark wachsender Bereich sind gesunde Lebensmittel. Mit unserem herausragenden Wissen zu Naturrohstoffen [...] und durch unser Geschmacks-Know-how können wir sämtliche Herausforderungen annehmen: weniger Zucker, Salz, Fett und Fleisch im Essen zum Beispiel bei gleichbleibendem Geschmack oder funktionale Stoffe wie alternative Proteine in Lebensmitteln.

Der neue Symrise-Standort in Nantong.

EAME-Region
US-amerikanische Bezeichnung für den Wirtschaftsraum bestehend aus Europa, Afrika und Arabien/Mittlerer Osten (Middle East). Diese Teile der Welt liegen in einer Börsenhandelszeitzone (gleicher Tageszeitraum des Wertpapierhandels).

(Unternehmens-)Portfolio
Gesamtheit der Produkte, Dienstleistungen und/oder Marken eines Unternehmens

Nehmen Ihre Kunden das an?
Ja, wir gewinnen immer mehr dazu, mittlerweile stehen alle großen Lebensmittel- und Parfümerie- und Kosmetikkonzerne der Welt in unseren Auftragsbüchern. Gleichzeitig kommt aber keiner über einen Umsatzanteil von über 5 %. Bei unseren 6.000 Kunden haben wir ein gesundes Mischverhältnis gefunden, je zu einem Drittel sind es lokal, regional und global aktive Unternehmen aus allen für uns wichtigen Branchen. Das macht uns unabhängig und weniger anfällig für Krisen.

Symrise AG: Unternehmensbericht 2020. Holzminden 2021, S. 46f.

M7 Warum internationalisieren sich Unternehmen?

Risikodiversifikation
Streuung der unternehmerischen Risiken, um beim Eintreten eines Risikos nicht das gesamte Unternehmen zu gefährden

economies of scale / Skaleneffekte
Kostenvorteile, die dadurch entstehen, dass bei einer höheren Produktionsmenge ein und desselben Guts die Kosten für das einzelne Stück sinken; bedingt u. a. durch größere Einkaufsmacht (Vorprodukte, Rohstoffe) und Verteilung der Fixkosten (Mieten, Gehälter...) auf eine erhöhte Stückzahl (Fixkostendegression)

Warum entscheiden sich Unternehmen dazu, außerhalb ihres Heimmarktes tätig zu werden? Die Gründe dafür können vielfältig sein. Die Internationalisierungsziele können **ressourcenorientiert** (z. B. Zugriff auf Rohstoffe, entsprechend ausgebildete Arbeitskräfte, Kapital oder andere Ressourcen), **effizienzorientiert** (z. B. Nutzung von Kostensenkungspotenzialen durch die Verlagerung der Produktion ins Ausland) oder **strategisch motiviert** sein (z. B. Ausbau von Kompetenzen zur Steigerung der eigenen Wettbewerbsfähigkeit).
Das Hauptmotiv für den Export liegt allerdings in der **Erschließung neuer Märkte** für die eigenen Produkte und Dienstleistungen. Dahinter können verschiedene Überlegungen stehen. So kann zwischen proaktiven (vom Unternehmen selbst initiierten) und reaktiven (eher passiv in Anpassung an geänderte Umfeldbedingungen entstehenden) Exportmotiven unterschieden werden [...].
Zu den **proaktiven Exportmotiven** gehören:

- die Absicht, durch die Auslandstätigkeit Wachstum und höhere Gewinne zu erzielen; [...]
- das Erkennen von Chancen, firmenspezifische Produkt-, Technologie-, oder Marketingkompetenzen auch in Auslandsmärkten nutzen zu können; [...]
- das Erzielen von Größenvorteilen (engl. economies of scale) durch den Vertrieb von Produkten oder Dienstleistungen in mehreren Ländern; [...]
- eine Risikodiversifikation durch den Verkauf der eigenen Leistungen in Ländern mit unterschiedlichen politischen und konjunkturellen Risikoprofilen;
- das Ausnutzen von Steuervorteilen.

Bei den **reaktiven Exportmotiven** kommt der Anstoß für die Internationalisierung nicht von innen. Vielmehr reagiert das Unternehmen auf externe Entwicklungen, denen es sich nicht verschließen kann. Typische Beispiele sind:

- unaufgeforderte Anfragen oder Bestellungen internationaler Kunden;
- der Wunsch nationaler Kunden, ihnen als Lieferant auf Auslandsmärkte zu folgen;
- der Wettbewerbsdruck, der entsteht, wenn Konkurrenten international tätig werden, und die Vorteile, welche sich dadurch für sie ergeben (z. B. economies of scale oder der Erwerb neuer Kompetenzen), nutzen, um auch am Heimmarkt Marktanteile dazuzugewinnen.
- ein kleiner und gesättigter Heimmarkt, der keine Wachstumschancen mehr bietet;
- Exportförderungsinitiativen durch staatliche Stellen, Wirtschafts- und Handelskammern oder Banken.

Die Entscheidung, zu exportieren oder das Unternehmen in anderer Form zu internationalisieren, kann auch noch zusätzliche Vorteile mit sich bringen:

a. Ein internationales Umfeld kann motivierte und engagierte Mitarbeiter:innen anziehen und ein positives Bild des Unternehmens in der Öffentlichkeit vermitteln;
b. die Abhängigkeit von der Entwicklung eines einzigen Marktes wird verringert;

c. die Erfahrungen, die auf neuen Märkten und mit den damit verbundenen unterschiedlichen Kundenbedürfnissen gemacht werden, können zur Weiterentwicklung der Kompetenzen sowie des Produkt- und Dienstleistungsangebotes des Unternehmens genützt werden.

Welche Internationalisierungsmotive im Vordergrund stehen, ist von einer Vielzahl von Einflussfaktoren abhängig, wie zum Beispiel der Größe und internationalen Erfahrung des Unternehmens, den Bedingungen des Heimmarktes oder den Spezifika der jeweiligen Branche. [...]

Auch wenn oft ein Motiv im Vordergrund steht, wird es bei den meisten Unternehmen ein Bündel an Motiven sein, welche schließlich den Ausschlag geben, sich im Export oder in anderen Formen der Internationalisierung zu engagieren.

Sternad, Dietmar: Die Internationalisierungsentscheidung. In: Sternad, Dietmar/ Höfferer, Meinrad/ Haber, Gottfried (Hg.): Grundlagen Export und Internationalisierung. Wiesbaden 2020, S. 10f. Hervorhebungen im Original

M8 Welche Möglichkeiten zur Internationalisierung haben Unternehmen?

Ergänzt nach: Sternad, Dietmar: Die Internationalisierungsentscheidung. In: Sternad, Dietmar/Höfferer, Meinrad/Haber, Gottfried (Hg.): Grundlagen Export und Internationalisierung. Wiesbaden 2020, S. 62

Aufgaben

1. Geben Sie Heinz-Jürgen Bertrams Aussagen zur Wachstumsstrategie der Symrise AG wieder (**M6**).
2. Fassen Sie die Motive, mit einem Unternehmen international tätig zu werden, sowie mögliche Internationalisierungsstrategien zusammen (**M7, M8**).
3. Ordnen Sie die Aktivitäten von Symrise in das Modell der vereinfachten Wertschöpfungskette ein (**M1, M4**).
4. Ordnen Sie die von Heinz-Jürgen Bertram genannten Entwicklungen der Symrise AG in die Motive und Strategien der Internationalisierung von Unternehmen ein (**M6-M8**).

F zu Aufgabe 2
Erläutern Sie, unter welchen Bedingungen ein Unternehmen sinnvollerweise welche Markteintrittsstrategie – Export, Direktinvestition, Vertragsbeziehung – wählen könnte.

BO Die Symrise AG hat – wie alle international tätigen Unternehmen – auch immer deutsche Mitarbeiter:innen für einige Jahre im Ausland (sog. Expats). Setzen Sie sich damit auseinander, ob eine solche Auslandstätigkeit für Sie infrage käme.

2.1.3 Internationalisierung deutscher Unternehmen – mehr Gefahren als Chancen?

Digitale Anwendung

72091-21

Einstiegsaufgabe

Stellen Sie Vermutungen dazu an, welche Chancen deutsche Unternehmen in ihren Investitionen in den angegebenen Staaten primär sehen könnten (**M9**).

M9 In welchen Ländern investieren deutsche Unternehmen am meisten?

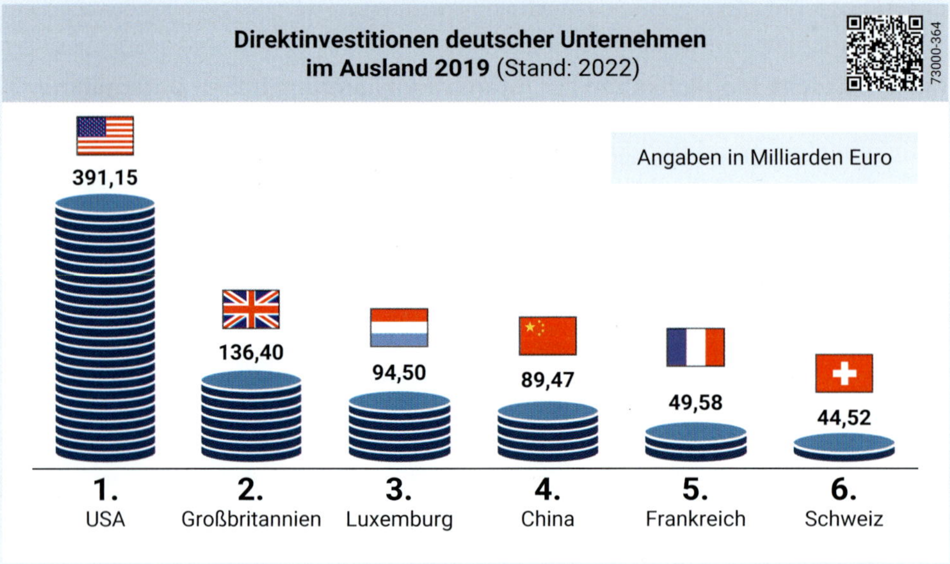

C.C. Buchner Verlag, aktuellste Daten nach: Bundesbank, 2019

M10 Warum investieren deutsche Unternehmen im Ausland?

a) Mit welchen Motiven wird investiert?

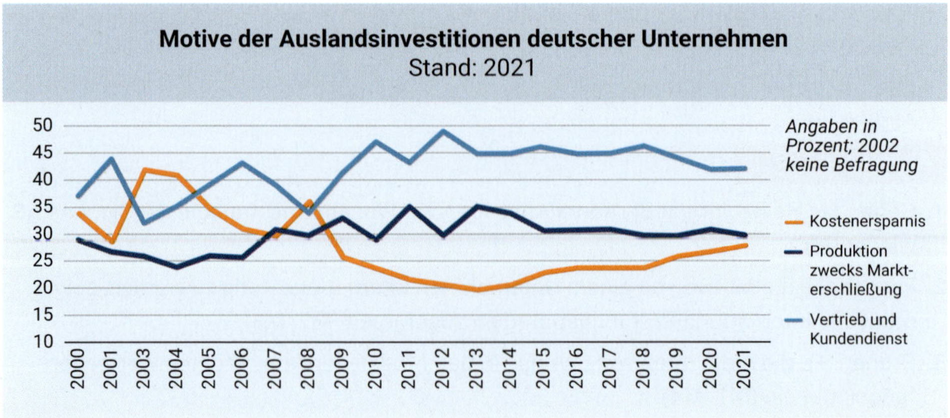

Zahlen: Deutscher Industrie- und Handelskammertag e.V. (Hg.): Auslandsinvestitionen 2021. Sonderauswertung der DIHK-Umfrage vom Jahresbeginn 2021. Berlin 2021, S. 2

b) Welche Branchen investieren verstärkt im Ausland?

Unternehmen mit Auslandsinvestitionen nach Branchen

Branche	Anteil der Unternehmen mit Auslandsinvestitionen in %
Industrie (Gesamt)	46
Industrie (bis 500 Mitarbeiter:innen)	38
Industrie (ab 1.000 Mitarbeiter:innen)	81
Chemische und Pharmazeutische Industrie	52
Metallerzeugnisse	39
Elektrotechnik	54
Maschinenbau	53
Fahrzeugbau	59
Kraftfahrzeugbau	66

Zahlen: Deutscher Industrie- und Handelskammertag e. V. (Hg.): Auslandsinvestitionen 2019. Sonderauswertung der DIHK-Umfrage vom Jahresbeginn 2019. Berlin 2019, S. 7

M11 Wo investieren deutsche Unternehmen warum?

Ausländische Investitionsregionen deutscher Unternehmen
Stand: 2021

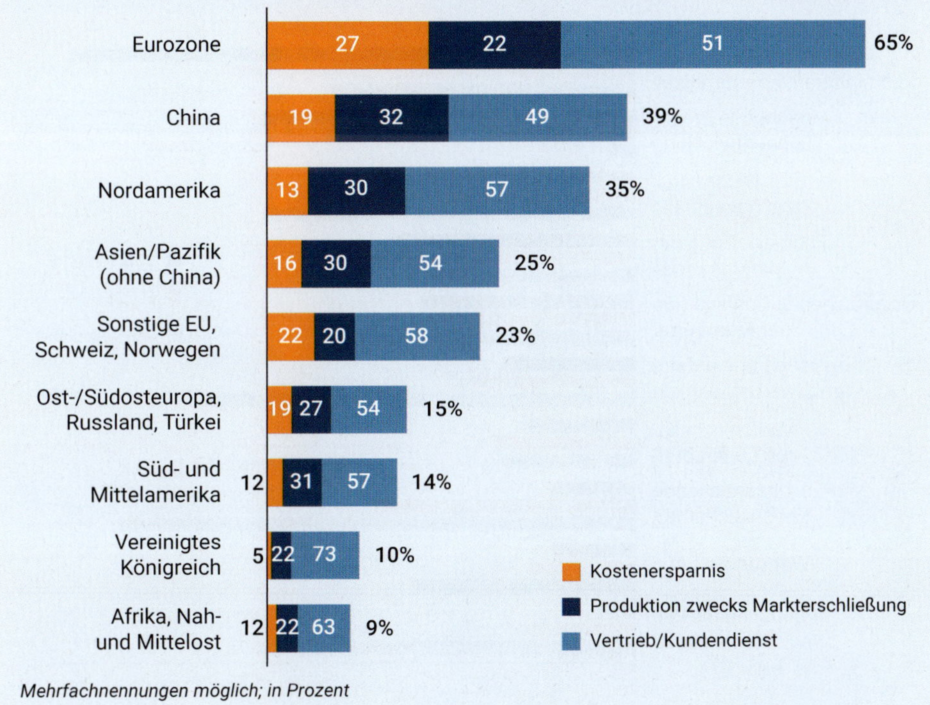

Zahlen: Deutscher Industrie- und Handelskammertag e. V. (Hg.): Auslandsinvestitionen 2021. Sonderauswertung der DIHK-Umfrage vom Jahresbeginn 2021. Berlin 2021, S. 5

M12 Welche Risiken kann Internationalisierung für Unternehmen haben?

Internationalisierungsrisiken für Unternehmen

wirtschaftliche	politisch-rechtliche	Marktrisiken	sonstige
• Wechselkursschwankungen zwischen den Währungen des Heimat- und des Auslandssitzes • Kaufkraftverlust im Ausland durch Inflation • Zahlungsverzug oder Zahlungsausfall ausländischer Vertragspartner	• Einführung von Handelsschranken • mangelnde Rechtssicherheit • fehlende Sicherheit für Mitarbeiter:innen oder Sachwerte (z. B. durch Krisen, Kriege, Kriminalität) • Korruption • Enteignung	• Falsche Einschätzung des Marktvolumens im Vorfeld • Falsche Einschätzung der lokalen Kundenbedürfnisse im Vorfeld • Falscher Vertriebskanal oder falsche lokale Marketingstrategie	• Naturkatastrophen • Kulturelle Unterschiede, z. B. unterschiedliche Werte und Arbeitsweisen • Bindung des entsandten Personals ans Unternehmen; Kontrolle des einheimischen Personals

Sternad, Dietmar: Die Internationalisierungsentscheidung. In: Sternad, Dietmar / Höfferer, Meinrad / Haber, Gottfried (Hg.): Grundlagen Export und Internationalisierung. Wiesbaden 2020, S. 13

M13 Welche Internationalisierungsrisiken sehen deutsche Mittelständler?

Die bedeutendsten Marktrisiken in verschiedenen Regionen aus Sicht auslandsaktiver und -interessierter Unternehmen (in %)

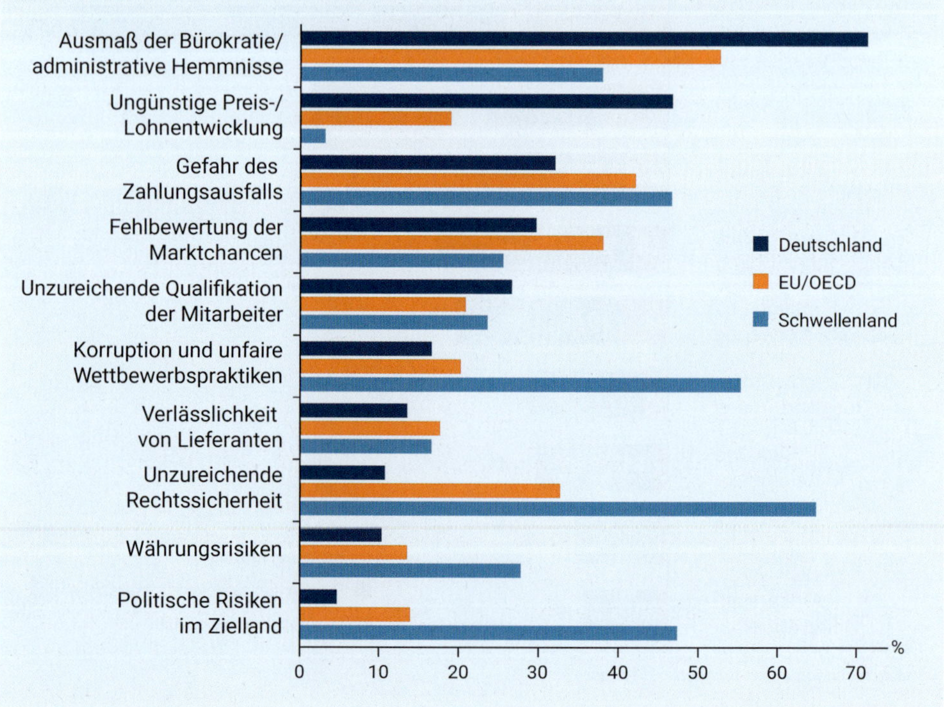

Zahlen: Kranzusch, Peter / Holz, Michael: Internationalisierungsgrad von KMU. Ergebnisse einer Unternehmensbefragung. IfM-Materialien Nr. 222. Hg. vom Institut für Mittelstandsforschung Bonn. Bonn 2013, S. 72

Kleinste, kleine und mittlere Unternehmen (KMU)
Kleinstunternehmen: max. 9 Mitarbeiter:innen, max. 2 Mio. € Umsatz/Jahr
kleine Unternehmen: max. 49 Mitarbeiter:innen, max. 10 Mio. € Umsatz/Jahr
mittlere Unternehmen: max. 249 Mitarbeiter:innen, max. 50 Mio. € Umsatz/Jahr

OECD
Organisation für wirtschaftliche Zusammenarbeit und Entwicklung mit Sitz in Paris; Zusammenschluss von 37 Staaten (Stand 2021) – darunter auch die meisten Länder der EU – mit den Zielen angemessenes Wirtschaftswachstum, hoher Beschäftigungsstand, steigender Lebensstandard, Geldwert- bzw. Preisniveaustabilität in den Mitgliedstaaten. Die OECD setzt sich für eine Liberalisierung des Welthandels ein.

M14 (Wie) Sichert der Bund Unternehmenstätigkeit im Ausland ab?

2017 drohte das russische Landwirtschaftsministerium ineffizienten Bauern mit Enteignung. Wer nicht produktiv genug arbeite, müsse seine Nutzflächen in „effektivere Hände" abgeben. Mit dieser drakonischen Maßnahme wollte die Behörde die Lebensmittelproduktion ankurbeln. Auch wenn es letztlich nicht dazu kam: Bei den Landwirten bleibt die Unsicherheit, ob ihnen ihr Staat nicht doch eines Tages ihr Eigentum wegnimmt [...].

Mit diesem Risiko muss auch Friedrich-Hans Grandin leben. Er ist Vorsitzender der Geschäftsführung von Huesker, einem Hersteller von Geokunststoffen und technischen Textilien. Diese kommen unter anderem beim Bau von Straßen oder Staudämmen zum Einsatz. Ein wichtiger Absatzmarkt des Mittelständlers aus Gescher im Münsterland ist Russland. Daher hat das Unternehmen 2017 einen eigenen Produktionsstandort in Klin, 90 Kilometer nordwestlich von Moskau, eröffnet. [...] „Das Gebäude der Produktionshalle ist gemietet, aber die Maschinen gehören uns", sagt Grandin. Insgesamt hat Huesker einen einstelligen Millionenbetrag investiert.

Eine Beschlagnahmung dieser Anlagen durch den russischen Staat würde das Unternehmen [...] empfindlich treffen. „Auch wenn wir mit den Behörden bislang keine negativen Erfahrungen gemacht haben, schwingt immer eine gewisse Unsicherheit mit, ob wir in Russland die gleiche Rechtssicherheit erleben wie hier", sagt Grandin. Um das Risiko zu minimieren, sichert sich das Unternehmen mit einer Investitionsgarantie der Bundesrepublik Deutschland ab.

Mit diesen Garantien unterstützt der deutsche Staat hiesige Unternehmen bei Direktinvestitionen im Ausland. Er sichert die Firmen gegen politische Risiken wie behördliche Willkür, den Bruch staatlicher Zusagen oder Enteignungen ab. Grundlage für die Garantien sind meistens bilaterale Investitionsschutzverträge zwischen Deutschland und dem anderen Staat. Im Schadensfall springt Deutschland ein und erstattet dem Unternehmen einen Großteil der abgesicherten Schadenssumme. In der Regel beträgt der Selbstbehalt für die Firmen fünf Prozent.

Der Schutz ist zudem nicht kostenlos. Üblicherweise müssen die Firmen pro Jahr 0,5 Prozent der abgesicherten Investitionssumme als Gebühr bezahlen. Bei Huesker kommt so jährlich ein fünfstelliger Betrag zusammen. Für Grandin ist das gut angelegtes Geld: „Die Kosten stehen in einem angemessenen Verhältnis zum Nutzen", findet er. „Es ist ein beruhigendes Gefühl, diesen Schutz zu haben."

Pirkl, Martin: Investitionen im Ausland: So können sich Unternehmen vor Risiken schützen. In: www.marktundmittelstand.de, 11.08.2020

Aufgaben

1. Arbeiten Sie die Chancen heraus, die deutsche Unternehmer in der (zunehmenden) Internationalisierung ihrer Betriebe sehen (**M9-M12**).
2. Vergleichen Sie die Begründungen für Auslandsaktivitäten in der EU, Nordamerika und China mit Ihren eingangs aufgestellten Vermutungen (**M12**).
3. Erläutern Sie an eigenen Beispielen – ggf. arbeitsteilig – aus Ihrer Sicht zentrale unternehmerische Risiken einer Expansion ins Ausland (**M12, M13**).
4. Kleine und mittlere Unternehmen sind in geringerem Maße internationalisiert als Großunternehmen. Arbeiten Sie Ursachen dafür heraus.
5. Beurteilen Sie die von der Bundesrepublik Deutschland angebotene Investitionsgarantie für mittelständische Unternehmen (**M14**). Berücksichtigen Sie dabei mindestens folgende Perspektiven: Unternehmer:innen, Arbeitnehmer:innen und Steuerzahler:innen.

H zu Aufgabe 1
Analysieren Sie zuvor die Statistiken arbeitsteilig.

F zu Aufgabe 3
Erklären Sie, welche Risiken die Arbeitnehmer:innen in den sich internationalisierenden Firmen für wesentlich halten.

H zu Aufgabe 5
Fassen Sie zusammen, mit welchen Mitteln die Bundesrepublik die Tätigkeit deutscher Unternehmen im Ausland absichert.

mögliche Zahlenarten: absolute/relative Zahlen, Indexzahlen (Relation zu einem als 100 definierten Bezugswert)
mögliche Besonderheiten der Werte: exakt oder gerundet?; statistisch ermittelt oder geschätzt?; vorläufig?; Prognosen?

Darstellungsformen

Kreisdiagramm

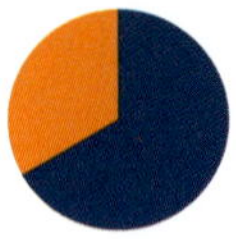

z. B. Darstellung von Anteilen an Gesamtmengen

Balkendiagramm

z. B. Zahlenwerte in einer (abnehmenden) Reihenfolge

Säulendiagramm

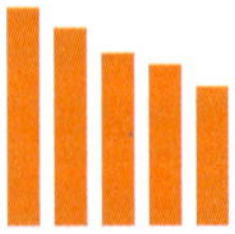

z. B. Zeitreihen-Vergleiche oder Vergleiche zwischen Zahlenwerten u. Ä.

Kurvendiagramm

z. B. Entwicklungen, Trends im Zeitverlauf

Spinnennetzdiagramm

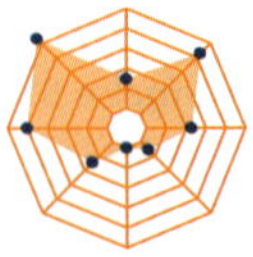

z. B. Ergebnisse mehrerer untersuchter Größen auf einer Skala zu einem Staat u. Ä. zugleich

Statistiken analysieren

Warum sollte ich eine Statistik analysieren und prüfen können?

Statistiken sind systematische Sammlungen von Informationen in Form von Zahlen, die als Tabellen, Schaubilder oder Diagramme visuell aufbereitet werden und so einen raschen Zugriff auf zum Teil sehr komplexe Sachverhalte ermöglichen. Beim Umgang mit Statistiken ist jedoch Vorsicht geboten! Scheinbar objektive Zahlen können Sachverhalte auch verfälscht darstellen und damit bestimmten Interessen dienen. Schon deswegen stellt die methodisch sorgfältige Analyse von Statistiken besonders im Fach Politik-Wirtschaft eine Schlüsselkompetenz dar.

Wie analysiert und prüft man eine Statistik systematisch?

1 Einordnen und Beschreiben

a) Einordnen

- Wer hat die Statistik erstellt? In wessen Auftrag? Für bestimmte Adressat:innen?
- Wie wurden die Werte ermittelt (statistisch, geschätzt, prognostisch...)?
- Ist die Erhebung repräsentativ?

b) Beschreiben

- Was zeigt die Statistik grundsätzlich (Thema)?
- Welche Diagrammform wird und welche Zahlenarten werden verwendet?
- Müssen (Fach-)Begriffe geklärt werden?
- Auf welchen Zeitpunkt oder welchen Zeitraum bezieht sich die Statistik?
- Wie sind die Achsen eingeteilt (Größen, Einheiten, Sprünge, Gruppenbildungen...)?
- Welche Anteile oder Verläufe zeigt das Diagramm grundsätzlich?
- Lassen sich Verlaufsphasen feststellen (Zunahme, Abnahme, Stagnation)?
- Welche Besonderheiten in der Häufigkeitsverteilung bzw. zeitlichen Entwicklung weisen die Zahlen an welchen Stellen auf ((lokale) Minima bzw. Maxima; sprunghafte Entwicklungen; besonders große oder auffällig geringe Unterschiede...)?

2 Deuten

- Worauf könnten Häufigkeitsverteilungen, kontinuierliche oder sprunghafte Entwicklungen zurückzuführen sein? Entwickeln Sie Leitfragen und leiten Sie Erklärungshypothesen (= begründbare Annahmen) ab.
- Welche Zusammenhänge lassen sich zwischen Ihnen bekannten (politischen, gesellschaftlichen, wirtschaftlichen) Gegebenheiten und Entwicklungen und den statistischen Werten herstellen?
- Welche getroffenen Annahmen untermauert bzw. widerlegt die Statistik?
- Welche Gesamtaussage/n lässt/lassen sich aus der Statistik ziehen?

3 Beurteilen

- Können die zugrunde gelegten Zahlen überprüft werden? Stammen sie aus einer seriösen Quelle (z. B. Statistisches Bundesamt)? Sind sie mit einer nachvollziehbaren Methode erhoben worden?
- Sind die Zahlen geeignet, um eine fundierte Aussage über einen Sachverhalt zu treffen? Steckt hinter der Zahlen-/Größenauswahl das Interesse der Auftraggeber:innen?
- Führt die Wahl der Einheiten zu einer fundierten Aussage oder führen Stauchungen/Streckungen/Auslassungen zu einer Abschwächung/Verstärkung einer möglicherweise erwünschen Wirkung?
- Welche Daten bräuchte es noch, um zu einer fundierteren Aussage zu gelangen?
- Ist die grafische Darstellungsform geeignet zur Veranschaulichung der Daten?

Die (vereinfachte) Wertschöpfungskette
(Basiskonzept: Interaktionen und Entscheidungen)
M4

Unternehmen verändern bzw. schöpfen Güter (also Waren und Dienstleistungen). Durch den Einsatz der Produktionsmittel (u. a. menschliche Arbeit) erhöht sich der Wert z. B. beim Verarbeiten von Rohstoffen oder Vorprodukten bis hin zum Vertrieb des eigenen Produkts. Diesen „Aufwertungsprozess" kann man betriebswirtschaftlich mit dem Modell der (vereinfachten) Wertschöpfungskette beschreiben. Zuerst erwerben Unternehmen Rohstoffe oder Vorprodukte (**Beschaffung**), dann findet der eigentliche Verarbeitungsprozess statt (**Produktion**), zum Schluss kommt es zum **Vertrieb** an Kunden (die nicht unbedingt Endkonsumenten sein müssen).
Zu unterscheiden davon ist die **Lieferkette**, die alle Schritte von der Gewinnung der Rohstoffe bis zum Verbrauch durch die Endkonsumenten umfasst.

Motive für und Strategien zur Internationalisierung von Unternehmen
(Basiskonzept: Motive und Anreize)
M5, M7, M8

Generell möchten die Leitungen gewinnorientierter Unternehmen ihre Marktposition verbessern bzw. ihre (internationale) **Wettbewerbsfähigkeit steigern**. Internationalisierung kann dabei sowohl auf der Ebene der Beschaffung (von Rohstoffen oder Vorprodukten), der eigentlichen Produktion oder dem Vertrieb vorgenommen werden. Im Produktionsbereich können beispielsweise **Kostenersparnisse** oder das Sammeln von Know-how (Scopeffekte) Firmen zur Internationalisierung bewegen. Im Vertriebsbereich kommen der **Markterschließung** und der **Kundennähe** zentrale Bedeutung zu. Durch die Ausweitung der Produktion sinken auch die Beschaffungs- und Produktionskosten pro Stück (Skaleneffekte).
Als Strategien stehen dabei erstens der Export, zweitens vertragliche Beziehungen (z. B. das Franchising) und drittens die Direktinvestition zur Verfügung. Bei letzterer erwirbt ein Unternehmen ein anderes (oder Teile eines anderen) bzw. errichtet ganz neue Produktionsstätten im Ausland.

Die Bedeutung von Standortfaktoren
(Basiskonzept: Motive und Anreize)
M5

Bei der Bewertung möglicher Standorte (im Ausland) spielen Standortfaktoren eine wesentliche Rolle. Diese lassen sich wiederum nach Beschaffung – Produktion – Vertrieb ordnen. Im Bereich Beschaffung sind etwa die **Nähe zu Rohstoffmärkten** oder Vorproduzenten interessant, bei der Produktion selbst die **Lohnkosten** oder die **Qualifikation** des potenziellen Personals, beim Vertrieb die **Kundennähe** oder die **Kaufkraft** vor Ort.
Beim Vergleich infrage kommender (neuer) Standorte werden relevante Faktoren ausgewählt und je nach Absicht des Unternehmens (z. B. Kostenersparnis, Markterschließung) gewichtet. Ist Markterschließung das primäre Internationalisierungsmotiv, so würde man noch eine Analyse der am Standort vorhandenen Wettbewerber vornehmen.

Risiken einer Unternehmensinternationalisierung
(Basiskonzept: Motive und Anreize)
M12, M14

Die Wahl eines Standorts wird zusätzlich durch eine **Risikoanalyse** flankiert. Standortrisiken lassen sich dabei systematisieren nach wirtschaftlichen, politisch-rechtlichen, Marktrisiken und anderen (wie z. B. kulturelle Unterschiede, die sich auf die Arbeitsabläufe auswirken können). In Deutschland haben Unternehmen bis 249 Mitarbeiter:innen die Möglichkeit, ihre Auslandsinvestitionen vom Staat gegen politisch-rechtliche Risiken wie bspw. mangelnde Rechtssicherheit gegen eine jährliche Gebühr absichern zu lassen. Staatlich nicht abgesichert werden Marktrisiken, denn diese gehören ohnehin zu jeder unternehmerischen Investitionsentscheidung.

Interaktive Übung zur Selbstüberprüfung

82000-100

2.2 Wirtschaftliche Globalisierung – Auswirkung auf Arbeitnehmer:innen (inter)national

2.2.1 Globalisierung – was bedeutet das eigentlich?

Einstiegsaufgaben

- Beschreiben Sie den „Weg einer Jeans“ bis in das Geschäft bei Ihnen vor Ort bzw. zum Online-Händler (**M1**).
- Globalisierung – was bedeutet das? Sammeln Sie Aspekte und erstellen Sie in Ihrer Klasse eine vorläufige Definition.

Digitale Anwendung

72091-22

M1 Der Weg einer Jeans ins Geschäft

Was wird wo hergestellt?

Eine Jeans reist um die halbe Welt, bevor sie in einem europäischen Laden landet. Viele nehmen diese Route:

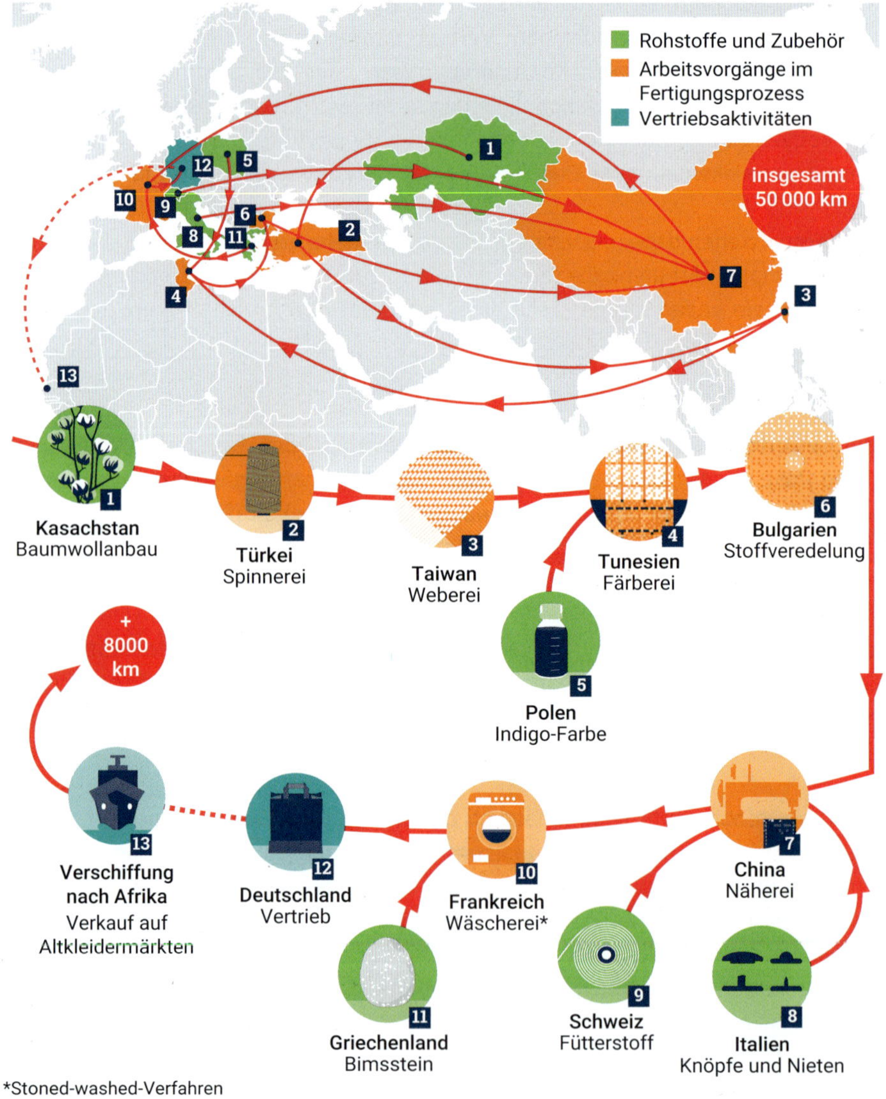

*Stoned-washed-Verfahren

Nach: Schwochow, Jan/ Ramge, Thomas: Wirtschaft verstehen mit Infografiken. Berlin 2016, S. 109

M2 Globalisierung – ein rein wirtschaftliches Phänomen?

a) Wo befinden sich H&M-Filialen?

H&M Standorte weltweit (Stand: 2021)

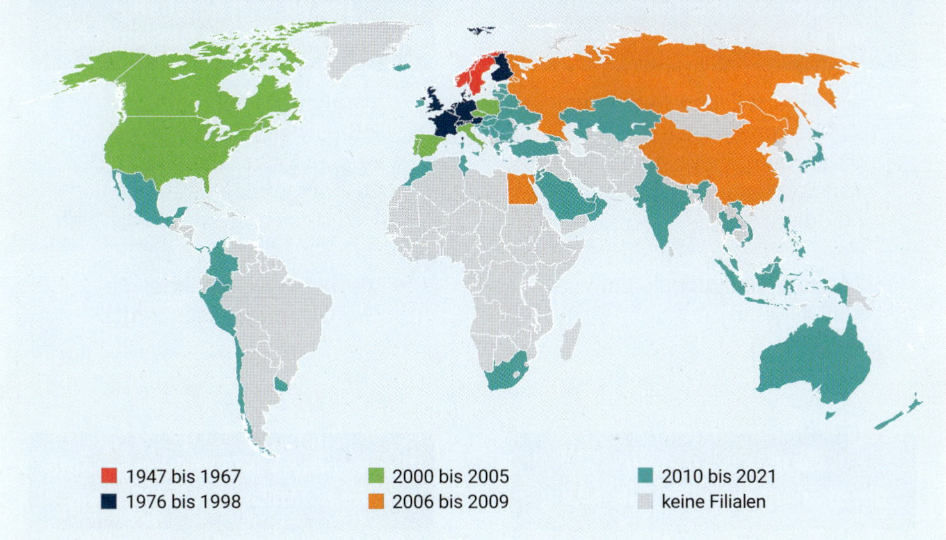

Autorengrafik, Zahlen nach: Hennes & Mauritz (H&M) 2017 (aktualisiert)

b) Wie stark ist die Welt digital vernetzt?

Nutzer:innen digitaler Anwendungen in verschiedenen Weltregionen
Stand: 2021

	Bevölkerung in Mio.	Internetnutzer:innen in Mio.	Internetnutzer:innen in % der Bevölkerung	Personen mit Facebook-Profil in Mio.
Afrika	1.373,49	590,29	43,0	255,41
Asien	4.327,33	2.707,09	62,6	1.096,71
Europa	835,82	728,32	87,1	340,89
Lateinamerika und Karibik	659,74	477,87	72,4	382,58
Mittlerer Osten	265,59	188,13	70,8	143,74
Nordamerika	370,32	332,92	89,9	263,08
Australien/ Ozeanien	43,47	29,28	67,4	23,84
Welt	7.875,77	5.053,91	64,2	2.730,44

Zahlen (Auswahl): https://www.internetworldstats.com/stats.htm, Stand: 31.12.2020; Abruf am 26.04.2021

Erklärfilm Globalisierung
72091-23

M3 Globalisierung oder: Vernetzung (großer Teile) der Welt

Dimensionen der Globalisierung

Das „globale Dorf" – die kulturelle Globalisierung

- weltumspannende Kommunikation ermöglicht
- die globale Wirkungsmacht von Marken und Kulturgegenständen

→ Entsteht eine globale Einheitskultur? Oder …

Die Weltgesellschaft – die gesellschaftliche Globalisierung

- Tourismus und Migration intensivieren transnationale Austauschbeziehungen
- Umweltgefahren machen vor territorialen Grenzen nicht Halt

→ Verhalten wir uns über die Grenzen solidarisch? Oder …

Globale Wirtschaft – die ökonomische Globalisierung

Es ensteht eine globale Wirtschaft auf der Basis
- globaler Produktionsketten und -netzwerke
- globaler Güter-, Arbeits- und Finanzmärkte

→ Gelingt in einer globalen Wirschaft eine Wohlfahrtssteigerung und ihre gerechte Verteilung? Oder …

Weltregelwerk und Weltinnenpolitik – die politische Globalisierung

- internationale Märkte sowie staatenübergreifende Sicherheits- und Umweltprobleme verlangen nach internationalen, durchsetzungsfähigen Rechtsnormen und somit
- internationale Institutionen

→ Gestalten die Nationalstaaten angesichts dieser Herausforderungen eine gemeinsame Weltinnenpolitik? Oder …

Autorengrafik

M zu Aufgabe 1
Gehen Sie arbeitsteilig vor.

Digitale Anwendung
72091-24

Aufgaben

1. Analysieren Sie die Statistiken unter der Fragestellung, inwieweit sich hierin Globalisierungsphänomene zeigen (**M2**).
2. Erläutern Sie die vier Dimensionen der Globalisierung an eigenen Beispielen (**M3**).
3. Vergleichen Sie Ihr jetziges Verständnis von Globalisierung mit Ihrer vorherigen Definition.
4. Die Welt ist vollständig vernetzt! Überprüfen Sie diese Aussage hypothesenartig.

2.2.2 Arbeitsplätze in Deutschland – durch Globalisierung gefährdet?

M4 Arbeitnehmer:innen in der deutschen Textilindustrie

Beschäftigte im Textil- und Bekleidungsgewerbe (Stand: 2022)

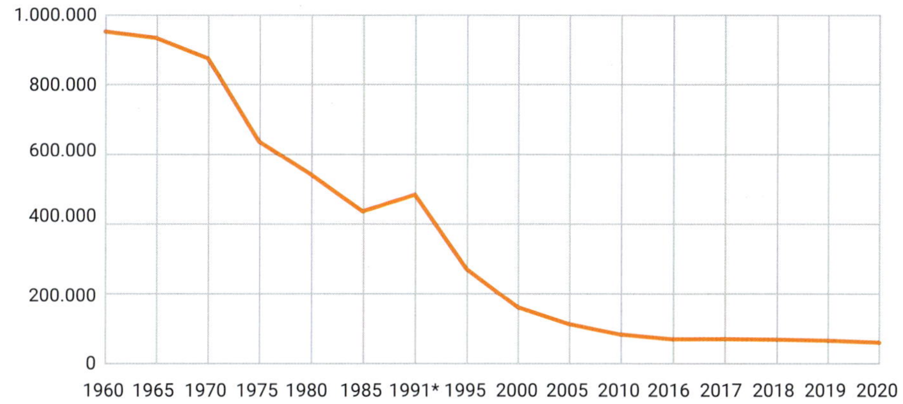

*bis 1990 früheres Bundesgebiet; Aufgrund unterschiedlicher Wirtschaftssystematiken sind die Daten der Zeitreihe nur bedingt vergleichbar.

Zahlen nach: Statistisches Bundesamt (Destatis): Fachserie 42271-0002, Beschäftigte und Umsatz der Betriebe im Verarbeitenden Gewerbe, 2021

Einstiegsaufgaben

- Stellen Sie Vermutungen dazu an, warum sich die Beschäftigtenzahlen in der deutschen Textilindustrie auf diese Weise entwickelt haben (**M4**). Beziehen Sie sich dabei auch auf Überlegungen zur ökonomischen Dimension der Globalisierung.
- Arbeiten Sie die Bedeutung der Entwicklung für die (damaligen) Arbeitnehmer:innen in der Textilindustrie heraus.

M5 Globalisierung – negative Effekte auf die Beschäftigung in Deutschland?

Entwicklung der Beschäftigtenzahlen nach Sektoren

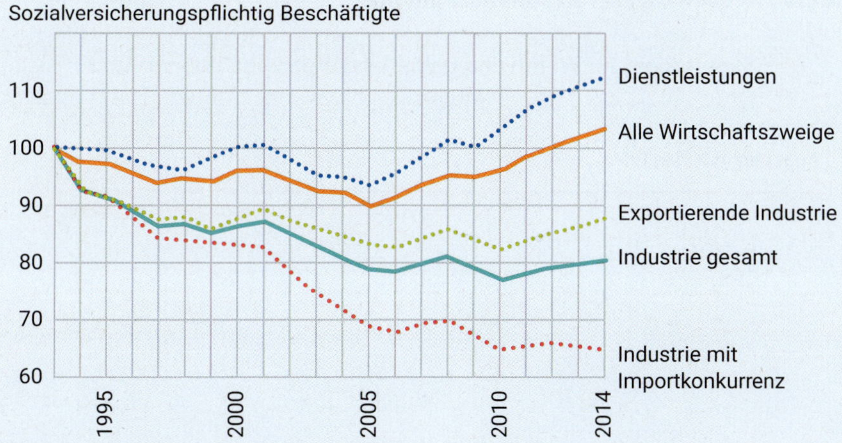

Nach: Dauth, Wolfgang u. a.: Arbeitnehmer in Deutschland profitieren vom Außenhandel – aber nicht alle. IAB-Kurzbericht 15/2017, S. 2

M6 Globalisierung – die Bedeutung des Exports für die Beschäftigung in Deutschland

Zur Bedeutung des Exports für die Beschäftigung in den einzelnen EU-Staaten

72091-25

a) Wie viele Arbeitsplätze sind abhängig vom Export?

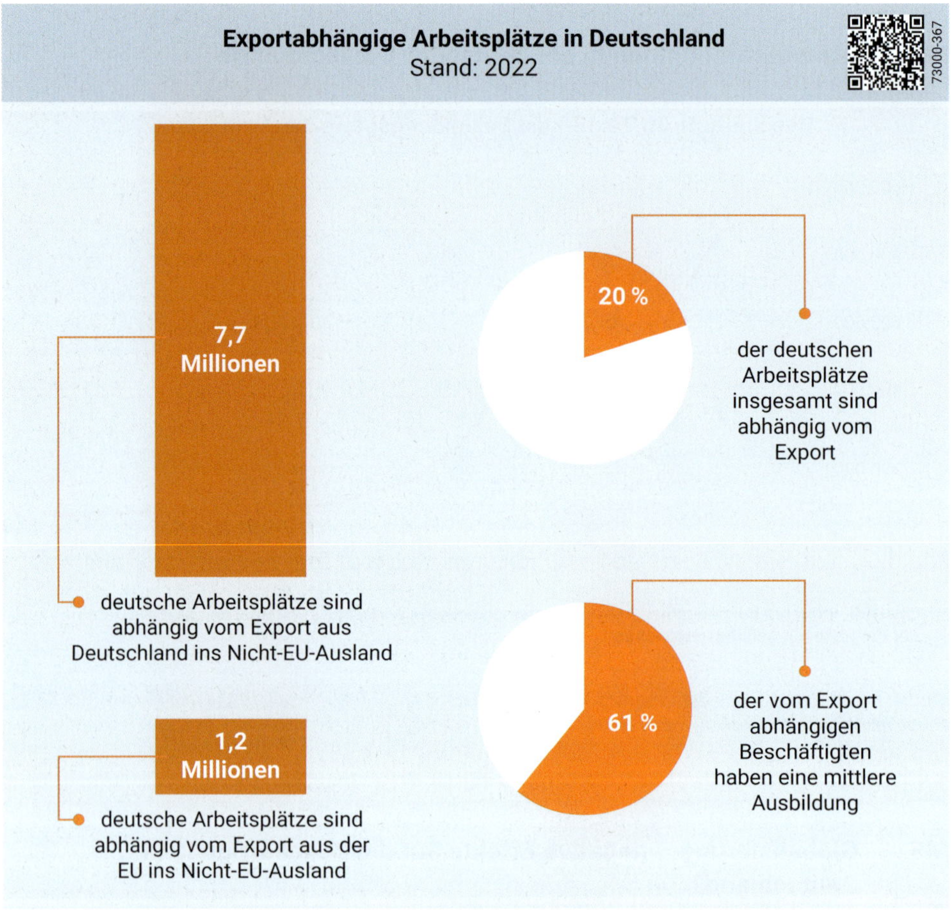

C.C. Buchner Verlag, aktuellste Daten nach: EU-Kommission, 2022

b) Wie groß ist der Anteil der Exporterlöse am BIP?

Bruttoinlandsprodukt (BIP)
Gesamtwert aller in einem Jahr in einem Staat hergestellten Güter (Waren und Dienstleistungen) nach Abzug des Werts der Vorleistungen

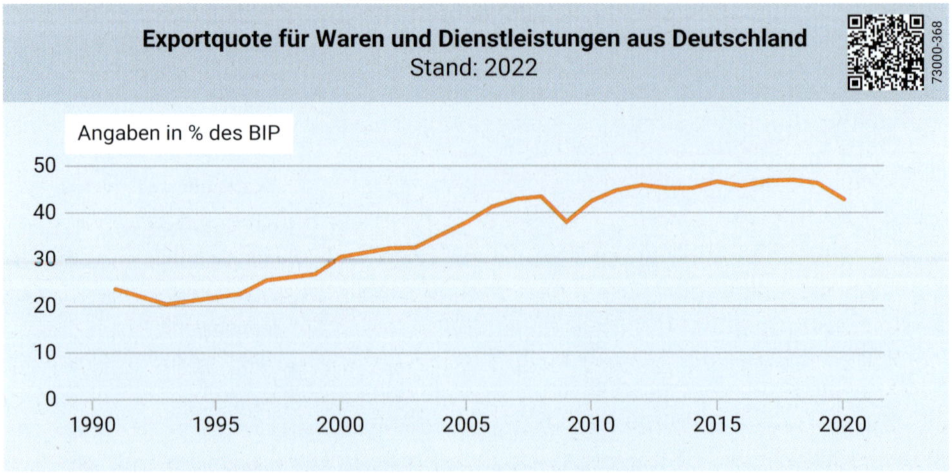

C.C. Buchner Verlag, aktuellste Daten nach: DESTATIS und Bundesbank, 2021

M7 Globalisierung als wirtschaftlicher Strukturwandel

Küste von Benidorm, Costa Blanca, Spanien: Schwerpunkt Tourismus

Globalisierung und Wettbewerb zwingen die Akteure [...] dazu, sich stärker auf ihre (Kern-)Kompetenzen zu spezialisieren – also diese auch zu erweitern und zu verbessern – [...], um die Chancen und Wahrscheinlichkeit der Durchsetzung von Interessen in dem globalisierten Feld der Wettbewerber zu erhöhen. [...]

[Solche] Spezialisierungs[...]tendenzen sind ebenfalls bei Staaten zu beobachten. Der Markt überprüft hier die (Teil-)Systeme und Strukturen in Bezug auf Ergebnisse und Kosten. Die Bereiche, die nicht mehr in der Lage sind, im internationalen Wettbewerb zu bestehen, schrumpfen oder verschwinden vom Markt, auch wenn die Staaten regelmäßig aus unterschiedlichen Gründen versuchen, diesen Prozess durch Subventionen aufzuhalten oder zu verlangsamen. In Deutschland konnten insbesondere in der ersten Phase der Globalisierung [1970er Jahre] diese Prozesse u. a. im Agrarbereich, bei der Stahlindustrie, der Textilindustrie, der einfachen Konsumgüterindustrie oder dem Schiffsbausektor deutlich beobachtet werden. Demnach lässt sich auch bei Staaten ein Trend in Richtung auf eine immer größere Marktanpassung durch Spezialisierung feststellen, der mit einem permanenten Strukturwandel einhergeht.

Zwar spezialisieren sich die meisten Länder nicht vollständig, viele positionieren sich jedoch deutlich. Diese Entwicklung zeigte sich zunächst, bedingt durch kolonialhistorische Vorgaben, im primären Sektor, also durch Spezialisierung und Konzentration auf den agrarischen und mineralischen Rohstoffbereich. Die Globalisierung verstärkte diese Tendenz zusätzlich durch Spezialisierungen im tertiären Sektor, vor allem mit den Schwerpunkten Tourismus, wie z. B. auf den Malediven oder europäischen Mittelmeeranrainern, und Finanzindustrie (Offshore-Finanzzentren), wie in den [...] Steueroasen [...]. Auch hier werden jedoch, wie zuvor schon bei den agrarischen Monokulturen, die Gefahren und Risiken von Abhängigkeiten und Fehlentwicklungen deutlich.

Koch, Eckart: Globalisierung: Wirtschaft und Politik. Chancen – Risiken – Antworten. Wiesbaden 2017, S. 113ff.

Aufgaben

1. Analysieren Sie die Statistiken hinsichtlich der Bedeutung von Globalisierungsprozessen für die (Veränderung der) Beschäftigung in Deutschland (**M5**, **M6**).
2. „Zwar spezialisieren sich die meisten Länder nicht vollständig, viele positionieren sich jedoch deutlich." (vgl. **M7**, Z. 31ff.).
   a) Charakterisieren Sie – ausgehend von Ihren Ergebnissen in Aufgabe 1 – die Spezialisierung bzw. Positionierung, die sich für die deutsche Volkswirtschaft im Zuge der Globalisierung herausgebildet hat.
   b) Begründen Sie diese Spezialisierung mithilfe Ihrer Kenntnisse über Gründe und Strategien der Internationalisierung von Unternehmen (vgl. Kap. 2.1).

M zu Aufgabe 1
Partnerpuzzle: Analysieren Sie mit einem/einer Partner:in jeweils eines der beiden Materialien und bilden Sie dann neue Teams, in denen Sie sich Ihre Ergebnisse vorstellen.

BO Ziehen Sie für Ihre Studien-/Ausbildungswahl erste Schlüsse aus den Beschäftigungseffekten der Globalisierung.

2.2.3 Welche Folgen hat unser (Kleider-)Konsum international?

Digitale Anwendung

72091-26

Einstiegsaufgabe

Beantworten Sie die Frage „Who made my clothes?“ hypothetisch für die Kleidung, die Sie selbst tragen (**M8**).

M8 Bekleidungsproduzenten kritisch befragt!

Junge Frauen auf einer Demonstration unter dem Motto "Who made my clothes?" in Berlin, April 2019. Die Fashion Revolution findet jedes Jahr zeitgleich zur Fashion Week statt und soll ein Zeichen gegen die Modeindustrie und die Billigproduktionen vieler Hersteller setzen.

Zahlen zu Bangladesch

- etwa 164 Mio. Einwohner:innen
- davon ca. 4 Mio. in der Bekleidungsindustrie beschäftigt
- jährlicher Export von Bekleidung im Wert von ca. 25 Milliarden US-Dollar
- Mindestlohn: 8.000 Taka/Monat (ca. 63 Euro, Stand 07/2019)

Femnet e. V.

Gemeinnütziger Verein mit Sitz in Bonn, der sich weltweit für menschenwürdige Arbeitsbedingungen von Frauen – vor allem in der Bekleidungsindustrie – einsetzt

M9 Bangladesch – eine der ärmsten Nähstuben der Welt

Bangladesch gehört zu den ärmsten Ländern der Welt. Etwa ein Drittel der Bevölkerung lebt unterhalb der Armutsgrenze. Gleichzeitig ist Bangladesch nach China der weltweit größte Exporteur von Bekleidung, die rund 80 % der Exporterlöse des Landes erwirtschaftet. Über vier Millionen Beschäftigte, davon 3,2 Millionen Frauen, leben von der Arbeit in der Bekleidungsindustrie.

Die extrem niedrigen Lohnkosten in Bangladesch haben zu einem spektakulären Wachstum der Industrie in den letzten Jahrzehnten geführt. Die Löhne sind so niedrig, dass eine Näherin bis zu 100 Überstunden im Monat leistet, um überleben zu können. In Bangladesch ist es extrem schwierig, in den Fabriken Gewerkschaften zu gründen und diese offiziell anerkennen zu lassen. In knapp 400 von insgesamt ca. 5.000 Fabriken gibt es registrierte Gewerkschaften, häufig handelt es sich hierbei um vom Fabrikmanagement ausgewählte Personen, anstatt legitime Vertretungen der Arbeiterschaft. [...]

Bangladesch hat Indien auch als zweitgrößten Strickwarenexporteur der Welt nach China überholt. Da die Lohnkosten in China in den vergangenen Jahren stark gestiegen sind, wandern immer mehr Unternehmen in Länder mit billigeren Arbeitskräften wie Bangladesch, Myanmar oder Äthiopien ab.

https://femnet.de: Im Profil: Bangladeschs Bekleidungsindustrie. Abruf am 05.05.2021

M10 Arbeitsbedingungen in Bangladesch – Probleme und Entwicklungen

Am 23. April [2018] jährt sich zum fünften Mal der Einsturz des Rana Plaza in Bangladesch. Bei dem Einsturz des Fabrikgebäudes [der Bekleidungsindustrie] haben mehr als 1.100 Menschen ihr Leben verloren, viele weitere Menschen wurden verletzt. Die Deutsche Gesellschaft für Internationale Zusammenarbeit (GIZ) GmbH arbeitet im Auftrag des Bundesentwicklungsministeriums (BMZ) und unter finanzieller Beteiligung der Europäischen Union (EU) daran, die Arbeitsbedingungen der Textilarbeiterinnen zu verbessern. [...]

Seit 2005 unterstützt die GIZ Bangladesch dabei, die Einhaltung von Sozial- und Umweltstandards in der Textilindustrie zu gewährleisten. Bisher haben mehr als 1.000 Fabriken ihre Arbeitsbedingungen verbessert. Rund 30.000 Arbeitnehmerinnen wurden zu Arbeitsrecht und -schutz weitergebildet. Über 7.000 Streitfälle zwischen Management und Arbeiterinnen, die sich über Arbeitsrechte informiert hatten, konnten in den Fabriken gelöst werden.

Doch nicht nur die Näherinnen in Bangladesch sind von schlechten Arbeitsbedingungen betroffen – auch Baumwollbauern, Gerber und Färberinnen. Um die Arbeitsbedingungen in der gesamten Textillieferkette, also vom Baumwollfeld bis zum Bekleidungsgeschäft, langfristig zu verbessern und die Umweltbelastungen zu verringern, hat Bundesminister Gerd Müller 2014 das Bündnis für nachhaltige Textilien gegründet. Rund 150 Mitglieder aus der deutschen Wirtschaft, Politik und Zivilgesellschaft verfolgen gemeinsam verbindliche und überprüfbare Ziele und berichten über ihre Erfolge. Inzwischen ist die Hälfte des deutschen Textilmarkts in dem Bündnis vertreten, das von der GIZ koordiniert wird.

Bessere Arbeitsbedingungen für Bangladesch. In: www.giz.de/de/mediathek/65121.html, 19.04.2018

GIZ
Die Deutsche Gesellschaft für Internationale Zusammenarbeit GmbH mit Sitz in Bonn und Eschborn ist im Auftrag bundesdeutscher Ministerien international für Entwicklungszusammenarbeit tätig.

M11 Arbeitsbedingungen in Bangladesch bereits menschenwürdig?

Wenn die 28-jährige Kulsum Akhter abends um acht nach zwölf Stunden Arbeit nach Hause geht, dann weiß sie, dass ihr Lohn wieder nicht reicht, um für sich und ihre Familie Essen zu kaufen. Für die unzähligen T-Shirts, Hemden oder Hosen, die sie jeden Monat näht, bekommt sie umgerechnet rund 60 Euro. Das reicht so eben für ein Zimmer in der Nähe der Fabrik und die Schulgebühren für ihre beiden Kinder. Damit es auch etwas zu essen gibt, zieht ihr Mann eine Rikscha durch Dhaka, die Hauptstadt von Bangladesch.

Auch wenn es kaum zum Leben reicht, lebensgefährlich ist Kulsum Akhters Arbeitsplatz inzwischen nicht mehr. Das war nicht immer so, hat sich nach der Katastrophe von Rana Plaza aber geändert: Am Morgen des 24. April 2013 stürzte in einem Vorort von Dhaka eine achtstöckige Fabrik ein, in der sich mehr als 5.000 Arbeiterinnen und Arbeiter befanden. 1.136 Menschen starben, über 2.000 wurden verletzt. Mit einem Schlag wurde deutlich, dass der Preis für die Billigmode [aber auch teurere Bekleidung] in europäischen Geschäften nicht nur Minimallöhne am Existenzminimum sind, sondern dass auch katas-

Frauen arbeiten in einer Textilfabrik in Bangladesch, Juli 2020. Dort haben tausende Fabrikbeschäftigte – hauptsächlich Frauen – durch die Corona-Krise ihre Jobs verloren, nachdem internationale Modeketten coronabedingt viele Aufträge stornierten.

trophale Arbeitsbedingungen dahinterstehen: keine Sicherheitsvorkehrungen, keine Notausgänge, kein Brandschutz.
Als Reaktion auf die Tragödie wurde Tausenden Familien, die vor dem Nichts standen, Geld aus einem insgesamt 30 Millionen US-Dollar hohen Entschädigungsfonds ausgezahlt. Zudem einigten sich einkaufende Modeunternehmen und die Internationale Arbeitsorganisation (ILO) darauf, in Kooperation mit staatlichen Behörden die Arbeitsbedingungen in den Nähfabriken regelmäßig zu überprüfen. Über 200 Modeunternehmen aus über 20 Ländern unterzeichneten ein Abkommen über Brandschutz und Gebäudesicherheit. Auch über Lohnerhöhungen wurde damals viel diskutiert – doch in diesem Bereich änderte sich für die meisten Näherinnen nichts. Tatsächlich sind die Löhne in den vergangenen Jahren kaum gestiegen, selbst die bestbezahlten Näherinnen bekommen nur knapp 80 Euro im Monat – genauso wie vor sieben Jahren. Und es lässt sich kaum kontrollieren, ob dieser Mindestlohn überhaupt eingehalten wird: Oft bekommen die Näherinnen ihr Gehalt bar ausgezahlt und haben weder Einblick in ihre Verträge noch in die Abrechnungen. [...]
Human Rights Watch kommt zu dem Schluss, dass die Käufer die Zulieferer immer noch finanziell dermaßen unter Druck setzen, dass Letztere „große Anreize verspüren, ihre Kosten durch Ausbeutung zu verringern". [...] Der Großteil der Fabriken wird aber wohl weiter zu Niedrigstpreisen liefern.

Wermter, Benedict: Systemsprengerinnen. In: www.fluter.de, 21.09.2020

Fair Wear Foundation
Vereinigung verschiedener Akteure zur Verbesserung der Arbeitsbedingungen in der Kleidungs- und Textilindustrie, die prüft, ob die beigetretenen Firmen die Richtlinien der FWF in ihrer Produktion umsetzen

Human Rights Watch
International tätige Nichtregierungsorganisation mit Sitz in New York, die sich für die weltweite Durchsetzung der Menschenrechte einsetzt

Clean Clothes Campaign
In Amsterdam beheimatete Nichtregierungsorganisation, die sich international für die Verbesserung der Arbeitsbedingungen in der Textil- und Bekleidungsindustrie starkmacht

M12 Das deutsche Lieferkettengesetz

Das deutsche Lieferkettengesetz wurde im März 2021 vom Bundestag beschlossen. Ab 2023 gelten die Regelungen für die ca. 600 deutschen Bekleidungsunternehmen über 3.000 Mitarbeiter:innen und ab 2024 für die ca. 2.900 Bekleidungsfirmen über 1.000 Beschäftigte. Das Bundesministerium für wirtschaftliche Zusammenarbeit und Entwicklung fasst die wesentlichen Regelungen zusammen:

Verantwortung für die gesamte Lieferkette, dabei abgestufte Anforderungen an die Unternehmen:
Die Anforderungen an die Unternehmen sind abgestuft nach:
1. eigener Geschäftsbereich,
2. unmittelbarer Zulieferer,
3. mittelbarer Zulieferer

und nach:
- Art und Umfang der Geschäftstätigkeit,
- dem Einflussvermögen des Unternehmens auf den Verursacher der Verletzung,
- der typischerweise zu erwartenden Schwere der Verletzung,
- der Art des Verursachungsbeitrages des Unternehmens [...]

Mehr Rechte für Betroffene
- Betroffene von Menschenrechtsverletzungen können ihre Rechte nicht nur vor deutschen Gerichten geltend machen, sondern jetzt auch Beschwerde beim Bundesamt für Wirtschaft und Ausfuhrkontrolle einreichen.
- Deutsche Gewerkschaften und Nichtregierungsorganisationen dürfen außerdem im Ausland Betroffene bei der Vertretung ihrer Rechte vor deutschen Gerichten unterstützen (Prozessstandschaft). [...]

Unternehmen müssen sowohl im eigenen Geschäftsbereich als auch beim unmittelbaren Zulieferer folgende Maßnahmen umsetzen:

- Grundsatzerklärung zur Achtung der Menschenrechte verabschieden.
- Risikoanalyse: Verfahren zur Ermittlung nachteiliger Auswirkungen auf die Menschenrechte durchführen.
- Risikomanagement (inkl. Präventions- und Abhilfemaßnahmen) zur Abwendung potenziell negativer Auswirkungen auf die Menschenrechte.
- Beschwerdemechanismus einrichten.
- Transparent öffentlich berichten.
- Im eigenen Geschäftsbereich müssen Unternehmen im Fall einer Verletzung im Inland unverzüglich Abhilfemaßnahmen ergreifen, die zwingend zur Beendigung der Verletzung führen.
- Beim unmittelbaren Zulieferer muss das Unternehmen einen konkreten Plan zur Minimierung und Vermeidung erstellen, wenn es die Verletzung nicht in absehbarer Zeit beenden kann. [...]
- [Beim mittelbaren Zulieferer] gelten die Sorgfaltspflichten nur anlassbezogen und nur wenn das Unternehmen Kenntnis von einem möglichen Verstoß erlangt. [...]

Müssen Geschäftsbeziehungen abgebrochen werden? [...]

- Es wird von keinem Unternehmen verlangt, die rechtlichen und politischen Rahmenbedingungen im Partnerland zu verändern.
- Ein Abbruch der Geschäftsbeziehungen ist nur dann geboten, wenn eine schwerwiegende Menschenrechtsverletzung festgestellt wurde und die bisherigen Maßnahmen des Konzepts innerhalb einer gesetzten Frist nicht erfolgreich sind. [...]

Eine Verletzung der Pflichten aus diesem Gesetz begründet keine zivilrechtliche Haftung.

Bundesministerium für wirtschaftliche Zusammenarbeit und Entwicklung: Fragen und Antworten zum Lieferkettengesetz, o. O., 09.06.2021

M13 Ist das Lieferkettengesetz faktisch unwirksam?

Nachdem das Lieferkettengesetz nicht mehr zu verhindern war, versuchten die Verbände, es massiv abzuschwächen. So fordern sie im August 2020, eine „mittelstandsfreundliche Ausgestaltung" des Gesetzes. Es solle also nur für große Unternehmen gelten. Außerdem forderten sie eine „Beschränkung" der Sorgfaltspflichten „auf direkte Zulieferer". Und es solle „keine zivilrechtliche Lieferkettenhaftung" geben. [...]

Die zentralen Forderungen der [Wirtschafts-]Verbände wurden fast 1:1 umgesetzt. Zum Beispiel bei der Unternehmensgröße. [...] [Das Gesetz gilt] nur noch für große Unternehmen ab 1.000 Beschäftigten. Das hat Konsequenzen. Von den 7.100 Unternehmen, die das Gesetz ursprünglich umsetzen sollten, sind jetzt nur noch etwa 2.900 übrig geblieben [...]. Und auch die müssen wenig befürchten. Anfangs war geplant, die „gesamte Lieferkette" eines Unternehmens zu berücksichtigen. Im aktuellen Entwurf geht es nur noch um die „unmittelbaren Zulieferer". Auch das ein großer Unterschied. Zuvor sollten Unternehmen jeden Zulieferer in der Kette aktiv überprüfen. Jetzt nur noch den direkten Zulieferer. [...]

Und der dritte und entscheidende Punkt: Die „zivilrechtliche Haftung". Sie soll es Opfern von Menschenrechtsverletzungen ermöglichen, einfacher Schadenersatzforderungen vor deutschen Gerichten geltend zu machen. Worum es dabei geht, zeigt der Fall KiK.

Im September 2012 starben bei einem Brand in einer Textilfabrik in Pakistan fast 300 Menschen. Sie nähten hier vor allem für den deutschen Textildiscounter KiK. Hinterbliebene und Überlebende klagten in Deutschland auf Schadenersatz. KiK habe nicht auf die Einhaltung von Brandschutzvorgaben geachtet. Der Konzern wies das zurück. Die Klage wurde abgewiesen. Die Richter urteilten auf Basis des Rechts des Landes, wo der Schaden entstanden ist – in diesem Fall Pakistan. Genau das sollte durch das Lieferkettengesetz geändert werden. Und die Haftung auf Menschenrechtsverstöße oder Umweltschäden ausgedehnt werden. [...] Aber genau das soll nun nicht mehr geschehen, denn im aktuellen Gesetz [...] ist die zivilrechtliche Haftung komplett gestrichen.

Laghai, Shafag/Steiner, Nikolaus: Erfolg der Lobbyisten: Wie das Lieferkettengesetz demontiert wurde. In: www.1.wdr.de, Monitor vom 18.02.2021

„Das Lieferkettengesetz [...] greift viel zu kurz und zeigt dennoch: Globale Solidarität muss keine Utopie bleiben."
Kathrin Hartmann, Journalistin der Wochenzeitung der Freitag. In: der freitag vom 03.06.2021

Bürger:innen zum Lieferkettengesetz

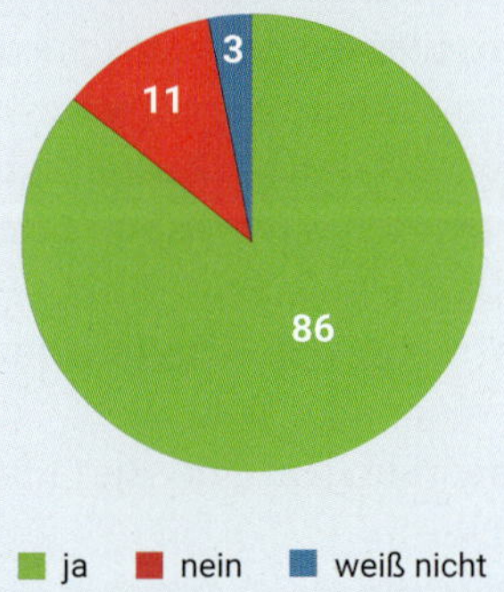

Ergebnis der Antworten auf die Frage:
Sollten deutsche Textilunternehmen, die die Einhaltung von Menschenrechten bei ihren Zulieferern im Ausland nicht gewährleisten, für Menschenrechtsverletzungen innerhalb der Produktionsketten im Ausland haften bzw. zur Rechenschaft gezogen werden?

(n = 1.004)

Autorengrafik, nach: Verbraucherzentrale Bundesverband, Verbraucherbefragung zu Unternehmensverantwortung in Lieferketten. Ergebnisse einer repräsentativen Bevölkerungsbefragung, Mai 2021, S. 5

Aufgaben

1. Geben Sie die Bedeutung der Textilindustrie für Bangladesch wieder (**M9**).
2. Erklären Sie, inwieweit sich die Arbeitsbedingungen von Arbeiterinnen und Arbeitern in der bengalischen Textilindustrie seit 2013 (nicht) verbessert haben (**M10, M11**).
3. Arbeiten Sie Zusammenhänge zwischen dem Bekleidungskonsum in westlichen Staaten und den Arbeitsbedingungen in Bangladesch heraus.
4. Diskutieren Sie Kathrin Hartmanns Aussage zum deutschen Lieferkettengesetz (**Randspalte, M12, M13**).

H zu Aufgabe 4
Fassen Sie das Gesetz und die Kritik daran zusammen (**M13**).

2.2.4 Deutsches Lieferkettengesetz verschärfen? Eine Talkshow

Einstiegsaufgabe

Verschaffen Sie sich einen Überblick über die Beteiligten an der Talkshow (**M14**) und verteilen Sie die Rollen in Ihrer Klasse.

M14 Die Teilnehmenden der Talkshow

„Tat:Sache – der Themen-Talk" ist die derzeit beliebteste politische Talkshow bei der Bevölkerung, wie die Einschaltquoten allgemein, aber auch durch fast alle Altersstufen der Bevölkerung zeigen. Die Talkshow zeichnet sich dadurch besonders aus, dass politisch kontroverse Themen hart, aber stets sachorientiert diskutiert werden. Dazu tragen auch die **Moderatorin Thea Brauer** und der **Moderator Sinan Oruz** bei, die dafür sorgen, dass die Debatte bei Bedarf zugespitzt wird und dass auch Positionen, die in die Minderheit zu geraten drohen, immer wieder gestärkt werden. Zudem laden die beiden immer Gäste ein, die nicht nur klare Meinungen haben, diese argumentativ und in der Diskussion fair vertreten, sondern die nicht selten sehr publikumswirksam und im angemessenen Rahmen humorvoll aufzutreten verstehen. Die Gäste sind heute:

1 Robert Habeck, Bundesminister für Wirtschaft und Klimaschutz bzw. in Vertretung die parlamentarische Staatssekretärin beim Bundeswirtschaftsminister Dr. Franziska Brantner

Sie haben grundsätzlich Interesse daran, dass die deutsche Wirtschaft im internationalen Wettbewerb keinen Nachteil erleidet. Daher setzen Sie sich für die Förderung deutscher Unternehmen gleich welcher Größe im In- und Ausland ein. Ein enger Austausch mit Vertreterinnen und Vertretern von Wirtschaftsverbänden ist deswegen für Sie vollkommen selbstverständlich. Gleichzeitig sind Sie im Regierungshandeln natürlich an das Grundgesetz für die Bundesrepublik Deutschland gebunden und auch an die Allgemeine Erklärung der Menschenrechte. Neben dem Bundesministerium für wirtschaftliche Zusammenarbeit und Entwicklung war Ihr Ministerium unter Ihrem Vorgänger Peter Altmaier (CDU) federführend an der finalen Formulierung des „Lieferkettengesetzes" beteiligt.

2 Peter Adrian, Präsident des Deutschen Industrie- und Handelskammertages (DIHK) bzw. in Vertretung Dr. Nicole Grünewald, Präsidentin der IHK Köln

Sie vertreten eindeutig die Interessen der bei Ihnen organisierten kleinen, mittleren und großen deutschen Wirtschaftsunternehmen. Auch sehr viele der in Deutschland ansässigen Textilunternehmen sind in Ihrer Organisation Mitglied, die von Ihnen erwarten, dass Gesetze, durch die zusätzliche Beschaffungs- oder Produktionskosten erzeugt werden, im Vorfeld verhindert oder abgeschwächt werden müssen. Sie sind der Überzeugung, dass Wirtschaftsunternehmen ohnehin aufgrund von Selbstverpflichtungen viel wirksamer Einfluss auf ihre Lieferketten nehmen werden. Ihre Organisation wird von der Bundesregierung sehr geschätzt. Dies zeigt sich darin, dass sowohl die ehemalige Bundeskanzlerin Dr. Angela Merkel (CDU) als auch der neue Bundeskanzler Olaf Scholz (SPD) bei der Verabschiedung Ihres Vorgängers aus dem Amt anwesend waren.

3 Dr. Gisela Burckhardt, ehrenamtliche Vorstandsvorsitzende von Femnet e. V.

Sie leiten mit vier weiteren ehrenamtlich tätigen Frauen im Vorstand den Verein, der sich weltweit für Arbeits- und Menschenrechte speziell von Frauen einsetzt. Die Tätigkeit des Vereins umfasst drei Bereiche: erstens die politische Einflussnahme durch Kampagnen und Protestaktionen, zweitens die Bildungs- und Aufklärungsarbeit in Deutschland an Schulen und Hochschulen über internationale Arbeitsbedingungen von Frauen sowie drittens die Unterstützung von Partnerorganisationen mithilfe von Spenden, die betroffenen Frauen vor Ort – vor allem in Entwicklungsländern – zu Gute kommen. Femnet ist u. a. aktive Trägerkreisorganisation der Kampagne für Saubere Kleidung (Clean Clothes Campaign, CCC) – einer weltweit agierenden Organisation, die Unternehmen bei der Umstellung auf ökologisch nachhaltig und sozial fair produzierte Kleidung unterstützt.

4 Kathrin Hartmann, Journalistin und Autorin

Sie waren Redakteurin bei der linksliberal ausgerichteten Frankfurter Rundschau und schreiben auch regelmäßig Artikel für die ähnlich ausgerichtete Wochenzeitung der freitag. Ihre Themen sind dabei häufig die Ausbeutung von Menschen in Entwicklungsländern aufgrund des westlichen Lebensstils. Sie haben Bücher über die Ihrer Meinung nach politisch eher verstärkte als abgeschwächte Erderhitzung geschrieben und über die neu entstandene Armut inmitten der reichen Konsumgesellschaften des Westens.

5 Dr. Stephan Lessenich, Professor für Gesellschaftstheorie und Sozialforschung an der Goethe-Universität Frankfurt a.M. und Direktor des Instituts für Sozialforschung

Sie gehören zu den politisch engagierten Wissenschaftlern, die ihre Thesen zum einen stark im öffentlichen Raum diskutieren und zum anderen auch politische Forderungen aus ihren Erkenntnissen ableiten. Eine Ihrer prominentesten Thesen ist die, dass es sich bei den westlichen Industrie- und Konsumgesellschaften um „Externalisierungsgesellschaften" handelt (s. Kap. 2.2.5). Neben Ihren öffentlichen Auftritten versuchen Sie, Ihre politischen Überzeugungen (u. a. ökologische Nachhaltigkeit, gesellschaftliche Vielfalt und stärkere soziale Umverteilung) mit der 2017 von Ihnen mitgegründeten Partei „mut" durchzusetzen, die der Partei „Die Linke" durchaus nahesteht.

Autorentexte

Eine Talkshow durchführen

1 Vorbereitung der Talkshow

- **Gäste:** Versetzen Sie sich in die Rolle des jeweiligen Talkshowgastes und bereiten Sie mit Ihrem Team Ihr Auftreten in der Show vor (**M14**, **Methode, eigene Recherche**).
- **Moderatoren:** Bereiten Sie sich mit Ihrem Team gemäß der Anleitung auf die Moderation der Talkshow vor (**M14**, **Methode, eigene Recherche**).

▼

2.1 Durchführung der Talkshow

- **Anmoderation:** Nach dem Vorspann begrüßt das Moderatorenteam die Zuschauenden und nennt die Streitfrage der Sendung: „Das Leid mit den Shirts – deutsches Lieferkettengesetz verschärfen?"
- **Vorstellung der Gäste:** Das Moderatorenteam stellt abwechselnd die Gäste kurz und prägnant vor.
- **Statements der Gäste:** Jeder Gast äußert seine Position auf Aufforderung des Moderatorenteams in einer kurzen Einlassung (max. eine Minute pro Gast).
- **Diskussion:** Die Gäste diskutieren miteinander, wobei die Moderierenden die Diskussion strukturieren (Themenblöcke), Beiträge – z. B. durch Provokationen oder direkte Aufforderungen – anregen und Zwischenfazits ziehen (insg. max. 20 Minuten).
- **Einspieler:** An geeigneter Stelle kann in der Diskussion fakultativ ein kurzer Filmbeitrag gezeigt werden, in dem z. B. Betroffene (Arbeiter:innen, Unternehmer:innen) zu Wort kommen (max. drei Minuten). Ein solcher Einspieler müsste vom Moderatorenteam ausgewählt/vorbereitet werden.
- **Fazit:** Am Ende der Sendung erhält noch einmal jeder Gast die Gelegenheit zu einem sehr kurzen Schluss-Statement (ca. 30 Sekunden pro Gast). Die Moderierenden schließen mit einem kurzen inhaltlichen Fazit je nach Gesprächsverlauf.
- **Abmoderation:** Das Moderatorenteam bedankt sich bei den Gästen, gibt einen Ausblick auf das Thema der kommenden Woche und verabschiedet sich von den Zuschauenden. Darauf folgt der Abspann.

▼

2.2 Die Moderation des Talks

Das Moderatorenteam gilt als das am besten vorbereitete im deutschen Fernsehen. In der Talkshow sind sie stets wertschätzend und auch dezent humorvoll, ohne sich aber mit Floskeln oder allgemeinen Aussagen zufriedenzugeben. Unterstützt werden die Moderierenden in der Vorbereitung von ihrem kleinen, professionellen Team. Dabei gehen sie und ihre Mitarbeitenden folgendermaßen vor:

- Sie recherchieren die Positionen und die (voraussichtlichen) Argumente der Gäste.
- Sie ordnen die Argumente nach inhaltlichen Kriterien. Welche Argumente lassen sich sinnvoll aufeinander beziehen? Welche nicht?
- Sie strukturieren das Gespräch vor (Themenblöcke). Dabei lassen sie sich aber

auch die Freiheit, von der Struktur abweichen zu können, wenn das Gespräch kontrovers und argumentativ geführt wird.

- Sie bereiten provokante Impulse vor für den Fall, dass das Gespräch „einzuschlafen" droht, ein Gast „verstummt" oder einseitig in eine Ecke gedrängt wird. Unsachgemäße verbale Angriffe auf Gäste unterbinden sie.
- Sie bereiten die Kurzvorstellung jedes Gastes vor: Name, Funktion/Tätigkeit, Position in einem knappen, sehr prägnanten Satz (ggf. vorher geäußertes Zitat des Gastes)
- Sie bereiten ein mögliches Fazit vor (dabei behalten sie sich aber ein erhebliches Maß inhaltlicher Offenheit vor) und eine Verabschiedung der Gäste.
- Sie bestimmen die Sitzordnung der Gäste (möglichst gegensätzliche Positionen sollten einander gegenübersitzen).

3 Nach der Talkshow

- Reflektieren Sie die Rollenübernahme: An welchen Stellen ist sie wirklichkeitsnah gelungen? An welchen Stellen ist sie schwergefallen?
- Schätzen Sie die Überzeugungskraft der Gäste ein: Wer hat am meisten überzeugt? Entstammte die Überzeugungskraft eher den inhaltlichen Argumenten oder eher dem verbalen Auftreten und der sonstigen Wirkung des Gastes?
- Reflektieren Sie Struktur und das Moderationsverhalten: Inwieweit ist es gelungen, die Diskussion zu ordnen und die Gesprächsanteile sinnvoll zu verteilen? Welchen Beitrag konnten die Moderierenden dazu leisten, die Diskussion – kontrovers, aber sachlich – in Gang zu halten und alle Gäste einzubeziehen?

Aufgaben

1. Führen Sie die Talkshow durch. Als **Moderatorenteam** orientieren Sie sich dabei am Ablaufplan der Show (**Methode**). Die **Gäste** versuchen, so souverän und überzeugend wie möglich zu wirken.
2. Werten Sie die Talkshow aus (jeweils zunächst die Teilnehmenden, danach die Zuschauenden).
3. Nehmen Sie aus Ihrer eigenen Sicht Stellung, ob bzw. in welcher Hinsicht das deutsche Lieferkettengesetz verschärft werden müsste.

Digitale Anwendung

72091-57

2.2.5 Welche Folgen für Umwelt und Menschen hat „unsere" Globalisierung?

Einstiegsaufgabe

Arbeiten Sie mögliche Aussagen der Karikatur (**M15**) heraus.

M15 Fleischkonsum ohne Beilagen?

Karikatur: Paolo Calleri, 11.01.2013

M16 Sojaanbau in Lateinamerika – Gründe und Folgen

1.094 Tiere isst ein Deutscher im Durchschnitt während seines Lebens (Statistisches Bundesamt; ohne Fisch und Meerestiere). Weltweit steigt der Fleischkonsum seit Jahren an. Bis zum Jahr 2050 rechnet die Ernährungs- und Landwirtschaftsorganisation der Vereinten Nationen (FAO) mit einer Verdoppelung der jährlichen Fleischproduktion. [...] Während beim Endverbraucher der Bedarf an Fleisch steigt, steigt bei den Viehzüchtern der Bedarf nach geeigneten Futtermitteln. Eine wichtige Futterquelle sind Sojabohnen. Diese werden zu großen Teilen in Südamerika angebaut. Spitzenreiter ist hier Brasilien [...]. Doch auch in Ländern wie Paraguay, Bolivien und Argentinien ist Soja-Anbau ein wichtiger Wirtschaftsfaktor. Die meisten der Pflanzen sind gentechnisch verändert und werden mit aggressiven Pestiziden und Insektiziden behandelt, um in den riesigen Monokulturen überhaupt überleben zu können. Dieser extensive Anbau hat verschiedenste, zum Teil verheerende Folgen auf die Umwelt und die ortsansässigen Menschen.
Soja-Anbau erfordert Platz [...]. Die brasilianische Regierung fördert bereits seit den 1960er Jahren den Soja-Anbau als wichtigen Wirtschaftszweig. Dazu werden immer wieder auch Schutzbestimmungen für den Regenwald gelockert oder ‚frei aus-

Sojabohne
Hülsenfrucht, die sich aufgrund des hohen Öl- (ca. 20 %) und vor allem Eiweißgehalts (ca. 37 %) hervorragend als Grundlage für Nahrungs-, besonders aber für Futtermittel für Nutztiere eignet.

extensive Landwirtschaft
Landwirtschaft unter Nutzung großer Anbauflächen

Sojabedarf für die Fleischproduktion
Für die Produktion von einem kg Fleisch (Rind, Schwein, Huhn) werden in der EU durchschnittlich 705g Soja verfüttert (Stand: 2015). Dafür werden ca. 2,7 qm Ackerland (in Südamerika) benötigt. Rechnerisch würden darauf 5,5 kg Kartoffeln pro Jahr wachsen können.
Eigene Berechnungen

gelegt'. Große Flächen Regenwald werden gerodet – darunter leidet nicht nur die Arten- und Sortenvielfalt. Da der schützende Wald fehlt, trocknen ganze Landstriche aus, die Böden werden durch Chemikalien vergiftet. Nach einigen Jahren der intensiven Bewirtschaftung bleibt totes Land zurück. [...]

Kleinbauern können nicht mit Großunternehmern konkurrieren und müssen häufig ihr Land verkaufen. Genauso leidet die indigene Bevölkerung Südamerikas: Durch die Abholzung des Regenwaldes verlieren sie ihre Existenzgrundlage. Zusätzlich leiden die Menschen in den Anbaugebieten unter den aggressiven Anbaumethoden. Fast immer fehlen den Betroffenen aber die Mittel, um einen Zusammenhang zwischen Gesundheitsschäden und dem Einsatz von Chemikalien nachzuweisen.

Besonders tragisch erscheint die Tatsache, dass in vielen Anbaugebieten Menschen Hunger leiden – umgeben von landwirtschaftlichen Hochleistungskulturen, die ausschließlich Tiere in reichen Industrienationen ernähren. [...]

Neben den bereits beschriebenen direkten Folgen hat Soja-Anbau noch einen weiteren, indirekten Effekt: Verschiedene Studien kamen zu dem Resultat, dass die Tierzucht für 18 bis 51 Prozent des weltweiten Treibhausgasausstoßes verantwortlich sei. [...]

Die verheerenden Folgen des Soja-Anbaus in Südamerika. In: https://klima-wandel.eu/sojaanbau.html, Abruf am 30.04.2021

M17 Unser Lebensstil auf Kosten von Menschen und Natur anderswo?!

Interview mit Stephan Lessenich über die These der Externalisierungsgesellschaft

72091-27

fluter.de: Herr Lessenich, Sie schreiben: Wir leben nicht über unsere Verhältnisse, sondern über die Verhältnisse der anderen. Wer sind wir, wer sind die anderen?

Stephan Lessenich: Das ist natürlich arg pauschal ausgedrückt. In dieser Formulierung sind „wir" die reichen kapitalistischen Gesellschaften des globalen Nordens, die „anderen" sind große Bevölkerungsmehrheiten in den armen Ländern des globalen Südens. Die Idee dahinter ist, dass sich in unserer Gesellschaft Arbeits-, Produktions- und Lebensweisen etabliert haben, die darauf beruhen, dass in anderen Welten Vor- und Zuarbeiten bzw. entsprechende Vorleistungen dafür erbracht werden müssen.

In Ihrem Buch beschreiben Sie, wie wir unseren Wohlstand vergrößern, indem wir ihn anderen vorenthalten. Dafür verwenden Sie den Begriff der Externalisierungsgesellschaft.

[...] Man kann sagen, seit es den Kapitalismus ansatzweise in Form des globalen Weltsystems gibt, so etwa seit 500 Jahren, operiert er im Modus der Auslagerung von Kosten, der Aneignung von Gewinnen und der Ausbeutung Dritter. Ich würde aber sagen, dass diese Struktur der Externalisierung sich in den letzten Jahrzehnten noch einmal stark verändert hat: Der frühe Kapitalismus hat diese Auslagerungspraktiken noch stark über Gewalt organisiert, spätestens nach dem Zweiten Weltkrieg sind diese Auslagerungsstrukturen verrechtlicht worden.

Wie muss man sich das vorstellen?

Dieses Auslagerungshandeln hat verschiedene Dimensionen. Beispielsweise wird „schlechte" Arbeit ausgelagert. Wir kennen das aus der Textilproduktion. Aber auch viele Formen der Landwirtschaft oder Rohstoffförderung sind verbunden mit sehr, sehr schlechten Arbeitsbedingungen. Verbunden damit ist wiederum die Auslagerung von ökologischen und anderen Schäden, von Verwüstungen der Natur bis zu starken Gesundheitsschädigungen. [...] Ausgelagert wird kurz gesagt all das, was wir in keiner Weise bei uns zu akzeptieren bereit wären.

Wie kommt es, dass wir trotzdem gut schlafen können?

Weil wir die Folgekosten unserer Produktions- und Lebensweise nicht wahrnehmen müssen. Wir können sie ausblenden, müssen sie nicht an uns heranlassen. [...] [Außerdem befinden] wir uns in Strukturen [...], die uns das ermöglichen und es uns teilweise auch nahelegen oder sogar erzwingen, man kann nämlich nicht einfach so konsumieren, wie man will, und nicht jeder kann sich frei entscheiden, ethischen Konsum zu betreiben.

Vermutlich hätten Sie größere Teile des Buches auch vor Jahren schon schreiben können. Ihre These ist jedoch, dass sich die Lage zuletzt zugespitzt hat und die Externalisierung zu uns nach Hause kommt. Was meinen Sie damit genau?

[...] Gerade die Migrationsgeschehnisse der [...] Jahre [2015/16] sind meines Erachtens ein greifbares Zeichen dafür, dass die Verwerfungen, die von hier aus anderswo produziert werden, zunehmend auch auf uns zurückschlagen. Die Zeiten ändern sich, und die Möglichkeit, die Konsequenzen irgendwo anders geschehen zu lassen und hier nichts damit zu tun zu haben, die sind langsam vorbei, glaube ich. Und leider führt das dazu, dass wir zunehmend gewaltsam versuchen, dieses Zurückschlagen zu verhindern. Und da stellt sich in einer einstweilen noch demokratisch verfassten Gesellschaft tatsächlich die Frage, wie hoch da die Schmerzgrenze ist. Wie viele tausend Menschen im Mittelmeer ertrinken können, bis sich hierzulande Widerstand regt.

Was sollen wir konkret machen, um die Externalisierungen einzudämmen?

Wir müssen für eine Politisierung der alltäglichen Lebensverhältnisse sorgen. Weil es so ist, dass wir in unserem Alltagshandeln diese Externalisierungen mitproduzieren und auch davon profitieren, kann eine Veränderung nur darüber laufen, dass breite gesellschaftliche Mehrheiten ihr Verhalten verändern, und zwar nicht nur im Sinne von ethischem Konsum, weniger Reisen und weniger Fleisch essen, sondern in dem Sinne, dass sich Mehrheiten dafür einsetzen, dass die Strukturen, die diese Konstellation tragen, verändert werden.

Jetzt könnte man einwenden, dass es sozial Schwache auch in den westlichen Industrienationen gibt und sich in den neuen Teilnehmerländern im großen Weltmarktspiel eine neue Mittelklasse bildet.

[...] Wir haben gerade, völlig zu Recht, eine [politische] Debatte über [...] die sich öffnende Schere zwischen Arm und Reich. Diese Debatte verkompliziert sich aber, wenn man die weltgesellschaftlichen Ungleichheiten miteinbezieht. Dann wird man nämlich sehen, dass gerade die Menschen, die in unserer Gesellschaft schlechter gestellt sind, in einer doppeldeutigen Position sind, denn weltgesellschaftlich gesehen leben sie auf einem Standard, der den weiter Teile der Gesellschaft erheblich überschreitet. Und gleichzeitig sind sie „gefangen" in Strukturen, die sie von den Ausbeutungsverhältnissen in der Welt profitieren lassen. [...] [W]ir müssen sehen, dass unser Lebensstandard damit zusammenhängt, dass andere dieses Niveau gar nicht erreichen können.

Interview: Michael Saager, Dein T-Shirt ist politisch. In: www.fluter.de, 16.01.2017

Stephan Lessenich (*1965) Professor für Gesellschaftstheorie und Sozialforschung an der Goethe-Universität Frankfurt a. M. und Direktor des Instituts für Sozialforschung.

Aufgaben

1. Arbeiten Sie die Interessen europäischer Konsumenten heraus, die auf Soja basierte Produkte konsumieren, sowie die Folgen des industriellen Sojaanbaus (**M16**).
2. Erläutern Sie Stephan Lessenichs These der „Externalisierungsgesellschaft", etwa am Beispiel des Sojaanbaus in Lateinamerika (**M16, M17**).
3. Beurteilen Sie (am Beispiel des Sojaverbrauchs), auf welcher Ebene – Endverbraucher (bestimmter Bevölkerungsgruppen) oder/und (inter)nationale Politik – und auf welche Weise das Externalisierungsproblem bekämpft werden sollte (**M16, M17**).

F Stellen Sie begründete Hypothesen auf, welche Bevölkerungsgruppen in Deutschland weniger und welche mehr „externalisieren".

BO Bestimmen Sie, welche Rolle die ökologische und soziale Nachhaltigkeitsstrategie eines Unternehmens für eine Bewerbung von Ihnen persönlich spielen könnte.

ORIENTIERUNGSWISSEN

Das Phänomen der Globalisierung
(Basiskonzept: Ordnungen und Systeme)
M3

Große Teile der Welt, aber nicht alle im gleichen Maße, „wachsen zusammen". Voraussetzungen sind politische Entscheidungen (z. B. Handelsliberalisierungen) und technische Entwicklungen (v. a. Datenübertragungsnetze und Verkehrs-/Transportmittel). Vier **Globalisierungsdimensionen** sind zu unterscheiden: die **ökonomische** (z. B. internationale Produktionsketten), die **gesellschaftliche** (z. B. weltweite Umweltprobleme), die **politische** (z. B. internationale Regelsysteme) sowie die **kulturelle** (z. B. weltweit wirkende Kulturgüter).

Globalisierungsfolgen für Arbeitnehmer:innen in Deutschland
(Basiskonzept: Interaktionen und Entscheidungen)
M6, M7

Gesamtwirtschaftlich betrachtet gehört die exportorientierte Wirtschaft Deutschlands eindeutig zu den **Globalisierungsgewinnern**. Fast 20 % der Arbeitsplätze hierzulande sind vom Export ins Nicht-EU-Ausland abhängig. Allerdings verzeichneten auch manche Branchen (z. B. die Textil- und Bekleidungsindustrie) massive Beschäftigungsverluste durch **Standortverlagerungen** ins Ausland aufgrund geringerer Lohnkosten bei der Herstellung von Standardprodukten.

Globalisierungsfolgen für Arbeitnehmer:innen aus dem bzw. im Ausland
(Basiskonzept: Interaktionen und Entscheidungen)
M9-M11

Einerseits kann die **Integration von Entwicklungsländern** in die Weltwirtschaft dort deutliche Beschäftigungseffekte auslösen und Menschen somit einen Ausweg aus bitterster Armut ermöglichen. Dies kann auch **positive Folgen** u. a. für die Bekämpfung von Kindersterblichkeit und für Bildungschancen haben.
Andererseits müssen Menschen in Entwicklungs- und teils auch in Schwellenländern oft noch für sehr **geringe Löhne**, arbeitsrechtlich kaum oder gar nicht gesichert und unter für Leib und Leben gefährlichen Bedingungen arbeiten. Nicht selten wird die Gewerkschaftsbildung unterdrückt.
Zudem gibt es das Phänomen der **Arbeitsmigration**. Nicht selten kommen Menschen in Staaten mit höherem Lebensstandard, wo sie – nicht selten illegal und damit ständig von Abschiebung und fehlender Alterssicherung bedroht – arbeiten. Dies betrifft meistens Frauen, die in Haushalten oder in der Pflege beschäftigt werden. Zwar profitieren die Herkunftsstaaten von Rücküberweisungen der Migranten, aber gleichzeitig verlieren sie oft sehr qualifizierte Arbeitskräfte, die am Migrationsziel deutlich unter Qualifikation arbeiten.

Globalisierungsfolgen für Umwelt und Menschen
(Basiskonzept: Interaktionen und Entscheidungen)
M17

Wirtschaftliche Globalisierungsprozesse – also (möglichst weltumspannende/r) internationale Arbeitsteilung und internationaler Handel – sind zurzeit so ausgestaltet, dass Menschen in Schwellen- und vor allem in Entwicklungsländern die humanitäre und ökologische Last globalisierter Wirtschaft zu tragen haben. So gelten in Staaten, in denen Konzerne Produkte für die Konsumenten in Industrienationen fertigen lassen, sehr häufig viel **niedrigere Arbeits(sicherheits)- und Umweltstandards**. Während die dadurch verursachten Probleme (Krankheiten, Umweltverschmutzung, Verödung, Artensterben...) aber in den betroffenen Ländern verbleiben, profitieren die westlichen Unternehmen und Verbraucher der nördlichen Hemisphäre. Der Soziologie Stephan Lessenich spricht hier von einer **„Externalisierunsgesellschaft"**, die die negativen Folgen ihres Lebensstils in die genannten Staaten auslagert (externalisiert).

Interaktive Übung zur Selbstüberprüfung

82000-101

Niedersächsische Wirtschaft (zu einseitig) internationalisiert?

Die niedersächsischen Ausfuhren weisen einen geringen Grad an Diversifizierung [= Ausweitung, Streuung] auf, sowohl hinsichtlich der Exportbranchen als auch der Zielmärkte. [...]
Der Automobilsektor nimmt eine dominierende Rolle ein. [...] Die starke Dominanz einer einzigen Branche birgt eine Gefahr, noch dazu, wenn sich ausgerechnet in dieser dominierenden Branche ein tiefgreifender Wandel anbahnt wie in der Automobilbranche mit den neuen Schwerpunktthemen Elektromobilität, Vernetzung und autonomes Fahren. Es wird zu einer entscheidenden wirtschaftspolitischen Herausforderung für Niedersachsen, zum Erfolg dieser Transformation [= bewussten Umwandlung] für die niedersächsischen Unternehmen beizutragen. [...]
Kernziel des Landes Niedersachsen sollte sein, mehr niedersächsische Unternehmen aus möglichst unterschiedlichen Branchen an den Export heranzuführen und sie auf dem Weg in möglichst viele internationale Märkte zu begleiten. Eine steigende Zahl exportierender Unternehmen würde das Wachstum in Niedersachsen ankurbeln. Zugleich könnte eine größere Diversifizierung sowohl hinsichtlich der Exportbranchen als auch der Exportländer die Anfälligkeit für Risiken auf einzelnen Märkten verringern.

Industrie- und Handelskammer Hannover: Landtagswahl 2017. Forderungen an die neue Landesregierung. Hannover 2017, S. 20f.

Wichtigste Bestimmungsländer der Exporte aus Niedersachsen

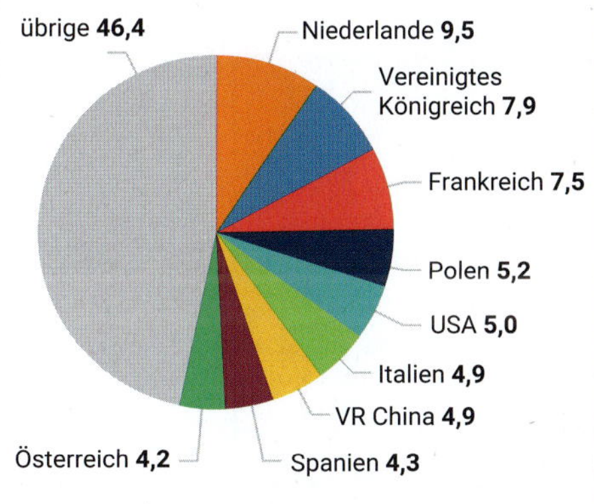

Zahlen für 2020, Angaben in %

Autorengrafik nach: www.statistik.niedersachsen.de, Abruf am 16.06.2021

Wichtigste Branchen für Exporte aus Niedersachsen

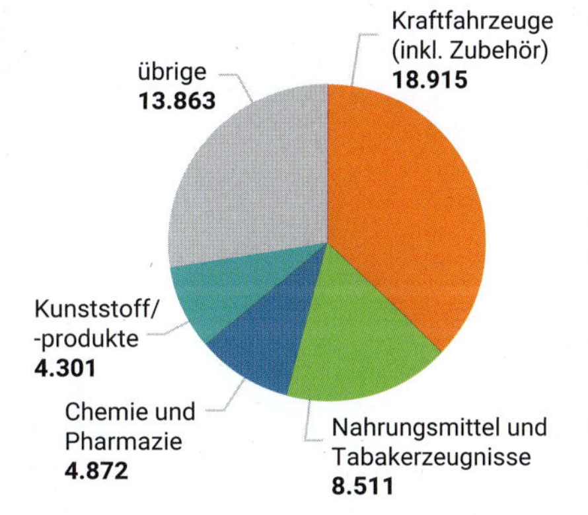

Zahlen für 2020, Angaben in Mio. Euro

Autorengrafik nach: www.statistik.niedersachsen.de, Abruf am 16.06.2021

Aufgaben

1. Geben Sie die Problemwahrnehmung und die Forderung der Industrie- und Handelskammer (IHK) bezüglich der niedersächsischen Außenwirtschaft wieder.
2. Die Problemdarstellung der IHK stammt aus dem Jahr 2017. Überprüfen Sie sie mittels der Statistiken auf Aktualität.
3. Nehmen Sie Stellung zur IHK-Forderung nach politisch unterstütztem Ausbau und unterstützter Diversifizierung der niedersächsischen Außenwirtschaft.

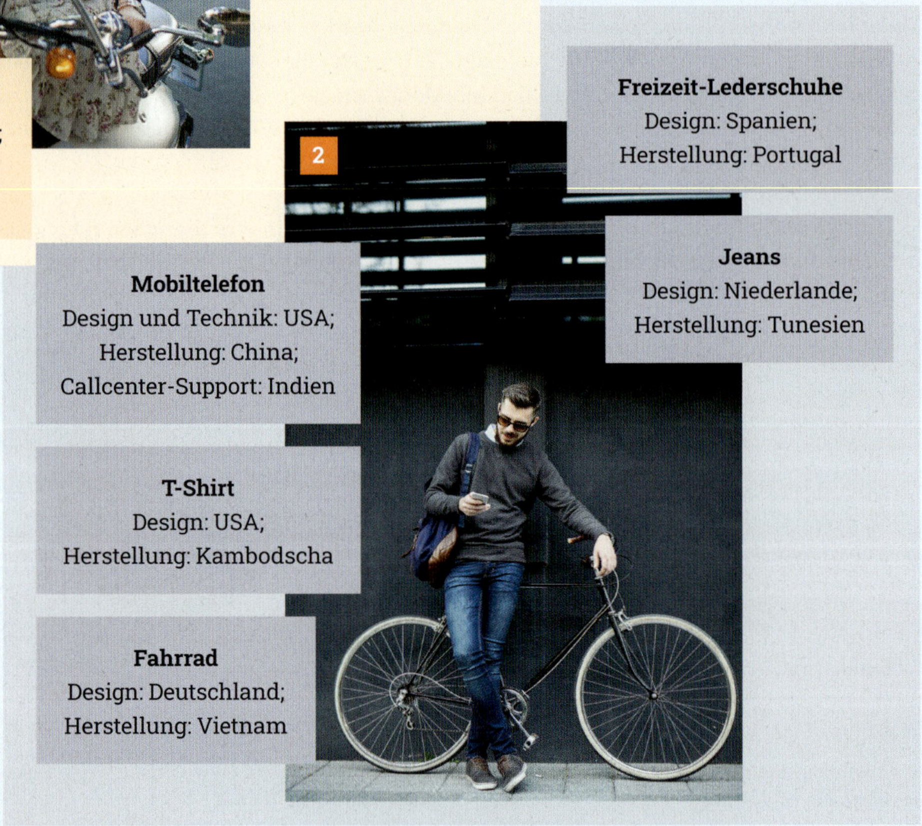

Aufgaben

1. Beschreiben Sie, aus welchen Weltregionen die Besitztümer der beiden Personen stammen.
2. Stellen Sie sich vor, dass ein ähnliches Bild um 1965 herum aufgenommen worden wäre. Vermuten Sie in der Klasse, woher die Gegenstände (falls überhaupt schon entwickelt) damals gestammt hätten.
3. Stellen Sie Vermutungen zu den Gründen für die Veränderungen der Produktionsregionen an.

Digitale Anwendung

72091-28

Welthandel heute – Ursachen, Entwicklungstendenzen und Konflikte

3

Stets konsumieren Sie Produkte und Dienstleistungen, die nicht oder zumindest nicht überwiegend in Deutschland hergestellt worden sind. Dass es sie hier überhaupt und zu den ausgewiesenen Preisen zu kaufen gibt, ist ein Ergebnis wirtschaftlicher Internationalisierungsprozesse, sozusagen der ökonomischen Seite der Globalisierung. In einem ersten Zugriff erhalten Sie die Möglichkeit, die Entwicklung des Welthandels mit Waren und Dienstleistungen bis zu seiner heutigen Größenordnung zu erschließen (Kap. 3.1). Im Anschluss nähern Sie sich der Antwort auf die Frage, welche technischen, ökonomischen und politischen Voraussetzungen diese Welthandelsentwicklung überhaupt erst ermöglicht haben, nicht ohne auch einen Blick auf die Kehrseite immer weiter verzweigter Lieferketten zu werfen. Wie sich die Ausweitung internationaler Arbeitsteilung und internationalen Handels theoretisch erklären lässt, können Sie am Beispiel der Theorie der Kostenvorteile erschließen.
Vollkommen freier internationaler Handel bietet für viele Menschen Chancen ökonomischen und sozialen Fortschritts, kann aber auch Ungleichheiten verstärken. Der Wettstreit auf dem globalen Markt führt daher nicht selten zu Konflikten. In einem zweiten Teil (Kap. 3.2) erhalten Sie zunächst die Gelegenheit, anhand des Handelsstreits zwischen den USA und der Europäischen Union um die Luftfahrtunternehmen Boeing und Airbus einen internationalen ökonomischen Konflikt mithilfe der Methode Mystery zu analysieren. Zum Abschluss differenzieren Sie zwischen absoluten Gewinnern und möglichen Verlierern internationalen Freihandels und beurteilen das Ziel der Handelsliberalisierung.

Kompetenzen

Am Ende des Kapitels sollten Sie Folgendes können:

- die Dimension und die Verteilung des globalen Handels mit Waren und Dienstleistungen beschreiben.
- in Grundzügen erklären, aufgrund welcher technischer, wirtschaftlicher und politischer Entwicklungen das heutige Volumen und die aktuellen Strukturen des Welthandels zustande gekommen sind.
- die Interessenlage wichtiger Akteure sowie die zentralen Konfliktlinien in einem internationalen Handelsstreit analysieren.
- Chancen und Risiken bzw. Gefahren des freien internationalen Handels multiperspektivisch beurteilen.

3.1 Warum Welthandel? Tendenzen und Erklärungen

3.1.1 Wie hat sich der Welthandel entwickelt?

Einstiegsaufgabe

Vergleichen Sie das abgebildete Warenangebot (**M1**) mit dem heute üblichen Angebot „Ihres“ Supermarktes.

M1 Wie hat sich das Angebot im Lebensmitteleinzelhandel verändert?

Rekonstruktion eines Tante-Emma-Ladens (Heimatmuseum Kinzenbach), wie sie bis in die 1960er Jahre im Lebensmitteleinzelhandel prägend waren.

M2 Wie entwickelt(e) sich der Welthandel?

a) Warenproduktion und Handelsvolumen

Weltweites Handelsvolumen von Gütern	
2019	19.051 Mrd. US$
2020	17.698 Mrd. US$

Zahlen: WTO: World Trade Statistical Review 2020, S. 10 und World Trade Statistical Review 2021, S. 58

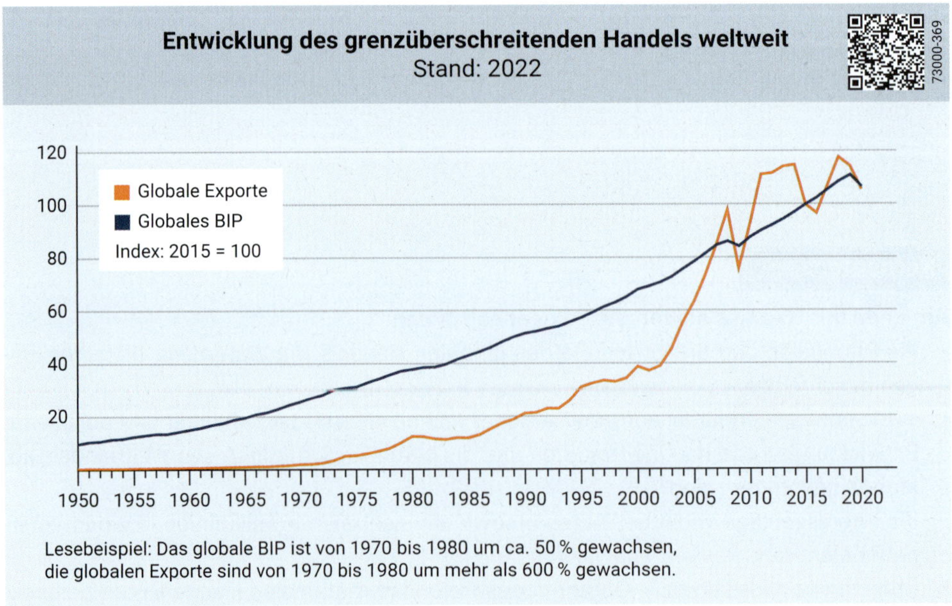

C.C. Buchner Verlag, aktuellste Daten nach: WTO World Trade Statistical Review, 2021

b) Dienstleistungen

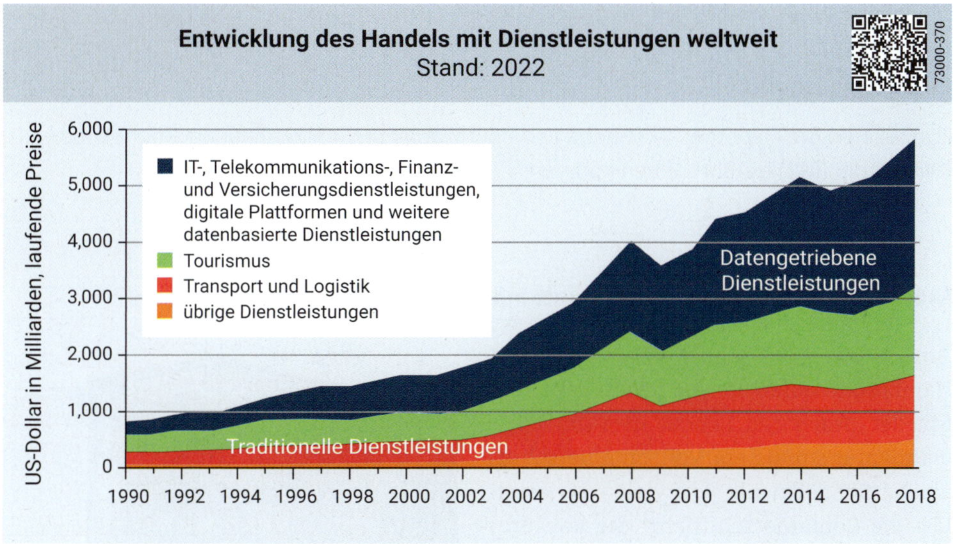

C.C. Buchner Verlag, aktuellste Daten nach: World Development Report, 2021

M3 Wie sind die Welthandelsströme verteilt?

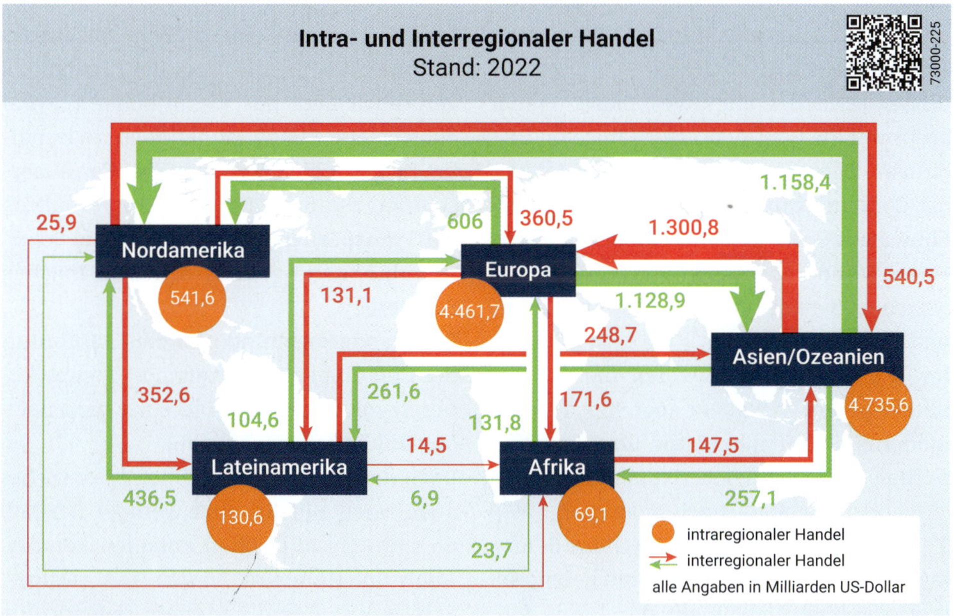

C.C. Buchner Verlag, aktuellste Daten nach: UNCTAD, 2020

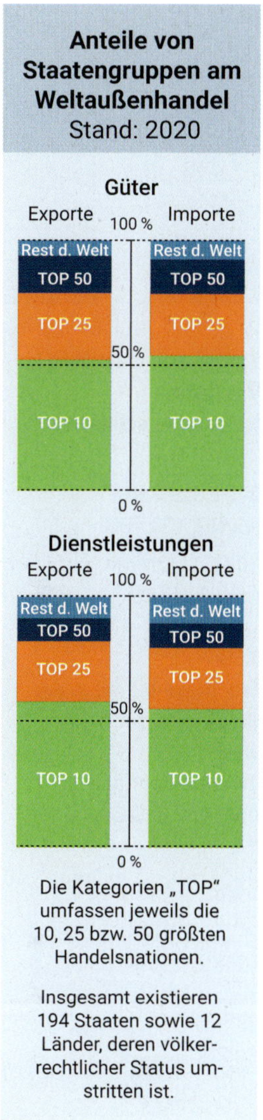

Zahlen: WTO: World Trade Statistical Review 2021, S. 58, 60

Aufgaben

1. a) Beschreiben Sie die Entwicklung und Verteilung des globalen Güter- und Dienstleistungshandels (**M2, M3**).
   b) Analysieren Sie den Prozess der ökonomischen Globalisierung im 20. und 21. Jahrhundert.
2. Die „Triade" aus USA, China (bzw. Ostasien) und der EU wird oftmals das „Goldene Dreieck des Welthandels" genannt. Beurteilen Sie diese Bezeichnung (**M3**).

H zu Aufgabe 2
Beachten Sie die wahrscheinlichen Folgen der Verteilung der Handelsströme auf der nördlichen und südlichen Welthalbkugel.

F
Erklären Sie die auseinanderlaufende Entwicklung von globalem BIP und Warenhandel (**M2a**).

3.1.2 Wodurch wird gesteigerter Welthandel ermöglicht?

Digitale Anwendung

72091-29

Einstiegsaufgabe

Formulieren Sie Hypothesen, welche Entwicklungen zum jahrzehntelang wachsenden Welthandel (**M2**) geführt haben könnten.

Transportkapazitäten im Vergleich

1 Containerschiff mit 20.000 TEU

200 Züge mit jeweils 100 TEU

10.000 LKW mit jeweils 2 TEU

TEU

Frachteinheit, die in der Schifffahrt gebraucht wird:
Twenty-foot Equivalent unit = 20 Fuß Container

M4 Welche Rolle spielen Container(-schiffe) für den Welthandel?

20 Fuß Container

Am 31. Mai 1968 um 21 Uhr startet der Hamburger Hafen in ein neues Zeitalter. Mit der „American Lancer" legt am Burchardkai erstmals ein Vollcontainerschiff an. [...] Schneller als von vielen erwartet löst die Containerschifffahrt die konventionelle Frachtschifffahrt ab. Denn der Containertransport hat viele Vorteile: Liegen die bisherigen Frachtschiffe oftmals mehrere Tage zum Be- und Entladen im Hafen, ist es bei den Containerschiffen nur noch eine Sache von Stunden – das spart Zeit und Geld. [...]

Größer, schneller, effektiver: Dieser Trend bestimmt die Containerschifffahrt von Beginn an. Berechnet wird die Ladekapazität der Containerschiffe in TEU (Twenty-foot Equivalent Unit). Ein TEU entspricht dabei einem Standardcontainer von rund 20 Fuß beziehungsweise etwa 6 Metern Länge und 2,5 Metern Breite. [...]

Im Laufe der Jahre werden die Schiffe immer größer, vor allem aber steigt durch moderne Schiffbautechnik ihre Ladekapazität. Zum Vergleich: Transportiert die „American Lancer" noch maximal 1.200 TEU, werden ab Ende der 80er-Jahre Schiffe mit 4.500 TEU gebaut. Sie sind bereits so groß, dass sie nicht mehr durch den Panama-Kanal fahren können. Das momentan größte Containerschiff der Welt, die „OOCL Hong Kong" kann gar über 21.000 Standardcontainer transportieren. Das Schiff hat eine Länge von 400 Metern, ist also nicht einmal doppelt so [lang] wie die „American Lancer", kann aber ungefähr das 18-fache an Ladung transportieren.

Die Riesenpötte rechnen sich, denn sie benötigen kaum eine größere Besatzung als kleinere Schiffe und der Treibstoffverbrauch liegt nur wenig höher. [...] [Die ökologische Bilanz ist dennoch zwiespältig: Zwar ist die CO_2-Bilanz von Containerschiffen zwar recht günstig im Verhältnis zur Transportleistung, aber viele der Schiffe verbrennen weiterhin schadstoffreiches Schweröl.

Die Standardisierung und die Einführung der Container im Seetransport kommt einer Revolution gleich. Diese hat ganz neue Logistikketten ermöglicht.]

Doch der Boom der Containergiganten hat auch Nachteile: Sie sind weniger flexibel, da sie nicht alle Häfen anlaufen können. Auch in Hamburg sorgen die riesigen Schiffe mit ihrem enormen Tiefgang für Probleme. [...] Rund zwei Drittel des Umschlags im Hamburger Hafen entfallen aktuell auf Container, der Rest auf Massengut wie Kohle, Öl oder Futtermittel. Pro Jahr werden in Europas drittgrößtem Hafen jährlich zwischen acht und neun Millionen Container umgeschlagen.

© Norddeutscher Rundfunk. In: www.ndr.de, 30.05.2018

INFO

Infobox: Transportgüter und -preise auf See

Nicht die Containerfracht (von Vorprodukten und Fertigwaren) stellt die Hauptmasse der auf dem Seeweg transportierten Waren dar. Im Jahr 2019 wurden z. B. ca. 3,17 Milliarden Tonnen Öl und Gas und etwa ebenso viele „Hauptrohstoffe“ (wie Kohle, Eisenerz, Bauxit und Aluminium, Getreide) sowie ungefähr 2,03 Milliarden Tonnen anderer Trockengüter (wie Holz) per Hochseeschiff befördert. In Containern verladen wurden insgesamt etwa 2,65 Milliarden Tonnen Güter verschifft. Allerdings nimmt die Bedeutung des Containers im Welthandel vor allem seit den 1990er Jahren deutlich zu. Im Jahr 1990 wurden 234 Millionen Tonnen Fracht in Containern transportiert, 2000 bereits 598 Millionen Tonnen und 2010 1,28 Milliarden Tonnen.
Nach der Weltwirtschaftskrise von 2008 sank der durchschnittliche Transportpreis für einen 20-Fuß-Standardcontainer vom Hafen Shanghai zu einem nordeuropäischen Hafen von 1.789 US-Dollar (2010) auf 629 US-Dollar (2015). Infolge des Wiederanlaufens der Weltwirtschaft nach dem ersten Jahr der Corona-Pandemie und Kapazitätsengpässen stiegen die Frachtgebühren im Jahr 2021 kurzzeitig auf über 15.000 US-Dollar pro Container an.

Autorentext, Zahlen: World Container Index, www.drewry.co.uk

M5 Wie haben sich die Datenübertragungskapazitäten entwickelt?

Im Jahr 2017 wurde das bislang schnellste Unterseekabel zwischen Nordamerika und Europa fertiggestellt. Mit einer maximalen Übertragungsgeschwindigkeit von 160 Terabits pro Sekunde ließen sich 71 Millionen HD-Videos gleichzeitig darüber streamen. Dabei ist das „Marea“ genannte Glasfaserkabel kaum dicker als ein Gartenschlauch. Insgesamt sind allein zwischen Europa und Nordamerika 18 Unterseekabel in Betrieb [Stand 2020], über die ein Großteil der transatlantischen Kommunikation läuft. Auch zwischen anderen Regionen schreitet der Ausbau der Kommunikationsinfrastruktur weiter voran.

Autorentext; Zahlen: www.ingenieur.de

Bandbreitenentwicklung zwischen ausgewählten Regionen (Stand: 2022)

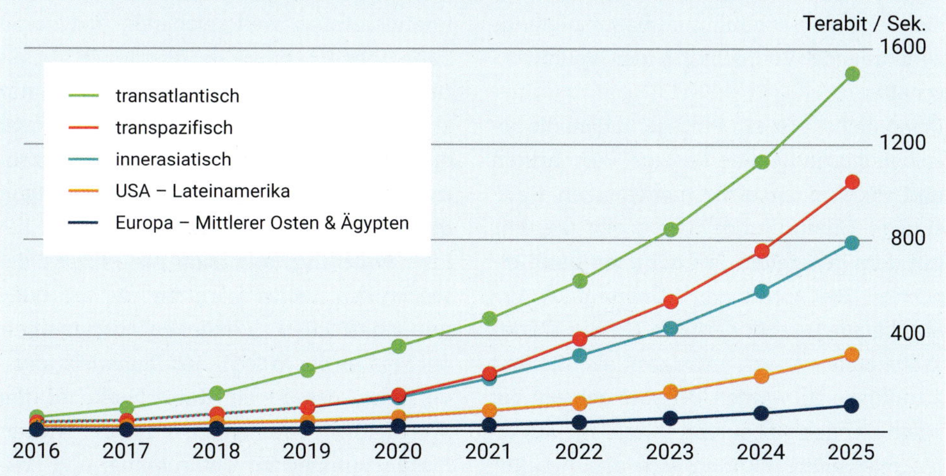

Autorengrafik nach: Telegeography: Submarine Cable Map 2021. In: https://submarine-cable-map-2021.telegeography.com, Abruf am 11.01.2022

1 Terabit = 1.000 Gigabit = 1.000.000 Megabit

M6 Wie haben sich Telekommunikations- und Transportkosten entwickelt?

Prozentuale Preisentwicklung im Bereich internationaler Telekommunikation und Transport (Stand: 2021)

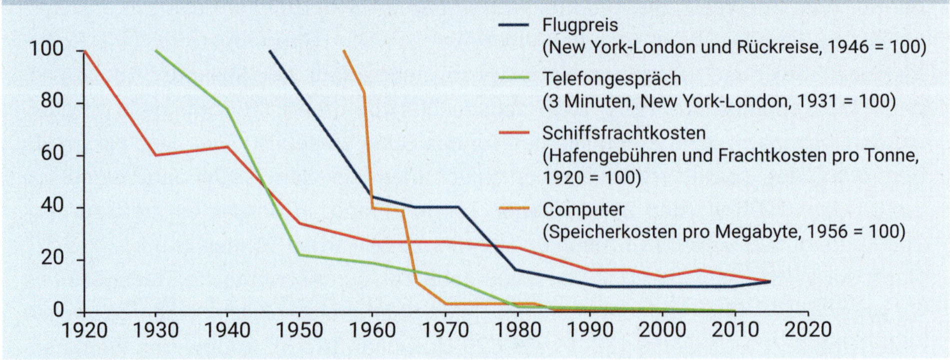

Zahlen: Weltbank: World Development Report 2020, S. 20

M7 Welcher politische Rahmen ermöglicht(e) weltweiten Handel?

Ab Mitte der 1980er-Jahre [...] [versuchten immer] mehr Staaten [...] das neue „Markt-Paradigma" mit den Schlagworten: Liberalisierung, Deregulierung, Privatisierung, „mehr Markt weniger Staat", freier Handel und mehr Wettbewerb politisch umzusetzen. Vor allem die Versuche vieler Staaten, durch die liberalere Gestaltung des grenzüberschreitenden Handels- und Finanzverkehrs und den Abbau von restriktiven [= einschränkenden] bürokratischen Regulierungen ihre Wettbewerbsfähigkeit zu steigern, verringerte die wirtschaftliche Bedeutung nationaler Grenzen, förderte so die weltweite Mobilität und begünstigte die zunehmende Verflechtung der Volkswirtschaften.

Deregulierung ist ein Prozess, in dem die bestehenden nationalen Gesetze, Vorschriften und Regelungen einer eingehenden Revision [= Überprüfung] unterzogen werden, mit dem generellen Ziel als überflüssig erachtete Bestimmungen (Überregulierung) abzubauen, um Hindernisse für die Marktkräfte zu beseitigen und damit als Standort attraktiver zu werden. Hierbei geht es vor allem um den Abbau von Bürokratie auf allen relevanten Märkten, wie den Arbeits-, Finanz- und Gütermärkten. Es geht um die Verschlankung und Vereinfachung von staatlichen Genehmigungsverfahren und -prozeduren, von zu restriktiven Vorschriften, allzu komplizierten steuerrechtlichen Regelungen, wie auch um die Erleichterung des Umgangs mit staatlichen Organen, etwa durch die Bündelung von Informationen und Kompetenzen bei zentralen Ansprechpartnern in der Staatsbürokratie. Deregulierung [...] entlastet die Unternehmen durch geringere Kosten und Zeitaufwand [...].

In den letzten Jahren zeigte sich allerdings, dass die Lockerung und vor allem die nicht entsprechende Weiterentwicklung staatlicher Aufsichtsregelungen dem Markt eine unangemessen weit reichende und damit zunehmend gefährlicher werdende Gestaltungsfreiheit überlassen hat. Den staatlichen Instanzen fehlen nun immer häufiger die passenden Instrumente für eine wirksame Steuerung und Kontrolle der mächtiger gewordenen Marktteilnehmer. [...]

Liberalisierung lässt sich als Prozess der weltweiten Realisierung der vier zentralen wirtschaftlichen „Freiheiten" beschreiben: der Freiheit des Waren- und Dienstleistungsverkehrs, des freien Kapitalverkehrs, der Freizügigkeit von Personen und der Niederlassungsfreiheit für Unternehmer und Freiberufler. Diese Strategie wurde Anfang der 1990er-Jahre bei der Einrichtung des Euro-

internationale Marktteilnehmer
Zu den mächtigsten Marktteilnehmern gehören vor allem transnationale Großunternehmen (z. B. Apple, div. Ölkonzerne...) sowie große (Investment-) Banken und andere Finanzinstitute wie Hedgefonds. Demgegenüber besitzen Marktteilnehmer, wie z. B. Arbeitnehmer, nur geringe internationale Verhandlungsmacht.

Protektionismus
alle staatlichen Maßnahmen, die geeignet sind, ausländische Anbieter gegenüber inländischen auf dem heimischen Markt zu benachteiligen (→ vgl. Kap. 3.2.1)

päischen Binnenmarktes, dann zunehmend aber auch auf globaler Ebene in immer mehr Ländern umgesetzt. Durch den Abbau von Handelsbeschränkungen, wie Zöllen und anderen behindernden Regulierungen des Außenhandels, wurde der grenzüberschreitende Handel mit Gütern und Dienstleistungen stimuliert [= angeregt]. [...]
Trotz der nach wie vor bestehenden natürlichen Interaktionshindernisse, zu denen auch Sprachbarrieren und Kulturunterschiede zählen, stellte der Abbau der protektionistischen Beschränkungen eine der wichtigsten Globalisierungsvoraussetzungen dar. In einer liberalisierten Welt haben Unternehmen leichteren Zugang zu den Ressourcen, die sie benötigen, also zu Arbeitskräften, Technologien, Kapital, Lieferanten oder Kunden.

Koch, Eckart: Globalisierung: Politik und Wirtschaft. Chancen – Risiken – Antworten. Wiesbaden 2017, S. 15ff.

M8 Wie (er-)leben Menschen die ökonomische Globalisierung?

1 Simone Schmitt (30) ist aufgeregt: Ab morgen kann sie endlich alle ihre Lieblingsserien sehen. Dann startet das Angebot eines amerikanischen Streaming-Anbieters auch in Deutschland.

2 Primoz, Elektriker, freut sich auf den 1. Mai: Nach dem Beitritt seines Heimatlands Polen zur EU kann er endlich in der ganzen EU Aufträge annehmen, ohne den lästigen Papierkram weiterhin erledigen zu müssen.

3 Boris Jelzin, der spätere Präsident Russlands, ist einer der Unterzeichner der Alma-Ata-Erklärung, die die Auflösung der seit 1922 bestehenden Sowjetunion (UdSSR) besiegelt. Damit endet der Kalte Krieg, und die Möglichkeiten, Handel zwischen Ost und West zu treiben, erhöhen sich schlagartig.

4 Der amerikanische Spediteur Malcom McLean ärgert sich, dass seine Arbeiter mehrere Tage benötigen, um die Frachtschiffe nach Europa zu beladen. Es braucht viel Überredungskunst, um die Reeder von der Idee stapelbarer Metallkisten zu überzeugen.

5 Jörg (22), der gerade seine erste Stelle als Bürokaufmann nach der Ausbildung angetreten hat, kauft sich sein erstes eigenes Auto: einen Toyota Corolla. Seine Eltern sind skeptisch, weil Jörg ein japanisches Fabrikat fahren möchte. Aber der Wagen ist günstiger und dabei besser ausgestattet als ein vergleichbarer VW.

6 Jane Middelton (35) aus Detroit ist verzweifelt: Ihr Arbeitgeber, einer der größten Autobauer der Welt, hat sie gerade informiert, dass das Unternehmen Insolvenz anmelden muss und sie zum Monatsende ihren Job verliert. Wie soll Jane nun den Kredit für ihr neues Haus abbezahlen? Tausenden ihrer Kolleg:innen ergeht es ähnlich.

Autorentexte

Aufgaben

1. Beschreiben Sie die Entwicklung von Kosten und Kapazitäten des weltweiten Gütertransports und der internationalen Telekommunikation (**M4-M6, Info**).
2. Arbeiten Sie die Bedeutung der Kosten- und Kapazitätsentwicklung von Gütertransport und Telekommunikation für die Entwicklung des internationalen Waren- und Dienstleistungshandels heraus (**M2, M4-M6**).
3. Erläutern Sie die Bedeutung von Liberalisierung und Deregulierung für den internationalen Handel am Beispiel eines im Ausland hergestellten Produkts aus Ihrem Alltag (**M7**).
4. Ordnen Sie die Aussagen aus **M8** verschiedenen Zeitpunkten in den Diagrammen von **M2** zu. Begründen Sie die Zuordnung mithilfe der zuvor erarbeiteten Informationen.

M zu Aufgabe 1 und 2
Bearbeiten Sie die Aufgaben arbeitsteilig in einem Gruppenpuzzle.

M zu Aufgabe 4
Diskutieren Sie die Zuordnungen zunächst in Gruppen, bevor Sie Ihre Lösungen im Plenum vorstellen.

F
Vergleichen Sie den Ausbau der Kommunikationsinfrastruktur (**M5**) mit den Charakteristika der Welthandelsströme (**M3**).

3.1.3 Kann der Welthandel immer weiter wachsen?

Digitale Anwendung
72091-30

Einstiegsaufgabe

Skizzieren Sie (ggf. unter Einbezug von zusätzlichem Kartenmaterial) hypothesenartig die Auswirkungen der Havarie der *Ever Given* für den Welthandel und die europäische Wirtschaft (**M9**).

M9 Schiffshavarie im Suezkanal

Am Morgen des 23. März 2021 lief eines der größten Containerschiffe der Welt, die *Ever Given*, im südlichen Teil des Suezkanals auf dem Weg von China nach Rotterdam auf Grund und blockierte den an dieser Stelle einspurigen Kanal (Breite des Kanals an dieser Stelle ca. 290 Meter). Die Verbindung zwischen Rotem Meer und Mittelmeer wurde durch die Havarie des Frachters der Reederei *Evergreen* bis zum Abend des 29. März unterbrochen. Erst dann gelang es, die *Ever Given* wieder freizuschleppen.

Autorentext

Die Ever Given blockiert den Suezkanal (März 2021). Auf beiden Seiten des Kanals mussten über 400 Schiffe tagelang warten, bis die Durchfahrt wieder möglich war. Der ökonomische Schaden wird pro Woche auf ca. 7 Mrd. US-Dollar geschätzt.

Verkehr auf den Weltmeeren
Tracking Dienste zur globalen Schifffahrt
72091-31

M10 Wie zukunftsfähig sind globale Lieferketten?

Logistik-Unternehmen wie zum Beispiel Dachser sind so etwas wie Seismographen [Frühwarnsysteme] des globalen Handels. [...] Selbst als sich während der Pandemie ein Großteil der Welt im Corona-Lockdown befand, war bei Dachser an Stillstand nicht zu denken: „Es gab zwar Rückgänge bei etlichen Industriegütern und der Automobilwirtschaft, aber konsumnahe Bereiche wie Lebensmittel haben sogar geboomt", sagt Andreas Froschmayer [Manager bei Dachser]. [...]

Gerade bei der Industrie stellt [er] sich [...] auf einen Wandel ein: „Viele Kunden werden überprüfen, ob es noch sinnvoll ist, die Lieferketten irgendwo auf der Welt zu haben" [...]. In Deutschland macht die Industrie noch immer ein Viertel des Bruttoinlandsproduktes aus, in den USA ist es etwas weniger und in China liegt der Anteil der Industrie an der Wirtschaftsleistung bei 40 Prozent. Alle drei Länder gelten als Zentren der internationalen Arbeitsteilung – hier kommen viele Teile an, werden weiterverarbeitet und häufig auch wieder exportiert.

Nicht nur der Corona-Schock hat die Verletzlichkeit der Lieferketten gezeigt, auch politisch wird derzeit gegen die weltweite Arbeitsteilung gewettert. „Diese verdammten Lieferketten. Wenn auch nur ein Teil der Welt nicht funktioniert, kommt alles durcheinander. Wir sollten sie wieder in den USA haben", sagte US-Präsident Donald Trump.

Er ist mit seiner Kritik nicht allein. Umweltexperten sehen die internationale Arbeitsteilung als ökologischen Unsinn. Und viele Handelsexperten kritisieren die Arbeitsteilung seit der Corona-Krise als zu anfällig für externe Schocks. Laut einer Umfrage der Strategieberatung McKinsey überlegt jedes vierte Unternehmen in Deutschland, Teile der Lieferkette seltener auszulagern.

Den Trend zu kürzeren Lieferketten könne man allerdings schon seit zehn Jahren beobachten, sagt der Ökonom Hartmut Egger: „Nach der Finanzkrise haben viele Unternehmen reagiert und ihre Zulieferer und Produzenten wieder verstärkt in der Nähe gesucht." So wurde für Europa die Produktion in Ländern in Osteuropa und Nordafrika interessanter. [...]

Welchen Vorteil es hat, die Lieferketten in eigener Hand zu haben, das merkt derzeit der Hersteller von Garten- und Landwirtschaftsgeräten Stihl. Der Exportschlager des schwäbischen Unternehmens ist die Motorsäge. Sie wird in mehr als 160 Ländern verkauft. Die Hälfte aller Teile produziert Stihl selbst. Damit habe man sich nun in der Pandemie von der Konkurrenz abgehoben, berichtet Unternehmenssprecher Stefan Caspari. „Wir haben weiter produziert und weiter verkauft."

Es sei zwar punktuell zu Ausfällen und Unterbrechungen gekommen, das habe man aber mit Beständen kompensieren können. Denn anders als viele andere in der Industrie setzt Stihl für die Produktion nicht auf die zeitlich genau abgestimmte Zulieferung von Teilen „just in time"„ sondern greift auf ein gut gefülltes Lager zurück. „Das muss man sich natürlich leisten können, aber jetzt in der Krise hat es sich gelohnt", sagt Caspari [...].

Für Hartmut Egger [...] könnte eine verstärkte Lagerhaltung unterschiedlicher Produktionsstufen ein weiterer Trend nach der Pandemie sein. „Je komplexer die Lieferkette, desto höher das Ausfallrisiko. Dieses Risiko können Unternehmen mit Lagerbeständen verkleinern." [...]

Auch der Ökonom Egger glaubt nicht, dass es einen radikalen Trend zur Deglobalisierung gibt. Denn die Lieferketten zurückzuholen berge auch Nachteile. „Man gibt die Kostenvorteile auf, die man durch die Verlagerung erzeugt hat. Außerdem setzt man sich stärker regionalen Schocks aus – wie zum Beispiel einer Flut oder Ähnlichem."

Martin, Nicolas: Globale Arbeitsteilung auf dem Prüfstand. In: www.dw.com, 28.05.2020

Internationale Arbeitsteilung
→ siehe Kapitel 3.1.4

Just in Time
(„Genau-zur-rechten-Zeit-System")
Produktions- und Logistikstrategie mit dem Ziel, das Material in einer Lieferkette immer genau dann anzuliefern, wenn es für die Produktion benötigt wird; So kann die kostspielige Lagerhaltung minimiert und die Produktion flexibilisiert werden.

Aufgaben

1. Geben Sie die Vor- und Nachteile global aufgebauter Lieferketten wieder (**M10**).
2. Analysieren Sie die Entwicklung der globalen Lieferketten (**M9**, **M10**, **Kap. 2**).
3. „In Zukunft sollten Lieferketten national und regional organisiert werden." Erörtern Sie die Forderung (**M9**, **M10**, **Kap.2.2**).

Digitale Anwendung

72091-32

3.1.4 Warum überhaupt internationale Arbeitsteilung und Welthandel?

Digitale Anwendung

72091-33

Einstiegsaufgabe

Vergleichen Sie die aktuellen volkswirtschaftlichen Daten (2020) der angegebenen Staaten miteinander (**M11**).

M11 Wer importiert was und wie viel?

China			
2000		2020	
Import 255 Mrd. US-$	Export 249 Mrd. US-$	Import 2.056 Mrd. US-$	Export 2.591 Mrd. US-$
Elektronik 21,3%; Rohstoffe 20,8%; Chem. Erzg. 13,4 %; Maschinen 11,8 %; Garne und Gewebe 5,7 %	Elektronik 17,5 %; Bekleidung 14,5 %; Garne u. Gewebe 6,5 %; Chem. Erzeugnisse 4,9 %; Maschinen 4,5 %; Schuhe 4 %	Elektronik 24,5 %; Rohstoffe 14,3 %; Chem. Erzg. 10,4 %; Erdöl 8,6 %; Maschinen 6,8 %; Elektrotechnik 4,8 %; Nahrungsmittel 4,8 %;	Elektronik 26,3 %; Textilien/Bekleidung 11,4 %; Elektrotechnik 9,4 %; Maschinen 8,7 %; Chem. Erzg. 6,5 %; Metallwaren 4,1 %
BIP/Kopf: 789 US-$*		BIP/Kopf: 10.484 US-$*	

USA			
2000		2020	
Import 1.223 Mrd. US-$	Export 773 Mrd. US-$	Import 2.405 Mrd. US-$	Export 1.430 Mrd. US-$
Konsumgüter 23 %; Kfz und -Teile 16 %; Computer und -teile 7 %; Erdöl 7 %, Nahrungsmittel 4 %	Maschinen und Transportausrüstung 46 %; industrielle Rohstoffe 22 %; Konsumgüter 12 %; KfZ und -Teile 10 %; Nahrungsmittel 6 %	Elektronik 13,9 %; Chemische Erzeugnisse 11,8 %; Kfz und -Teile 10,4 %; Maschinen 9,4 %; Elektrotechnik 5,9 %; Textilien/Bekleidung 5,3 %; Nahrungsmittel 5,3 %; Erdöl 3,4 %; Mess-/Regeltechnik 2,6 %; Metallwaren 2,5 %;	Chemische Erzeugnisse 14,9 %; Maschinen 10,5 %; Elektronik 9,4 %; Nahrungsmittel 7,4 %; Kfz und -Teile 7,1 %; Rohstoffe (außer Brennstoffe) 5,5 %; Elektrotechnik 4,7 %; Petrochemie 4,2 %; Mess-/Regeltechnik 4,2 %; Erdöl 3,5 %
BIP/ Kopf: 31.305 US-$* (1999)		BIP/Kopf: 63.416 US-$*	

BIP
Wert aller Waren und Dienstleistungen, die innerhalb eines Jahres in einem Land für den Konsum hergestellt werden. Beim realen BIP werden – im Gegensatz zum nominalen BIP – inflationsbedingte Zuwächse herausgerechnet, sodass nur die tatsächliche Steigerung der volkswirtschaftlichen Produktivität gemessen wird.
Autorentext

Deutschland			
2000		2020	
Import 578 Mrd. US-$	Export 634 Mrd. US-$	Import 1.171 Mrd. US-$	Export 1.383 Mrd. US-$
Chem. Erzeugnisse 9,1%; Kfz und -Teile 8,7%; Maschinen 6,7 %; Nachrichtentechnik 5,5 %, Büromaschinen 5,5 % Eisen- und Stahl 5,2 %	Kfz und -Teile: 17,5 % Maschinen 14,2 % Chem. Erzeugnisse 12,4 % Nachrichtentechnik 5,5 %,	Datenverarbeitungsgeräte, elektrische u. optische Geräte 11 %; Kfz und -Teile 11 %; Chem. Erzeugnisse 8 %; Maschinen 8 %; Metalle 5 %; Erdöl und Erdgas 4 %	Kfz und -Teile: 16 % Maschinen 15 % Chem. Erzeugnisse 9 % Datenverarbeitungsgeräte, elektrische und optische Geräte 9 %
BIP / Kopf: 25.350 US-$*		BIP/Kopf: 45.382 US-$*	

Bangladesch			
1998/99		2020	
Import 7,5 Mrd. US-$	Export 5,1 Mrd. US-$	Import 50,7 Mrd. US-$	Export 32,8 Mrd. US-$
Maschinen und Anlagen 25 %; Textilien, Fasern, Garne 24 %; Erdöl- und Erdölprodukte 5 %	Textilien 55 %; Strick- und Strumpfwaren 18 %	Baumwolle, Garne, Stoffe, Stapelfaser 22,5 %; Maschinen und Anlagen 20,3 %; Erdöl und Erdölprodukte 9,8 %; Metalle 8,3 %; Kunststoffe 4,8 %; Chemische Produkte 4,6 %	Textilien/Bekleidung 85,6 %; Leder und Lederwaren, Schuhe 3,2 %; Jute und Jutewaren 2,6 %
BIP/Kopf: 359 US-$*		BIP / Kopf: 1.998 US- $*	

**in laufenden Preisen (nominales BIP)*

Zahlen: 1998-2000: von Baratta, Mario (Hg.): Der Fischer Weltalmanach. Zahlen, Daten, Fakten 2002. Fischer Taschenbuch Verlag, Frankfurt 2001, S. 111f., 167f., 181f., 843ff.; 2020: Germany Trade &Invest, www.gtai.de, Abruf am 20.10.2021

M12 Die Theorie der komparativen Kostenvorteile

Die Überlegungen zu Vorteilen des internationalen Handels von David Ricardo gründen auf den Theorien des britischen Nationalökonomen Adam Smith. Er hatte aufgrund der Existenz von unterschiedlichen Produktionskosten von Gütern zwischen verschiedenen Ländern Arbeitsteilung und freien Handel empfohlen. Nach seinen Ideen sollte sich jedes Land auf die Herstellung und den Export der Güter konzentrieren (Spezialisierung), bei denen es absolute Kostenvorteile besitzt, d. h. die es im Vergleich zu anderen Staaten zu geringeren Kosten fertigen kann. Güter, die ein Land nur zu hohen Kosten selbst produzieren kann (absolute Kostennachteile), sollten dagegen über den internationalen Markt importiert werden. Diese internationale Arbeitsteilung würde für alle beteiligten Länder mehr Wohlstand bringen. David Ricardo belege darauf aufbauend, dass auch im realitätsnäheren Fall, wenn in einem Land (z. B. China) alle Güter kostengünstiger hergestellt werden können als in einem anderen (z. B. Deutschland), Handel zwischen diesen beiden dennoch

Adam Smith (1723-1790)

David Ricardo (1772-1823)

insgesamt zu mehr Wohlstand führen könne. So kann man beispielsweise davon ausgehen, dass China mittlerweile sowohl bei Mikroelektronik als auch bei Automobilen einen absoluten Kostenvorteil in der Herstellung besitzt. Nach dem Theorem von Ricardo sollte sich China aber auf die Produktion von Mikroelektronik spezialisieren, bei dem es vergleichsweise den größeren Kostenvorteil besitzt („komparativer Kostenvorteil"). Deutschland sollte sich dagegen auf die Produktion von Automobilen spezialisieren, bei denen ein vergleichsweise geringerer Kostennachteil besteht. Damit würde die Gesamtproduktion steigen und gleichzeitig – bei freiem Handel – der Wohlstand in beiden Ländern (vgl. Tabelle).

Ausnutzung von komparativen Kostenvorteilen in einem fiktiven Beispiel

		Automobile (Stück/Stunde)	Mikroelektronik (Einheiten / Stunde)	Gesamtproduktion
Autarkie (kein Handel)	*Deutschland*	90	70	160
	China	100	120	220
				380
Arbeitsteilung (Freihandel)	*Deutschland*	180	0	180
	China	0	240	240
				420

Nach Ricardos Überlegungen profitieren damit sowohl die entwickelten Industrienationen als auch Schwellen- und Entwicklungsländer von Arbeitsteilung und Handel. Die Prognosen haben sich in der Realität insofern bestätigt, als dass der weltweite Anteil von Menschen in extremer Armut seit Anfang der 1990er Jahre von knapp 40 auf unter zehn Prozent gesunken ist. Das globale Medianeinkommen hat sich derweil verdoppelt, auch Kindersterblichkeit und Analphabetismus sind deutlich zurückgegangen. Die Verbesserung der durchschnittlichen globalen Wohlfahrt wurde maßgeblich durch den wirtschaftlichen Aufstieg Chinas und anderer südostasiatischer Länder begünstigt.

Autorentext/-grafik

F

Ziehen Sie weitere Indikatoren (z. B. Kindersterblichkeit, Lebenserwartung, Alphabetisierung) zur Überprüfung der Entwicklung der Beispielländer heran.

Aufgaben

1. Erklären Sie die internationale Arbeitsteilung anhand der Theorien von Adam Smith und David Ricardo (**M12**).
2. Prüfen Sie anhand der Daten (**M11**) die Prognose von David Ricardo, dass sowohl Industrieländer als auch Schwellen- und Entwicklungsländer vom internationalen Handel profitieren (**M12**).

Entwicklung und Verteilung des Welthandels
(Basiskonzept: Ordnungen und Systeme)
M2, M3

Seit Ende der 1980er Jahre, spätestens jedoch seit dem Zusammenbruch des Warschauer Paktes und dem Auseinanderfallen der Sowjetunion war ein gravierender **Anstieg des Welthandelsvolumens** zu verzeichnen. Zuerst stieg der Handel mit Fertigwaren exponentiell, seit Anfang des 21. Jahrhunderts auch der Handel mit Dienstleistungen. Seit 1990 stieg der weltweite **Güterhandel** um mehr als den Faktor 3,6. Mit Beginn des neuen Jahrtausends hat zunehmend der internationale **Dienstleistungshandel** immer größere Bedeutung im Welthandel erlangt (Anstieg gegenüber 1990 ca. um Faktor 6,5). Es gab dabei jeweils temporäre Einbrüche aufgrund der weltweiten Wirtschaftskrise 2009 sowie der Corona Pandemie 2020. Gerade im Bereich des Güterhandels hat sich das Wachstum aber in den vergangenen Jahren etwas verlangsamt. Das Welthandelsvolumen ist höchst ungleich verteilt: Während die sogenannte **Triade** (Nordamerika, Europa und Ostasien) insgesamt ca. 75% des Welthandels auf sich vereint, sind Südamerika und vor allem Afrika davon quantitativ weitgehend abgekoppelt.

Bedingungen und Ursachen für die Entwicklung des Welthandels
(Basiskonzept: Systeme und Ordnungen)
M4, M7

Es lassen sich **technische Bedingungen** und **politische Ursachen** voneinander unterscheiden: Technisch ist erstens die massive Ausweitung der Frachtkapazitäten v.a. auf dem Seeweg zu nennen, die zu einer extremen Senkung der Transportkosten pro Stück geführt hat. So fallen z. B. für den Transport eines Paar Schuhe aus China nach Europa weniger als 50 Cent netto Kosten an. Zweitens sind auch die internationalen Telekommunikations- und Datenübertragungswege massiv ausgebaut und dadurch die Übertragungskosten im gleichen Maße gesenkt worden. Das führt nicht nur zu einer viel flexibleren Koordination des Warenhandels, sondern auch zu der Möglichkeit, internet- und telefongestützte bzw. „datengetriebene" Dienstleistungen weit entfernt erledigen zu lassen. Politisch gesehen haben Maßnahmen zur Deregulierung und zur Liberalisierung die Ausweitung des Handelsvolumens in dieser Größenordnung ermöglicht. **Deregulierung** meint dabei den Abbau handelsbeschränkender (nationaler) Regelungen und Verwaltung. **Liberalisierung** bezeichnet das Fallenlassen oder Reduzieren von Handelsbeschränkungen, also **tarifären** (z. B. Zölle) und **nicht-tarifären Handelsbeschränkungen** (z. B. nationale Produktnormen). Auch die Personenfreizügigkeit innerhalb der EU ist ein weitgehender Liberalisierungsschritt. Kritiker einer starken Deregulierung befürchten, dass dadurch staatlichen Instanzen die Möglichkeiten fehlen, die Macht sehr großer Marktteilnehmer (z. B. Apple, Google, Facebook, Amazon, VW...) im Bedarfsfall zu begrenzen.

Gründe für internationale Arbeitsteilung und Welthandel
(Basiskonzept: Motive und Anreize)
M12

In der Geschichte der ökonomischen Theorie wurde die **internationale Arbeitsteilung** (also die Spezialisierungstendenz von Volkswirtschaften auf unterschiedliche Produktionsprozesse) mit **Kostenvorteilen** (KV) erklärt. Absolute KV herrschen dann, wenn in einem Staat ein Produkt absolut gesehen günstiger produziert werden kann, in einem anderen ein anderes. Spezialisierung fände statt, internationaler Handel käme in Gang. Komparative KV meint, dass ein Staat zwar die absoluten KV in allen Bereichen besitzt, aber durch Handel mit anderen Staaten dennoch insgesamt **Wohlfahrtsgewinne** durch den Handel entstehen.

Interaktive Übung zur Selbstüberprüfung

82000-102

3.2 Streit um Airbus und Boeing – Handelskonflikt zwischen den USA und der EU

3.2.1 Worüber streiten die USA und die EU?

Digitale Anwendung

72091-34

Einstiegsaufgabe

Analysieren Sie die Karikatur (**M1**). Stellen Sie Hypothesen zu möglichen Ursachen des „Showdowns" auf.

M1 USA vs. EU – Showdown im Subventionsstreit

Autorengrafik

M2 Wie sind die Flugzeugbauer Airbus und Boeing am Markt aufgestellt?

a) Produktionsstandorte von Airbus und Boeing

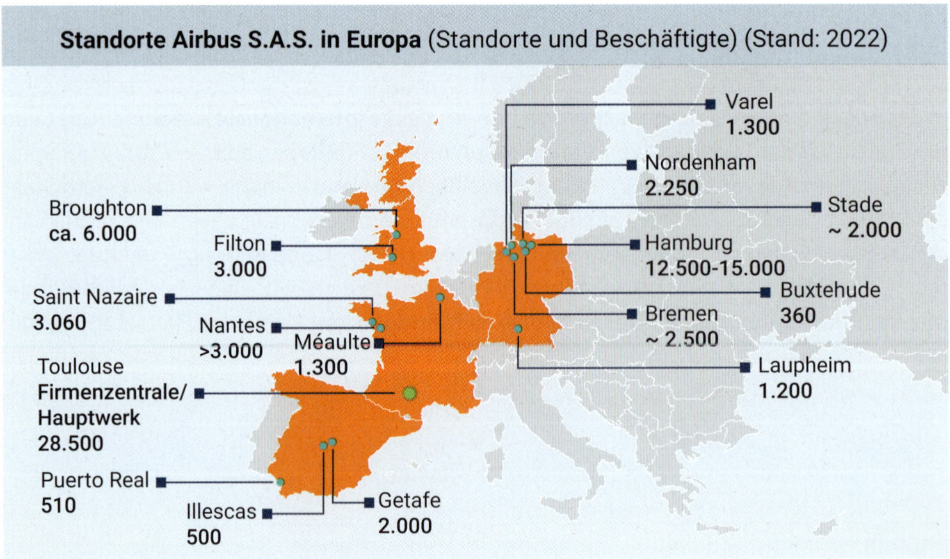

Autorengrafik, Zahlen nach: www.airbus.vom (Januar 2022)

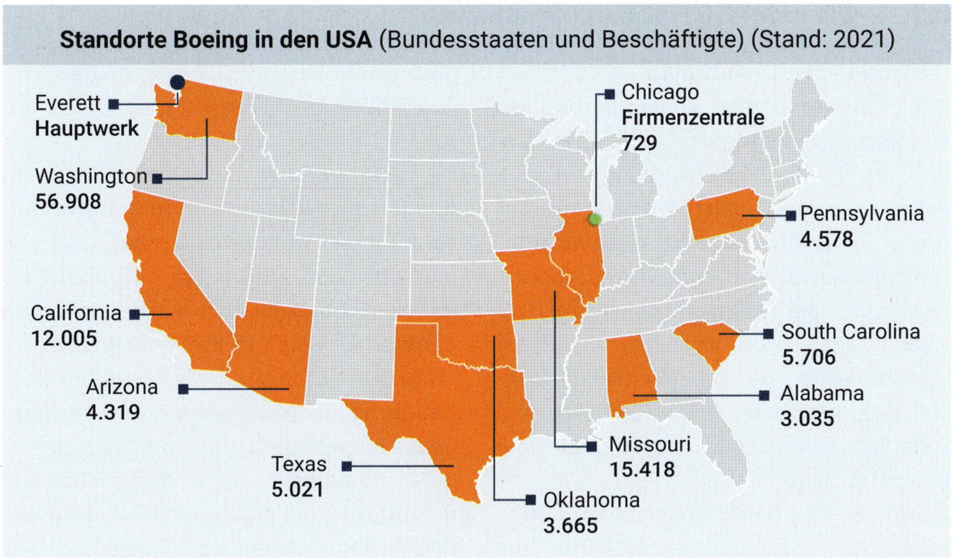

Autorengrafik, Zahlen nach: www.boeing.com (Januar 2022)

b) Unternehmenssteckbriefe Airbus und Boeing

Kennzahlen Airbus SE (bis 2013 EADS)

Gründung: 2000 als EADS (European Aeronautic Defence and Space); Zusammenschluss der europäischen Flugzeugindustrie als börsennotierte Aktiengesellschaft
73,9 % der Aktien in Streubesitz, 26 % in Staatsbesitz: Frankreich, Deutschland sowie Spanien

Umsatz (und Gewinn) (2019):
70,5 Mrd. EUR (6,9 Mrd. EUR), davon 54,3 Mrd. EUR in der Sparte Passagierflugzeuge (Airbus S.A.S.)

Unternehmenswert:
2000: 19 Mrd. EUR; 2021: 91 Mrd. EUR

Mitarbeiterinnen und Mitarbeiter (2020):
131.349, davon 48.231 in F, 45.568 in D, 11.828 in E, 2.980 in USA

Umsatzstärkster Flugzeugtyp: A320 Familie (Großraumflugzeug für die Mittelstrecke)

Zahlen: Airbus: Geschäftsbericht für das Jahr 2020 (Präsentation), S. 5, 6, 30; Airbus Financial Statements 2020, S. 47

Kennzahlen Boeing Corp.

Gründung: 1916 in Seattle, börsennotierte Aktiengesellschaft

Umsatz (und Verlust) (2019):
76,6 Mrd. US-$ (- 1,9 Mrd. US-$), davon 32,3 Mrd. US-$ in der Sparte Passagierflugzeuge

Unternehmenswert:
2000: 56 Mrd. US-$; 2021: ca. 126 Mrd. US-$

Mitarbeiterinnen und Mitarbeiter (2020):
141.014, davon 110.655 in den USA

Umsatzstärkster Flugzeugtyp: 737 Familie (Großraumflugzeug für die Mittelstrecke)

Zahlen: Geschäftsbericht Boeing für das Jahr 2019, S. 20f. In: www.boeing.com, Abruf am 25.08.2021

Vorgeschichte von Airbus
Unter dem Markennamen Airbus werden seit 1970 im Rahmen einer Kooperation von zunächst deutschen und französischen Flugzeugherstellern Passagiermaschinen entwickelt und auf den Markt gebracht. Das Unternehmen Airbus S.A.S. mit Sitz im französischen Toulouse war seit dem Jahr 2000 ein Tochterunternehmen des neu gegründeten Luft-, Raumfahrt- und Rüstungskonzerns EADS. 2014 wurde die EADS in Airbus SE umbenannt, um der Bedeutung der wichtigsten Marke gerecht zu werden.

M3 Wie ordnet die WTO den Welthandel?

Die World Trade Organization (WTO) ist ein seit 1995 bestehender Zusammenschluss aus zurzeit 164 Mitgliedstaaten, die über 98% des Welthandelsvolumens auf sich vereinen (Stand: August 2021), zur vertraglichen Regelung und Überwachung ihrer Handelsbeziehungen (von Waren, Dienstleistungen und geistigem Eigentum). Das Kernziel der WTO ist dabei möglichst ungehinderter Handel (Handelsliberalisierung), wozu ein Abbau aller Zölle und sonstiger Handelshemmnisse (vgl. M9) angestrebt wird.

Kommt es zu einem Handelskonflikt zwischen zwei Mitgliedstaaten, kann eine der Parteien die andere vor einem WTO-Schiedsgericht (Dispute Settlement Body, DSB) anklagen. Dieses nimmt die Vorschläge eines Überprüfungsgremiums („Panel") entweder an oder muss sie einstimmig ablehnen. Dieses Urteil kann über eine Berufungsinstanz („Appellate Body") einmalig angefochten werden. Die unterlegene Partei ist verpflichtet, die Entscheidung zu akzeptieren. Kommt sie Vorgaben des Schiedsspruches nicht nach, kann die obsiegende Partei das Recht zu Handelssanktionen (z. B. Vergeltungszölle) erhalten.

Die WTO orientiert sich bei ihren Entscheidungen am Nichtdiskriminierungsgrundsatz. Dieses Grundprinzip, nach dem alle gleichen Güter unabhängig von ihrer Herkunft gleich behandelt werden müssen, konkretisiert sich in zwei Ausprägungen: Nach dem Grundsatz der Inländergleichbehandlung müssen Güter aus dem Ausland genau so behandelt werden wie vergleichbare inländische. Nach dem Grundsatz der Meistbegünstigung stehen alle Handelsvorteile, die einem Handelspartner gewährt werden, auch allen anderen zu. Trotz der Inländergleichbehandlung dürfen auf ausländische Güter Einfuhrzölle erhoben werden, die in internationalen Verhandlungsrunden festgelegt und deren gebundene Höhe bei der WTO gemeldet werden muss. In diesen Verhandlungen sind seit Bestehen der WTO bzw. deren Vorgängern die Zölle weltweit drastisch gesenkt worden.

Autorentext

Zoll
An den Staat zu zahlende Abgabe (Steuer), die auf den Import, den Export bzw. den Transit (Durchfuhr) von Waren erhoben werden kann; Zölle sind ein Instrument der Außenhandelspolitik eines Staates.

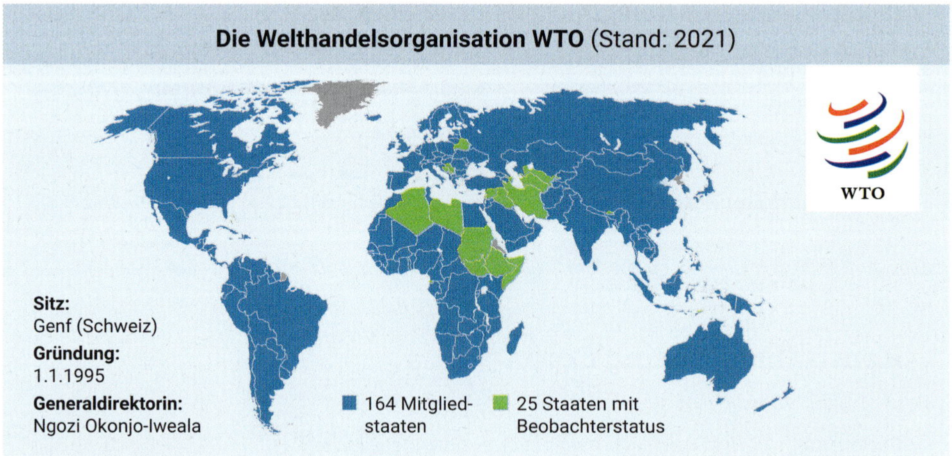

Globus-Grafik 14499; Quelle: WTO

Aufgaben

1. Beschreiben Sie anhand der Informationen (**M2**) die Unternehmen Airbus und Boeing.
2. Arbeiten Sie mögliche Interessen(-konflikte) zwischen den USA und EU in Bezug auf die beiden Unternehmen der Luftfahrtbranche heraus (**M1**, **M2**).
3. Erläutern Sie die Grundsätze der WTO sowie ihre Rolle im internationalen Handel (**M3**).

F
Entwickeln Sie die Karikatur **M1** weiter, indem Sie die WTO als Akteur in die Karikatur einbeziehen.

3.2.2 Wie tragen die Konfliktparteien den Handelsstreit aus – und was hat ein Weingut damit zu tun? Ein Mystery

Einstiegsaufgabe

Wer trägt die Verantwortung für die Insolvenz des Weingutes Bacchus (**M4**)? Äußern Sie erste Vermutungen.

Digitale Anwendung

72091-35

M4 Insolvenzverfahren gegen das Weingut Bacchus eröffnet

Das Weingut Bacchus von der Mosel kann auf eine fast 400-jährige erfolgreiche Geschichte zurückblicken. In den letzten Jahren hatte der Eigentümer Peter Rudolf, der sich auch als Präsident des Weinbauernverbandes einen Namen gemacht hatte, den Betrieb durch neue Rebflächen und moderne Kelteranlagen vergrößert und stärker auf den internationalen Markt ausgerichtet. Trotz eines qualitativ guten Weinjahrgangs 2019 kam das Weingut im Frühjahr 2020 in finanzielle Turbulenzen und konnte die Kredite in Höhe von über 10 Mio. EUR nicht mehr vollständig bedienen. Die größte Gläubigerbank stellte daraufhin den Insolvenzantrag. 23 Mitarbeiter fürchten um ihre Anstellung.

Weinhänge am Ufer der Mosel bei Bremm.

Aufgaben

1. Um mithilfe der Mystery-Methode eine mögliche und schlüssig begründete Antwort auf die Frage zu finden, wer die Verantwortung für die Insolvenz des Weingutes trägt, gehen Sie folgendermaßen vor:
   a) Bilden Sie Gruppen (ideal: 3-4 Mitglieder) und Gruppentische.
   b) Breiten Sie die Informationskärtchen (**M5**) in den Gruppen für alle gut lesbar vor sich aus und lesen Sie diese.
   c) Bringen Sie die Informationen gemeinsam in einen sinnvollen Zusammenhang. Visualisierungstipps: Entwickeln Sie aus den Karten eine Concept Map oder einen Zeitstrahl. Informationen, die Ihrer Analyse zufolge keine Rolle für die Lösung spielen, können Sie aussortieren.
   d) Fassen Sie Ihre Antwort auf die Einstiegsaufgabe in einem kurzen schriftlichen Fazit zusammen und präsentieren Sie Ihre Analyseergebnisse.

Anleitung, Methodenhinweise, Infokarten

72091-36

Hinweis:
Eine detaillierte Methodenanleitung und alternative Lernwege sind im digitalen Lehrermaterial abrufbar.

M5 Informationskarten zum Mystery

1

Seit 2000: Neben dem Prestigeprojekt A380 entwickelt der Airbus-Konzern auch seine umsatzstärksten Modellreihen A320, A330 und A350 technisch weiter und bringt als „Neo“ bezeichnete Nachfolger auf den Markt.

2

In den USA ist Weißwein aus Europa, insbesondere Riesling, in den letzten Jahren immer beliebter geworden.

3 13.10.2020

Abschließende Entscheidung des WTO-Schiedsgerichtes im Fall Boeing: Die USA haben Boeing durch Steuerermäßigungen unrechtmäßige Exportsubventionen gewährt. Die EU darf daher Vergeltungszölle auf US-Importe im Wert von knapp 4 Milliarden USD (ca. 3,4 Mrd. EUR) pro Jahr erheben.

4

Das Weingut Bacchus bewirtschaftet über 64 ha Rebflächen. Das entspricht ca. 90 Fußballfeldern. Auf über 60 % davon wächst die Sorte Riesling.

5

Am 27. April 2005 steigt die A380 zu ihrem Erstflug auf und übernimmt damit die Spitzenposition in der Rangliste der weltgrößten Passagiermaschinen.

6

Die neueste Version der Boeing 737 (MAX-Version) wurde 2019 mit einem weltweiten Flugverbot belegt, nachdem es aufgrund von Problemen mit einer fehlerhaften Steuerungsautomatik zu zwei Abstürzen mit insgesamt 346 Todesopfern gekommen war.

7 **Welche Zusatzzölle gelten ab dem 18.10.2019 für EU-Exporte in die USA? (Auswahl)**

Betroffene Warengruppe (Auswahl)	Zusätzlicher Zollsatz (%)	Handelsvolumen (Mio. EUR)
Flugzeuge, Helikopter	15	3045,49
Werkzeuge, Maschinen	25	368,21
Nahrungsmittel, Getränke	25	
→ Wein/Spirituosen		1373,59/1969,54
→ Käse		546,23

(Die verhängten Zusatzzölle betreffen EU-Waren mit einem Handelsvolumen von insgesamt ca. 8,4 Mrd. Euro)

8

Peter Rudolf hat seit August 2019 kaum noch Verträge mit US-Händlern abschließen können, während bis dahin noch etwa 45% der Produktion dorthin ausgeführt werden konnten.

9

Untersuchungen des WTO-Panels von 2010 und 2011 bestätigen grundsätzlich, dass EU und USA unerlaubte Exportsubventionen geleistet haben.

10

Nach 13 Jahren Entwicklungszeit bringt der chinesische Staatskonzern Comac 2021 den ersten eigenen Linienjet C919 auf den Markt. Das Modell soll das Duopol von Boeing und Airbus auf dem Markt für kommerzielle Luftfahrt aufbrechen.

11

2010: Die Bundesstaaten South Carolina und Kansas gewähren Boeing Steuernachlässe im Wert von insgesamt über 1 Mrd. USD für die nächsten 30 Jahre.

12

Peter Rudolf studierte an der Hochschule Geisenheim „Weinbau und Oenologie“.

13 Die Boeing 737 ist das Erfolgsmodell des Konzerns und das am weitesten verbreitete Passagierflugzeug weltweit (seit 1968). Bekannter ist jedoch der Jumbo-Jet (747), der nach seiner Indienststellung 1970 über Jahrzehnte das größte und bekannteste Großraumflugzeug bleiben wird.

14 **Welche Einbußen europäischer Länder im Handel mit den USA sind durch die US-Zusatzzölle zu erwarten?**
(Prognosen für 2020 in Mrd. EUR)

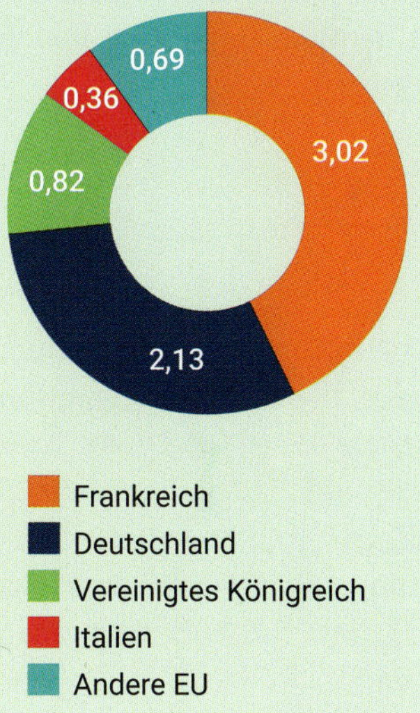

15

Der Texaner Gregg Popovic trinkt gerne Weißwein aus Europa. Bei seinem letzten Einkauf griff er aber zu einem Tropfen aus Nappa Valley, Kalifornien, und zu Sauvignon Blanc aus Chile.

16

2004: Die USA erheben Klage gegen die EU vor dem Dispute Settlement Body der WTO wegen unerlaubter Exportsubventionen von Airbus. Die USA machen einen Schaden von mindestens 11 Mrd. USD geltend.

17 02.10.2019:
Abschließende Entscheidung des WTO-Schiedsgerichtes im Fall Airbus: Die EU hat Airbus Kredite zu Konditionen gewährt, die wettbewerbsverzerrend sind. Die USA dürfen Vergeltungsmaßnahmen auf EU-Importe im Wert von 7,5 Milliarden USD (ca. 6,4 Mrd. EUR) im Jahr erheben.

18

Für deutsche Winzer sind die USA seit Jahren der wichtigste Exportmarkt. Für die Ernte von 2019 wurde Weißwein in den USA jedoch hauptsächlich aus Chile geordert.

19

2021: Der letzte A380 Großraumjet wird ausgeliefert. Die Produktion wird mangels Nachfrage damit nach nur 14 Produktionsjahren eingestellt. Die Entwicklungskosten betrugen 12 Mrd. Euro.

20

Das Weingut Bacchus schreibt 2018 zwar Gewinne, jedoch müssen jährlich Zinsen und Rückzahlungen für die laufenden Kredite von über 60.000 EUR geleistet werden.

21 **Handel mit Passagiermaschinen zwischen USA und EU sowie dem Rest der Welt (ROW)**
in Mrd. Euro 2019

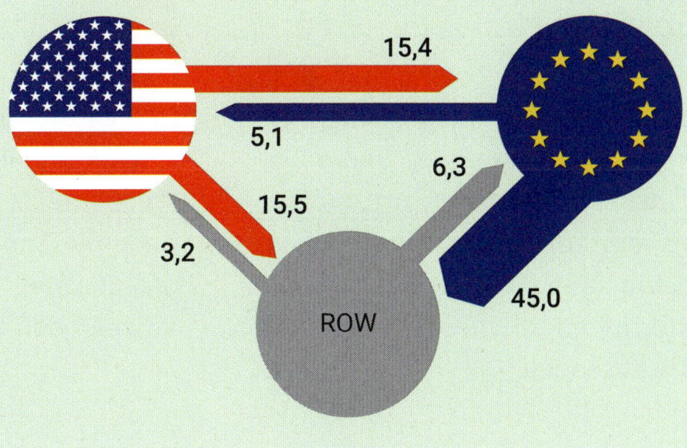

22

2003: Die Stadt Hamburg stellt dem Airbus-Konzern für die Erweiterung der Produktionskapazitäten Industrieflächen am „Mühlenberger Loch“ zur Verfügung. Die Pacht liegt deutlich unter dem üblichen Marktpreis.

23 Airbus gewinnt seit 2000 in Europa und Südostasien immer größere Marktanteile. Der A380 stößt insbesondere bei der Fluggesellschaft Emirates aus Dubai auf größere Nachfrage. Erstmals in seiner fast 35-jährigen Geschichte verzeichnet man 2004 mehr Auftragseingänge als Boeing.

24 Seit 2002: Die Bundesrepublik Deutschland gewährt Airbus etwa 940 Mio. EUR an Krediten zur Entwicklung und Anschubfinanzierung des Großraumflugzeugs A380. Auch Frankreich, Großbritannien und Spanien vergeben Kredite an den Konzern. Die Kredite müssen nur bei wirtschaftlichem Erfolg vollständig zurückgezahlt werden.

25

2003: Der Bundesstaat Washington gewährt der heimischen Luftfahrtindustrie einen sog. „tax break“. Dieser wird 2013 bis zum Jahr 2040 verlängert und bedeutet allein für Boeing eine Steuerersparnis von über 11 Mrd. USD über die gesamte Laufzeit.

26 **Wie viele Passagierflugzeuge lieferten Airbus und Boeing aus?**

Anzahl der von Airbus und Boeing ausgelieferten Flugzeuge

*Stand Januar 2021

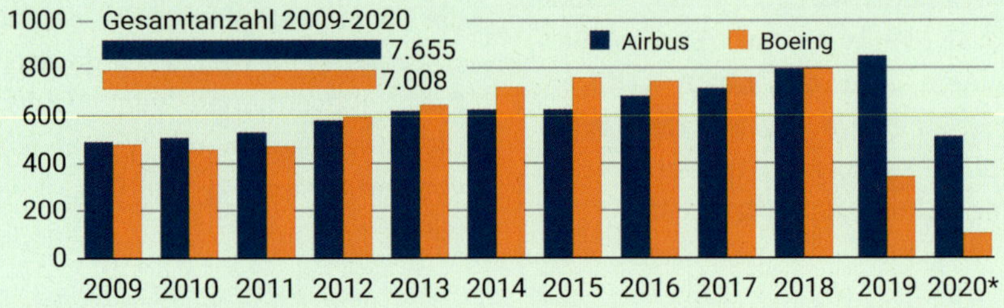

27

USA und EU ziehen im Handelsstreit vor dem Schiedsgericht der WTO durch sämtliche Instanzen und nutzen Berufungsmöglichkeiten aus.

28

2005: Die EU strengt ein Schiedsverfahren vor der WTO gegen die USA an. Boeing sei entgegen der Regeln der WTO subventioniert worden. Die EU reklamiert einen Schaden in Höhe von rund 8,6 Mrd. USD.

29

Die WTO-Regeln verbieten sogenannte Exportsubventionen. Diese Subventionen können alle staatlichen Maßnahmen beinhalten, die dazu führen, dass ein heimisches Produkt im internationalen Wettbewerb konkurrenzfähiger wird.

30

1997 fusioniert Boeing mit dem amerikanischen Flugzeughersteller McDonnell Douglas. Zu der Zeit ist das Unternehmen drittgrößter Anbieter im zivilen Flugzeugbau. Boeing kann dadurch seinen Weltmarktanteil in dieser Sparte auf 70 % ausbauen.

31

22.09.2016: Die WTO hat einer Beschwerde der USA stattgegeben. Das Schiedsgericht urteilte, die EU habe die Exportsubventionen entgegen ihrer Zusagen noch nicht ausreichend zurückgefahren.

Autorentexte, außer: 3)+16)+17)+27)+31) Zahlen nach: www.wto.org; 7) Zahlen nach: Stiftung Familienunternehmen (Hg.): Handelskonflikte mit Nebenwirkungen, München 2020. In: www.familienunternehmen.de, Abruf am 12.01.2022; 14)+21) Nach IfW Kiel, Felbermayr, Gabriel/ Stamer, Vincent: Airbus-Boeing-Konflikt gefährdet Waffenstillstand mit den USA. Kiel Policy Brief No. 128 (2019). In: hdl.handle.net, S. 7f.; 26) Autorengrafik, Zahlen nach: © Statista, Januar 2021

3.2.3 Sind Zusatzzölle ein sinnvolles Mittel zur Beilegung von Handelskonflikten?

Einstiegsaufgabe

Formulieren Sie aus dem bisherigen Konfliktverlauf Prognosen für die zukünftige Entwicklung im Handelskonflikt zwischen USA und EU (**M5**).

Digitale Anwendung

72091-37

M6 EU reagiert auf die WTO-Urteile

Ab heute [...] gelten neue Zölle auf US-Ausfuhren in die EU im Wert von 4 Mrd. USD. Die Strafzölle wurden von den EU-Mitgliedstaaten vereinbart, da die USA ihrerseits weiter an Zöllen auf EU-Importe wegen Subventionen für Airbus festhalten. [...]

Der für Wirtschaft und Handel zuständige Exekutiv-Vizepräsident Dombrovskis bedauerte, dass die EU Gegenmaßnahmen ergreifen musste. [...] „Da wir in Kontakten mit den Vereinigten Staaten keine Fortschritte erzielt haben, bleibt uns leider nichts anderes übrig als diese Gegenmaßnahmen zu ergreifen. Die EU übt daher ihre Rechte im Einklang mit der jüngsten WTO-Entscheidung aus. Wir fordern die Vereinigten Staaten auf, zuzustimmen, die Gegenmaßnahmen mit sofortiger Wirkung beidseitig aufzuheben, damit wir diesem Streitfall rasch ein Ende setzen können." [...]

Im Einklang mit zwei WTO-Entscheidungen bestehen nun auf beiden Seiten erhebliche Zölle wegen der Subventionen für Flugzeuge. Die EU hat nunmehr mit den Vereinigten Staaten gleichgezogen. Die Gegenmaßnahmen der EU beinhalten zusätzliche Zölle in Höhe von 15 Prozent auf Flugzeuge sowie zusätzliche Zölle in Höhe von 25 Prozent auf gewisse Agrarerzeugnisse und Industrieprodukte, die aus den Vereinigten Staaten eingeführt werden. Sie entsprechen genau den Gegenmaßnahmen, die von den Vereinigten Staaten im Zusammenhang mit dem WTO-Verfahren über Subventionen für Airbus eingeführt wurden.

Im März 2019 bestätigte das Berufungsgremium, die höchste Instanz der WTO, dass die USA trotz der früheren Entscheidungen keine geeigneten Maßnahmen ergriffen hatten, um die WTO-Regeln für Subventionen einzuhalten. [...] Die Entscheidung [bestätigt] das Recht der EU, Gegenmaßnahmen zu ergreifen.

EU-Kommission Vertretung in Deutschland: Presseartikel, 10.11.2020

M7 Gibt es eine Lösung im Handelsstreit zwischen der EU und USA?

Die Europäische Union und die Vereinigten Staaten [verkündeten am 15.06.2021 nach dem Besuch von US-Präsident Biden in Brüssel] tatsächlich ein Ergebnis: Der [Airbus-Boeing-]Konflikt wird für fünf Jahre eingefroren. Beide Seiten nehmen für diesen Zeitraum die gegenseitigen Strafzölle zurück, mit denen sie sich in den vergangenen Jahren überzogen hatten. Insgesamt geht es um Waren im Wert von 11,5 Milliarden Dollar. Allein von 2019 bis 2020 hatten die Zölle Unternehmen auf beiden Seiten des Atlantiks rund 3,3 Milliarden Dollar gekostet. [Die Regelung betrifft jedoch nicht die unter der Trump-Administration eingeführten Schutzzölle auf Stahl und Aluminium in Höhe von bis zu 25 Prozent.]

Der Präsident des Europäischen Rates, Charles Michel (rechts) und EU-Kommissionspräsidentin Ursula von der Leyen treffen US-Präsident Joe Biden im Vorfeld des US-EU-Gipfels in Brüssel, 15.06.2021.

Für die betroffenen Firmen ist die Verschnaufpause damit ein Grund zum Aufatmen. Allerdings legt das nun verkündete Abkommen den Konflikt nicht bei. Der längste Handelsstreit der WTO-Geschichte tritt damit zwar für den Moment in den Hintergrund, dort muss er jedoch nicht bleiben. So teilte Katherine Tai, die US-Handelsbeauftragte, bereits mit, dass die amerikanischen Strafzölle jederzeit wieder in Kraft gesetzt werden könnten, sollte die EU gegen die Auflagen der Einigung verstoßen.

Dass sich die USA bemüßigt sehen, eine solche Selbstverständlichkeit am Tag des Abkommens explizit zu betonen, zeigt allerdings auch, unter welchem innenpolitischen Druck die Biden-Administration in Handelsfragen steht. Die andauernden Handelskonflikte, die Ex-Präsident Donald Trump in den vier Jahren seiner Amtszeit auslöste, haben der US-Wirtschaft zwar geschadet, in Teilen der Öffentlichkeit waren sie allerdings populär. Sein Nachfolger kann sich auf diesem Gebiet deshalb kaum Schwäche erlauben. Dass Biden sich mit den Europäern nun auf eine bessere Zusammenarbeit im Umgang mit China einigen konnte, dürfte ihm an dieser Front zwar ein bisschen Luft verschaffen, doch viel Spielraum hat das amerikanische Staatsoberhaupt nicht.

Entsprechend vorsichtig geht Biden die Handelspolitik an. Die Airbus-Boeing-Einigung lobte er als „bedeutenden Durchbruch", im gleichen Statement betonte er jedoch die Bedeutung fairer Handelspraktiken für amerikanische Unternehmen und ihre Mitarbeiter sowie die Zusammenarbeit gegen China. Die „Außenpolitik für die Mittelschicht", die er den Amerikanern versprochen hat, bleibt in Zollfragen also zurückhaltend. Das ist nicht mehr Trumps „America First", aber eine volle Rückkehr zur Freihandelsdoktrin der Vergangenheit ist es auch nicht.

Heißler, Julian: EU, USA und pausierende Strafzölle: Kalter Frieden. In: Wirtschaftswoche, 15.06.2021

Doktrin
(lat. doctrina: Lehre) System von Ansichten und Aussagen, oft mit Anspruch auf Allgemeingültigkeit; auch: politische Leitlinie einer Regierung

Digitale Anwendung

72091-38

F
Nehmen Sie Stellung zu der Forderung, dass Staaten grundsätzlich auf Subventionen für heimische Unternehmen verzichten sollten.

Aufgaben

1. Fassen Sie die weitere Entwicklung im Handelskonflikt nach dem Zeitrahmen des Mysterys zusammen (**M6, M7**).
2. Erläutern Sie, warum bei dem Handelskonflikt um Boeing und Airbus auch von einem „eingefrorenen Konflikt" gesprochen wird (**M6, M7**).
3. Erörtern Sie die Legitimität und Effizienz von WTO-konformen Strafzöllen als Mittel in Handelskonflikten.

Sachverhalte, Thesen und Problemstellungen kategorien- und kriteriengeleitet beurteilen (Urteilskompetenz II)

Warum sollte ich kriteriengeleitet politisch urteilen können?

Im Alltag stößt jede Bürgerin und jeder Bürger immer wieder auf politische Fragen, die entschieden werden müssen. Sollen die Mittel der Gemeinde vordringlich in die Ausstattung der Schulen fließen oder soll das kommunale Schwimmbad ausgebaut werden? Soll die Leiharbeit eingeschränkt werden? Für politische Probleme gibt es – anders als z. B. bei technischen – nicht eine richtige Lösung. Die jeweilige Antwort auf die Frage bzw. bevorzugte Problemlösung hängt nämlich von der eigenen politischen Überzeugung ab und kann nur besser oder weniger gut begründet werden. Um sich ein Urteil zu bilden und dieses – auch jemandem mit anderer Meinung gegenüber – möglichst schlüssig zu begründen, stehen bei politischen und ökonomischen Entscheidungsfragen Kategorien bzw. Kriterien als Hilfsmittel zur Urteilsbildung zur Verfügung. Vielleicht gelingt es sogar, damit jemanden von der eigenen Position zu überzeugen...

Was sind Urteilskategorien?

Kategorien sind Oberbegriffe. Neben der Ebene der gesellschaftlichen Grundwerte sind die beiden zentralen Kategorien der politischen Urteilsbildung die der Legitimität (also die Anerkennungswürdigkeit einer politischen Position oder Entscheidung) und die der Effizienz (also die Wirtschaftlichkeit im weiteren Sinne einer politischen Entscheidung oder eines politischen Vorschlags). Kategorien bzw. die unter ihnen versammelten politischen Urteilskriterien können zu zweierlei dienen: Erstens haben sie die Funktion, bisher ungenannte Argumente aufzuspüren. Zweitens können damit Pro- und Kontra-Argumente besser aufeinander bezogen werden (z. B. in einer Pro-Kontra-Debatte oder einer schriftlichen Erörterung); sie helfen also bei der Strukturierung von Gesprächen und Texten.

Kriterien politischer Urteile

Im Folgenden werden mögliche Kriterien – geordnet nach Kategorien – zur Orientierung dargestellt. Bei keiner Urteilsfrage sollen alle Kriterien schematisch „abgearbeitet“ werden, sondern Sie sollten jeweils zuerst prüfen, welche Kriterien bei der speziellen Urteilsfrage überhaupt hilfreich sind.

Vom Sachurteil zum Werturteil		
Effizienz	**Legitimität**	**Grundwerte**
Politische Durchsetzbarkeit (Handlungsmöglichkeiten/-beschränkungen politischer Entscheider) Effektivität, Wirksamkeit Kosten (Minimalprinzip) Nutzen (Maximalprinzip) Schnelligkeit Genauigkeit (un)erwünschte Nebenfolgen	Legalität (Rechtmäßigkeit) Grund- und Menschenrechte, Verfassungsmäßigkeit Gemeinwohlorientierung Responsivität (politische Umsetzung der Wählerwünsche) Repräsentativität Partizipation (Mitbestimmung) Transparenz (Nachvollziehbarkeit) Kontrollierbarkeit Autonomie (Selbstbestimmung) Verhältnismäßigkeit der Mittel Subsidiarität	Freiheit Gerechtigkeit (Leistungs-, Egalitäts-, Bedarfsprinzip) Sicherheit Solidarität ökologische Nachhaltigkeit

METHODE

Beim Umgang mit Wert-Argumenten ist besonders zu beachten, dass Werte (sogar gleichzeitig) in Bedingungs- und Spannungsverhältnissen zueinander stehen können. So ist ein Mindestmaß an Sicherheit notwendig (Rechtssystem, staatliches Gewaltmonopol), um Handlungsfreiheit verwirklichen zu können (Bedingungsverhältnis). Aber es besteht tendenziell die Gefahr (insb. bei innenpolitischen Maßnahmen, die der Kriminalitätsprävention dienen sollen), dass die Freiheit der Bürger durch die staatlichen Behörden aus (angeblichen) Sicherheitserwägungen heraus über das notwendige Maß hinaus eingeschränkt wird (Spannungsverhältnis). Genauso kann die (absolute) Freiheit wirtschaftlicher Betätigung aufgrund umweltschädlicher Folgen des Wirtschaftens die ökologische Nachhaltigkeit gefährden.

Mögliche Schrittfolge zur kriteriengeleiteten Urteilsbildung

Auch wenn im Folgenden eine Schrittfolge zur Urteilsbildung beschrieben wird, sollten Sie sie nicht rein schematisch verstehen. So sind häufig die Schritte 2, 3 und ggf. 4 miteinander verzahnt und auch die Schritte 4, 5 und 6.

1 Urteilsfrage verstehen

Grenzen Sie genau den Bereich ein, zu dem ein Urteil gefällt werden soll. Manchmal wird auch „nur" ein Sachurteil von Ihnen gefordert („beurteilen"), manchmal ein integriertes Sach- und Werturteil („Stellung nehmen", „bewerten").

2 Kriterien sichten

Überlegen Sie, welche der Ihnen bekannten Urteilskriterien auf die Entscheidungsfrage angewendet werden können und welche eher nicht.

3 Argumente herausarbeiten und/oder (multiperspektivisch) entwickeln

Arbeiten Sie aus Materialien (meinungsbetonte Texte, aber ggf. auch statistisches Material) Argumente für beide Positionen zur Entscheidungsfrage heraus.
Entwickeln Sie (zusätzlich) plausible Argumente.
Dabei hilft es, unterschiedliche Perspektiven auf die Urteilsfrage einzunehmen.
Denken Sie unbedingt daran, Ihre Argumente nachvollziehbar zu belegen bzw. plausibel und logisch herzuleiten.

4 Argumente ordnen

Um in Diskussionen ein Argument erwidern zu können oder eine Erörterung zu strukturieren, ist es sinnvoll, die Pro- und Kontra-Argumente aufeinander zu beziehen. Dazu können die Kriterien dienen, wenn sich Argumente den gleichen bzw. ähnlichen Kriterien zuordnen lassen.

5 Hauptargument/e identifizieren

Sie sollten begründet ein oder zwei übergeordnete Argumente identifizieren.
Dabei geht es nicht um eine willkürliche Auswahl, sondern wiederum um eine kriteriengeleitete Entscheidung. Die Kriterien der Auswahl ergeben sich aus der Urteilsfrage (z. B. Art und Schwere der Folgen für Betroffene, Zahl der Betroffenen, eigene Handlungsmöglichkeiten von Akteuren und Betroffenen...).

6 eigenes abschließendes Urteil bilden

Hier formulieren Sie Ihre eigene Position möglichst prägnant. In der Bearbeitung einer solchen Klausuraufgabe nutzen Sie die Ergebnisse der Schritte 3 bis 6 (s. u.).

7 einordnen und reflektieren eigener Position

Hier können Sie zusätzlich Ihre eigene Position in ein Theoriegebäude einordnen (z. B. Vorstellung sozialer Gerechtigkeit zwischen Leistungsgerechtigkeit und Egalitätsprinzip; angebots- oder nachfragetheoretische Wirtschaftspolitik...). Zudem wäre es möglich, dass Sie der Herkunft Ihrer politischen Überzeugung nachspüren (Einfluss von Familie, Freunden, Vorbildern; soziales Herkunftsmilieu...).

Aufbau einer kriteriengeleiteten Erörterung

Politische Urteile können mithilfe verschiedener Textsorten hergeleitet und geäußert werden. Bei einer Erörterung werden Pro- und Kontra-Argumente gegeneinander abgewogen und am Ende kommt der Verfasser dadurch zu einem begründeten eigenen Urteil.

<table>
<tr><th>Gliederungs-aspekt der Aufgaben-bearbeitung</th><th colspan="2">inhaltliche Anforderungen
(inkl. Beispielen)</th></tr>
<tr><td>Einleitung</td><td colspan="2">→ Nennung (und ggf. Einordnung) des Themas („These/Problemstellung“) und der folgenden Operation („Bewertung“)
„In den Jahren 2019 und 2020 hat die WTO die abschließenden Urteile im Handelskonflikt um Boeing und Airbus gefällt und verbotene Exportsubventionen von beiden Seiten angeprangert. Sowohl die USA als auch die EU erhalten damit das Recht, Strafzölle in Milliardenhöhe zu verhängen. Im Folgenden werde ich diese Maßnahme anhand der Kategorien Effizienz und Legitimität erörtern.“
→ Bereits hier kann die eigene Position genannt/angedeutet werden.
→ Überleitung zum Argumentationsteil:
„Verfechter von Strafzöllen für amerikanische /europäische Waren als Sanktionsmittel plädieren für diese Maßnahme, da diese...“</td></tr>
<tr><td rowspan="5">Argumentationsteil</td><td colspan="2">→ Der Aufbau folgt den bekannten Anforderungen an einen Erörterungsaufsatz entweder im Sanduhrmodell (Pro- und Kontra-Argumente jeweils in zusammenhängenden Blöcken) oder als dialektische Erörterung (jeweils aufeinander bezogene Pro- und Kontra-Argumente abwechselnd). In einer dialektischen Erörterung können die Argumente entweder nach Perspektiven oder nach Urteilskriterien geordnet werden.
→ Der Argumentationsteil sollte mit dem überzeugendsten Argument enden.
→ Zudem sollten die Argumente sprachlich miteinander verbunden werden. Dabei sollte das Hauptargument sprachlich hervorgehoben werden.</td></tr>
<tr><td>Überleitung zwischen zwei Pro- bzw. zwei Kontra-Argumenten</td><td>Dazu kommt noch... / Von noch größerer Bedeutung ist... / Noch wichtiger scheint... / Ergänzend kann gesagt werden... / Hinzuzufügen ist... / In die gleiche Richtung geht der Gesichtspunkt, dass... / Ähnlich Argumentieren lässt sich aus der Perspektive von ..., indem...</td></tr>
<tr><td>Überleitung von einem Pro- zu einem Kontra-Argument bzw. umgekehrt</td><td>Demgegenüber argumentieren/behaupten/führen aus/ziehen in Zweifel die Gegner/Befürworter einer solchen Maßnahme... / Einwenden lässt sich gegen dieses Argument... / Entkräftet/relativiert wird diese Begründung durch... /</td></tr>
<tr><td>Sprachliche Markierung des Hauptarguments für die eigene Position</td><td>„Meines Erachtens/meiner Ansicht nach ist, trotz der eindeutigen Legalität der Verhängung von Strafzöllen nach WTO-Recht, das Argument von zentraler/überragender Bedeutung, dass – als unerwünschte und gravierende Nebenfolge – durch die Strafzölle Exportbranchen beeinträchtigt, ja teils existenziell bedroht sind, die gar keine ökonomischen Berührungspunkte mit dem Streitgegenstand der Passagierluftfahrt haben. Diese werden damit willkürlich Opfer industriepolitischer Interessen, was die Akzeptanz und Legitimität der Rechtsprechung der WTO langfristig untergräbt.“</td></tr>
<tr><td colspan="2">→ Die Kategorien/Kriterien, in die sich die Argumente einordnen lassen, sollten sprachlich kenntlich gemacht werden.
→ Die Argumentation sollte durchgehend sachlich formuliert sein und keine Befindlichkeitsäußerungen enthalten („Ich finde/fühle/glaube...“, „leider/zum Glück...“)</td></tr>
<tr><td>Fazit</td><td colspan="2">→ Hier findet sich Ihre klare Positionierung, die sich eindeutig aus dem vorher Gesagten ergibt.
„Daher komme ich zu dem Schluss/gelange ich zu der Überzeugung, dass die WTO-konformen Strafzölle als Mittel in Handelskonflikten...“
→ Es kann auch eine eigene Idee entwickelt werden, die sich aus der geforderten Position zur These/Problemstellung ergibt.</td></tr>
</table>

3.2.4 Weltweiter Freihandel – immer sinnvoll für alle?

Digitale Anwendung
72091-39

Einstiegsaufgaben

- Analysieren Sie die Trends in der Regulierung des internationalen Handels seit 2009 (M8).
- Formulieren Sie aus verschiedenen Perspektiven (z. B. Bürger:innen / Arbeitnehmer:innen / Unternehmen / Regierungen) Begründungen, warum Beschränkungen des internationalen Handels sinnvoll sein könnten – trotz der mit Freihandel verbundenen Erwartungen für den globalen Wohlstand (vgl. auch Kap. 3.1).

M8 Wie haben sich Regeln für den internationalen Handel entwickelt?

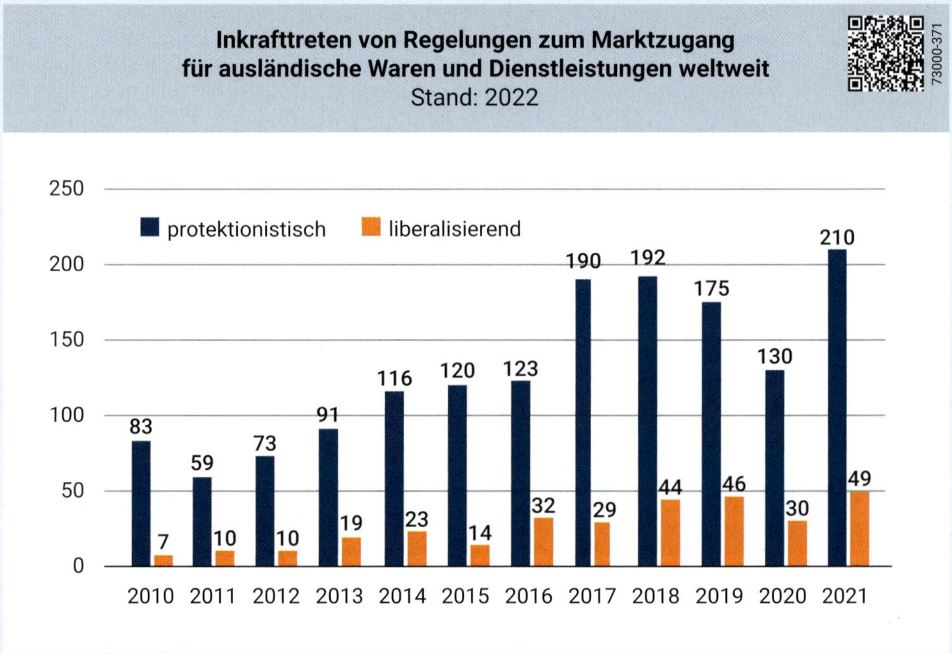

C.C. Buchner Verlag, aktuellste Daten nach: globaltradealert.org, 2021

M9 Freihandel und Protektionismus – außenhandelspolitische Leitbilder

Freihandel und Protektionismus bilden zwei gegensätzliche Pole, zwischen denen die Außenhandelspolitik von Staaten bzw. Staatengruppen ausgestaltet werden kann.

	Freihandel	Protektionismus
Grundannahme	Ein ungeregelter Handel („Weltmarkt") führe zur optimalen Allokation (Verteilung bzw. Zuweisung von Ressourcen) aller auf der Welt verfügbaren Güter (Tausch, Arbeitsteilung) und somit zum Wohlstand für alle Beteiligten.	Die einheimische Produktion von Gütern und deren Handel bei gleichzeitig möglichst geringen Importquoten führe zu einer florierenden Wirtschaft, in der die Bevölkerung Arbeit finde und der Staat angemessene Steuereinnahmen generiere, mit denen die Wirtschaft weiter belebt werden könne.

Erklärfilm Protektionismus

72091-40

	Freihandel	Protektionismus
Konkrete Maßnahmen	• Vollständiger Abbau/Vermeidung tarifärer und nicht-tarifärer Handelsbeschränkungen • Instrumente zur Kontrolle und Durchsetzung des Freihandels • Etablierung von Freihandelszonen und integrierten Wirtschaftsräumen	**Tarifäre Handelsbeschränkungen:** • Zölle als indirekte Steuer auf Import- bzw. Exportgüter **Nicht-tarifäre Handelsbeschränkungen:** • Mengenbeschränkungen (Kontingente) • Beschränkungen anhand von Produkteigenschaften (z. B. technische Normen, Verbraucherschutz) • Subventionen an einheimische Produzenten • Öffentliche Auftragsvergabe an inländische Firmen
Gründe für wirtschaftspolitische Umsetzung	• Erschließung neuer Märkte unter... • Ausschöpfung absoluter oder komparativer Kostenvorteile • Versorgung mit Gütern, über die das Land nicht selbst verfügt	• Schutz von im globalen Wettbewerb unterlegenen Industriezweigen, auch... • bei staatlich angeregtem Aufbau neuer Industriezweige („nachholende Entwicklung") • Sicherung von Arbeitsplätzen

Zusammenstellung des Autors

M10 Durch welche Maßnahmen (de-)regulieren Staaten den internationalen Handel?

Regeln zum internationalen Handel und deren Abbau lassen sich in verschiedene Maßnahmengruppen unterscheiden.

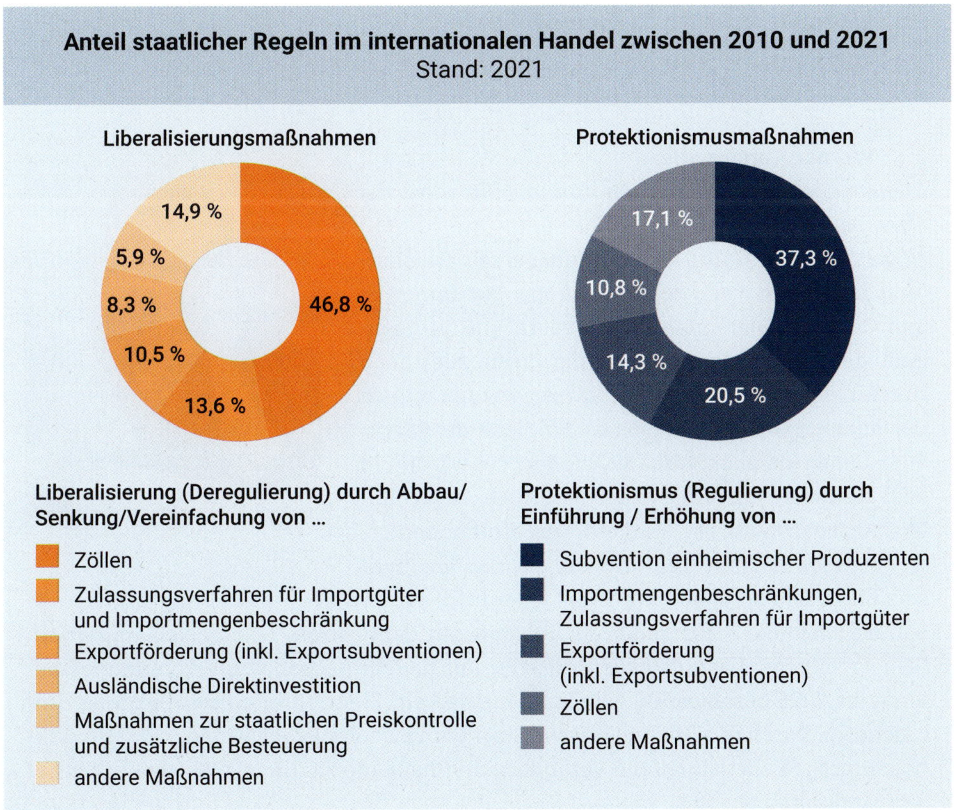

Autorengrafik nach: Global Trade Alert, 2021

M11 Wer profitiert (nicht) von vollständigem Freihandel?

a Doug Bradshaw

Stahlkocher bei einer Stahlhütte im US-Bundesstaat Pennsylvania

Bradshaw, 45 Jahre alt, verdiente sich nach der High School zunächst mit Gelegenheitsjobs seinen Lebensunterhalt, bevor er im Stahlwerk von Clairton nahe Pittsburgh einen Job fand. Die Region im Nordosten der USA verdankte ihren wirtschaftlichen Aufstieg im 19. und 20. Jahrhundert den enormen Rohstoffvorkommen und dem Wachstum der Schwerindustrie. Seit den 1970er Jahren jedoch befindet sich die Region – seither „Rust Belt“ genannt – im Niedergang: Zunächst eroberten die produktiveren japanischen und europäischen Stahlhersteller den US-Markt, später drängten vor allem chinesische Produzenten auf den Markt und ließen die Stahlpreise weltweit fallen. Die Stahlunternehmen reagierten mit Werksschließungen und Automatisierung: 150.000 Stellen gingen allein in der Region um Pittsburgh verloren. Bradshaw ist einer von 1.000 verbliebenen Arbeiter:innen im Stahlwerk von Clairton. Zu Hochzeiten waren es über 4.000. Viele seiner ehemaligen Kolleg:innen haben die Region verlassen. Ganze Stadtviertel sind verwaist und dem Verfall preisgegeben. Früher war eine Anstellung mit Renten- und Krankenversicherung im Stahlwerk Garantie für sozialen Aufstieg und Wohlstand. Bradshaw muss heute einen Zweitjob als Parkwächter annehmen, um die Familie ernähren zu können.

b Werner Angermüller

Manager bei einem deutschen Automobilkonzern der Oberklasse

Angermüller, 55 Jahre alt, ist Manager für Beschaffung bei einem vor allem in Europa, Nordamerika und China operierenden Autokonzern aus Deutschland, der überwiegend Oberklassewagen, aber auch Nutzfahrzeuge produziert. Die Wagen werden teils in Deutschland hergestellt, teils in der Nähe der Märkte, in denen sie auch verkauft werden; sie werden in über 100 Staaten der Erde exportiert. Auch Angermüllers Kerngeschäft, der Einkauf von Komponenten, ist interessant. Zum Teil werden die Bauteile sehr schnell in Deutschland hergestellt, allerdings werden auch kleine und mittelgroße Standardbauteile massenhaft aus Staaten mit geringe(re)n Lohnkosten importiert. Sein Arbeitgeber hat zuletzt den Ausstieg aus der Produktion von Verbrennungsmotoren bis 2035 beschlossen. Mit dem Umstieg auf Elektroantrieb stehen große Umbrüche an. Durch den Technologiewechsel wird sich der Beschaffungs- und Produktionsprozess teils tiefgreifend verändern und neue internationale Wettbewerber auf den Markt drängen.

c Laura Shi

Managerin einer Bekleidungsfirma im Osten Chinas (Provinz Jiangxi)

In der südostchinesischen Provinz Jianxi hat das Unternehmen von Laura Shi seinen Sitz. Mit über 800 Mitarbeitern betreibt es eine der größeren Textilfabriken der Provinz, die für ihre Bekleidungsindustrie bekannt ist. Shis Firma stellt für große europäische und US-amerikanische Bekleidungsketten vor allem Baby- und Kinderkleidung her, die an den Zielorten massenhaft günstig verkauft wird.
Bei Auftragsspitzen fällt es Laura Shi nicht schwer, unter den vielen armen Wanderarbeitern neue, gering entlohnte Näherinnen zu finden. Die Stoffe bezieht Shis Unternehmen von chinesischen Zulieferern, die v. a. Baumwolle aus China, Pakistan und afrikanischen Ländern weben und färben.

d Didier Traoré

Besitzer einer jungen Textilfabrik in Burkina Faso

Das westafrikanische Land Burkina Faso hat eine lange Tradition im Bauwollanbau und in der Textilherstellung. Baumwolle als Rohstoff wird dort immer noch produziert – ca. 10 % des weltweiten Bedarfs stammen aus Afrika. Die – häufig farbenfrohe – Kleidung, die in Burkina Faso und den umliegenden Staaten getragen wird, kommt aber zum größten Teil aus chinesischen Fabriken. Seit den 1990er Jahren vergeben große Bekleidungsfirmen ihre Aufträge vorwiegend nach Ostasien. Traorés Fabrik arbeitet nur etwa halb so schnell wie eine durchschnittliche Fabrik in China. Der Unternehmer würde gerne in schnellere und zuverlässige Maschinen investieren, um international konkurrenzfähig zu sein. Aber dazu müsste er zunächst mehr Kleidung verkaufen und damit seine Einnahmen erhöhen...

Autorentexte

Aufgaben

1. Beschreiben Sie die außenhandelspolitischen Leitbilder des Freihandels und Protektionismus (**M9**) mithilfe der Maßnahmen (**M10**).
2. Analysieren Sie die Entwicklung der Rahmenbedingungen des Welthandels seit 2009 (**M8, M10**).
3. Arbeiten Sie mögliche Positionen der dargestellten Personen zu vollständigem Freihandel heraus (**M9, M11**).
4. Die WTO sollte weiterhin am Kernziel des möglichst ungehinderten internationalen Handels festhalten. Nehmen Sie Stellung zu dieser Forderung (**Kap. 3.1.2, Kap. 3.2.1, Kap. 3.2.2, M11**).

H zu Aufgabe 1
Ordnen Sie die genannten protektionistischen Maßnahmen in **M10** den tarifären bzw. nicht-tarifären Handelshemmnis zu (**M9**).

M zu Aufgabe 3
Gruppenpuzzle: Arbeiten Sie zunächst in 4er-Gruppen die vermutliche Position einer der Personen heraus (Expertengruppe). Stellen Sie anschließend in einer neuen 4er-Gruppe den anderen Ihre Ergebnisse vor (Stammgruppe) und halten Sie das Gesamtbild fest, indem Sie die jeweilige Person begründet auf einer Zielscheibe näher am oder weiter weg vom Mittelpunkt „vollkommener Freihandel“ platzieren.

Digitale Anwendung

72091-41

ORIENTIERUNGSWISSEN

Handelskonflikt zwischen USA und EU
(Basiskonzept: Interaktionen und Entscheidungen)
M2, M5, M7

Im seit 2004 bestehenden **Handelskonflikt zwischen den USA und der EU** um Boeing und Airbus werfen sich die beiden Akteure gegenseitig unerlaubte **Exportsubventionen** vor und zogen vor das Schiedsgericht der WTO. Die industriepolitische Strategie der EU bestand darin, ein europäisches Gegengewicht zur Vorherrschaft des amerikanischen Boeing-Konzerns im Bereich der zivilen, aber auch militärischen Luftfahrt aufzubauen. Mit dem Zusammenschluss zum späteren Airbus-Konzern im Jahr 2000 und der durch öffentliche Kredite geförderten Entwicklung moderner Flugzeugmodelle gelang dies v. a. für den zivilen Bereich. Diese Entwicklung zum **Duopol** steht im Konflikt mit ökonomischen und strategischen Interessen der USA, die ihrerseits Boeing Steuererleichterungen in Milliardenhöhe gewähren. 2020 entschied das **Schiedsgericht** den längsten Handelskonflikt der WTO abschließend, bestätigte Verstöße gegen internationales Handelsrecht und räumte beiden Parteien die Erhebung von **Vergeltungszöllen** in Milliardenhöhe ein. Die Ausübung dieser Zölle ist nach bilateralen Verhandlungen bis zum Jahr 2026 ausgesetzt, der Konflikt somit vorerst auf Eis gelegt.

Internationale Regelung des Handels
(Basiskonzept: Ordnungen und Systeme)
M3

Nahezu der weltweite Handel wird seit 1994 von der **Welthandelsorganisation** (WTO) geregelt. Ihre 164 Mitglieder koordinieren den Handel nach dem **Nichtdiskriminierungsgrundsatz**, wonach jedes Gut gleich welcher Herkunft gleich behandelt werden muss. Daraus ergeben sich die **Inländerbehandlung** (gleiches Recht für gleichartige in- und ausländische Waren) sowie die **Meistbegünstigung** (jeder Handelspartner muss bei gleichartigen Waren die gleichen Bedingungen wie der am meisten Begünstigte eingeräumt bekommen). Die WTO strebt zwar vollkommenen Freihandel an, verbietet aber nicht grundsätzlich tarifäre und nicht-tarifäre Handelshemmnisse. Seit etwa dem Jahr 2008 sind die Liberalisierungsanstrengungen der WTO ins Stocken geraten. Die WTO schlichtet auch zwischen ihren Mitgliedern Handelsstreitigkeiten bzw. kann ein Mitglied ermächtigen, mit denselben Handelsschranken auf Handelsbarrieren eines anderen zu reagieren (**Streitschlichtungsverfahren**).

Chancen und Risiken des vollständigen Freihandels
(Basiskonzept: Ordnungen und Systeme)
M8, M9, M10

Für **international operierende Unternehmen** bestehen Vorteile in den niedrigeren Beschaffungskosten für Rohstoffe und Vorprodukte sowie einem prinzipiell breiteren Käuferpotenzial. Nachteile ergeben sich aus dem internationalen Konkurrenzdruck. Für **sich etablierende Firmen** gerade in Entwicklungsländern („infant industries") verringert sich die Erfolgschance, da nicht einmal ein zeitweiser Schutz vor der effizienteren und damit günstigeren Weltmarktkonkurrenz besteht. Für **Arbeitnehmer** und **Arbeitnehmerinnen** bieten sich, wenn sie gut ausgebildet und flexibel sind, gute Arbeitsmarktchancen. Geringer Qualifizierte oder solche in Branchen, bei denen die arbeitsintensiven Tätigkeiten an Niedriglohnstandorte verlagert werden, droht Arbeitslosigkeit bzw. hoher Aufwand der Weiterqualifikation. **Konsumenten** und **Konsumentinnen** profitieren in aller Regel vom Freihandel aufgrund einer großen Produktauswahl und aufgrund des Wettbewerbs von niedrigen Preisen. Allerdings könnten sie Nachteile erleiden, wenn Produktstandards (verstanden als nicht-tarifäre Handelshemmnisse) gesenkt werden.

Interaktive Übung zur Selbstüberprüfung

82000-138

Handelsbeschränkungen und ihre Folgen

Wie ein Handelsstreit um Hähnchen Autos trifft

Rückblick: Ab ungefähr dem Jahr 1960 dringt günstiges Hühnerfleisch aus Amerika auf die europäischen Märkte. Bis dahin war das Geflügel eher eine teure Delikatesse, nun lassen umfangreiche Einfuhren aus Amerika die Preise sinken. Landwirte auch in Deutschland fürchten um ihre Existenz. Um die heimische Branche zu schützen, reagieren Frankreich und die Bundesrepublik mit hohen Einfuhrzöllen. Doch [...] die Vereinigten Staaten schlagen zurück, indem sie ihrerseits die Handelsbarrieren für landwirtschaftliche Produkte hochziehen.

Doch damit nicht genug. Um [...] die Handelsgegner dort zu treffen, wo es schmerzt – etwa beim VW-Bus, dem damaligen Exportschlager Deutschlands – erhebt der amerikanische Präsident Lyndon B. Johnson die 25-prozentige „Hühnchen-Steuer" kurzerhand auch für leichte Nutzfahrzeuge aus dem Ausland. So wurde der Markt für die unter Amerikanern beliebten Pritschenwagen und Kleinlaster zu einer „Made in America"-Domäne. Während die Vereinigten Staaten auf importierte Pick-up-Trucks ein Viertel ihres Warenwerts als Zoll aufschlägt, gilt für Personenwagen nur ein Einfuhrzoll von 2,5 Prozent.

Die Konsequenzen für amerikanische Käufer: Weniger Auswahl wegen des geringeren Wettbewerbs. So bietet etwa Volkswagen seinen Pick-up Amarok gar nicht in den Vereinigten Staaten an. Experten bemängeln, dass die amerikanischen Hersteller weniger Anreize zu Innovationen haben in diesem abgeschotteten Segment.

Die Autohersteller versuchten, die „Chicken Tax" irgendwie zu umgehen. Zum Beispiel führten sie teils die betroffenen Fahrzeuge grob in Komponenten zerlegt ein und bauten sie dann in den Vereinigten Staaten wieder zusammen. So kamen etwa Fahrgestell und Ladefläche separat über die Grenze, erst in Amerika wurden daraus wieder Pick-ups.

Im Jahr 1980 schob die amerikanische Regierung dem jedoch einen Riegel vor [...]. Die Hersteller erdachten [aber] neue Wege: Das Unternehmen Subaru verpasste beispielsweise seinem Pritschenwagen „BRAT" zwei nach hinten gerichtete Plastiksitze mit Panoramablick auf der Ladefläche, um ihn so als Personenwagen einführen zu können.

[...] Der deutsche Anbieter Daimler hat ebenfalls einen eigenen Weg ersonnen, um auf die Steuer zu reagieren. Die Stuttgarter verkaufen in den Vereinigten Staaten ihren europäischen Verkaufsschlager Mercedes-Benz Sprinter. Die Transporter werden im Düsseldorfer Werk fertig gebaut – dann aber in größere Teile zerlegt, verschifft und in einem Werk im amerikanischen Bundesstaat North Carolina wieder zusammenmontiert. Das einzige Teil aus amerikanischer Produktion ist die Batterie. Auf diese Weise werden nur Einfuhrzölle von 2,5 Prozent fällig. Doch dieses, im Fachjargon „Semi-Knocked-Down" genannte Verfahren, gilt als aufwendig. Wirtschaftlicher wäre es für Daimler, vor Ort zu fertigen. Und genau das soll nun auch passieren. In North Charleston im Bundesstaat South Carolina baut Daimler derzeit für rund 500 Millionen Dollar ein neues Sprinter-Werk, der erste fertige Transporter dort soll bis zum Ende des Jahrzehnts die Fabrik verlassen.

FAZ/dpa. In: Frankfurter Allgemeine Zeitung, 11.04.2017

Aufgaben

1. Fassen Sie die Interessen im Handelsstreit um Hähnchenfleisch in den 1960er Jahren und seine wirtschaftlichen Auswirkungen damals und heute zusammen.
2. Arbeiten Sie die Interessen der Bevölkerung an der/gegen die „Chicken Tax" heraus.
3. Beurteilen Sie die „Chicken Tax".

© Sebastian Lörscher

Aufgaben

1. Beschreiben Sie die Abbildung und benennen Sie die dargestellten Probleme.
2. Begründen Sie, warum bei den dargestellten Problemen staatenübergreifende Lösungen nötig sind.
3. Formulieren Sie Anforderungen, die eine internationale Organisation aus Ihrer Sicht erfüllen müsste, um die genannten Probleme lösen zu können. Gehen Sie dabei auf die folgenden Fragen ein:
   - Wer sollte Mitglied sein? Nur Staaten oder auch private (Hilfs-)Organisationen, Verbände, Stiftungen etc.?
   - Welche Befugnisse sollte die Organisation haben? Dürfte sie (auch gegen den Willen der betreffenden Staaten) in Mitgliedstaaten aktiv werden? Sollten Entscheidungen innerhalb der Organisation für alle Mitgliedstaaten verbindlich sein?
   - Wie sollen innerhalb der Organisation Entscheidungen getroffen werden? Sind (demokratische) Mehrheitsentscheidungen durch die Mitgliedstaaten wünschenswert oder sollten Entscheidungen im Konsens getroffen werden?

Digitale Anwendung

72091-42

UNO – Organisation für Hilfe und Entwicklung

4

Die Corona-Pandemie hat seit ihrem Ausbruch im Jahr 2019/20 erhebliche Auswirkungen auf das Leben der Menschen weltweit gehabt. Bis Ende September 2021 waren weltweit 219 Millionen Menschen mit dem neuartigen SARS-CoV-2-Virus infiziert, fast 4,6 Millionen Menschen verloren im Zusammenhang mit der Infektion ihr Leben. Um die Gesundheitssysteme der Länder vor einer Überlastung zu schützen, wurden in fast allen Ländern der Welt Maßnahmen erlassen, die zum Teil stark in das Leben der Menschen eingegriffen haben. Die Pandemie zeigte auch die gegenseitige Abhängigkeit der Staaten in einer globalisierten Welt: Eine weltweite hohe Impfquote wird als wesentlicher Baustein gesehen, um die Pandemie in den Griff zu bekommen.

Am Beispiel der Corona-Pandemie und ihrer weltweiten Bekämpfung lernen Sie die Arbeit der Organisationen der Vereinten Nationen kennen, die u. a. für weltweiten Gesundheitsschutz zuständig sind. In diesem Zusammenhang erschließen Sie sich auch die UNO inklusive ihrer Organisationsstruktur als wichtig(st)e Vereinigung für internationale Kooperation in Menschenrechts- und Sicherheitsfragen. Bewerten können Sie die Chancen der internationalen Kooperation bei (scheinbar) gegenläufigen nationalstaatlichen Interessen (Kap. 4.1).

Im Anschluss erweitern Sie Ihren Blick auf die UNO in Richtung der allgemeinen Entwicklungsmaßnahmen der Vereinten Nationen weltweit. Dabei werden Sie zunächst zwei zentrale Herausforderungen für die internationale Gemeinschaft erarbeiten. Daran anknüpfend werden Sie sich mit der Frage befassen, inwiefern die humanitären und ökologischen Ziele für weltweit nachhaltige Entwicklung, die die UNO bis 2030 ansteuert, sinnvoll und erreichbar sind (Kap. 4.2).

Kompetenzen

Am Ende des Kapitels sollten Sie Folgendes können:

- die Zusammensetzung, Funktionen, Befugnisse und die Macht(grenzen) zentraler Institutionen der UNO beschreiben.
- die Möglichkeiten und Grenzen der internationalen Kooperation im Rahmen von Organisationen der UNO erläutern.
- die entwicklungspolitischen Zielsetzungen der UNO (Agenda 2030) charakterisieren.
- Möglichkeiten und Grenzen der UNO erörtern, nachhaltige Entwicklung zu fördern.

4.1 UNO – funktionierende Organisation für Hilfe weltweit?

4.1.1 Corona – welche Folgen hat(te) die Pandemie weltweit?

M1 Die Corona-Pandemie

Symbolbild zur Corona-Pandemie

Einstiegsaufgabe

Beschreiben Sie das Bild (**M1**). Geben Sie ausgehend von dem Bild Ihr Vorwissen zu den politischen, gesellschaftlichen und ökonomischen Folgen der Corona-Pandemie wieder. Halten Sie Ihre Ergebnisse in einer Mindmap fest.

M2 Wie hat sich die Corona-Pandemie global entwickelt?

2019

November / Dezember 2019: Im chinesischen Wuhan erkranken (vermutlich) die ersten Menschen an einer bis dahin unbekannten Lungenkrankheit.

31. Dezember 2019: Chinesische Forscher identifizieren ein neuartiges Virus als Auslöser der neuen Lungenkrankheit.

2020

7. Januar 2020: In China stirbt der erste Mensch an dem neuartigen Virus.
13. Januar 2020: In Thailand erkrankt eine Frau als erste Person außerhalb Chinas an der Lungenkrankheit, sie war zuvor in Wuhan. Kurz darauf werden Fälle aus anderen Ländern gemeldet.
27. Januar 2020: Ein Mitarbeiter des Automobilzulieferers Webasto erkrankt als erste Person in Deutschland an dem Virus. Wahrscheinlich hat er sich bei einer Mitarbeiterin des Unternehmens aus Wuhan angesteckt.

11. März 2020: Aufgrund der rapiden Zunahme der Fallzahlen außerhalb Chinas erklärt der WHO-Generaldirektor, Dr. Tedros, den Ausbruch offiziell zu einer Pandemie. Bis zu diesem Zeitpunkt waren mehr als 118.000 Fälle aus 114 Ländern und insgesamt 4.291 Todesfälle gemeldet worden.

2020

April 2020: Auf Initiative der WHO, Frankreichs und der Europäischen Kommission wird die COVAX-Initiative gegründet. Ihr Ziel ist es sicherzustellen, dass alle Menschen weltweit unabhängig von ihrer sozialen Lage Zugang zu einem (potenziellen) Impfstoff haben.

21. Dezember 2020: Als erster Impfstoff hat das Präparat der deutsch / amerikanischen Firma BioNTech / Pfizer die Zulassung in der EU erhalten.

2021

Ende April 2021: In Indien steigen die Infektionszahlen rasant. Das indische Gesundheitssystem ist überlastet. Ursächlich für den starken Anstieg der Neuinfektionen ist vermutlich die neue Delta-Variante des Virus.

Juni / Juli 2021: Die Delta-Variante führt auch in Europa zu steigenden Fallzahlen und wird hier zur häufigsten Variante.

November/Dezember 2021: Die südafrikainische Regierung gibt die Entdeckung einer neuen Mutante des Virus bekannt, die sich in dem Land rasant ausbreitet. Die als Omikron bezeichnete Mutante scheint deutlich infektiöser zu sein als die Delta-Variante und entkommt teilweise der Immunabwehr von Geimpften und Genesenen. Auch in Europa breitet sich Omikron zunehmend aus und wird zur vorherrschenden Variante.

2022

18. Februar 2022: Die Zahl der weltweit bestätigten SARS CoV-2-Infektionen beläuft sich auf über 418 Millionen Fälle. Die Zahl der Todesopfer in Zusammenhang mit dem Coronavirus stieg bis zu diesem Tag auf 5,8 Millionen Menschen. Das Coronavirus hat sich mittlerweile in mehr als 190 Ländern ausgebreitet.

Zusammenstellung des Autors

M3 Welche Staaten waren (besonders) betroffen?

a) Weltweite Entwicklung der Fallzahlen

Anzahl der Corona-Fälle (COVID-19) weltweit
Stand: 2022

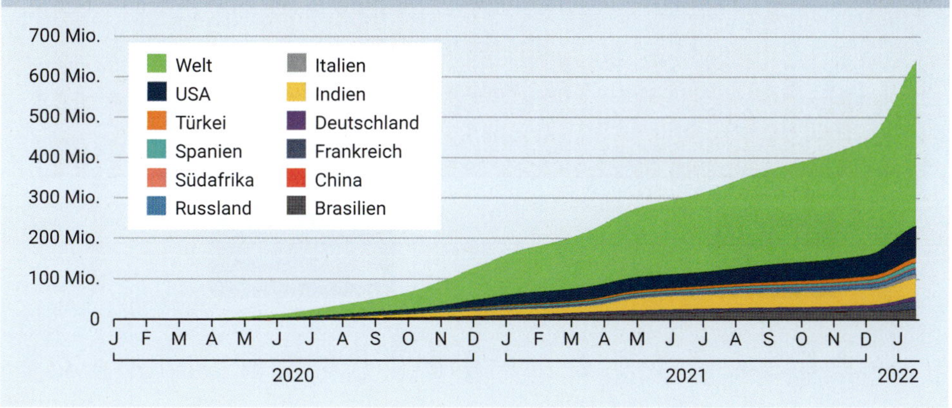

C.C. Buchner Verlag, aktuellste Daten nach: ourworldindata.org, 02/2022, CC-BY

Human Development Index (HDI)
Das Entwicklungsprogramm der Vereinten Nationen (UNDP) veröffentlicht jährlich einen Bericht über die menschliche Entwicklung. Der darin enthaltene Index der menschlichen Entwicklung (englisch: Human Development Index, HDI) erfasst die durchschnittlichen Werte eines Landes in grundlegenden Bereichen der menschlichen Entwicklung. Dazu gehören zum Beispiel die Lebenserwartung bei der Geburt, das Bildungsniveau sowie das Pro-Kopf-Einkommen.
Autorentext

Hinweis zu Fallzahlen
Die Welthungerhilfe geht davon aus, dass die Fallzahlen in vielen Ländern Afrikas möglicherweise weitaus höher sind. Ein Mangel an Corona-Tests sowie ein unterversorgter Gesundheitssektor in Subsahara-Afrika führten zu einer unzureichenden Datengrundlage.

BIP, real
berücksichtigt die Preisentwicklung

b) Corona-Fallzahlen in ausgewählten Staaten

Corona im Verhältnis zu Bevölkerung und Entwicklung (Stand: 2021)

	Land	Fallzahlen (Stand: Juli 2021)	Todesfälle im Zusammenhang mit Covid 19 (Stand: Juli 2021)	Gesamtbevölkerung in Millionen (2019)	HDI (2020)
1	USA	34.533.187	610.952	328,46	0,926 (Rang 17)
2	Indien	31.440.951	421.382	1.367,6*	0,645 (Rang 131)
3	Brasilien	19.707.662	550.502	210,15	0,765 (Rang 84)
12	Deutschland	3.764.441	91.573	83,17	0,947 (Rang 6)
17	Südafrika	2.383.490	70.018	58,78	0,709 (Rang 114)
26	Bangladesch	1.179.827	19.521	166,59*	0,625 (Rang 133)
74	Äthiopien	278.717	4.371	96,59	0,485 (Rang 173)
117	Senegal	57.881	1.286	16,3	0,512 (Rang 168)

** Schätzung*

Zusammenstellung des Autors, aus: Johns Hopkins University, COVID-19 Dashboard, https://coronavirus.jhu.edu/map.html; United Nations Development Programme, Human Development Reports, http://hdr.undp.org/en/data, https://de.statista.com; https://de.statista.com

M4 Welche Folgen hatte die Corona-Pandemie?

a) Ökonomische Folgen

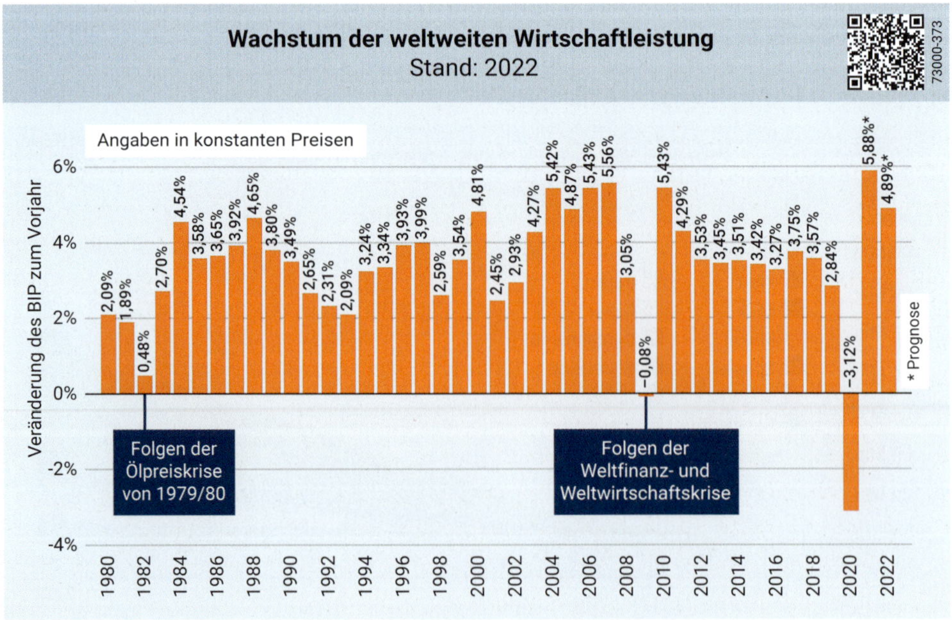

C.C. Buchner Verlag, aktuellste Daten nach: IMF World Economic Outlook Database, 2022

b) Gesellschaftliche Folgen

Während der Corona-bedingten Schulschließungen [...] hatte weltweit ein Drittel der Schulkinder keinen Zugang zum Unterricht. Das ist das Ergebnis einer Studie des Kinderhilfswerks UNICEF der Vereinten Nationen. [...]
„Die schiere Zahl der Kinder, die monatelang keine Lernmöglichkeiten hatten, weist auf eine globale Bildungskrise hin", sagte [UNICEF Exekutivdirektorin] Fore. Die wirtschaftlichen und gesellschaftlichen Auswirkungen würden noch jahrzehntelang zu spüren sein. [...]
Die Daten aus 100 Ländern umfassen den Zugang zu Fernsehen, Radio und Internet ebenso wie die Verfügbarkeit von Lehrplänen für diese Plattformen während der Schulschließungen. Dabei könnte die Situation laut UNICEF in der Realität noch schlimmer sein. Denn selbst wenn die Kinder zu Hause über Technologie und Anwendungen verfügten, könnten sie möglicherweise aus anderen Gründen nicht aus der Ferne lernen. Dazu gehörten beispielsweise der Druck, Hausarbeit erledigen zu müssen oder zur Arbeit gezwungen zu werden.
Schulkinder aus ärmeren Haushalten und aus ländlichen Gegenden haben dem Bericht zufolge am wenigsten Zugang zu alternativen Lernmöglichkeiten.

www.tagesschau.de, Jeder dritte Schüler weltweit ohne Unterricht, 03.03.2021

Lockdown
Im Laufe der Pandemie wurden in verschiedenen Ländern Bereiche des gesellschaftlichen und ökonomischen Lebens heruntergefahren. Die so erreichten Kontaktreduzierungen sollten das Infektionsrisiko verringern und so eine Überlastung von Gesundheitssystemen verhindern. Verbunden war dies mit problematischen Nebenfolgen (z. B. wirtschaftliche Existenzangst Betroffener, eingeschränkte Bildungsangebote).
Autorentext

M5 Corona als globales Problem

Der Blick auf Corona endet oftmals an den Grenzen von Nationalstaaten oder bestenfalls an denen Europas. Und natürlich gibt es zuerst eine Verantwortung für die unmittelbare Umgebung, die Nachbarschaft, die Region und das eigene Land. Dass sich aber die öffentliche Debatte fast ausschließlich um die Frage dreht, wie die deutsche Gesellschaft reagieren soll, ist eine folgenschwere Vereinfachung. Für eine Exportnation wie Deutschland wirkt diese Debatte zudem befremdlich. Denn am Ende gibt es bei einer globalen Pandemie keine nationale Rettung. Die Chefs aller Sonderorganisationen der Vereinten Nationen haben die Lage jüngst in einer gemeinsamen Erklärung nüchtern so zusammengefasst: „Niemand ist sicher, solange nicht jeder sicher ist". [...]
Die transnationale Relevanz der Pandemievorsorge bzw. -bekämpfung versteht sich im Zeitalter der Globalisierung von selbst. Es handelt sich um einen Risikoaspekt, dessen Dynamik mit Corona schlagartig deutlich wird. Mit der nahezu ungebremsten Mobilität von Menschen und dem freien Austausch von Gütern über große Entfernungen finden auch Krankheitserreger ihren Weg. Infektionsauslöser können durch internationalen Flug- und Reiseverkehr und Handelsbeziehungen nahezu jeden Erdteil innerhalb weniger Stunden oder Tage erreichen und dort ebenso rasch Epidemien mit gravierenden Folgen auslösen, auf die das lokale Gesundheitswesen nicht hinreichend vorbereitet ist. [...] Die Krise zeigt in aller Dramatik: Schwache Gesundheitssysteme in einzelnen Ländern gefährden auch die Bevölkerung in anderen Staaten.

Varwick, Johannes: Souveränität, Weltordnung und Corona. In: Politikum 4/2020, S. 4-11

transnational
über die Grenzen des Nationalstaates hinausgehend

Aufgaben

1. Stellen Sie die Entwicklung der Corona-Pandemie dar. Gehen Sie dabei auf die Ausbreitung vom lokalen Ausbruch zur globalen Pandemie, die Rolle internationaler Organisationen und Probleme bei der weltweiten Bekämpfung der Pandemie ein (**M2, M3**).
2. Erläutern Sie die problematischen Folgen der Corona-Pandemie (**M4**).
3. „Niemand ist sicher, solange nicht jeder sicher ist." (Z. 18f., **M5**) Begründen Sie.

M zu Aufgabe 1
Bearbeiten Sie die Aufgabe in arbeitsteiliger Gruppenarbeit.

H zu Aufgabe 3
Beachten Sie die Gefahr von Mutationen des Virus sowie die Auswirkungen der Globalisierung.

F
Diskutieren Sie in Ihrer Klasse die im Bild gewählte Darstellungsform des Corona-Virus als Kometen.

4.1.2 „Wir die Völker“ – die UNO als Organ supranationaler Kooperation?!

Digitale Anwendung

72091-43

Einstiegsaufgaben

- Formulieren Sie ausgehend von dem Zitat (**M6**) Bedingungen, die „internationale Strukturen“ erfüllen müssen, um in globalen Krisen wie der Pandemie handlungsfähig zu sein.
- Stellen Sie Ihre Ergebnisse in Ihrer Klasse vor. Fassen Sie die gesammelten Bedingungen anschließend zu Kategorien zusammen.

M6 Corona als globaler Weckruf zur Zusammenarbeit

Gerd Müller, von 2013-2021 Bundesminister für wirtschaftliche Zusammenarbeit und Entwicklung

„Corona ist ein globaler Weckruf zur Zusammenarbeit. Besiegen wir das Virus nicht weltweit, wird es auch bei uns in Deutschland, in Europa bleiben. Das muss jedem klar sein. Solidarität mit den anderen wird durch die Pandemie quasi zu unserem Eigeninteresse. Wir müssen die verbleibende Zeit nutzen, um auch in den Entwicklungs- und Schwellenländern entsprechende Maßnahmen einzuleiten und diese Länder in ihrem Kampf gegen das Virus zu unterstützen, wo wir nur können. Dafür benötigen wir international handlungsfähige Strukturen.“

Aus Interview: Heyer, Julia Amalia / Knobbe, Martin. In: Der Spiegel, 04.04.2020

Weitere Hauptorgane der UNO
Weitere in der Charta der Vereinten Nationen genannte Hauptorgane sind der Internationale Gerichtshof (IGH), der Treuhandrat sowie der Wirtschafts- und Sozialrat, der u. a. als Bindeglied zu Sonderorganisationen wie der WHO dient.

M7 Ziel und Hauptorgane der Vereinten Nationen

Das in Artikel 1 der UN-Charta formulierte Ziel der Vereinten Nationen ist es, den Weltfrieden und die internationale Sicherheit zu wahren. Darüber hinaus soll internationale Kooperation in verschiedenen Politikbereichen herbeigeführt werden.
Das System der Vereinten Nationen besteht aus einer Reihe von teilweise selbständigen und dezentralen Organisationen (vgl. M9). Die eigentliche internationale Organisation „Vereinte Nationen“ hat sich laut ihrer Charta sechs Hauptorgane gegeben. Zu den Hauptorganen zählen u. a. die Generalversammlung, der Sicherheitsrat sowie das Sekretariat, an dessen Spitze der Generalsekretär steht.

UN-Generalversammlung
Die UN-Generalversammlung ist die Vollversammlung aller Mitgliedstaaten der Vereinten Nationen, in der jeder Staat über eine Stimme verfügt. Im Unterschied zu Parlamenten besitzt aber die Generalversammlung kein Recht, bindende Beschlüsse zu fassen. In Form von nicht bindenden Resolutionen (also Empfehlungen), die mit Zweidrittel-Mehrheit beschlossen werden müssen, kann sie Staaten zu einem Frieden oder internationale Sicherheit stabilisierenden Verhalten aufrufen. Zudem entscheidet die Generalversammlung über Aufnahme neuer oder Ausschluss bisheriger Mitgliedstaaten, prüft und genehmigt den Haushaltsplan und sie wählt die 10 nicht ständigen Mitglieder des UN-Sicherheitsrats und alle fünf Jahre – auf Vorschlag des Sicherheitsrats – den Generalsekretär.

Generalversammlung der Vereinten Nationen, New York

UN-Generalsekretär:in

Der/die UN-Generalsekretär:in hat vor allem administrative und repräsentative Aufgaben: Als oberster Verwaltungsbeamter der UNO stellt er einen Haushaltsplan auf und legt Bericht über die Verwendung der Mittel ab. Außerdem koordiniert er die Arbeit der UNO. Er repräsentiert die UNO gegenüber ihren Mitgliedstaaten und weist (scharf) auf Gefährdungen von Frieden und Sicherheit sowie auf Menschenrechtsverletzungen hin. Die von ihm eingesetzten Sonderbeauftragten betätigen sich bei der konkreten Konfliktbearbeitung in Krisengebieten. In der Regel wird nach zwei Amtszeiten ein neuer Generalsekretär gewählt, wobei zumeist der Herkunftskontinent rotiert wird.

UN-Sicherheitsrat (auch „Weltsicherheitsrat“)

Der UN-Sicherheitsrat hat die Aufgabe, den Frieden und die internationale Sicherheit weltweit durchzusetzen. Als Mittel stehen ihm dabei sogenannte Resolutionen, also schriftliche Beschlüsse, zur Verfügung, die für die UNO-Mitglieder verbindlich sind. Der Sicherheitsrat besteht aus den fünf ständigen Mitgliedern (sogenannte P5) USA, Volksrepublik China, Russland, Großbritannien, Frankreich und zehn nicht ständigen Mitgliedern. Die nicht ständigen Mitglieder werden in Fünferblocks immer auf zwei Jahre gewählt – jeweils drei aus Afrika, eines aus Osteuropa und eines aus den verbleibenden Staaten. Um eine Resolution zu verabschieden, müssen mindestens neun der 15 Sicherheitsratsmitglieder zustimmen. Die ständigen Mitglieder verfügen dabei über ein Vetorecht; jedes von ihnen kann also durch eine Ablehnung jede beliebige Resolution verhindern.

Autorentexte

António Guterres
seit dem 01.01.2017 Generalsekretär der Vereinen Nationen

Charta der Vereinten Nationen
Satzung (oder „Verfassung“) der UNO, die im Jahr 1945 die 50 Gründungsmitglieder unterzeichnet haben und die heute für alle Mitglieder gilt. Sie umfasst die Ziele der UNO und Mittel, diese Ziele zu erreichen, sowie die Institutionenstruktur der UNO.

Auszug aus der UN-Charta

72091-44

Erklärfilm Vereinte Nationen

72091-45

M8 Die Weltgesundheitsorganisation

Die 1948 gegründete Weltgesundheitsorganisation (WHO) ist eine Sonderorganisation der UN mit Sitz in Genf. Ihr gehören 194 Mitgliedstaaten an (Stand April 2021). Das Hauptziel der WHO ist das bestmögliche Gesundheitsniveau aller Menschen. Die weltweite Bekämpfung von Infektionskrankheiten, globale Impfkampagnen sowie die Förderung der allgemeinen Gesundheit der Menschen gehören zu den Aufgaben der Organisation. Finanziert wird die Arbeit der WHO durch Pflichtbeiträge der Mitgliedstaaten und weitere freiwillige Beiträge durch Mitglieder sowie private Stiftungen.

Das zentrale Entscheidungsgremium der WHO ist die Weltgesundheitsversammlung, in der die Vertreter:innen der Mitgliedstaaten mindestens einmal im Jahr zusammenkommen, um die aktuellen Ziele, Richtlinien und Arbeitsschwerpunkte zu beschließen. Entscheidungen der Versammlung bedürfen einer Zweidrittelmehrheit und sollen innerhalb von 18 Monaten durch die Mitgliedstaaten umgesetzt werden. Sie wählt zudem alle drei Jahre Gesundheitsexpert:innen in den Exekutivrat, der für die Umsetzung der Beschlüsse der Vollversammlung verantwortlich ist.

Um konkrete Zielsetzungen zu erreichen, werden sogenannte Allianzen gegründet, die in öffentlich-privater Partnerschaft finanziert werden, beispielsweise die Impfallianz GAVI (*Global Alliance for Vaccines and Immunisation*), die vor allem Kinder in Entwicklungsländern durch Impfungen vor lebensbedrohlichen Krankheiten schützen soll.

Autorentext

M9 Die „Familie“ der Vereinten Nationen

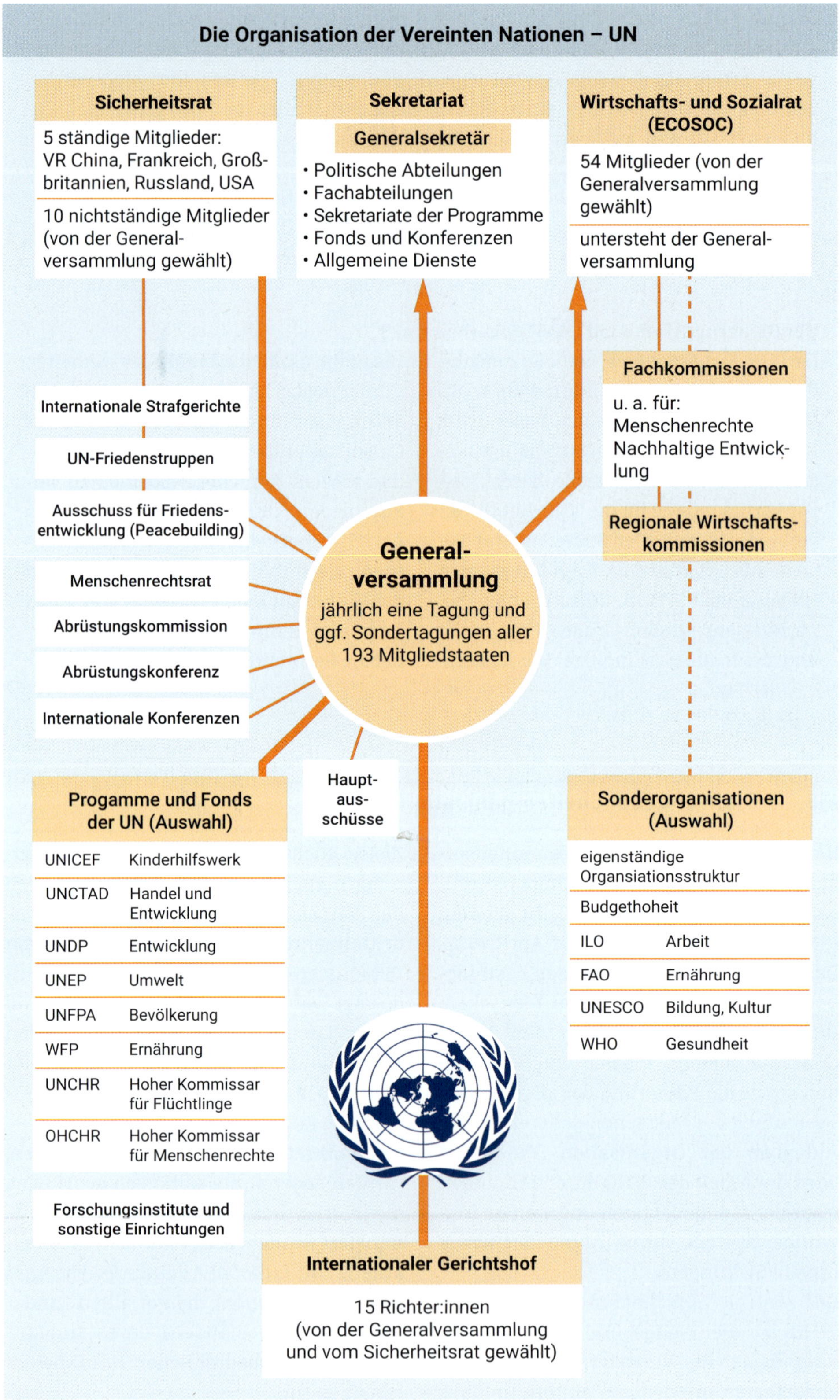

Nach: Bergmoser + Höller Verlag AG; Zahlenbilder 615120

M10 COVAX – internationale (Impf-)Solidarität?

Weltweit wurden [bis Anfang April 2021] fast 600 Millionen Impfdosen verabreicht, zwei Drittel davon in gerade einmal sechs Ländern. Rund 60 Prozent der Israelis sind mindestens einmal geimpft, knapp die Hälfte aller Briten, in Deutschland ist es jeder Zehnte. In Namibia, wo mehr als zwei Millionen Menschen leben, haben knapp 1.500 Bürger eine Impfstoffdosis erhalten. In anderen Ländern Afrikas noch niemand.

Anfang des Jahres warnte Tedros Adhanom Ghebreyesus, Chef der Weltgesundheitsorganisation (WHO), vor einem „katastrophalen moralischen Versagen".

Es gibt den Versuch, das Scheitern noch zu verhindern – durch das Projekt mit dem Namen Covax, eine Art internationale Allianz zum Einkauf und zur Verteilung von Covid-19-Impfstoffen. Die WHO hat die Initiative vor einem Jahr ins Leben gerufen, die Impfallianz Gavi und die Coalition for Epidemic Preparedness Innovations (Cepi) sind mit dabei. Genauso wie fast alle Länder der Erde.

Die 92 ärmsten Mitglieder sollen genauso schnell und genauso viele Impfstoffe erhalten wie die 98 reichsten. Das ist die Idee. Die reichen Länder zahlen mehr Geld an die Initiative, die armen erhalten vergünstigte oder kostenlose Impfstoffe. Bis Jahresende soll so jedes Land in der Lage sein, ein Fünftel seiner Bevölkerung zu impfen. [...]

Es ist nicht weniger als der Versuch, die Menschheit zu impfen, und zwar so gerecht wie möglich. Unabhängig davon, ob jemand weiß oder schwarz ist, abgelaufene Flipflops trägt oder feine Schnürschuhe. Alle, so die Idee von Covax, bedienen sich aus einem Topf. Es [...] drängt die Zeit. Das Virus mutiert unentwegt. Die meisten dieser Veränderungen haben keine Auswirkungen auf die Gefährlichkeit des Erregers, aber manche eben doch [...]. Und je mehr Länder unkontrollierte Ausbrüche erleben, desto wahrscheinlicher wird es, dass es die Welt mit weiteren Mutanten zu tun bekommt. Womöglich eines Tages auch mit einer, die den Impfschutz überlistet. [...]

Manche Experten warnen bereits, dass die Bevölkerungen in vielen ärmeren Ländern erst 2024 immunisiert sein könnten. WHO-Chef Tedros bat vor Kurzem reichere Staaten darum, Dosen zu spenden – konkret geht es um zehn Millionen Impfdosen für 20 Länder, die noch gar keine Lieferungen unter Covax erhalten haben.

Deutschland hat fast eine Milliarde Euro für die Initiative bereitgestellt und ist damit einer der größten Geldgeber. Aber Impfstoff abgeben will auch Berlin nicht, genauso wenig wie die EU oder die USA. Dort erklärte Präsident Joe Biden: „Sollten wir ein Überangebot an Impfdosen haben, dann werden wir mit dem Rest der Welt teilen. Aber am Anfang stellen wir sicher, dass wir uns zunächst einmal um Amerikaner kümmern."

Höflinger, Laura u.a.: So will Covax die Welt retten. In: Der Spiegel 14/2021, 02.04.2021

Videos der Impfallianz GAVI

72091-46

H zu Aufgabe 1
Gehen Sie dafür auf die Ziele, den Aufbau und die Arbeitsweise der UNO ein.

M zu Aufgabe 1
Erschließen Sie die Materialien in arbeitsteiliger Gruppenarbeit. Gestalten Sie dann ein gemeinsames Plakat zur Präsentation Ihrer Ergebnisse.

H zu Aufgabe 3
Beschreiben Sie zunächst die Zielsetzung und die Funktionsweise der COVAX-Initiative.

H zu Aufgabe 4
Greifen Sie dafür auf die in der Einstiegsaufgabe entwickelten Kategorien zurück.

Aufgaben

1. Beschreiben Sie die UNO als Akteur für politische Kooperation **(M7-M9)**.
2. Stellen Sie sich vor, dass es die UNO oder eine vergleichbare Organisation nicht gäbe. Schildern Sie die wahrscheinlichen Folgen für die Bekämpfung einer globalen Krise wie der Corona-Pandemie.
3. Erläutern Sie am Beispiel der COVAX-Initiative Chancen und Grenzen der supranationalen (= überstaatlichen) Kooperation innerhalb des Systems der UNO **(M7-M10)**.
4. Beurteilen Sie, inwiefern die UNO internationale Kooperation ermöglicht.

Digitale Anwendung

72091-47

4.1.3 Verhandlungen über knappe Impfstoffe – eine Verteilerkonferenz

Digitale Anwendung

72091-48

Einstiegsaufgabe

Formulieren Sie aus der Perspektive von April 2021 (**M11**) Forderungen an die internationale Gemeinschaft im Hinblick auf die globale Verteilung von Covid-19-Impfstoffen.

M11 Impfen auf Kosten der Anderen?

Tedros Adhanom Ghebreyesus

„Die Schere zwischen der Anzahl an Impfungen in reichen und denen in armen Staaten wächst täglich und nimmt immer groteskere Ausmaße an. Länder, die jetzt jüngere, gesunde Menschen impfen, deren Krankheitsrisiko gering ist, tun das auf Kosten von Menschenleben der Ärzte, der Alten und von Risikogruppen in anderen Ländern."

Tedros Adhanom Ghebreyesus, Generaldirektor der WHO, zitiert nach: Engelhardt, Marc: Die Reichen zuerst. In: www.deutschlandfunkkultur.de, 01.04.2021

M12 Grundlagen zur (möglichen) Verteilerkonferenz

Ausgangssituation:
Im April 2020 gründen die WHO, die Europäische Kommission und Frankreich die globale Impfinitiative Covax. Durch die Initiative soll sichergestellt werden, dass alle Staaten der Welt, unabhängig von ihrer finanziellen Situation, einen gerechten Zugang zu einem Covid-19-Impfstoff erhalten und zunächst diejenigen Menschen geimpft werden können, die den Impfstoff am dringendsten benötigen – also medizinisches Personal, Alte und Risikogruppen. Dies soll erreicht werden, indem alle Staaten der Welt den Impfstoff gemeinsam über Covax beziehen. Mehr als 190 Staaten schließen sich der Initiative an.

Problem:
Ende 2020 werden die ersten Impfstoffe gegen Covid-19 zugelassen. Anders als ursprünglich geplant beziehen reiche Staaten Impfstoffe über bilaterale Verträge mit der Pharmaindustrie. Für Covax bleibt somit nur wenig Impfstoff übrig. Dies führt dazu, dass einige reiche Staaten mit ihren

Bilateral
Verträge und Absprachen zwischen zwei Parteien (hier: einem Staat und einem Unternehmen) werden bilateral genannt. Dagegen spricht man von multilateral, wenn Verträge und Absprachen mehr als zwei Vertragspartner betreffen.

Impfprogrammen bereits relativ weit fortschreiten können, während zahlreiche ärmere Staaten nur wenig oder sogar gar keine Impfungen durchführen können. Das Ziel von Covax, bis Ende 2021 zwei Mrd. Impfungen durchzuführen, gerät so in Gefahr. Neben den nationalen Alleingängen wird die Situation noch durch drei Probleme verschärft. Die Covax-Initiative ist unterfinanziert, es besteht eine Finanzierungslücke von 22 Mrd. US-Dollar. Die weltweiten Produktionskapazitäten für Corona-Impfstoffe sind zu gering und es gibt Lieferprobleme für notwendiges Rohmaterial.

Szenario:

Um ein Scheitern der Covax-Impfziele zu verhindern und eine gerechte Verteilung der Impfstoffe zu ermöglichen, lädt die WHO im April 2021 zu einer Konferenz ein. Vertreterinnen und Vertreter verschiedener Staaten haben ihre Teilnahme zugesagt.

Autorentext

M13 Wer vertritt welche Position? Rollenkarten

WHO

Die weltweiten Covid-19-Fallzahlen und die damit verbundenen Todesfälle beunruhigen Sie zunehmend. Angesichts der sehr ungleichen Verteilung der Impfstoffe und der damit verbundenen Gefahr, dass das SARS-CoV-2-Virus noch lange in großen Teilen der Welt grassiert, sorgen Sie sich, dass es zu weiteren Mutationen des Virus kommt. Mutierte Viren könnten nicht nur gefährlicher als das Ursprungsvirus sein, es könnte auch zu Beeinträchtigungen des Impfschutzes durch vorhandene Impfstoffe kommen. Daher gilt für Sie nach wie vor: „Niemand ist sicher, solange nicht alle sicher (also geimpft) sind!". Die Covax-Initiative muss dementsprechend dringend vorangebracht werden, insbesondere müssen Impfdosen für Länder gespendet werden, die bisher noch gar keine Lieferungen erhalten haben. Neben dem Vertreten Ihrer Position wird es Ihre Aufgabe sein, die Konferenz zu leiten.

Deutschland

Deutschland ist von der Corona-Pandemie stark betroffen. Zum einen sind die Fallzahlen in Deutschland relativ hoch. Zum anderen ist die deutsche Wirtschaft vom anhaltenden Lockdown von Teilen des gesellschaftlichen und wirtschaftlichen Lebens erheblich beeinträchtigt. Erschwerend kommt hinzu, dass Deutschland als exportorientierte Volkswirtschaft von den ökonomischen Folgen der Pandemie in anderen Regionen der Welt besonders betroffen ist. Nicht zuletzt steigt auch der gesellschaftliche Druck, die Krise zu lösen.

Aus den genannten Gründen sind Sie sehr am Vorankommen der globalen Impfkampagne interessiert und bereit, finanzielle Mittel dafür zur Verfügung zu stellen – so hat Deutschland bereits gut zwei Mrd. Euro u. a. für Covax zur Verfügung gestellt. Auf eigene Impfdosen möchte Deutschland jedoch nicht verzichten, auch weil es innerhalb der Gesellschaft erhebliche Kritik an der anfangs schleppenden Impfkampagne in Deutschland gab.

China

Anders als viele westliche Staaten hat China große Mengen von in China entwickeltem Impfstoff bereits in Schwellen- und Entwicklungsländer exportiert, teilweise sogar gespendet. Bisher gingen die meisten Dosen an Länder in Südamerika und im Nahen Osten, doch auch afrikanische Staaten sollen profitieren. Zudem hat die chinesische Regierung beschlossen, 10 Millionen Impfdosen an Covax zu spenden.
Sie sind weiterhin bereit, andere Staaten mit Impfstoff zu versorgen. Sowohl auf dem Markt als auch durch Spenden u. a. im Rahmen der Covax-Initiative. So können Sie das Ansehen Chinas in der Welt verbessern und eigene Fortschritte im forschungsintensiven Gesundheitssektor demonstrieren. Möglich wird dies auch dadurch, dass ihre konsequente, vom westlichen Ausland als autoritär kritisierte Krisenpolitik (z. B. vollständige Abschottung betroffener Wohnanlagen oder ganzer Städte) dazu geführt hat, dass die Fallzahlen innerhalb Chinas gering sind.

Herdenimmunität
Von Herdenimmunität, auch Gemeinschaftsschutz, wird in der Epidemiologie gesprochen, wenn die Ausbreitung einer ansteckenden Krankheit dadurch verhindert wird, dass ein hoher Prozentsatz einer Gemeinschaft durch Impfung oder Infektion immun gegen die Erreger der Krankheit geworden ist. Durch Gemeinschaftsschutz werden auch Menschen vor einer Ansteckung geschützt, die sich z. B. aufgrund ihres Alters oder von Vorerkrankungen nicht impfen lassen können.
Autorentext

Senegal

Mit rund 58.000 positiv auf das Sars-CoV-2-Virus getesteten Personen und über 1.200 Todesfällen (Stand Juli 2021) ist auch der Senegal von der Pandemie betroffen. Im Februar 2020 kaufte das Land für 3,7 Millionen US-Dollar 200.000 Impfdosen aus China. Anfang März 2021 wurden zudem die ersten 324.000 von 1,3 Millionen angekündigten Impfdosen der Covax-Initiative geliefert.
Sie setzen sich dafür ein, dass der Senegal so viele Impfdosen erhält, dass er bis Ende 2021 zumindest 20 Prozent seiner Bevölkerung impfen kann. Dafür würden Sie auch bilaterale Verträge mit Indien oder Russland abschließen. Für die angestrebte Herdenimmunität ist auch das jedoch nicht ausreichend.
Das Westafrikanische Land ist eine stabile Demokratie, gehört mit einem durchschnittlichen BIP von 1.400 US-Dollar pro Einwohner aber zu den sogenannten Least Developed Countries. Mit einem HDI von 0,512 belegt es den Rang 168. Nach Angaben der Weltbank leben 35 Prozent der rund 16 Millionen Einwohner des Senegals in Armut, müssen also mit weniger als 1,90 US-Dollar (kaufkraftbereinigt) am Tag auskommen. Hoffnung auf einen ökonomischen Aufschwung machen die langjährigen Zuwachsraten des BIP von ca. 6 Prozent und die Entdeckung von Erdöl- und Erdgasvorkommen vor der senegalesischen Küste, die von ausländischen Unternehmen erschlossen werden.

Indien

Der weltweit größte Hersteller von Impfstoffen, das Serum Institute of India, hat seinen Sitz in Indien und produziert in Lizenz den von AstraZeneca entwickelten Impfstoff. Seit Januar 2021 wurden 60 Millionen Covid-19-Impfstoffdosen in 80 Länder exportiert. In Indien selber wurden bis Ende März 53 Millionen Dosen verimpft. Stark ansteigende Infektionszahlen und das Auftauchen einer neuen Virusmutante in Indien haben aber dazu geführt, dass die indische Regierung die Exporte von Impfstoffen einschränkt, um den erhöhten Eigenbedarf decken zu können. Für Covax ist diese Entscheidung problematisch, da die Initiative den Impfstoff vor allem aus Indien bezieht.

Sie betonen, dass Indien im Gegensatz zu vielen anderen Ländern kein Verbot für den Export von Impfstoffen verhängt hat. Doch in Anbetracht der derzeitigen Produktionskapazitäten und der Anforderungen des indischen Impfprogrammes kann es notwendig sein, die Lieferpläne von Zeit zu Zeit anzupassen. Dennoch versprechen Sie, Covax bei der Versorgung mit Impfstoffen Priorität einzuräumen.

USA

Die USA sind besonders stark von der Corona-Pandemie betroffen. Bis April 2021 gab es gut 31 Millionen bestätigte Infektionen, 560.000 Menschen sind gestorben. Auch die US-Wirtschaft leidet unter den Folgen der globalen Krise. Dementsprechend ist es das Ziel der seit Januar amtierenden US-Regierung von Joe Biden, allen Menschen in den USA bis zum Sommer ein Impfangebot unterbreiten zu können.

Sie vertreten die Position, dass die USA erst dann sicher sind, wenn alle Menschen weltweit sicher sind. Daher sind Sie bereit, anderen Ländern überschüssige Impfdosen zur Verfügung zu stellen, sobald alle Bürgerinnen und Bürger der USA geimpft sind. Außerdem beteiligen Sie sich an der Covax-Inititative – bisher haben die USA bereits bis zu 4 Mrd. US-Dollar zur Verfügung gestellt.

Autorentexte

Aufgaben

1. a) Simulieren Sie die Verteilerkonferenz. Sie übernehmen dabei die Rolle von Bevollmächtigten der WHO bzw. Ihrer jeweiligen Regierung sowie weiterer Delegationsmitglieder. Versetzen Sie sich für die Simulation in die Situation im April 2021 (**M12-M13, Kap. 4.1.1**).
- Bereiten Sie hierfür in Kleingruppen arbeitsteilig Ihre Rollen vor. Welche Forderungen und Interessen verfolgen Sie? Mit welchen Argumenten verleihen Sie Ihren Forderungen Nachdruck? Wie reagieren Sie auf (zu erwartende) Gegenargumente?
- Darüber hinaus können Sie auch als Journalistinnen und Journalisten (mit anschließenden Berichten über die Verteilerkonferenz) agieren.
- Führen Sie nach der Vorbereitung die Verteilerkonferenz unter Leitung des WHO-Bevollmächtigten durch.

b) Treten Sie im Anschluss an die Simulation aus Ihrer Rolle heraus und reflektieren Sie u. a. die folgenden Fragen:
- (Warum) Ist Ihnen die Übernahme Ihrer Rolle leicht oder schwer gefallen?
- Wie realitätsnah waren das Agieren der Teilnehmenden während der Simulation und das Ergebnis?
- Welche Argumente haben Sie (warum) besonders überzeugt?

2. Nehmen Sie vor dem Hintergrund des Zitates von Tedros Adhanom Ghebreyesus (**M11**) Stellung zu den inhaltlichen Ergebnissen Ihrer Simulation.

4.1.4 Die Reichen zuerst? Impfstoffverteilung in der Realität

Einstiegsaufgaben

- Beschreiben Sie die Verteilung der verabreichten Corona-Impfstoffe (**M14**).
- Erklären Sie hypothesenartig die Verteilung der verabreichten Corona-Impfstoffe.

M14 Ungleicher Zugang zu Corona-Impfstoffen

Verabreichte Impfdosen pro 100 Personen weltweit
Stand: 2022

73000-374

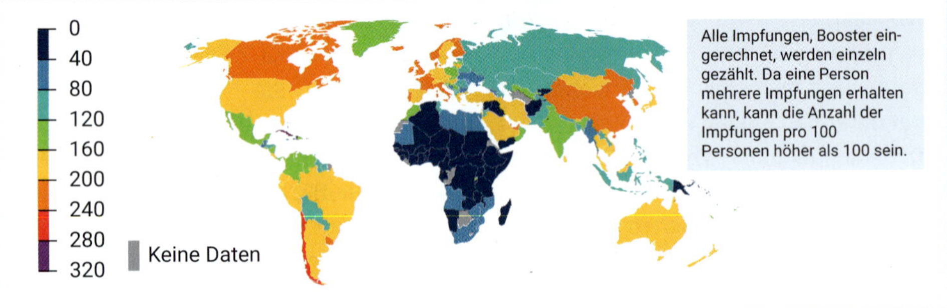

Daten: Official data collated by Our World in Data – last updated, ourworldindata.org, 08.02.2022 – CC-BY

M15 (Ausreichend) Impfstoff nur für die Reichen?

Legende
Die Kreise stehen für einzelne Staaten. Die Größe der Kreise gibt die Bevölkerungsanzahl der Staaten an.

Animierte Grafik: Impfdosen pro Einwohner/HDI

72091-49

Impfdosen pro Einwohner im Verhältnis zur Entwicklung (Stand: 2021)

Impfdosen* pro Einwohner im Verhältnis zum Human Development Index (HDI) der UN, Größe nach Bevölkerung

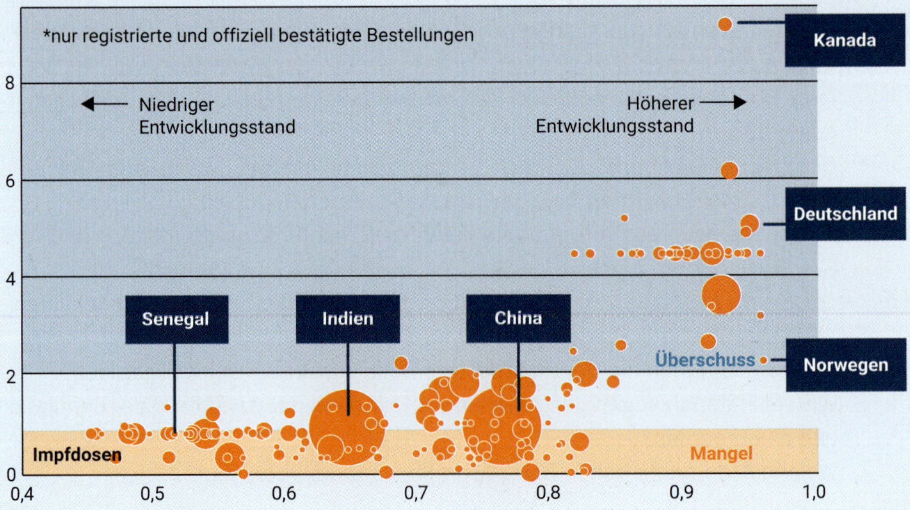

DER SPIEGEL, 26.02.2021/ Bernhard Riedmann, von Bearbeiter angepasst

M16 Welche Ursachen hat die ungleiche Verteilung?

Reiche Staaten sorgen über Abnahmegarantien und Vorkaufsrechte dafür, dass ihre Bevölkerungen zuerst geimpft werden. Damit ist ein großer Teil der absehbar vorhandenen Impfdosen bereits verteilt. Der selbst erhobene Anspruch, Impfstoffe global fair zu verteilen, läuft ins Leere. Wie erklären Sie sich das?

Maike Voss: Staaten müssen unterschiedliche Interessen balancieren. Der Schutz der eigenen Bevölkerung steht dabei an erster Stelle. Deutschland will außerdem dem deutschen Unternehmen BioNTech Gewinne sichern. Und dann geht es auch um die moralisch-rechtliche Selbstverpflichtung, den Impfstoff als globales Gut zu behandeln, das für alle Menschen weltweit und unabhängig von ihrer Kaufkraft zugänglich ist. Außenpolitisch hat man sich dafür stark gemacht. Innenpolitisch aber wird das nicht mitgetragen, da geht es vor allem um die eigene Bevölkerung.

Wieso kann man nicht genug Impfstoff für alle produzieren?

Das liegt daran, dass die traditionellen Verfahren in der Forschungsförderung, Produktentwicklung und im Patentsystem dafür sorgen, dass nur die Unternehmen, die den Impfstoff entwickeln, ihn auch produzieren bzw. am Ende vermarkten dürfen. Durch dieses System werden Produktion und Vertrieb künstlich begrenzt. [...]

Wird [eine gerechte Impfstoffverteilung über Covax] in der Praxis funktionieren?

Nein. Viele Staaten haben sich, vor und während des Aufbaus von COVAX, schon direkt bei den Herstellern Impfstoffe gesichert und damit den Markt leergekauft. Daher sind sie an COVAX nur als Geber beteiligt, die für Länder mit niedrigen und mittleren Einkommen Impfstoffe finanzieren. Aber weder reichen die bereitgestellten Gelder aus, noch gibt es genug Impfstoffe, die COVAX kaufen könnte. Erschwerend kommt hinzu, dass diese Staaten selbst nicht über den Mechanismus beziehen und COVAX damit wenig Macht in den Preisverhandlungen mit den Herstellern hat. Insofern unterwandern die reichen Staaten COVAX, auch wenn sie zahlen [...].

Was können Deutschland und andere reiche Staaten jetzt noch tun, damit COVAX ins Rollen kommt?

Die meisten Staaten haben ja viel mehr Impfstoffdosen reserviert, als ihre Bevölkerungen brauchen. Daher könnten sie zehn bis zwanzig Prozent davon – Frankreich hat das schon angekündigt – an COVAX abgeben. Das wird wahrscheinlich passieren, schon allein aus Gründen der Gesichtswahrung.

Interview: Splett, Candida: Globale Impfstoffverteilung: Zu kleiner Kuchen, ungleiche Stücke. In: www.swp-berlin.org, 08.12.2020

Maike Voss war Projektleiterin für globale Gesundheit bei der Stiftung Wissenschaft und Politik.

Aufgaben

1. Analysieren Sie den Zusammenhang zwischen dem Entwicklungsstand eines Staates und den pro Einwohner:innen bestellten Impfdosen (**M15**).
2. a) Arbeiten Sie die Ursachen der ungleichen Verteilung von Impfstoffen heraus (**M16**).
   b) Überprüfen Sie Ihre Erklärung aus der Einstiegsaufgabe.
3. Erörtern Sie, inwiefern es sich beim System der UNO um „international handlungsfähige Strukturen" im Umgang mit einer globalen Krise wie der Corona-Pandemie handelt (Kap. 4.1.1- 4.1.4).

Digitale Anwendung

72091-50

4.1.5 Mehr Impfstoff für die Welt – Patentschutz vorübergehend aussetzen?

Digitale Anwendung

72091-51

Einstiegsaufgaben

- Erklären Sie die Forderung der Menschenrechtsorganisation Amnesty International (M17).
- Nehmen Sie spontan Stellung zur Forderung von Amnesty. Positionieren Sie sich dazu auf einer Meinungslinie.

Amnesty International
Amnesty International (AI) ist eine weltweit tätige Nichtregierungsorganisation (NGO), die sich für die Achtung der Menschenrechte einsetzt. In regelmäßig erscheinenden Berichten macht AI auf Menschenrechtsverletzungen aufmerksam. Ein wichtiges Ziel ist die Abschaffung der Todesstrafe.

M17 Forderung von Amnesty International

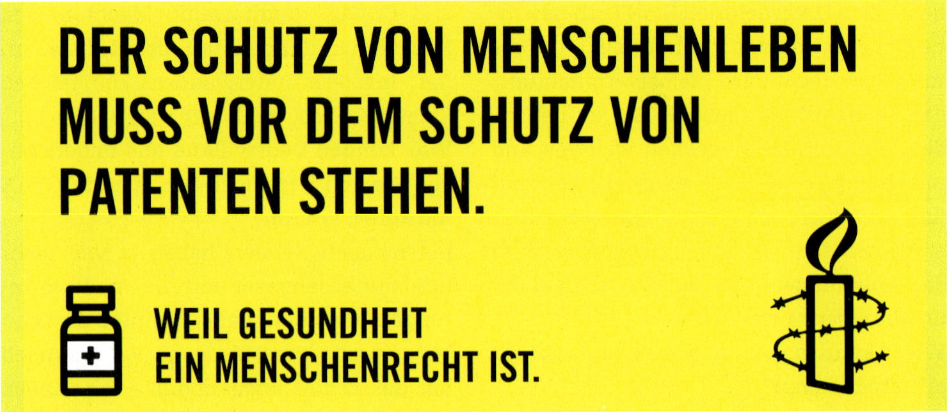

amnesty international, 2021

M18 Amnesty International zur Aussetzung von Impfstoff-Patenten

Impfstoffe und Medikamente, Sauerstoff und Beatmungsgeräte, Schutzmasken und vieles mehr: All das wird dringend gebraucht, um weltweit Leben zu retten und die Corona-Pandemie zu beenden. Doch für die Menschen in vielen Ländern der Welt sind diese Güter knapp und nicht bezahlbar. Während in Europa 33 Prozent vollständig geimpft sind und in Deutschland sogar schon mehr als 43 Prozent, sind es in Asien nur 9,4 Prozent. In Afrika liegt die Quote der vollständig Geimpften sogar nur bei 1,4 Prozent (Stand Juli 2021). Um schneller mehr Impfstoffe und andere medizinische Güter produzieren zu können, ist die Freigabe von Patenten ein unverzichtbarer Baustein. Patente verknappen künstlich die Herstellungskapazität.

Doch die Bundesregierung lehnt eine Freigabe von Patenten bisher ab. Amnesty International fordert die Bundesregierung deshalb auf, sich für einen zeitweisen Verzicht auf geistiges Eigentum auf diejenigen Produkte einzusetzen, die benötigt werden, um weltweit Herdenimmunität durch Impfungen zu erreichen und dabei Menschenleben zu retten. Einen entsprechenden Vorschlag haben Südafrika und Indien bereits im Oktober 2020 bei der Welthandelsorganisation (WTO) eingereicht.

[Dieses Vorgehen] wird unterstützt von über 100 Regierungen, dem Generaldirektor der Weltgesundheitsorganisation (WHO), 175 Nobelpreisträger:innen und ehemaligen Staats- und Regierungschef:innen, dem EU-Parlament, Gewerkschaften und Nicht-

regierungsorganisationen. TRIPS ist das Übereinkommen über handelsbezogene Aspekte der Rechte des geistigen Eigentums.
Eine Minderheit der WTO-Mitglieder – darunter Deutschland – blockieren den Vorschlag Patente freizugeben.

Amnesty International: Keine Ausreden mehr! Warum eine Patentfreigabe im Kampf gegen Corona Leben rettet. In: www.amnesty.de, 02.06.2021

TRIPS-Abkommen
Das TRIPS-Abkommen (*Trade-Related Aspects of Intellectual Property Rights*) wurde im Rahmen der WTO geschlossen und legt Minimalstandards im Umgang mit geistigem Eigentum fest. Unter anderem bestimmt es, dass Patente (z. B. auf Impfstoffe) mindestens 20 Jahre lang gelten.

M19 Kontrovers diskutiert: Patentschutz (vorübergehend) aussetzen?

a) Aussetzung des Patentschutzes auf Corona-Impfstoffe wird nicht helfen

Es wirkt ziemlich billig: US-Präsident Joe Biden fordert jetzt die Welt auf, über gemeinsame Maßnahmen zur Eindämmung des Coronavirus nachzudenken. Dafür erwägt er sogar, den Patentschutz auf Covid-19-Impfstoffe auszusetzen. Haben nicht monatelang ausgerechnet die USA nur an sich selbst gedacht, Masken beschlagnahmt, Impfstoff gehortet? Bereits unter Donald Trump, aber auch unter dem guten Präsidenten Biden. Jetzt, da das Land aus der größten Not ist, sollen lang eingespielte Regeln zum Eigentum mal eben aufgeweicht werden.
Aber es hilft nicht, auf Prinzipien herumzureiten. Denn Biden hat recht: Die Pandemie ist eine globale Krise, die außerordentliche Schritte erfordert. Auch wenn sich die Lage im Westen langsam zu entspannen scheint, ist sie in weiten Teilen der Welt wirklich katastrophal und schreit nach rascher Reaktion. Doch diese muss klug sein und nicht vor allem Widerstände mobilisieren.
Eigentum ist ein wertvoller Treiber für Innovation. Dass das erste Vakzin gegen Corona aus Deutschland stammt, ist auch dem hiesigen Wirtschaftsmodell zu verdanken, das auf Anreize für Unternehmer setzt. Der Pioniergeist einiger Forscher und Geschäftsmänner beruht auf einem Systemprinzip: meine Idee, mein Projekt, meine Firma, meine Mitarbeiter, und auch, ja, mein Gewinn.
Zwar haben die Unternehmen auch mit Universitäten zusammengearbeitet und öffentliche Förderung erhalten – was den Staat legitimieren könnte, in ihre Rechte einzugreifen. Möglichkeiten für Einzelfälle sind gesetzlich auch in Deutschland bereits vorgesehen. Biden aber denkt im großen Stil und bringt jetzt die Welthandelsorganisation (WTO) ins Spiel [...]. [...]
Vor allem aber bleibt die Frage, ob die Freigabe von Lizenzen wirklich hilft. Impfstoffproduktion ist so komplex, dass die Vorstellung weltfremd ist, man könne hier mal eben schnell Wissen abziehen und dort eine neue Produktion hochziehen. Das mag bei Schrauben und Dosen gehen, aber sicher nicht in diesem sehr speziellen Bereich der Medizin, in dem um den Impfhersteller herum ein hochkomplexes Netz von Firmen gruppiert sein muss, die zuarbeiten. Viel einfacher und schneller wäre es, auf Kooperation statt auf Zwang zu setzen: die Staaten zusammenzurufen, sehr viel Geld zu investieren, gemeinsame Anstrengungen zu unternehmen, mehr Impfstoff an mehr Orten der Welt zu produzieren und zu verabreichen. Mit den Herstellern statt gegen sie.

Beise, Marc: Wie man der Welt mehr Impfstoff besorgt – und wie nicht. In: www.sueddeutsche.de, 06.05.2021

b) Aussetzung des Patentschutzes gerechtfertigt

Mit [der] Maßnahme, [Patentrechte der großen Pharmaunternehmen auf Corona-Impfstoffe vorübergehend auszusetzen,] die von einer großen Mehrheit der WTO-Mitglieder gefordert wird, soll eine deutlich erhöhte weltweite Produktion und eine gerechtere Verteilung von Impfstoffen ermöglicht werden.
Doch nach der jüngsten Zustimmung der USA und anderer Industriestaaten wird der Antrag weiterhin in erster Linie von Deutschland und von der EU-Kommission

blockiert. Der Haupteinwand ist die von den Pharmakonzernen übernommene Behauptung, sie hätten Milliardensummen in die Forschung und Entwicklung der Impfstoffe gesteckt und würden bei ausgesetzten Patentrechten um ihre Gewinne geprellt. Damit würde auch der Anreiz für künftige Forschungs- und Entwicklungstätigkeiten der Konzerne wegfallen. Nur: Diese Behauptungen sind Märchen.

Bereits Mitte des vergangenen Jahrhunderts begannen jene Grundlagenforschungen, die über 60 Jahre später die Corona-Impfstoffe von Biontech/Pfizer und Moderna ermöglichen sollten. Sie fanden ausschließlich an Universitäten und anderen öffentlichen Einrichtungen statt, die mit Steuergeld finanziert werden: in erster Linie in den USA, in Frankreich und zuletzt an der Universität Mainz. [...]

Die heutigen Hersteller von Impfstoffen gegen Covid-19 stiegen erst später ein – Biontech im Jahr 2008, Moderna 2010. An der Gründung dieser Unternehmen waren Professoren führend beteiligt, die die Ergebnisse ihrer bis dato öffentlich finanzierten Forschung nun mit den Impfstoffen in viel Geld umwandeln. [...]

Moderna hat in den Jahren 2016 bis 2019 lediglich zwei Milliarden US-Dollar für eigene Forschung ausgegeben – wovon wiederum ein Teil öffentlich finanziert wurde – und Biontech maximal eine Milliarde Dollar. Das sind die gesamten Forschungsausgaben der Unternehmen, und nicht alles davon ist in die Entwicklung von Corona-Impfstoffen geflossen. Im Jahr 2020 wendete Biontech/Pfizer zwar 1,5 Milliarden Dollar zur Entwicklung des Impfstoffs auf, erhielt aber zeitgleich von den Regierungen Deutschlands und der USA Subventionen in Höhe von insgesamt 1,9 Milliarden.

Moderna gab im vergangenen Jahr überhaupt keine eigenen Finanzmittel für die Impfstoffentwicklung aus, erhielt dafür aber vom US-amerikanischen Gesundheitsministerium 3 Milliarden Dollar. Biontech/Pfizer und Moderna werden bereits im laufenden Jahr mit den Corona-Impfstoffen weit mehr verdienen, als sie selber für Forschung und Entwicklung ausgegeben haben. [...]

Der zweite Einwand gegen ein Aussetzen der Patentrechte lautet: Dieses sei sinnlos, weil die Länder des Südens und ihre Unternehmen zu dem komplizierten Herstellungsprozess von Corona-Impfstoffen nicht in der Lage seien. Dieser Einwand ist – zumal in dieser Pauschalität – falsch. Die frühzeitig begonnene und erfolgreiche Kooperation zwischen dem britisch-schwedischen Konzern AstraZeneca und dem Serum Institute of India beweist das Gegenteil.

Dieser Einwand ist aber auch höchst kurzsichtig. Wo Länder des Südens derzeit tatsächlich noch nicht über die notwendigen Kenntnisse, Einrichtungen und Fähigkeiten verfügen, sollten ihnen die nördlichen Industriestaaten möglichst schnell zu eigenen Produktionskapazitäten verhelfen: durch den Transfer von Technologie und Know-how, durch Lizenzen und durch die Aussetzung von Patentschutzrechten.

Das läge auch im wohlverstandenen Eigeninteresse der Industriestaaten. Denn ohne all diese Maßnahmen wird die globale Bekämpfung der Pandemie scheitern.

Zumach, Andreas: Die Lizenz zum Gelddrucken. In: www.taz.de, 07.06.2021

F zu Aufgabe 1
Erklären Sie, inwiefern Patente Herstellungskapazitäten von Impfstoffen verknappen (könnten).

M zu Aufgabe 2
Bearbeiten Sie die Aufgabe in arbeitsteiliger Partnerarbeit

M zu Aufgabe 3
Führen Sie zu der Fragestellung eine Podiumsdiskussion mit Vertreterinnen und Vertretern von Amnesty International, der WHO, Biontech und einem der Abschaffung kritisch gegenüberstehenden Wirtschaftsforschungsinstituts durch.

Digitale Anwendung

72091-52

Aufgaben

1. Geben Sie die Forderung von Amnesty und deren Begründung wieder (**M18**).
2. Stellen Sie die Positionen für und gegen eine vorübergehende Aussetzung des Patentschutzes für Covid-19-Impfstoffe einander gegenüber (**M19**).
3. Setzen Sie sich mit dem Vorschlag auseinander, für den Zeitraum der Pandemie den Schutz des geistigen Eigentums für Covid-19-Impfstoffe auszusetzen (**M19**).

Bedarf an internationaler Kooperation
(Basiskonzept: Motive und Anreize)
M2-M5

Von der Corona-Pandemie und ihren gesellschaftlichen, politischen und ökonomischen Folgen sind alle Staaten der Welt betroffen. Die globale Vernetzung der Welt führt zudem dazu, dass die **Krise auf nationalstaatlicher Ebene alleine nicht lösbar** ist. Selbst wenn das Infektionsgeschehen in einem Staat durch eine geimpfte Bevölkerung unter Kontrolle ist, können Mutationen des SARS-CoV-2-Virus in anderen Staaten zu einem erneuten Ansteigen des Infektionsgeschehens führen. Die Corona-Pandemie ist demnach ein Beispiel für die Notwendigkeit von internationaler Kooperation.

UNO als Akteur für politische Kooperation
(Basiskonzept: Ordnung und Systeme)
M6, M7

Anders als noch vor dem Zweiten Weltkrieg entwickelte sich – auch durch erweiterte mediale Berichterstattung aus allen Teilen der Welt – eine immer stärkere Tendenz zur **globalen Verantwortungsübernahme** bei humanitären Katastrophen, die von betroffenen Staaten nicht alleine zu bewältigen sind. Die UNO als Zusammenschluss nahezu aller Staaten der Erde ist die prädestinierte Organisation zwischenstaatlicher Kooperation zur Bewältigung humanitärer Krisen, die in ihrer **Charta** u. a. die Lösung sozialer und wirtschaftlicher Probleme verankert hat.

Einrichtungen der UNO zur politischen Kooperation
(Basiskonzept: Ordnung und Systeme)
M8-M10

Die wesentlichen in der UN-Charta genannten Hauptorgane zur politischen Kooperation der Staaten sind die **Generalversammlung**, der **Sicherheitsrat** sowie **Wirtschafts- und Sozialrat**. Letzterer ist dabei das Bindeglied der UNO zu einer Reihe von Sonderorganisationen wie der **Weltgesundheitsorganisation** (WHO). Der WHO kommt die Aufgabe der weltweiten Förderung der Gesundheit der Menschen zu. Dafür initiiert sie beispielsweise Projekte wie die globale Impfinitiative COVAX.

Probleme bei der Realisierung politischer Kooperation
(Basiskonzept: Motive und Anreize)
M14-M16

Da die UNO lediglich ein Regelsystem zur Koordination der Kooperation von souveränen Staaten darstellt, ist sie beim Realisieren von Zielen (wie einer globalen Impfkampagne) auf die Unterstützung und den **Willen der Mitgliedstaaten angewiesen**. Häufig machen die (wohlhabenden) Mitgliedstaaten Zusagen, die sie dann aber nur teilweise erfüllen, insbesondere wenn eigene Interessen einer globalen Lösung entgegenstehen.

Patentschutz vorübergehend aussetzen?
(Basiskonzept: Motive und Anreize)
M17-M19

Um der Knappheit an Covid-19-Impfstoffen zu begegnen, wurde auf Vorschlag Indiens und Südafrikas **diskutiert**, den **Patentschutz** auf entsprechende Impfstoffe vorübergehend **auszusetzen**. Befürworterinnen und Befürworter betonen, dass so mehr Impfstoffdosen produziert werden könnten und dieser Schritt zudem gerechtfertigt sei, da die Entwicklerinnen und Entwickler der Impfstoffe erheblich von staatlicher Unterstützung und öffentlicher Forschung profitiert hätten. Gegner und Gegnerinnen befürchten, dass so in Zukunft Anreize für die Entwicklung wichtiger Impfstoffe fehlen könnten, da Gewinnaussichten geschmälert werden könnten. Außerdem bezweifeln sie, dass ein Aussetzen des Patentschutzes kurzfristig zu mehr Impfdosen führen würde, da die Herstellung zu komplex sei.

Interaktive Übung zur Selbstüberprüfung

82000-85

4.2 Die Agenda 2030 – sinnvolle Ziele für nachhaltige Entwicklung?

4.2.1 Welchen „Mega-Problemen" sind welche Teile der Menschheit ausgesetzt?

Digitale Anwendung

72091-53

Einstiegsaufgabe

Diskutieren Sie in Ihrer Lerngruppe, vor welchen globalen Herausforderungen die Menschheit als Ganzes gegenwärtig und in Zukunft steht. Erstellen Sie anschließend begründet eine Rangfolge, beginnen Sie mit der größten Herausforderung.

M1 Dimension und Verbreitung der weltweiten Armut

a) Weltweite Verbreitung von Armut

Die Statistik zeigt den Bevölkerungsanteil, der unter der absoluten Armutsgrenze lebt, nach Weltregionen im Jahr 2018. [...] Nach Berechnungen der Weltbank gelten Menschen mit weniger als 1,90 PPP-US-Dollar verfügbaren Kapital am Tag als absolut arm. Personen, die unter diese Schwelle fallen, können lebenswichtige Artikel des täglichen Bedarfs (auch und insbesondere Lebensmittel) nicht im ausreichenden Umfang bezahlen. [...]

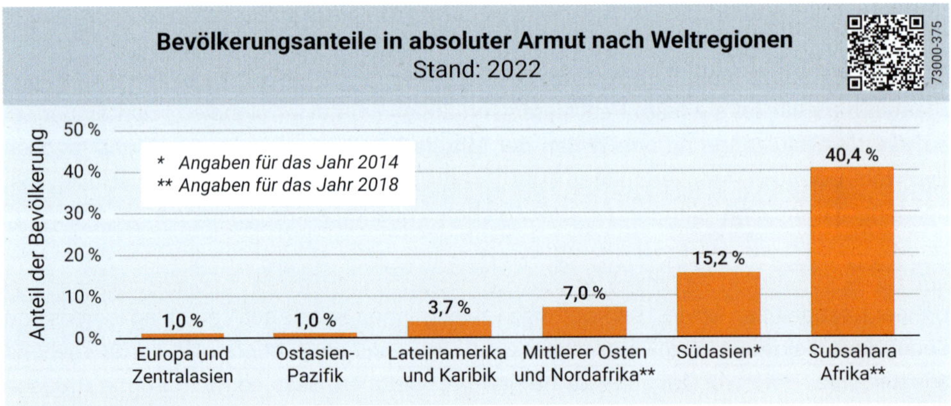

C.C. Buchner Verlag, aktuellste Daten nach: Weltbank, 2019

b) Entwicklung der weltweiten Armut

Oberstes Ziel in der Agenda 2030 ist die Bekämpfung der Armut. [...] Das Maß extremer Einkommensarmut ist allerdings heftig umstritten. In der SDG-Liste [SDG = Sustainable Development Goals] wird extreme Armut nach der Methodik der Weltbank definiert als der Anteil der Menschen, die mit weniger als 1,90 US-Dollar pro Tag auskommen müssen. Dieser Schwellenwert basiert auf dem Durchschnitt der Armutsgrenzen von 15 der ärmsten Länder der Welt und ist selbst für viele Länder Afrikas, Asiens und Lateinamerikas viel zu niedrig angesetzt. [...] Die Weltbank selbst hat auf die Kritik reagiert und 2017 als zusätzliche Armutsgrenzen 3,20 US-Dollar und 5,50 US-Dollar eingeführt – ausdrücklich nur als Ergänzung, nicht als Ersatz des Schwellenwerts extremer Armut.
Legt man die drei Schwellenwerte der Welt-

Weltbank
Die Weltbank(gruppe) ist eine Sonderorganisation der UNO. Ihre Hauptaufgabe ist es, die Armut in der Welt zu bekämpfen und die Lebensbedingungen der Menschen in Entwicklungsländern zu verbessern.

Kaufkraftparität
Die Einheit PPP-US-Dollar berücksichtigt die unterschiedliche Kaufkraft in den gemessenen Ländern (PPP = Purchasing Power Parity = Kaufkraftparität). Vereinfacht gesagt, ist die Kaufkraft eines PPP-US-Dollars, d. h., der Umfang an Waren und Produkten, die mit diesem Dollar gekauft werden können, in allen Ländern gleich.
www.statista.com

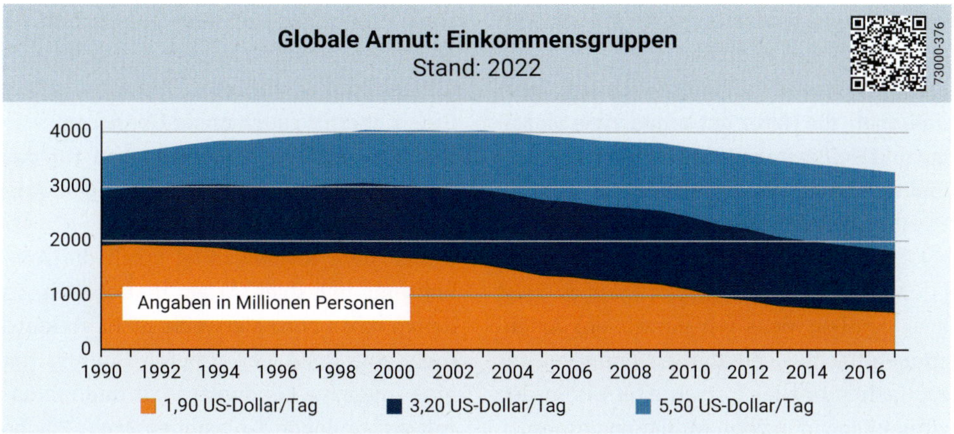

C.C. Buchner Verlag, aktuellste Daten nach: Weltbank Poverty and Equity Database, 2018

bank zugrunde, hat sich die weltweite Armut in den letzten drei Jahrzehnten deutlich verringert. Die Zahl der extrem Armen ist demnach von 1,912 Milliarden (1990) auf 689 Millionen (2017) gesunken. Auch die Zahl der Menschen, die von weniger als 5,50 US-Dollar am Tag leben müssen, ist zurückgegangen, allerdings lediglich von 4,045 Milliarden (dem historischen Höchststand 1999) auf 3,271 Milliarden (2017). Damit haben bereits vor der Corona-Pandemie noch mindestens 43 Prozent der Weltbevölkerung in Einkommensarmut gelebt. Infolge von COVID-19 hat sich die Lage massiv verschlechtert. Die Zahl der Armen wird infolge der Coronakrise zum ersten Mal seit Jahren wieder wachsen. Betroffen sind vor allem Tagelöhner, Landarbeiter:innen und Beschäftigte in kleinen und mittleren Betrieben des informellen Sektors. Ihnen wurde durch die weltweiten Lockdown-Maßnahmen von einem Tag auf den anderen die Existenzgrundlage entzogen.

Global Policy Forum: Agenda 2030 – Wo steht die Welt? 5 Jahre SDGs – eine Zwischenbilanz. Bonn 2020, S. 49-51

M2 Dimension und Problem des weltweiten Artensterbens

Im Mai 2019 erschien der globale Report des Weltbiodiversitätsrates IPBES. Der IPBES ist ein zwischenstaatliches Gremium, das die Politik zum Thema biologische Vielfalt und Ökosystemleistungen wissenschaftlich beraten soll. Ralf Seppelt ist Departmentleiter am Helmholtz-Zentrum für Umweltforschung sowie Professor für Landschaftsökologie und hat am globalen Zustandsbericht mitgearbeitet.

ZEIT ONLINE: Die Welt erlebt derzeit das größte Artensterben seit dem Verschwinden der Dinosaurier, sagen Artenschützerinnen und Artenschützer. Herr Seppelt, stimmt das?

Ralf Seppelt: Ja, es gibt keinen Zweifel daran. Der Mensch hat den Planeten in den vergangenen Jahrzehnten immer stärker und auf immer größeren Gebieten beeinflusst. Wir entziehen dem Planeten mehr nachwachsende Ressourcen als jemals zuvor. Und haben damit drei Viertel der Erdoberfläche an Land, 40 Prozent der marinen Gebiete und die Hälfte der Flüsse stark verändert. Das bleibt nicht ohne Folgen.

Wie viele Tier- und Pflanzenarten sind denn bedroht?

Von den weltweit bekannten 1,7 Millionen Arten sind aktuell etwa 25 Prozent gefährdet, also ca. 425.000. Wir wissen aber: Es gibt weit mehr Arten, die wir noch nicht erforscht haben. Mit den Daten der gut untersuchten Artengruppen wie Vögel oder Säugetiere können wir davon ausgehend [...] hochrechnen, wie viele Arten es weltweit gibt: Und das sind 8,1 Millionen Arten. Und

Bedrohte Tierarten

Nach Angaben der nichtstaatlichen Umwelt- und Naturschutzorganisation BUND gelten in Deutschland rund 7.000 Tierarten als gefährdet oder akut vom Aussterben bedroht. Zu den bedrohten Tierarten zählen z. B. der Fischotter und die Sumpfschildkröte.

Der Fischotter ist eine bedrohte Tierart in Deutschland.

von diesen ist derzeit ungefähr eine Million vom Aussterben bedroht. [...]

Flora und Fauna verändern sich seit Jahrmillionen, die Natur hat schon viele Eiszeiten und Heißzeiten überlebt, sich angepasst und verändert. Was ist dieses Mal anders?

Es ist schwierig, eine aktuelle Situation mit solchen großen Zeiträumen zu vergleichen. [...] Der Vergleich mit diesen Etappen zeigt aber deutlich, dass wir zurzeit ein Artensterben nachweisen können, das zehn- bis 100-fach schneller fortschreitet als in den zurückliegenden zehn Millionen Jahren.

Warum ist es überhaupt so gravierend, wenn Arten aussterben?

Die biologische Vielfalt in all ihrer Gesamtheit – nicht nur einzelne besondere Arten – stellt unsere Lebensgrundlage dar. Bei einigen Arten wird das sofort klar, wie bei der Honigbiene und der Wildbiene [...]. Wir erkennen, dass unser Leben von ihnen abhängt, weil sie Pflanzen bestäuben. Würde es sie nicht mehr geben, hätte das entscheidende Auswirkungen auf unser Nahrungsspektrum.

Über bedrohte Tiere – Pandas, Robben, Tiger oder die Honigbiene – wird häufig mehr berichtet als über Pflanzen. Welche Rolle spielt es für unser Ökosystem, wenn Pflanzenarten gefährdet sind?

Pflanzen sind, genau wie Tiere, Bestandteil eines Netzwerkes, sie liefern Nahrung und Lebensgrundlagen für weitere Arten. In der Natur bestehen überall Wechselwirkungen. Fehlen Pflanzenarten, kann das zum Rückgang oder Aussterben anderer Arten, wie zum Beispiel Insekten, führen. Blühen Pflanzen etwa durch den Klimawandel zum falschen Zeitpunkt, wirkt sich das aus. Die Biodiversität ist das Sicherheitsnetz unserer Existenz und unserer Gesellschaft. Je dichter das ist, desto stabiler und desto vielfältiger können wir leben. Die Arten dieser Erde sichern so auch unser Überleben.

Welches sind die Hauptursachen für das Artensterben, wie wir es seit einigen Jahren erleben?

Neben dem Klimawandel spielt die Ausbreitung invasiver Arten in Gebieten, in denen diese normalerweise nicht vorkommen, eine Rolle. Den größten Einfluss hat eine intensive Landwirtschaft und die damit verbundenen Emissionen: Mehr Fläche wird für Weidewirtschaft und Ackerbau genutzt. Und man zielt auf besonders hohe Erträge ab, weshalb man massiv Dünge- und Schädlingsbekämpfungsmitteln nutzt. [...]

Der aktuelle IPBES-Bericht wird mit den Papieren des Weltklimarats IPCC für den Klimawandel verglichen. Im Falle des Klimas drohen ab einem bestimmten Punkt unumkehrbare Umweltkatastrophen – beim Artensterben auch?

Die zwei Entwicklungen sind verschieden. Die ausgestoßenen Klimagase bleiben noch sehr lange in der Atmosphäre, aber je eher wir gegensteuern, umso weniger stark sind die Folgen. Wir müssen das Klima als sehr schweren Tanker langsam auf Kurs bringen, um weitere katastrophale Wetteranomalien zu vermeiden. Aber Arten, die ausgestorben sind, können nicht zurückgeholt werden. Biodiversität geht damit unwiederbringlich verloren. Je mehr Teile unserer Umwelt fehlen, desto größer ist auch die Gefahr, weitere zu verlieren. Wenn in diesem Sicherheitsnetz immer mehr Maschen fehlen, wird es irgendwann reißen.

Interview: Mast, Marian: Die Arten dieser Erde sichern unser Überleben. In: www.zeit.de, 06.05.2021

M zu Aufgabe 1
Bearbeiten Sie die Aufgabe in arbeitsteiliger Partnerarbeit.

F zu Aufgabe 2
Formulieren Sie weitere „Mega-Probleme", vor denen die Weltgemeinschaft aus Ihrer Sicht in den nächsten Jahrzehnten stehen wird.

Aufgaben

1. a) Beschreiben Sie die weltweite Verbreitung und die Entwicklung von Armut (**M1**).
   b) Fassen Sie die Aussagen Seppelts zum Artensterben und dessen Folgen für die Menschheit zusammen (**M2**).
2. Charakterisieren Sie die weltweite Armut und das Artensterben als zentrale Herausforderung für die Weltgemeinschaft (**M1, M2**)

4.2.2 Die Agenda 2030 – ein entwicklungspolitischer Durchbruch?

Einstiegsaufgabe

Formulieren Sie in Partnerarbeit eine Liste von aus Ihrer Sicht zentralen Zielen und Zielvorgaben für eine globale nachhaltige Entwicklung. Ordnen Sie Ihre Ziele anschließend begründet nach ihrer Wichtigkeit.

M3 Auf welchen Grundlagen fußt die Agenda 2030?

1. Wir, die Staats- und Regierungschefs und Hohen Vertreter, [...] haben heute [am 25.09.2015] neue globale Ziele für nachhaltige Entwicklung beschlossen.
2. Im Namen der Völker, denen wir dienen, haben wir einen historischen Beschluss über einen umfassenden, weitreichenden und die Menschen in den Mittelpunkt stellenden Katalog universeller und transformativer [allgemeingültiger und aufgrund von Reflexion anpassbare] Ziele und Zielvorgaben gefasst. Wir verpflichten uns, uns unermüdlich für die volle Umsetzung dieser Agenda bis im Jahr 2030 einzusetzen. Wir sind uns dessen bewusst, dass die Beseitigung der Armut in allen ihren Formen und Dimensionen, einschließlich der extremen Armut, die größte globale Herausforderung darstellt und eine unabdingbare Voraussetzung für eine nachhaltige Entwicklung ist. Wir bekennen uns dazu, die nachhaltige Entwicklung in ihren drei Dimensionen – der wirtschaftlichen, der sozialen und der ökologischen – in ausgewogener und integrierter Weise herbeizuführen. [...]
4. Wir verpflichten uns, auf dieser großen gemeinsamen Reise, die wir heute antreten, niemanden zurückzulassen [...] und wir werden uns bemühen, diejenigen zuerst zu erreichen, die am weitesten zurückliegen.

Generalversammlung der Vereinten Nationen: Transformation unserer Welt: die Agenda 2030 für nachhaltige Entwicklung, A/RES/70/1. New York 2015, S. 3

M4 Welche humanitären Ziele setzt sich die Weltgemeinschaft?

Am 25. September 2015 beschlossen die 193 Mitglieder der Vereinten Nationen in der UN-Generalversammlung die „Weltweiten Ziele für nachhaltige Entwicklung“ (Global Goals for Sustainable Development). Diese 17 Ziele (konkretisiert in insgesamt 169 Zielvorgaben bzw. Maßnahmen), die bis 2030 umgesetzt werden sollen, lösten die acht sogenannten „Millenniumsziele“ der UNO (von 2000 bis 2015) ab. Die aktuellen Ziele lauten:

1 Armut in allen ihren Formen und überall beenden

2 Den Hunger beenden, Ernährungssicherheit und eine bessere Ernährung erreichen und eine nachhaltige Landwirtschaft fördern

3 Ein gesundes Leben für alle Menschen jeden Alters gewährleisten und ihr Wohlergehen fördern

4 Inklusive, gleichberechtigte und hochwertige Bildung gewährleisten und Möglichkeiten lebenslangen Lernens für alle fördern

5 Geschlechtergleichstellung erreichen und alle Frauen und Mädchen zur Selbstbestimmung befähigen

6 Verfügbarkeit und nachhaltige Bewirtschaftung von Wasser und Sanitärversorgung für alle gewährleisten

7 Zugang zu bezahlbarer, verlässlicher, nachhaltiger und moderner Energie für alle sichern

8 Dauerhaftes, breitenwirksames und nachhaltiges Wirtschaftswachstum, produktive Vollbeschäftigung und menschenwürdige Arbeit für alle fördern

9 Eine widerstandsfähige Infrastruktur aufbauen, breitenwirksame und nachhaltige Industrialisierung fördern und Innovationen unterstützen

10 Ungleichheit in und zwischen Ländern verringern

11 Städte und Siedlungen inklusiv, sicher, widerstandsfähig und nachhaltig gestalten

12 Nachhaltige Konsum- und Produktionsmuster sicherstellen

13 Umgehend Maßnahmen zur Bekämpfung des Klimawandels und seiner Auswirkungen ergreifen

14 Ozeane, Meere und Meeresressourcen im Sinne nachhaltiger Entwicklung erhalten und nachhaltig nutzen

15 Landökosysteme schützen, wiederherstellen und ihre nachhaltige Nutzung fördern, Wälder nachhaltig bewirtschaften, Wüstenbildung bekämpfen, Bodendegradation beenden und umkehren und dem Verlust der biologischen Vielfalt ein Ende setzen

16 Friedliche und inklusive Gesellschaften für eine nachhaltige Entwicklung fördern, allen Menschen Zugang zur Justiz ermöglichen und leistungsfähige, rechenschaftspflichtige und inklusive Institutionen auf allen Ebenen aufbauen

17 Umsetzungsmittel stärken und die Globale Partnerschaft für nachhaltige Entwicklung mit neuem Leben erfüllen

Vereinte Nationen, Regionales Informationszentrum der Vereinten Nationen für Westeuropa (UNRIC), www.unric.org, Abruf am 18.01.2018

INFO

Nachhaltigkeit

Spätestens mit dem sogenannten Brundtland-Bericht der UNO aus dem Jahr 1987 wurde der ursprünglich forstwirtschaftliche Begriff Nachhaltigkeit umfassend definiert: Nachhaltige Entwicklung gilt seitdem als „eine Entwicklung, die gewährt, dass künftige Generationen nicht schlechter gestellt sind, ihre Bedürfnisse zu befriedigen, als gegenwärtig lebende". Dabei gilt diese Aussage für die gesamte Weltbevölkerung (räumliche Dimension mit der Konsequenz der Umverteilung des Wohlstands von Nord nach Süd) und ist überdies in die Zukunft gerichtet (zeitliche Dimension der „Generationengerechtigkeit"). Der Nachhaltigkeitsgedanke sollte dabei in den drei relevanten Dimensionen Politik, Wirtschaft und Soziales berücksichtigt werden und bezieht sich dabei vor allem auf Umwelt- und Ressourcenschonung.

Autorentext

M5 Die Agenda 2030 – eine gemischte Zwischenbilanz

[N]ach einem Drittel der Wegstrecke bis zum Jahr 2030 [bildet sich] ein ambivalentes [=zwiespältiges] Bild: Auf der einen Seite weisen die Trends bei vielen der Ziele in die falsche Richtung. Dies wird durch die verheerenden Auswirkungen der COVID-19-Pandemie noch verstärkt. Die Zahl der Menschen in extremer Armut und der Hungernden steigt wieder, mindestens die Hälfte der Weltbevölkerung hat keinen ausreichenden Zugang zu grundlegenden Gesundheitsdiensten, die Zerstörung der natürlichen Lebensgrundlagen schreitet in alarmierendem Umfang voran, eine Million Pflanzen- und Tierarten sind vom Aussterben bedroht, die Bodendegradation hält ungehindert an, die letzten fünf Jahre waren die wärmsten, die je verzeichnet wurden. In einer wachsenden Zahl von Staaten haben autoritäre Regime die Macht erlangt oder gefestigt, deren nationalistischer, fremdenfeindlicher Kurs im diametralen Gegensatz zum Geist und zu den Zielen der Agenda 2030 steht.

Auf der anderen Seite wurden durch die Agenda 2030 und die SDGs an vielen Orten der Welt Veränderungsprozesse in Gang gesetzt. Zahlreiche Länder haben die Agenda 2030 in nationale Nachhaltigkeitsstrategien übersetzt. In mehr als 40 Ländern entstanden bislang neue zivilgesellschaftliche SDG-Bündnisse. Unterhalb der nationalen Ebene gibt es in allen Regionen der Welt Bemühungen einer „Lokalisierung der SDGs". Allein in Deutschland haben schon 160 Städte und Gemeinden eine Musterresolution zur Agenda 2030 unterzeichnet, dutzende haben beschlossen, auf Grundlage der SDGs kommunale Nachhaltigkeitsstrategien zu erarbeiten. Überall auf der Welt formieren sich in jüngster Zeit Protestbewegungen, die sich nicht unbedingt explizit auf die Agenda 2030 und ihre Ziele beziehen, aber dieselben Themen adressieren. Es geht ihnen um die Bekämpfung des Klimawandels (Fridays for Future), von Rassismus und Diskriminierung (Black Lives Matter), von Gewalt gegen Frauen (#MeToo), sie wenden sich gegen eine rigide Austeritätspolitik, gegen Korruption und Klientelismus und gegen die Einschränkung von Meinungsfreiheit und Gewerkschaftsrechten.

Global Policy Forum: Agenda 2030 – Wo steht die Welt? 5 Jahre SDGs – eine Zwischenbilanz. Bonn 2020, S. 6f.

Bodendegradation
Dauerhafte Verschlechterung der Bodenqualität

M6 Kontroverse diskutiert: Sind die Ziele für nachhaltige Entwicklung sinnvoll?

a) Sinnvolle humanitäre Zielsetzung bis 2030

Die 2030-Agenda und die SDGs [Sustainable Development Goals] haben [...] eine neue Qualität. [...] Erstens gelten die Ziele diesmal für alle Länder, nicht wie bisher nur für Entwicklungsländer. Dahinter steht der Anspruch, Armutsbekämpfung nicht mehr isoliert anzugehen. Stattdessen sollen Lebensstile weltweit in Richtung Nachhaltigkeit transformiert [= umgewandelt] und menschenwürdige Lebensstandards für alle realisiert werden, ohne die Ressourcen unseres Planeten zu übernutzen. [...]
Zweitens ist es besser gelungen, die ökologische, ökonomische und soziale Dimension nachhaltiger Entwicklung in alle Ziele zu integrieren und Wechselwirkungen angemessener abzubilden. So soll etwa eine nachhaltige Landwirtschaft nicht nur helfen, den Hunger zu beenden. Sie soll dabei auch Ökosysteme wie gesunde Böden und die biologische Vielfalt erhalten, sie soll Klimaveränderungen gewachsen sein, und sie soll für existenzsichernde Einkommen der Bauern sorgen. Außerdem folgen die Ziele zumindest teils einem menschenrechtlichen Ansatz. So soll bis 2030 extreme Armut beendet und der Zugang zu sauberem Trinkwasser und Nahrung für alle ermöglicht werden. [...]
Drittens fühlen sich die Mitgliedstaaten der Vereinten Nationen den neuen Zielen viel stärker verpflichtet. [...] [Die] neuen Ziele [wurden] nicht von wenigen Experten festgelegt, sondern in einem dreijährigen, transparenten und auf Verständigung angelegten Prozess verhandelt und im Konsens beschlossen. Begleitet wurde dies von Konsultationsverfahren, [...] auch über Online-Plattformen, globale Kampagnen und nationale Dialogveranstaltungen. Zwar gab es auch diesmal das bei den Vereinten Nationen übliche Gerangel um Formulierungen im Abschlussdokument, aber insgesamt hat dieser Prozess eine stärkere Identifikation der Staatenvertreter und vieler zivilgesellschaftlicher Gruppen mit den Zielen geschaffen als je zuvor. [...]
Viertens [...] schließlich legt die 2030-Agenda von Anfang an [...] Wert auf Folgeprozesse. [...] So soll nicht nur jährlich Bilanz gezogen werden, es sollen auch die Ursachen mangelnder Fortschritte diskutiert und ein Austausch über erfolgreiche Umsetzungsstrategien organisiert werden. Auch national sollen die Regierungen gegenüber ihren Bürgern Rechenschaft ablegen.

Beisheim, Marianne: 2030 Agenda für nachhaltige Entwicklung. In: Stiftung Wissenschaft und Politik, Kurz gesagt, 24.09.2015

b) Umsetzungsprobleme und innere Widersprüche

Nehmen die 193 UN-Mitgliedstaaten dieses Programm [der Sustainable Development Goals] wirklich ernst, müssten sie den Pfad hin zu einer radikalen sozial-ökologischen Transformation einschlagen, der vor allem aber auch die Verhältnisse in den Industrieländern verändern würde. Berührt wären davon nicht nur die Konsumgewohnheiten und Produktionsmuster, die einen hohen Verbrauch natürlicher Ressourcen zur Folge haben. Es müsste beispielsweise auch hierzulande um Gerechtigkeitsfragen gehen – bis hin zur Umverteilung von Reichtum. Die UN-Entwicklungsagenda liefert jetzt quasi den Kompass. Es wird nun darauf ankommen, ob und wie sich die einzelnen Länder – sowohl innen- als auch außenpolitisch – daran orientieren. Die Fortschritte sollen regelmäßig anhand globaler Indikatoren überprüft werden [...]. Die Entwicklung in Sachen Nachhaltigkeit wird dann jährlich ein UN-Fortschrittsbericht dokumentieren.
Ob das Programm für eine globale Wohlfahrt und einen weltweiten sozialen Wandel vorankommt, wird allerdings davon abhängen, dass alle Länder ambitionierte nationale Pläne zur Umsetzung der Agen-

Transformation, sozial-ökologische
bewusst angestoßener oder unbeeinflusster, aber nie vollständig steuerbarer Prozess des gesellschaftlichen, wirtschaftlichen und (umwelt-)politischen Wandels; z. B. deutliche Änderung der Produktionsweisen und des Konsumverhaltens hin zum übergeordneten Ziel der Umweltbewahrung

da verfolgen und Prioritäten setzen. Es wird spannend zu beobachten sein, welche der 17 Ziele die einzelnen Staaten akzentuieren [= besonders betonen / hervorheben] und welche finanziellen Ressourcen sie für ihre Bemühungen aufwenden. Dabei dürfte schon jetzt klar sein, dass in Ländern mit großer Armut vieles an den fehlenden Mitteln scheitern wird.

Viel problematischer aber ist, dass ein tieferer Blick in die Ziele und Unterziele die Widersprüchlichkeit der Agenda offenbart. Ziele und Unterziele stehen dabei nicht nur in Konkurrenz, sie schließen sich offensichtlich auch aus. Am frappierendsten [= erschütterndsten] ist das bei den ökonomischen und umweltpolitischen Zielvorgaben. So basieren die SGDs immer noch auf dem tradierten [= althergebrachten] Wachstumsmodell, das die Fortschritte der menschlichen Entwicklung sichern soll, mit einem Schutz der natürlichen Ressourcen aber kaum in Einklang zu bringen ist.

Schwab, Tobias: 17 Ziele für die Zukunft. In: www.fr.de, 25.09.2015

M7 Neue UNO-Ziele karikiert

Karikatur: Timo Essner, 27.09.2015

Aufgaben

1. Charakterisieren Sie die übergeordnete Zielsetzung und die konkreten Ziele für eine weltweit nachhaltige Entwicklung der UNO (**M3, M4**).
2. Erläutern Sie am Beispiel von zwei bis drei Zielen, was deren Umsetzung für Ihren ganz konkreten Alltag, z. B. Ihre Konsumgewohnheiten, bedeuten würde (**M4**).
3. Analysieren Sie, inwiefern die Weltgemeinschaft die in der Agenda 2030 gesetzten Ziele bisher umsetzen konnte (**M1, M2, M5**).
4. Nehmen Sie Stellung zu den Zielen für nachhaltige Entwicklung (**M6**).
5. a) Analysieren Sie die Karikatur (**M7**).
   b) Setzen Sie sich vor dem Hintergrund Ihrer bisherigen Ergebnisse mit der in der Karikatur artikulierten Kritik an der Agenda 2030 auseinander.

H zu Aufgabe 1
Beachten Sie Art, Umfang und Adressaten der Entwicklungsziele.

H zu Aufgabe 4
Erschließen Sie zunächst arbeitsteilig die Argumente in **M6**.

Digitale Anwendung

72091-54

Herausforderungen für die Weltgemeinschaft
(Basiskonzept: Motive und Anreize)
M1, M2

Zwar sank die Zahl der Menschen, die in **absoluter Armut** leben müssen seit 2002, doch lebten auch im Jahr 2018 noch 42,3 Prozent der Menschen im subsaharischen Afrika und 16,1 Prozent der Menschen in Südasien von weniger als 1,90 PPP-US-Dollar am Tag. Im Zuge der Corona-Pandemie stieg die Zahl von absolut Armen weltweit zudem wieder an.
Vor allem bedingt durch den Klimawandel und die intensive Landwirtschaft nimmt die **Artenvielfalt** weltweit ab. Ein Rückgang der Biodiversität hat (erhebliche) Auswirkungen auf das komplexe Ökosystem der Erde und ist damit auch für die Menschheit eine Bedrohung.

Die Ziele für nachhaltige Entwicklung der Agenda 2030
(Basiskonzept: Ordnungen und Systeme)
M4, M5

Im Jahr 2015 wurden die 17 „weltweiten Ziele für nachhaltige Entwicklung" (**Sustainable Development Goals, SDGs**) von allen Mitgliedstaaten der UNO beschlossen. Im Unterschied zu vorherigen Zielen waren nicht mehr alleine die Entwicklungsländer bzw. deren Bürgerinnen und Bürger Adressaten der Ziele, sondern grundsätzlich alle Staaten der Erde. Die Ziele spiegeln auch die Erkenntnis wieder, dass Produktionsverfahren und Konsum in den westlichen Industriestaaten und auch den Schwellenländern (z. B. China) nicht nachhaltig sind und zu schwerwiegenden Folgen in weniger entwickelten Staaten führen.

SDGs sinnvoll gesetzt?
(Basiskonzept: Interaktionen und Entscheidungen)
M6-M7

Befürworterinnen und Befürworter begrüßen diese integrierte Perspektive, die dazu führe, dass die **Verursacherinnen und Verursacher** von unökologischem Wirtschaften und Verkehr sowie sozial problematischem Massenkonsum auf der nördlichen Halbkugel als Profiteure der weltweiten Ungleichverteilung **stärker in die Verantwortung** genommen werden sollen. Zusätzlich werten sie es als echten Fortschritt, dass vergleichsweise **klare Vereinbarungen** getroffen worden seien, die Zielerreichung in Etappen zu kontrollieren.
Kritikerinnen und Kritiker bemängeln jedoch, dass die Ziele den **Entwicklungsbegriff verwässern** würden, da jedes Land prinzipiell zum Entwicklungsland geworden sei (z. B. entweder hinsichtlich der Mangelversorgung oder hinsichtlich zu hoher Treibhausgasemissionen). Dazu komme noch, dass die Vielzahl von Zielen und Maßnahmen deren **Umsetzung deutlich erschwere**.
Außerdem stünden bestimmte Ziele in einem **Spannungsverhältnis** zueinander. Ein breites Wirtschaftswachstum stehe dem Ziel des nachhaltigen Umgangs mit Ressourcen und Klimaschutz gegenüber. Zudem seien bestimmte Ziele nur mit gravierenden Änderungen der Lebensstile in den wohlhabenden Ländern zu verwirklichen und damit nur schwer durchsetzbar.
Kritisch betrachtet werden muss zudem, dass **wichtige (Zwischen-)Ziele** z. B. im Hinblick auf die weltweite (extreme) Armut **bisher nicht realisiert** werden konnten. Positiv anzumerken ist dagegen, dass an vielen Orten der Welt **Veränderungsprozesse** in den Gesellschaften begonnen haben, die langfristig die Realisierung der Ziele befördern können.

Interaktive Übung zur Selbstüberprüfung

82000-86

Die Agenda 2030 in der Diskussion

UNO beschließt Nachhaltigkeitsziele

Karikatur: Paolo Calleri, 27.09.2015

„Entwicklungsland Deutschland"

Dass die SDGs [Sustainable Development Goals aus der Agenda 2030] universell angelegt sind, macht nun aus allen Staaten der Welt Entwicklungsländer und alle müssen ihren Entwicklungspfad nachhaltig gestalten. Es geht also nicht mehr „nur" um Entwicklungspolitik für die Armen und für die Schwachen, für die die Ziele große Wohlstands- und Entwicklungsschritte bedeuten, sondern sehr viel mehr auch um die Industrie- und Schwellenländer, die unverzüglich beginnen müssen, ihre massiven Fehlentwicklungen wie die überzogene Ausbeute von Natur und Ressourcen zu korrigieren. [...] Der Terminus „Entwicklungsland Deutschland" ist durch die Annahme der SDGs [...] plötzlich zu einer offiziellen Fragestellung für Deutschland [...] geworden.

Mielke, Klaus: Deutschland – Motor in Europa. In: politische ökologie 143, 2015, S. 101f.

Klaus Mielke ist Vorstandsvorsitzender der Entwicklungs- und Umweltorganisation „Germanwatch", die mit dem Ziel der Gerechtigkeit für den globalen Süden die Politik und Wirtschaft im globalen Norden beeinflussen möchte.

Aufgaben

1. Beschreiben Sie die Karikatur.
2. Analysieren Sie die Karikatur – auch vor dem Hintergrund der Aussage Klaus Mielkes.
3. Nehmen Sie Stellung zu der Vorstellung von Deutschland als einem „Entwicklungsland".

Meine Lebensziele oder:
„Die Auktion des Lebens"
In der „Auktion des Lebens" stehen jeder Spielerin und jedem Spieler 100 Dukaten zur Verfügung. Setzen Sie alles auf ein Lebensziel, das für Sie unverzichtbar ist? Oder verteilen Sie Ihr Budget auf mehrere Ziele?
Was bedeutet es für Sie, ein bestimmtes Ziel nicht zu ersteigern? ...

1 Leben und Arbeiten im Ausland

2 Gesundheit und körperliches Wohlbefinden

3 Beruf/Job mit Arbeitszeiten, die mir viel Freizeit lassen

4 Beruf/Job, in dem ich meine eigenen Ideen und Interessen einbringen kann

5 hohes Einkommen

6 ein enger, stabiler Freundeskreis, der viel gemeinsam unternimmt

7 Arbeitsstelle, bei der ich mein Hobby zum Beruf machen kann

8 großes Vermögen (Kapital, Immobilien)

9 Beruf/Job, in dem mir andere sagen, was zu tun ist/mit klaren Arbeitsabläufen

10 eigene Kinder

11 im Alltag anderen helfen, mich für die Gesellschaft engagieren

12 glückliche Partnerschaft

Autorengrafik

Aufgaben

Führen Sie in der Klasse oder in mehreren Kleingruppen die „Auktion des Lebens" durch. Im Einzelnen:

1. Legen Sie individuell Ihre Ziele und Strategie für die Auktion fest.
2. Führen Sie unter Leitung eines Auktionators die Auktion durch.
3. Protokollieren Sie öffentlich den jeweils erzielten Preis sowie individuell, auf welche Lebensziele Sie erfolglos geboten haben.
4. Reflektieren Sie die Übertragbarkeit der „Auktion des Lebens" auf Ihre eigene Lebensplanung. Berücksichtigen Sie dabei sowohl Lebensziele, die Sie ersteigert haben, als auch solche, auf die Sie erfolglos geboten haben. Legen Sie Ihre Reflexion in Ihrem Portfolio (→ Methode „Portfolio") ab.

Berufs- und Studienorientierung

5

Mit dem Eintritt in die gymnasiale Oberstufe beginnt für Sie auch eine intensive Auseinandersetzung mit der eigenen Lebensplanung, in deren Mittelpunkt die Berufs- und Studienorientierung steht. Dieser Prozess wird im Rahmen des Politik-Wirtschaft-Unterrichts der 11. Klassen sowie weiterer schulischer und außerschulischer Aktivitäten angeleitet und kann von Ihnen in einem Portfolio dokumentiert werden. Wichtiger Ausgangspunkt der eigenen Berufs- und Studienwahl sind Ihre eigenen Interessen, Neigungen, Einstellungen und Fähigkeiten.

In Kapitel 5.1 erhalten Sie Anregungen, diesen realistisch nachzuspüren. Ihre persönlichen Überlegungen werden eingebettet in sozialwissenschaftliche Konzepte zur Bedeutung von Arbeit für den Einzelnen.

In Kapitel 5.2 erarbeiten Sie die Strukturen, Chancen und Risiken unterschiedlicher Wege in den Beruf und lernen so, relevante Informationen für Ihre eigene Berufswegeplanung zu erheben und zu gewichten.

Kapitel 5.3 gibt Ihnen abschließend einige Hinweise zur Vorbereitung (Bewerbung) und Durchführung des Praktikums.

Kompetenzen

Am Ende des Kapitels sollten Sie Folgendes wissen und können:

- Ihren persönlichen Ausbildungsweg kriterienorientiert planen und reflektieren.
- Möglichkeiten und Anforderungen von Ausbildungen und Studiengängen in bestimmten Berufsfeldern und Themengebieten kennen.
- Ihre Praxiserfahrungen während des Betriebspraktikums adressatengerecht darstellen und im Hinblick auf den weiteren Lebensweg reflektieren.

METHODE

Ideen entwickeln – Informationen sammeln – Entscheidungen treffen. Mein Portfolio zur Berufs- und Studienorientierung

1 Was ist ein Portfolio?

Ein Portfolio ist zunächst nicht mehr (aber auch nicht weniger) als eine Mappe, in der man Dokumente, Informationen, Darstellungen, Arbeitsergebnisse etc. zu einem bestimmten Themenbereich oder zu einer übergeordneten Aufgabenstellung sammelt und für sich sowie für andere dokumentiert.

▼

2 Wozu ein Portfolio zur Berufsorientierung?

Ihre individuelle Berufsorientierung und letztlich zu treffende Berufs- bzw. Ausbildungsentscheidung ist ein längerer Prozess, der sicherlich mit dem Besuch des 11. Jahrgangs nicht abgeschlossen sein wird. Um diesen Prozess zu systematisieren und um sich zu einem späteren Zeitpunkt noch an eigene Überlegungen erinnern zu können, ist es sinnvoll, in einem Berufsorientierungs-Portfolio wichtige Informationen und Überlegungen im Zusammenhang Ihrer Berufswahl zu sammeln und zu dokumentieren. So können Sie auch zu einem späteren Zeitpunkt noch einmal hineinschauen und sich über bestimmte Aspekte oder frühere Überlegungen vergewissern. Das Berufsorientierungs-Portfolio wird zu einem langjährigen Begleiter, den Sie während weiterer freiwilliger Praktika oder weiterer Informationsveranstaltungen in den Schuljahrgängen 12 und 13 fortführen können. So geführt kann das Portfolio darüber hinaus bei Bewerbungen um Ausbildungsplätze oder Studienplätze (duales Studium) hilfreich sein. Immer mehr Unternehmen erwarten, dass ihre Bewerber dokumentieren, dass sie sich im Vorfeld mit ihrer Berufswahl strukturiert auseinandergesetzt haben. Ihr Portfolio wird sich „etappenweise" mit Ihrer Dokumentation zu einzelnen Arbeitsschritten und wichtigen Überlegungen zur Berufsorientierung füllen, sodass Sie am Schluss einen umfassenden Überblick über Ihre eigenen Stärken und Interessen, mögliche Berufe und Ausbildungsgänge oder das Bewerbungsverfahren in den Händen halten.
Dieses Schulbuch bietet Ihnen unterschiedliche Anlässe, Ihr Portfolio zu erarbeiten:

- In diesem Kapitel 5 finden Sie Informationen und Arbeitsanregungen zu „klassischen" Schritten der Berufs- und Studienorientierung: Klärung der eigenen Interessen und Fähigkeiten – Informationsbeschaffung über Ausbildungs- und Studienmöglichkeiten – Anleitung zum Praktikum
- BO Zusätzlich finden Sie in Kapitel 1 und 2 eigens gekennzeichnete Aufgabenstellungen, die Sie zu einer Reflexion des Gelernten hinsichtlich Ihrer eigenen Lebensplanung anregen. In Auseinandersetzung mit diesen Aufgabenstellungen können Sie Ihre Vorstellungen von Ihrem „idealen" zukünftigen Arbeitsplatz genauer schärfen.

▼

3 Was ist bei der Gestaltung zu beachten?

Besonderen Eindruck hinterlässt ein professionell gestaltetes Portfolio, für das Sie vielfältige Anregungen im Internet und zum Teil auch in gängigen Textverarbeitungsprogrammen finden:

- Das Portfolio sollte soweit möglich am Computer gestaltet werden.
- Arbeiten Sie mit einem einheitlichen Layout, also: gleiche Schrifttypen (schnörkellos, nicht verspielt), Schriftgrößen und Seitenränder auf allen Textseiten, eine einheitliche Unterscheidung von Überschriften, Zwischenüberschriften und Text etc.
- Gliedern Sie Ihr Portfolio nach thematischen Aspekten (z. B. Selbsterkundung – Bewerbungstraining – Informationen zu möglichen Ausbildungen – Informationen zu möglichen Studiengängen) und legen Sie ein entsprechendes Register an.
- Ergänzen Sie Ihre eigenen schriftlichen Ausarbeitungen um gesammelte Materialien (z. B. Praktikumsbescheinigungen, ausgewertete Informationsbroschüren zu Ausbildungs- und Studiengängen).

Kopiervorlagen Berufs- und Studienorientierung

72091-55

5.1 Kann ich, was ich will – will ich, was ich kann? Meine Neigungen und Fähigkeiten unter der Lupe

5.1.1 Welche Bedeutung hat Arbeit für meine Lebensplanung? Anregungen aus den Sozialwissenschaften

M1 Welchen Stellenwert hat Arbeit im eigenen Leben?

a) Bedeutung von Arbeit im Verhältnis zu anderen Lebensbereichen

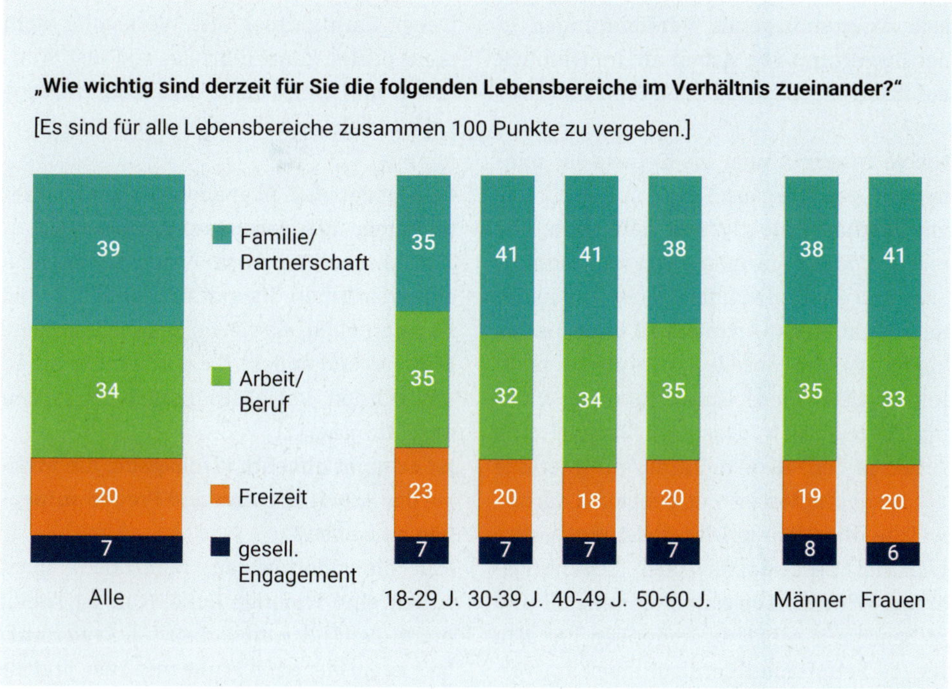

b) Arbeiten trotz Reichtum?

Die Umfrageergebnisse basieren auf einer Online-Befragung von 1.062 Beschäftigten im Alter zwischen 18 und 60 Jahren.

a) + b) Zahlen: Bertelsmann Stiftung: Bedeutung der Arbeit. Ergebnisse der Befragung. Gütersloh 2015, S. 3, 5

M2 Arbeit zwischen Broterwerb und Sinnstiftung – Perspektiven der Arbeitssoziologie

*In einem Interview mit der Wochenzeitung „der Freitag" spricht Nicole Mayer-Ahuja (*1973), Professorin für Soziologie der Arbeit, Wirtschaft und Unternehmen an der Georg-August-Universität Göttingen über die individuelle und gesamtgesellschaftliche Bedeutung von Arbeit.*

der Freitag: Frau Mayer-Ahuja, Corona hat auch unsere Wahrnehmung von Berufen verändert, die Krankenschwester oder die Verkäuferin gelten nun als systemrelevanter als der Banker oder Autobauer. Bahnen sich da grundlegende Veränderungen in der Bewertung von Arbeit an, im Hinblick auf ihren gesellschaftlichen Sinn und Nutzen?

Nicole Mayer-Ahuja: Die Debatte ist interessant, weil sie die Frage aufwirft, was wir überhaupt als „System" definieren. Wir reden plötzlich nicht mehr von Produktions- und Geldkreisläufen, sondern von der Reproduktion der Arbeitskraft, ohne die das kapitalistische Gesellschaftssystem nicht funktioniert. Diese Umwertung ist wichtig. Es zeigt sich, dass zum Beispiel gute Arbeit in der Pflege nicht nur im Interesse der Beschäftigten ist – es geht auch darum, welche öffentlichen Dienstleistungen, also wie viel Gesundheits- oder Erziehungsarbeit, wir für nötig halten. Finanziell und in Bezug auf Arbeitsbedingungen hat sich für die betroffenen Berufsgruppen im vergangenen Jahr allerdings wenig verändert.

Geld scheint eine notwendige, aber nicht hinreichende Bedingung für „gute Arbeit" zu sein. Etwa bei der Floristin, die gerne mit Blumen umgeht, oder dem Wochenmarktverkäufer, der seine Spezialitäten feilbietet, ohne den Stundenlohn zu berechnen.

Geldverdienen ist für verschiedene Beschäftigtengruppen unterschiedlich dringend. Es gibt die aufgezählten Beispiele, aber auch Menschen, die sich nicht freiwillig auf schlechte Jobs einlassen, bei denen man wenig verdient. Sie sind arm trotz Arbeit – weil sie keine Alternative haben und nicht, weil ihnen der Job sinnhaft erscheint. Sinnhaft wird Arbeit, wenn man sich darin entwickeln und beweisen kann, wenn sie gesellschaftlichen Nutzen hat, anderen Menschen dient. Sinn in der Arbeit zu sehen, setzt aber auch voraus, den Job so tun zu können, wie man ihn gelernt hat – wenn dem Pfleger die Zeit dafür fehlt, Patienten zu versorgen, die Ingenieurin wegen Termindruck ihre Werkstoffe nicht mehr prüfen kann, führt das zu Frust. Ähnliches gilt, wenn man gute und wichtige Arbeit leistet, sie aber schlecht entlohnt bekommt.

Geld ist das eine. Aber auch Zeit wird immer wichtiger für Arbeitszufriedenheit [...] ...

Wir beobachten, dass Arbeitszeiten auseinanderdriften. Es gibt Gruppen, die weit mehr arbeiten, als sie wollen, insbesondere Männer, und andere, die gerne mehr arbeiten würden, vor allem Frauen in Teilzeit und Minijobs. [...]

Ist es nicht ohnehin ideologisch, die Mühsal der Arbeit mit Sinn und Freude aufpeppen zu wollen?

Für die allermeisten Menschen spielt Arbeit eine wichtige Rolle. Nun ist Arbeit nicht gleich Erwerbsarbeit [...]. Erwerbsarbeit ist immer auch Mühe und Last, und sie bedeutet, dass man einen Teil der Kontrolle über sein Leben abgibt. Da gibt es nichts zu idealisieren. Aber ob man Sinn in anderen Tätigkeiten suchen kann, ist auch eine Klassenfrage. Das muss man sich leisten können oder massiv auf Konsum verzichten. Das ist jedenfalls kein Modell für alle. Mehr Zeit für anderes wäre durch Arbeitszeitverkürzung zu gewinnen. Für Beschäftigte ist das nur dann eine Verbesserung, wenn sie mit Lohn- und Personalausgleich einhergeht – und dann stellt sich die Verteilungsfrage. Grundsätzlich geht es nicht um die Befreiung von der Arbeit, sondern in der Arbeit.

Interview: Baureithel, Ulrike: Arbeit ist immer auch Last. In: der Freitag, 29.04.2021

M3 Wenn Arbeit die Person missachtet: Entfremdung

Der [für die Analyse von Arbeit bedeutsame] Begriff der Entfremdung wurde maßgeblich von Karl Marx geprägt. Marx [...] unterschied [in seinen „Historischphilosophische[n] Manuskripte[n]" 1844] die Entfremdung des Menschen vom Produkt, vom Akt der Produktion, vom Menschen selbst sowie die Entfremdung des Menschen von seiner Gattung [...].

Mit der Entfremdung der Arbeiter vom Produkt der Arbeit ist gemeint, dass Menschen selbst zur Ware werden, wenn sie Produkte herstellen, die ihnen nicht gehören. Vielmehr verdienen die Unternehmer am Produkt und an den Arbeitern. Die Entfremdung der Arbeiter von der eigenen Tätigkeit meint, dass Arbeit nicht zur Befriedigung eines inneren Bedürfnisses dient, sondern eher als Zwang gesehen wird, sein eigenes Überleben zu sichern. Dies führt zu einer Entfremdung der Arbeiter von der Gattung des Menschen. Der Mensch zeichnet sich durch die Fähigkeit aus, ein Bewusstsein zu haben, aus dem er Kunst und Wissenschaft hervorbringt. Arbeit, die primär zur Existenzsicherung dient, führt jedoch zu einer Entfremdung, da die Aufgaben des Menschen frei von physischen Bedürfnissen sein sollten. Dies bewirkt schließlich eine Entfremdung der Menschen untereinander, denn so wie zu seiner eigenen Arbeit ist er auch zur Arbeit der anderen Menschen entfremdet [...].

Die Entfremdung ist für Marx eine objektive Kategorie, die den Produktionsverhältnissen innewohnt. Dieses objektive Verständnis von Entfremdung ist unabhängig von den subjektiven Erfahrungen, Gefühlen und Aussagen der Arbeiter selbst. Somit gehört entfremdete Arbeit zum Wesen des Kapitalismus [...].

Ruiner, Caroline/ Wilkesmann, Maximiliane: Arbeits- und Industriesoziologie. Paderborn 2016, S. 59

Karl Marx
Karl Marx (1818-1883) war ein deutscher Philosoph und Ökonom, dessen Analysen der kapitalistischen Wirtschaftsordnung in seinem Hauptwerk „Das Kapital" bis heute diskutiert werden. Gemeinsam mit Friedrich Engels (1820-1895) verfasste Marx das „Kommunistische Manifest" (1847/48) und legte damit die programmatischen und theoretischen Grundlagen für die Idee des Kommunismus.

Charlie Chaplin in seinem Spielfilm „Moderne Zeiten" von 1936 (Uraufführung), der die moderne Arbeitswelt zum Inhalt hat.

Aufgaben

1. Analysieren Sie die Umfragedaten zur Bedeutung von Arbeit (**M1**).
2. a) Fassen Sie Nicole Mayer-Ahujas (**M2**) Aussagen zur individuellen und gesamtgesellschaftlichen Bedeutung von Arbeit zusammen.
   b) Diskutieren Sie ausgehend vom Interview **M2**, was für Sie „gute Arbeit" ausmacht.
3. Erläutern Sie den Entfremdungsbegriff nach Karl Marx (**M3**).
4. Positionieren Sie sich selbst zu den Items der Umfrage (**M1**).
5. Reflektieren Sie die Bedeutung von Arbeit für Ihren persönlichen Lebensentwurf.

M zu Aufgabe 1
Führen Sie eine Befragung mit den gleichen Fragen in Ihrer Klasse/Ihrem Jahrgang durch und dokumentieren Sie die Ergebnisse.

5.1.2 Meine Interessen und Einstellungen

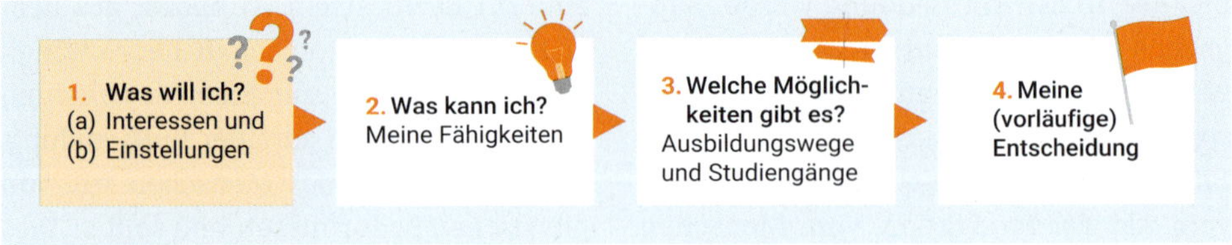

M4 Interessen und Einstellungen als Aspekt der Ausbildungs- und Studienplanung

Menschen sind unterschiedlich veranlagt: Was den einen fasziniert, lässt die andere kalt, was die eine perfekt können möchte, reizt den anderen absolut nicht. Das gilt auch für berufliche Interessen und Neigungen. Viele Menschen sehen es als ideal an, wenn die spätere berufliche Tätigkeit sich mit den Bereichen decken würde, auf die man neugierig ist und die den eigenen Interessen entsprechen. Beruf und Arbeit nehmen im Leben soviel Zeit in Anspruch, dass man darauf achten muss, wie sehr das berufliche Tun mit den eigenen Interessen und Einstellungen in Einklang steht. Beim beruflichen Einstieg – ob Ausbildung oder Studium (vgl. Kap. 5.2) – können die eigenen Interessen zwar noch am besten berücksichtigt werden, aber zu diesem Zeitpunkt fehlt oft die klare Einsicht, was genau man eigentlich möchte bzw. für welche konkurrierenden Interessen man sich entscheiden soll. Insofern ist es unerlässlich, sich über seine wahren Interessen – für welche Themen und Sachverhalte bin ich bereit, viel (Lebens-)Zeit einzusetzen? – Rechenschaft abzulegen.

Die meisten Berufe und Arbeitssituationen stehen zudem mit unterschiedlichen gesellschaftlichen Werten in Beziehung. Daher sollte sich jeder fragen: Wofür möchte ich mitverantwortlich sein, wofür nicht? Was möchte ich mit meiner Arbeit erreichen, was möchte ich vermeiden?

Das Arbeitsleben zwingt zwar häufig zu Kompromissen, aber der Start sollte doch zu dem passen, was man für sich selbst für wichtig erachtet. Wem beispielsweise das Thema Umwelt-/Klimaschutz sehr wichtig ist, der wird in seiner Berufswahl darauf achten, diesem Ziel zumindest nicht entgegen wirken zu müssen. Natürlich werden diese Einstellungen im Berufsleben häufig nicht hundertprozentig realisierbar sein, aber vor einer systematisch angelegten Missachtung der eigenen Wertvorstellungen sollte man sich besser bewahren. Schließlich trägt die möglichst große Übereinstimmung von beruflicher Tätigkeit und individuellen Wertvorstellungen maßgeblich zur Zufriedenheit mit dem eigenen Tun bei. Somit sollte auch die Erkundung der eigenen Lebensziele und Wertvorstellungen am Beginn Ihrer Berufs- und Studienorientierung stehen.

Autorentext

Karikatur: Plassmann, Thomas

M5 Lebensziele und Wertvorstellungen

Autorengrafik

Aufgaben

1. Stellen Sie sich folgende Situation vor: Sie sind für drei Wochen in einer Buchhandlung eingeschlossen, die ein sehr breites Sortiment bereithält. Für Verpflegung und Schlafmöglichkeiten ist gesorgt. Sie dürfen sich aller Bücher bedienen. Sie verfügen über kein Smartphone und keinen Internetzugang.
   a) Bearbeiten Sie das Gedankenexperiment, indem Sie die folgenden Leitfragen beantworten:
      - Zu welcher Art von Büchern würden Sie spontan greifen? Wie würden Sie sich den Büchern nähern (stöbernd oder systematisch) und wie mit ihnen umgehen (wenige intensiv lesen, viele anschauen)?
      - Wie würden Sie sich entscheiden, wenn Ihnen der Zugang zu nur drei Abteilungen gewährt würde?

   b) Tauschen Sie sich zu zweit oder in einer Kleingruppe über Ihre Ergebnisse aus. Gibt es für Sie einen Zusammenhang zwischen dem Gedankenexperiment und Ihrer eigenen Berufs- und Studienwahl?
2. a) Einzelarbeit: Schauen Sie sich die Liste von Einstellungen und Werten an (**M5**). Ordnen Sie diese entsprechend Ihrer persönlichen Einschätzung in drei Gruppen ein: – sehr wichtig – wichtig – weniger wichtig
   b) Bilden Sie Dreiergruppen und tauschen Sie sich über Ihre Wertegruppen aus. Begründen Sie Ihre Entscheidungen.
   c) Diskutieren Sie in Ihrer Kleingruppe: Welche Werte und Einstellungen besitzen oder benötigen Menschen, deren berufliches Kurzprofil Ihnen in der Randspalte vorgestellt wird? Welche der oben genannten Werte und Einstellungen dürften für diese Berufsvertreter entscheidend sein, welche sind wichtig, welche spielen keine Rolle? Um welche Werte und Einstellungen würden Sie dabei den o.g. Katalog erweitern?
3. - Reflektieren Sie Ihre Erfahrungen des Gedankenexperimentes in Ihrem Portfolio.
   - Reflektieren Sie, inwiefern Ihre individuellen Wertvorstellungen Ihre Berufswahl beeinflussen bzw. beeinflussen können. Gehen Sie dabei beispielsweise auf Berufe und Tätigkeiten ein, die Sie aufgrund Ihrer Wertehierarchie ausschließen.

Abteilungen einer Buchhandlung
Biographien; Reise und Erholung; Zeitgeschichte; Gesundheit und Fitness; Sprachführer; Zeitgenössische Romane; Physik und Technik; Politik und Gesellschaft; historische Romane; Geld und Wirtschaft; Mensch und Leben; Haus und Garten; Theologie und Glaube; Kriminalromane; Kunst und Kultur; Comic und Manga

Berufliche Kurzprofile
1) Elisabeth S., 42 Jahre, Stationsleiterin in einem Seniorenwohnheim
2) Siegfried W., 56 Jahre, Leiter des Ordnungsamtes im Landratsamt
3) Omar N., 37 Jahre, art director in einer Werbeagentur
4) Ronny B., 39 Jahre, Außendienstmitarbeiter einer Pharmafirma
5) Nabil S., 28 Jahre, Entwicklungsingenieur für Windkraftanlagen
6) Aysche H., 30 Jahre, Assistenzärztin für Chirurgie am Klinkum
7) Rita O., 51 Jahre, Geschäftsführerin eines Textilunternehmens
8) Horst M., 40 Jahre, Gymnasiallehrer für Deutsch und Religion

5.1.3 Meine Eigenschaften und Fähigkeiten

M6 Fähigkeiten als Aspekt der Berufs- und Studienorientierung

Wenn man wissen will, was aus einem werden soll, muss man zunächst herausfinden, wer man ist. Dazu gehören zentral die eigenen Fähigkeiten. Hier lohnt ein Blick auf die schulischen Erfahrungen:

- In welchen Fächern fällt mir das Lernen leichter, in welchen tue ich mich schwer?
- Welcher Lerntyp bin ich? Gelingt es mir, Gelesenes schnell verstehend aufzunehmen, oder muss ich es mühsam auswendig lernen?
- Kann ich nur mit äußerem Druck gut lernen oder fällt es mir leicht, mich selbst zum Lernen zu motivieren?

Aber auch über den schulischen Lernkontext hinausgehende Eigenschaften haben eine große Bedeutung für die eigene Berufs- und Studienwahl:

- Welche (lernrelevanten) Persönlichkeitsmerkmale (z. B. Ausdauer, Kontaktfähigkeit, das Aushalten von Konflikten, die Bereitschaft, Verantwortung zu übernehmen) zeichnen mich aus?
- Wie stark bin ich körperlich und seelisch belastbar? Kann ich Stresssituationen/-zeiten gut bewältigen, wie nahe geht mir das Leid anderer Menschen?

Eine realistische Einschätzung der eigenen Fähigkeiten und ihrer Passung zu favorisierten Ausbildungswegen schützt vor Misserfolgen bzw. erhöht den eigenen Erfolg und damit auch die Zufriedenheit mit der eigenen Entscheidung.

Fähigkeiten sind aber keine statische Größe. Der Mensch entwickelt sich, Fähigkeiten können wachsen oder in den Hintergrund treten, neue Lebenserfahrungen und äußere Einflüsse beeinflussen die eigene Persönlichkeit, bestimmte Fähigkeiten können bewusst erworben und trainiert werden. Für die anstehende Lebensplanung ist dennoch der realistische Blick auf den Ist-Stand unverzichtbar. Die oben genannten Stichworte machen bereits deutlich, wie vielfältig die Aspekte sind und welch hohes Maß an Ehrlichkeit sich selbst gegenüber dabei notwendig ist. Leichter tut man sich meist damit, anderen eine Rückmeldung zu ihren Fähigkeiten zu geben, weshalb gerade auch diese Fremdwahrnehmung im eigenen Reflexionsprozess genutzt werden sollte.

Autorentext

Aufgaben

1. a) Nehmen Sie eine Selbsteinschätzung Ihrer Fähigkeiten vor (**M7**).
b) Geben Sie eine Kopie des Persönlichkeitsprofils an Personen weiter, die Sie gut kennen, und lassen Sie eine Fremdeinschätzung Ihrer Person vornehmen.

2. Werten Sie in Kleingruppen Ihre Selbst- und Fremdeinschätzungen aus.
a) Vergleichen Sie zunächst für jedes Gruppenmitglied die Selbst- und Fremdeinschätzungen.
b) Formulieren Sie für jedes Gruppenmitglied eine berufliche Richtung, die sich aus den Ergebnissen ergeben könnte.

3. Reflektieren Sie die Selbst- und Fremdwahrnehmungen Ihres Persönlichkeitsprofils:
- Wo liegen gegenwärtig meine Stärken, worin bestehen derzeit meine Schwächen?
- Inwiefern stimmen Selbst- und Fremdwahrnehmung zu meinem Persönlichkeitsprofil überein, welche Unterschiede gibt es?
- Was wusste ich bereits über mich, was habe ich Neues erfahren?
- An welchen Fähigkeiten möchte ich gerne im Verlauf der Oberstufe arbeiten, um ein bestimmtes Ziel zu erreichen?

H zu Aufgabe 2a
Welche Gemeinsamkeiten, welche Unterschiede fallen Ihnen auf?

H zu Aufgabe 2b
Dabei geht es noch nicht um einen endgültigen Beruf! Viel wichtiger sind die Richtung und die Begründung – formulieren Sie diese positiv („Ich könnte mir dich gut als … vorstellen, weil …“).

M7 Meine Fähigkeiten und Eigenschaften – mein Persönlichkeitsprofil

Eigenschaften	schwach ausgeprägt				stark ausgeprägt		
	-3	-2	-1	0	1	2	3
kann gut organisieren							
effektiv							
schnell							
ausdauernd							
belastbar							
entschlossen							
gute Fachkenntnisse							
arbeitet fehlerfrei							
einsatzbereit							
begeisterungsfähig							
aktiv							
gewissenhaft							
fähig zu rationalisieren							
selbstständig							
verantwortungsbereit							
zielstrebig							
zuverlässig							
gute Auffassungsgabe							
gutes Gedächtnis							
intelligent							
konzentriert							
lernfähig							
logisch denkend							
problemlösend							
kreativ							
konfliktfähig							
ausgeglichen							
diszipliniert							
ehrgeizig							
aufgeschlossen							
flexibel							
kontrolliert gern							
motivierend							
objektiv							
sensibel							
teamfähig							
tolerant							
kommunikationsfreudig							

Nach: Brenner, Doris und Frank: Karrierefaktor Self Assessment. Freiburg 2004

5.1.4 Wie finde ich, was zu mir passt? Weiterarbeit mit Selbsttests

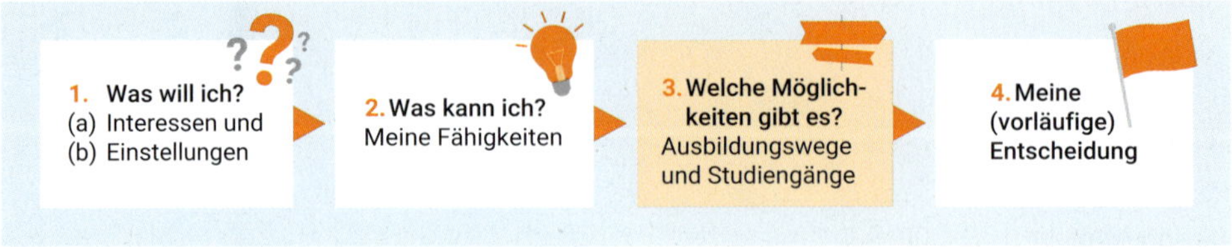

M8 Interessen- und Kompetenztests: Wege der Informationsgewinnung

Die Welt der Ausbildungs- und Studiengänge sowie der Berufe bzw. Berufsfelder erscheint heute schier unübersehbar. So verzeichnet der u. a. von der Bundesagentur für Arbeit betreute Online-Studienführer studienwahl.de derzeit etwa 18.600 Studiengänge an bundesdeutschen Hochschulen (Stand: 11.12.2021). Angesichts dieser Vielzahl von Optionen orientieren Sie sich möglicherweise vorschnell an Ihnen – durch Familie und Bekanntenkreis – Bekanntem, ohne möglicherweise für Sie interessante Alternativen in den Blick zu nehmen. Hilfen in diesem „Dschungel" bieten einige Testverfahren, die Sie in vielen Fällen kostenlos und ohne großen organisatorischen Aufwand online durchführen können. Zu unterscheiden sind dabei

- **Interessenstests**, die über vielfältige Fragen und zu bewertende Aussagen Ihre Interessen und Neigungen erheben. Der Grundannahme folgend, dass Sie vor allem in Ausbildungs- und Studiengängen langfristig erfolgreich sein werden, die mit Ihren tatsächlichen Interessen und arbeitsbezogenen Neigungen und Werte übereinstimmen, werden als Ergebnis Studienfelder vorgeschlagen, mit denen Sie sich im Anschluss (vgl. Kap. 5.2) näher beschäftigen können.
- **Leistungs- und Kompetenztests**, in denen Sie unterschiedliche – im Schwierigkeitsgrad meist ansteigende – Aufgaben lösen müssen, für die zum Teil nur begrenzte Zeit zur Verfügung steht. Die Aufgaben bilden dabei sehr unterschiedliche Fähigkeitsbereiche (Textverständnis, mathematische Modellierung, naturwissenschaftlich-technisches Verständnis etc.) ab, die in Studiengängen unterschiedlicher Fachbereiche zu den zentralen Anforderungen gehören, sodass diese Tests eine vorsichtige Prognose hinsichtlich Ihrer Eignung für das Studium bestimmter Fächergruppen erlauben. Teilweise sind diese Tests auf einem relativ hohen Niveau angesiedelt, weshalb Sie diese nicht gleich zu Beginn der 11. Klasse nutzen sollten.

Zu dieser Kategorie zählen auch Tests, die die Eignung für bestimmte Fächergruppen testen. In einigen Bundesländern ist der Nachweis über das Absolvieren (nicht aber das „Bestehen"!) eines solchen Selbsttests Voraussetzung für die Einschreibung in einen entsprechenden Studiengang.

Autorentext

M9 Online-Selbsttests – eine Auswahl

- Das Berufe-Universum der Bundesagentur für Arbeit vereint Interessens- und Fähigkeitentests und empfiehlt auf Grundlage der Testergebnisse Ausbildungsberufe: https://planet-beruf.de/schuelerinnen
- Studieninteressenstest der Hochschulrektorenkonferenz (HRK): www.hochschulkompass.de/studium-interessentest.html
- Differenzierte Ergebnisse bietet Ihnen das „Check U"-Selbsterkundungstool der Bundesagentur für Arbeit. Führen Sie hierfür sukzessive die Tests in den vier Bereichen „Fähigkeiten", „soziale Kompetenzen", „berufliche Vorlieben" und „Interessen" durch: https://www.arbeitsagentur.de/bildung/welche-ausbildung-welches-studium-passt
- BORAKEL, ein – sehr anspruchsvoller – kombinierter Interessens- und Kompetenztest der Ruhr-Universität Bochum: www.ruhr-uni-bochum.de/beratungstool/mein-berufsweg.htm
- OrientierungsTest des Landes Baden-Württemberg (Interessens- und Leistungstest): www.was-studiere-ich.de

Am besten führen Sie einen Selbsttest zu Hause durch, wenn Sie nicht gestört werden.

Aufgaben

1. Führen Sie mindestens einen der Online-Selbsttests durch und dokumentieren Sie dessen Ergebnisse.
   Wichtig: Schaffen Sie sich für die Durchführung unbedingt eine störungsfreie Atmosphäre, damit Sie den Test ohne Unterbrechung konzentriert durchführen können.
2. Reflektieren Sie die Durchführung und die Ergebnisse des Tests anhand folgender Leitfragen:
   - **Durchführung:** Was ist Ihnen leichtgefallen, was schwer? Über welche Aufgaben und Anforderungen waren Sie irritiert?
   - **Ergebnisse:** Haben Sie die Ergebnisse in Ihrer bisherigen Selbsteinschätzung bestätigt? Welche neuen Erkenntnisse über Ihre eigenen Interessen und Fähigkeiten haben Sie gewonnen? Wie könnte dies Ihre Berufs- und Ausbildungsplanung beeinflussen?

5.2 Studium oder (vorher) Ausbildung – was unterscheidet klassische Wege nach der Schule?

5.2.1 Raus aus der Schule, rein in die Praxis – die Berufsausbildung

M1 Worauf zielt eine Berufsausbildung? Beispiel Mediengestalter:in

Die Ausbildung zum Mediengestalter/zur Mediengestalterin wird in den beiden Fachrichtungen „Digital und Print" sowie „Bild und Ton" angeboten. Generelle Ziele der Ausbildung und Einsatzgebiete werden im Folgenden beschrieben.

Duale Ausbildung
vor allem in Deutschland und der Schweiz verbreitetes System der Berufsausbildung in den Lernorten Betrieb und Berufsschule

Die Ausbildungsdauer beträgt 3 Jahre. Mediengestalter Bild und Ton/Mediengestalterinnen Bild und Ton

- stellen Bild- und Tonprodukte her;
- können aufgrund ihrer breit angelegten Ausbildung in allen Schritten des Produktionsprozesses eingesetzt werden – von der Bild- und Tonaufnahme, Bildmischung, Bild-Tonnachbearbeitung bis zur Wiedergabe;
- können sich schnell an den unterschiedlichen Arbeitsplätzen einarbeiten und mit der Redaktion bzw. Kunden sowie mit dem Produktionsteam zusammenarbeiten.

Die Einsatzgebiete spiegeln betriebliche Aufgabengebiete wider [...]. Folgende Einsatzgebiete wurden festgelegt:

- Außenübertragung,
- Studioproduktion,
- szenische und dokumentarische Produktion EB-Produktion,
- Bildmontage, AV-Grafik, Effekte, Tonaufnahme, -schnitt, -synchronisation und -mischung,
- Radioproduktion und -sendung,
- Fernsehproduktion und -sendung,
- Organisation von AV-Produktionen,
- Produktion von Bild- und Tonmaterial für crossmediale Produkte. [...]

Mediengestalter Bild und Ton/Mediengestalterinnen Bild und Ton sind bimedial ausgebildet, d. h. können sowohl kombinierte Bild-Ton-Produkte als auch reine Tonprodukte herstellen und gestalten. Neben technischen Qualifikationen gehören zu diesem Beruf insbesondere gestalterische und herstellungsorganisatorische Qualifikationen. Die drei Qualifikationsbereiche

- Organisation,
- Technik und
- Gestaltung

nehmen jeweils rund ein Drittel der Tätigkeit ein.

Ausbildung.de – ein Portal von TERRITORY Embrace, Abruf am 04.01.2022

Die Ausbildung zum/r Mediengestalter:in Bild und Ton ist vielfältig.

M2 Wie strukturiert sich eine Ausbildung?

Die Struktur und die Teilziele der Ausbildung werden in einem Ausbildungsrahmenplan festgelegt, der sich bei Mediengestalter:in Bild und Ton in insg. 13 Lernfelder gliedert (vgl. M3b). Ein Ausschnitt aus einem solchen Rahmenplan könnte so aussehen:

Ausbildungsvergütung Mediengestalter:in Bild und Ton
1. Jahr: ca. 585,- €
2. Jahr: ca. 690,- €
3. Jahr: ca. 790,- €
Zahlen: www.ausbildung.de

Rahmenplan Ausbildung Mediengestalter:in			
Teil des Ausbildungs-/ Berufsbildes	**zu vermittelnde Fertigkeiten, Kenntnisse und Fähigkeiten**	**zeitliche Richtwerte in Wochen in den Monaten**	
		1-18	**19-36**
Herstellen von Bild- und Tonaufnahmen	a) beleuchtungstechnische Geräte aufbauen und bedienen b) Aufnahme- und Regiegeräte bedienen c) Kameras abgleichen und aussteuern d) Beschallungsanlagen einschließlich Effektgeräte aufbauen und bedienen e) Ton aussteuern sowie Ton angeln	18	
	Bild- und Ton nach redaktionellen und gestalterischen Gesichtspunkten aufnehmen, insbesondere f) Kamerastandorte, -bewegungen und Bildausschnitte festlegen g) unterschiedliche Situationen ausleuchten h) Mikrofone für unterschiedliche Situationen auswählen und positionieren i) Sicherheitsvorschriften für Produktionen mit temporären Aufbauten und mit Publikum einhalten		20

M3 Berufsschule und Prüfungen bei Mediengestalter:innen

a) Unterricht in der Berufsschule

Der Unterrichtsumfang der Berufsschule beträgt mindestens 12 Wochenstunden. Er besteht aus berufsbezogenem und berufsübergreifendem Unterricht und umfasst berufliche Lerninhalte und eine berufsbezogene Erweiterung der vorher erworbenen allgemeinen Bildung, insbesondere in den Bereichen deutsche Sprache, Fremdsprache, Politik oder Wirtschaft, Religion (Ethik) und Sport. [...]

Der berufsbezogene Unterricht der Berufsschule umfasst in der Regel 8 Wochenstunden. Er richtet sich nach den von der Kultusministerkonferenz beschlossenen Rahmenlehrplänen [...]. Der Unterricht in der Berufsschule erweitert und vertieft die Fremdsprachenkompetenz entsprechend ihrer Bedeutung in dem jeweiligen Ausbildungsberuf. [...]

Der Erwerb von erweiterten und vertieften beruflichen Kompetenzen kann durch das Angebot von Zusatzqualifikationen ermöglicht werden.

[Der Berufsschulanteil einer/s Mediengestalter:in in der dualen Ausbildung beträgt 13 Schulwochen à 5 Tage. Dieser kann in Blöcken oder wöchentlich ausbildungsbegleitend erteilt werden.]

Ständige Konferenz der Kultusminister der Länder in der Bundesrepublik Deutschland: Rahmenvereinbarung über die Berufsschule, Beschluss-Nr. 323. (Beschluss der Kultusministerkonferenz vom 12.03.2015 i. d. F. vom 09.09.2021), S. 4 f.

Verdienstmöglichkeiten Mediengestalter:in Bild und Ton

Einstiegsgehalt
ca. 1.850,- €

Gehalt mit mehrjähriger Berufserfahrung in öffentlich-rechtlichen Rundfunkanstalten
bis 2.600,- €

Monatliches Bruttogehalt (also vor Abzug von Einkommenssteuer und Abgaben an die gesetzlichen Sozialversicherungen)

Zahlen: www.ausbildung.de

b) Berufsbezogener Unterricht Mediengestalter:in Bild und Ton

Der berufsbezogene Unterricht wird gemäß der 13 Lernfelder strukturiert, für die jeweils ein Stundenkontingent vorgesehen ist.

Nr.	Lernfelder	Zeitrichtwerte in Unterrichtsstunden		
		1. Jahr	2. Jahr	3. Jahr
1	Den AV-Medienbetrieb und dessen Produkte präsentieren	40		
2	Bild- und Tonaufnahmesysteme bereitstellen und in Betrieb nehmen	80		
3	Postproduktionssysteme in Betrieb nehmen	80		
4	Bild- und Tonaufnahmen konzipieren und organisieren	80		
5	Bild- und Tonaufnahmen erstellen		80	
6	Bild- und Tonaufnahmen bearbeiten		80	
7	Bild- und Tonprodukte technisch und gestalterisch analysieren		80	
8	AV-Medienproduktionen wirtschaftlich planen und abwickeln		40	
9	AV-Medienproduktionen rechtlich absichern			40
10	Übertragungs- und Kommunikationssysteme einsetzen			40
11	AV-Medienproduktionen vorbereiten und durchführen			80
12	Postproduktionen planen und durchführen			80
13	AV-Medienprodukte bereitstellen, verwalten und weiterverwerten			40
Summe: insgesamt 840 Stunden		280	280	280

Ständige Konferenz der Kultusminister der Länder in der Bundesrepublik Deutschland. Rahmenlehrplan für den Ausbildungsberuf Mediengestalter Bild und Ton/Mediengestalterin Bild und Ton. Bielefeld 2008, S. 6

c) Prüfung im Rahmen der Mediengestalter:in-Ausbildung

Nach 18 Monaten findet eine Zwischenprüfung statt, die aus einer Arbeitsprobe von höchstens 30 Minuten und einer handlungsorientierten schriftlichen Aufgabe von maximal 120 Minuten besteht. Die Abschlussprüfung am Ausbildungsende setzt sich jeweils zur Hälfte zusammen aus praktischen Arbeitsergebnissen (Arbeitsproben, ein Ton- oder Bild-Ton-Produkt...) sowie drei praxisbezogenen, handlungsorientierten schriftlichen Aufgaben (zwischen 45 und 180 Minuten Länge).

Autorentext nach: Ausbildung.de – ein Portal von TERRITORY Embrace

M4 Haben Ausbildungsberufe Zukunft?

Eine ganz bestimmte Sache, die Deutschland seit Jahrzehnten erfolgreich exportiert, kann man weder anfassen noch kaufen. Es handelt sich [...] um die duale Berufsausbildung. Die Kombination aus beruflicher Praxis im Betrieb und theoretischer Ausbildung in der Berufsschule gelte weltweit als Vorbild sagen deutsche Verbandsvertreter, Arbeitsmarktforscher und Politiker. Und viele Länder wollen von ihr lernen. [...]

Hierzulande sinkt die Zahl der Ausbildungsverträge [aber] von Jahr zu Jahr. Zuletzt lag sie bei 500.000, das waren 50.000 Verträge weniger als noch 2011. Die Zahl der Ausbildungsbetriebe geht ebenso zurück. Laut einer Studie der Bertelsmann Stiftung sank ihre Quote von 23 Prozent im Jahr 2005 auf derzeit 19 Prozent. [...] Innerhalb von nur sieben Jahren hat sich der Anteil der Auszubildenden an den Gesamtbeschäftigten mehr als halbiert. Das ist dramatisch, finden Clemens Wieland und Lars Thies, die Autoren [einer] Bertelsmann-Studie, denn es berge „die Gefahr, dass langfristig weniger Fachkräfte beruflich qualifiziert werden als die Betriebe benötigen". Schon mit den heutigen Ausbildungszahlen werde es knapp: „Um die große Zahl an Fachkräften zu ersetzen, die in den nächsten 15 bis 20 Jahren in den Ruhestand gehen, ist der derzeitige Anteil der Auszubildenden an den Beschäftigten in allen Bundesländern zu gering." [...]

Die Ursachen für den Mangel lassen sich recht klar benennen: Weil die Zahl der Geburten sinkt, werden die Jahrgänge der Schulabgänger kleiner – und von den wenigen Absolventen streben immer mehr ein Studium statt einer Ausbildung an. Während sich die Zahl der Studierenden seit dem Jahr 2000 um eine Million erhöht hat, ist die Zahl der Azubis um 400.000 geschrumpft. [...]

Zumindest dieses Phänomen ist hausgemacht, findet Industriesprecher Schöffmann: „Man war ein Jahrzehnt lang immer stärker auf der Jagd nach einer immer höheren Akademikerquote, auf Druck der OECD." Die Organisation für wirtschaftliche Zusammenarbeit und Entwicklung rügte noch 2015 die Bundesrepublik für ihre niedrige Akademikerquote. Die liegt bei knapp 30 Prozent, wohingegen Länder wie Luxemburg und Großbritannien auf 50 Prozent kommen [...].

Besonders in den weiterbildenden Schulen hat der internationale Wettbewerb um Akademiker dazu geführt, dass die Berufsausbildung kaum noch ein Thema ist. Im Gespräch über Karrieremöglichkeiten gehe es meist um Studiengänge und nicht mehr um die betriebliche Ausbildung, monieren [= bemängeln] Kritiker. So gewännen viele Eltern und Schüler den Eindruck, dass beruflicher Erfolg nur noch über die akademische Schiene möglich sei. Von einer „Verschiebung der Wahrnehmung hin zum Akademiker" spricht Stefan Sell, Arbeitsmarktforscher und Professor für Sozialpolitik. [...] Akademiker aber hat dieses Land im „leicht konstanten Überangebot" und zwar bis ins Jahr 2030. Das zumindest legen die Zahlen von Sell nahe [...]: Ihnen zufolge werden bis dahin rund fünf Millionen Akademiker auf den Markt drängen, ihn aber nur 3,2 Millionen altersbedingt verlassen. Mit mittlerer Qualifikation hingegen träten rund 4,5 Millionen Beschäftigte weniger in den Arbeitsmarkt ein als ihn verließen.

Oberhuber, Nadine: Die Azubis werden knapp. In: www.zeit.de, 22.05.2017

Aufgaben

1. Beschreiben Sie die Ausbildung und die Tätigkeitsbereiche einer/s Mediengestalter:in Bild und Ton (**M1–M3**).
2. Arbeiten Sie heraus, welche Fähigkeiten und Interessen Bewerber:innen mitbringen sollten, um im Beruf Mediengestalter:in dauerhaft erfolgreich und zufrieden sein zu können.
3. Beurteilen Sie die allgemeinen Chancen, sich (a) erfolgreich um einen Ausbildungsplatz zu bewerben und (b) nach absolvierter Ausbildung eine interessante und auskömmliche Arbeitsstelle zu finden (**M4**).
4. Recherchieren und dokumentieren Sie analog zur/m Mediengestalter:in einen Ausbildungsberuf, der Sie interessieren könnte. Prüfen Sie anschließend, ob dieses Berufsbild tatsächlich Ihren Fähigkeiten und Zukunftsvorstellungen entspricht.

H zu Aufgabe 2
Nennen sie drei bis fünf Interessen und Fähigkeiten und beziehen Sie sich dabei auf die in Kap. 5.1, **M7** genannten.

M5 Von den eigenen Interessen zum Ausbildungsplatz

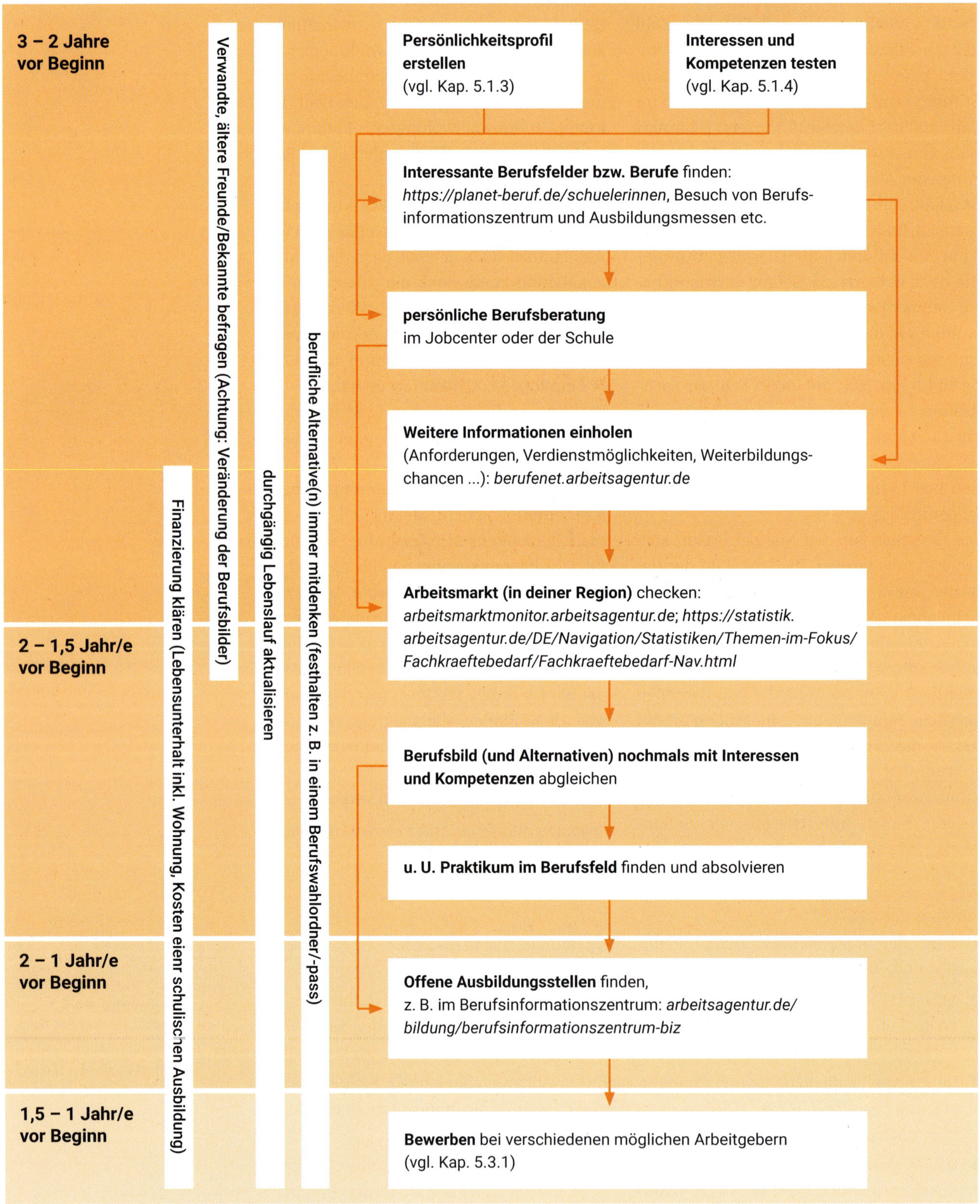

Autorengrafik

5.2.2 Nach dem Abi an die Uni – das Hochschulstudium

M6 Aufbau eines Bachelor-Studiengangs

Die über 19.000 verschiedenen Studiengänge (Stand: Wintersemester 2021/22) an deutschen Hochschulen unterscheiden sich teilweise wenig, teilweise gravierend voneinander. Ihre große Zahl kommt vor allem dadurch zustande, dass die meisten Studiengänge heute aus zwei Teilen bestehen, dem Bachelor- und dem Master-Studium. Dabei ist bereits der Bachelor der erste berufsqualifizierende Abschluss. Beispielhaft wird ein Bachelor-Studienaufbau für das beliebte Fach Wirtschaftswissenschaft an der Carl von Ossietzky Universität Oldenburg dargestellt:

<table>
<tr><th colspan="7">Fach-Bachelor Wirtschaftswissenschaften (Stand: 01.10.2020)</th></tr>
<tr><td>6. Semester
(SoSe)</td><td colspan="3">Bachelorarbeit
mit begleitendem Kolloquium
(12 KP + 3 KP)</td><td colspan="3">Berufsfeldbezogenens Praktikum
mit begleitender Lehrveranstaltung
(12 KP + 3 KP)</td></tr>
<tr><td>5. Semester
(WiSe)</td><td>Schwerpunktmodul 4*
(6 KP)</td><td>Schwerpunktmodul 5*
(6 KP)</td><td>Professionalisierungsmodul nach Wahl
(6 KP)</td><td colspan="2">Professionalisierungsmodul nach Wahl
(6 KP)</td><td>Professionalisierungsmodul nach Wahl
(6 KP)</td></tr>
<tr><td>4. Semester
(SoSe)</td><td>Schwerpunktmodul 1*
(6 KP)</td><td>Schwerpunktmodul 2*
(6 KP)</td><td>Schwerpunktmodul 3*
(6 KP)</td><td rowspan="2">Bürgerliches Recht und Handelsrecht
(6 KP)</td><td rowspan="2">Grundlagen des EU-Wirtschaftsrechts und Grundzüge des Arbeitsrechts
(6 KP)</td><td>Vertiefungsmodul 2
(6 KP)</td></tr>
<tr><td>3. Semester
(WiSe)</td><td>Makroökonomische Theorie
(6 KP)</td><td>Human Resource Management
(6 KP)</td><td>Einführung in das Marketing
(6 KP)</td><td>Vertiefungsmodul 1
(6 KP)</td></tr>
<tr><td>2. Semester
(SoSe)</td><td>Mikroökonomische Theorie
(6 KP)</td><td>Statistik I
(6 KP)</td><td>Financial Accounting
(6 KP)</td><td colspan="2">Beschaffung, Produktion und Logistik
(6 KP)</td><td>Corporate Finance
(6 KP)</td></tr>
<tr><td>1. Semester
(WiSe)</td><td>Einführung in die VWL
(6 KP)</td><td>Managerial Accounting
(6 KP)</td><td>Buchhaltung und Abschluss
(6 KP)</td><td colspan="2">Einführung in die BWL
(6 KP)</td><td>Mathematik für Ökonomen
(6 KP)</td></tr>
</table>

5 Basismodule	30 KP
5 Aufbaumodule	30 KP
5 Akzentsetzungsmodule	30 KP
5 Schwerpunktbereichsmodule*	30 KP
2 Vertiefungsbereichsmodule	12 KP
1 Bachelorarbeitsmodul (inkl. Kolloquium)	15 KP
1 Praktikums-/Auslandmodul	15 KP
3 Professionalisierungsmodule nach Wahl	

* Zur Wahl stehen fünf Schwerpunktbereiche: BWL, VWL, Recht, Ökologie und Nachhaltigkeit, Wirtschaftsinformatik. Aus einem dieser Schwerpunktbereiche sind fünf Module zu wählen.

BWL = Betriebswirtschaftslehre
VWL = Volkswirtschaftslehre
PB-Modul = Modul im Professionalisierungsbereich

www.uni-oldenburg.de, Abruf am 19.01.2022

Fach-/Hochschule
Bachelor- und Masterstudiengänge werden an Universitäten angeboten, aber auch an den stärker anwendungsorientierten Fachhochschulen. Es ist grundsätzlich möglich, sich nach einem FH-Bachelor an einer Universität für einen Masterstudiengang einzuschreiben.

Leistungspunkte (LP)
auch Kreditpunkte (KP), „Credit Points“; beziffern den Arbeitsaufwand, der notwendig ist, um an einem Modul erfolgreich teilzunehmen. Ein LP an einer deutschen Universität wird dabei mit 30 Arbeitsstunden für die Teilnahme an sowie die Vor- und Nachbereitung von Lehrveranstaltungen und Prüfungen veranschlagt. Bis zum Bachelorabschluss soll ein Student demnach 5.400 Stunden gearbeitet haben.

Modul
eine oder mehrere thematisch zusammenhängende Lehrveranstaltungen (Vorlesungen, Seminare, Übungen); mit Erbringen der erforderlichen Leistung abgeschlossen

INFO

Universitäre Lehrveranstaltungen und Prüfungsformate

An Hochschulen gibt es drei bis vier „klassische" Typen von Lehrveranstaltungen. In **Vorlesungen** halten Professor:innen oder andere akademische Lehrer:innen Vorträge, die zumeist nicht durch andere Arbeitsformen unterbrochen werden. Geprüft werden die darin erworbenen Kenntnisse der Studierenden zumeist in Klausuren, seltener in mündlichen Prüfungen oder Kolloquien.
Seminare werden hingegen stärker durch die Beteiligung der Teilnehmenden getragen. Zwar werden sie auch durch Lehrpersonal geleitet, „leben" aber von (kürzeren) Vorträgen und Diskussionen der Studierenden.
Akademische Übungen dienen dazu, den (zumeist in Vorlesungen) präsentierten Inhalt zu festigen, indem Aufgaben (aus der Lehrveranstaltung) individuell gelöst und besprochen werden. Geleitet werden sie meist durch dafür bezahlte Doktoranden oder Studierende aus höheren Semestern. Ähnlich sind die **Tutorien** angelegt, die i. d. R. in den Anfangssemestern Grundkenntnisse vertiefen helfen sollen (z. B. zu Techniken wissenschaftlichen Arbeitens).
Leistungspunkte (LP) werden zumeist durch Prüfungen erworben. In Vorlesungen und teilweise in Seminaren dargestellte Sachverhalte werden oft durch Klausuren geprüft. Mithilfe von Referaten und schriftlichen Ausarbeitungen könnten nicht selten in Seminaren LP gesammelt werden. Dazu kommen noch die beiden schriftlichen Abschlussarbeiten (Bachelor- und Masterarbeit) mit mehrmonatiger Recherche- und Schreibphase.
Die erbrachten Leistungen während und am Ende des Studiums werden unterschieden in nicht benotete Studienleistungen und benotete Prüfungsleistungen. Die Prüfungsleitungen ergeben nach einem bestimmten Schlüssel die Abschlussnote.

Autorentext

M7 Aufbau eines Master-Studiengangs

Verdienstmöglichkeiten M. A. Volkswirtschaft
Einstiegsgehalt
je nach Ausrichtung
2.200 – 3.000 €
mit mehrjähriger Berufserfahrung
je nach Ausrichtung und Verantwortung
4.200 – 7.500 €
Monatliches Bruttogehalt (also vor Abzug von Einkommensteuer und ggf. Abgaben an die gesetzlichen Sozialversicherungen)

Nach einem Bachelorabschluss kann man entweder die Universität verlassen oder man hat die Auswahl aus verschiedenen (i. d. R. zweijährigen) Masterstudiengängen. Darauf kann man sich an derselben, einer anderen deutschen Universität oder einer Hochschule im EU-Ausland bewerben. Z. B. bietet die Georg-August-Universität Göttingen fünf Masterstudiengänge in Betriebswirtschaftslehre und vier Masterstudiengänge in Volkswirtschaftslehre an (daneben noch Angewandte Statistik, Wirtschaftsinformatik, Wirtschaftspädagogik sowie Wirtschafts- und Sozialgeschichte). So könnte beispielsweise ein Master of Arts (M.A.) in International Economics mit in etwa folgendem Studienaufbau angestrebt werden. Die Blöcke sind dabei wieder in Module unterteilt:

Master of Arts in International Economics (120 Leistungspunkte)

4. Semester	VWL Spezialisierung 48 LP	Masterarbeit 24 LP		4. Semester 30 LP
3. Semester		Wahlbereich 24 LP		3. Semester 30 LP
2. Semester			VWL Vertiefung 24 LP *(Pflichtmodule 1. und 2. Semester)*	2. Semester 30 LP
1. Semester				1. Semester 30 LP

Nach: www.uni-goettingen.de, Abruf am 19.01.2022

M8 Sich für ein Studium entscheiden? Ein Universitätspräsident gibt Auskunft

Volker Epping
(*1959) seit 2015 Präsident der Gottfried Wilhelm Leibniz Universität Hannover, seit 1999 Professor für Öffentliches Recht

Herr Epping, wenn Sie es sich wünschen dürften: Welche fachunabhängigen Fähigkeiten und Einstellungen sollten alle Erstsemester bereits mitbringen, um ihr Universitätsstudium möglichst erfolgreich zu gestalten?

Volker Epping: Das lässt sich schwer pauschal beantworten. Begeisterung und Beharrlichkeit für das Fach, aber auch die Bereitschaft, an etwas dran zu bleiben, das sich nicht sofort erschließt, sind auf jeden Fall wichtige Voraussetzungen für ein Studium. Selbstverantwortliches Handeln und die Bereitschaft zur Mitwirkung gehören ebenso dazu, denn Universität und universitäres Lernen und Arbeiten lebt vom Mitmachen. Aber auch das Wissen, dass Studien- und Berufswahl zwei verschiedene Dinge sind und somit die spätere Berufstätigkeit bei Studienaufnahme noch nicht zwingend fest definiert ist, ist wichtig. Jetzt kommt erst einmal die Studienphase!

Last but not least ist die Fähigkeit zur Selbstreflexion enorm wichtig: Wir sprechen hier von der Studieneingangs- und von der Studienphase, im Laufe derer Studierende das Studium kennenlernen und sich auch selbst weiterentwickeln. Daher sollten sie für einen gelingenden Studienverlauf in der Lage sein, sich selbst in ihrem individuellen Studienverlauf zu hinterfragen und zu überprüfen, um im Zweifelsfall auch „Kurskorrekturen“ vornehmen zu können.

In welchem Fall sollte sich ein Abiturient /eine Abiturientin eher um einen Ausbildungsplatz als um einen Studienplatz bemühen?

Auch hier gibt es keine einfache oder gar eindimensionale Antwort: Häufig geht es ja gar nicht um ein „entweder ... oder“, sondern um den jeweiligen Zeitpunkt. Die Entscheidungsgründe sind so vielfältig wie auch individuell. Wie ich eben schon ausgeführt habe, sind Studien- und Berufswahl zwei verschiedene Themen: Mit einer Berufsausbildung wird eine ganz spezifische Berufstätigkeit erlernt und angestrebt; mit einem Studium hingegen ist eine sehr vielfältige „Ausbildung“ verbunden, in dem die Studierenden selbst Schwerpunkte und Vertiefungen setzen, in dessen Verlauf sich verschiedene Möglichkeiten der Berufstätigkeit entwickeln und auch entwickelt werden müssen.

Sie in der Rolle eines Mitarbeiters der Studienberatung: Welche zwei oder drei wesentlichen Fragen würden Sie Abiturienten stellen, wenn es um die Wahl des Studienfaches geht?

Zu den zentralen Fragen gehört selbstverständlich, welche Interessen und welche Fähigkeiten bzw. welche Begabung Studieninteressierte haben und auch selbst bei sich sehen. Genauso wichtig ist aber auch die Erkenntnis über die eigenen Ziele und Wünsche. Wie bereits ausgeführt, ist ein Studium mit einer vielfältigen persönlichen Entwicklung verbunden. Daher gilt es auch eine Vorstellung davon zu entwickeln, „wohin“ man individuell möchte.

Die Studienwahl verläuft jeweils individuell: Manche wissen bereits seit Jahren, was sie gern studieren möchten, andere entscheiden sich eher kurzfristig. Die einen wünschen sich detaillierte Informationen zu den inhaltlichen Anforderungen, andere müssen das Studium ausprobieren und kennenlernen und wieder andere benötigen klare Beispiele, welche Tätigkeitsfelder nach dem Studium offen stehen.

Sehen Sie Vorteile darin, bereits vor einem Hochschulstudium eine schulische oder duale Ausbildung absolviert zu haben? Wenn ja, für welche Fächer gilt das vor allem?

Die jüngste Studie zum Thema Studienabbruch identifiziert die schnellstmögliche Studienaufnahme nach dem Erwerb der Hochschulzugangsberechtigung als einen von mehreren Prädiktoren für einen Studienerfolg; der Übergang von der schulischen Lernsituation in die hochschulische

mit ihren neuen Herausforderungen fällt dann leichter. Individuell bedingt kann es aber für einzelne auch wichtig sein, nach der Schule erst etwas anderes zu machen, um sich dann erneut auf die Studienphase zu fokussieren.
Generell halte ich es für gut, während seines Lebens über den Tellerrand hinaus zu schauen. Eine Ausbildung, aber auch ein Auslandsaufenthalt oder ein längeres Praktikum sind für die Persönlichkeitsentwicklung, aber auch für die Studienwahl sicherlich nicht abträglich, ganz im Gegenteil.
Letzte Frage: Für welche Art akademischer Berufe sehen Sie das größte Zukunftspotenzial in Deutschland?
Ich kann und will mich hier nicht festlegen. Klar ist, dass Bildung unser bedeutendster „Rohstoff" ist und die akademische Ausbildung ein riesiges Potenzial hat.
E-Mail-Interview: Kersten Ringe, 07.09.2017

M9 Bewusst Zeit nehmen für die Studienwahl

ZEIT Campus: Frau Hann, ab wann sollte man sich mit der Studienwahl beschäftigen? [...]
Hann: Ich empfehle, sich ab dem Anfang der 11. Klasse mit der Zukunft zu beschäftigen. Das passende Studium findet man nicht in zwei Tagen, das kann viele Monate und teils noch weitaus länger dauern.
ZEIT Campus: Im Abi-Jahr selbst hat man den Kopf auch nicht so wirklich frei ...
Hann: Genau. Viele merken das zu spät, konzentrieren sich natürlich aufs Abi und schieben die Zukunftsplanung immer weiter nach hinten. Dann will man sich nach den Prüfungen ja auch mal erholen. Und wenn im Sommer für viele Studiengänge die Bewerbungsfristen enden, geraten sie unter Druck. [...]
ZEIT Campus: Wie hält man Fristen stressfrei ein?
Hann: [...] Am besten bricht man die Zeit auf die Stundenzahl herunter, die man wirklich [für die Bewerbung] nutzen kann. So werden aus acht Wochen schnell 20 Stunden, die man wirklich hat. Zum Beispiel weil man gerade einen Nebenjob hat. Außerdem sollte man immer einen Puffer von 50 Prozent einplanen. Geht man davon aus, etwas in einer Stunde zu erledigen, sollte man also anderthalb Stunden dafür veranschlagen.
ZEIT Campus: Die Planung ist das eine, aber man muss sich auch daran halten ...
Hann: Da hilft es, sich mit Freunden gemeinsame Ziele zu setzen. Zum Beispiel zu vereinbaren, dass man in einer Woche die Bewerbungsunterlagen komplett beieinanderhat, um sie dann gegenseitig zu kontrollieren. Bei der Zeitplanung ist man zu sich selbst oft unehrlich. Freunde lügen wir dagegen nicht gerne an. [...]
ZEIT Campus: Was ist die beste Technik?
Hann: Das ist individuell verschieden, man muss es einfach ausprobieren. Ich kenne nur einen einzigen Trick, der jedem hilft, auf der Stelle effizienter zu werden: das Handy weglegen.

Interview: Lütge, Paul. In: Zeit Studienführer 1/2021
Stephanie Hann ist Trainerin für Zeitmanagement, berät Manager und leitet Seminare an Schulen und Unis.

H zu Aufgabe 2
Berücksichtigen Sie dabei Eingangsvoraussetzungen, Dauer, Art der Tätigkeiten und Anforderungen, Verdienst währenddessen und nach dem Abschluss.

F
Schätzen Sie sich begründet selbst: Käme für Sie – nach jetzigem Stand – eher ein Studium oder eine Ausbildung in Frage (**M1–M9**)?

Aufgaben

1. Beschreiben Sie den Aufbau eines Universitätsstudiums (**M6, M7**).
2. Vergleichen Sie ein Universitätsstudium mit einer dualen Berufsausbildung (**M1–M7**).
3. Beurteilen Sie die Bedeutung der ersten Studien- oder Ausbildungsentscheidung für das Berufsleben eines Menschen in Deutschland (**M1–M9**).
4. Recherchieren und dokumentieren Sie ein (Fach-)Hochschulstudium, das Sie interessieren könnte. Prüfen Sie anschließend, ob dieses Studium tatsächlich Ihren Fähigkeiten, Neigungen und Zukunftsvorstellungen entspricht.

M10 Von den eigenen Interessen zum Studienplatz

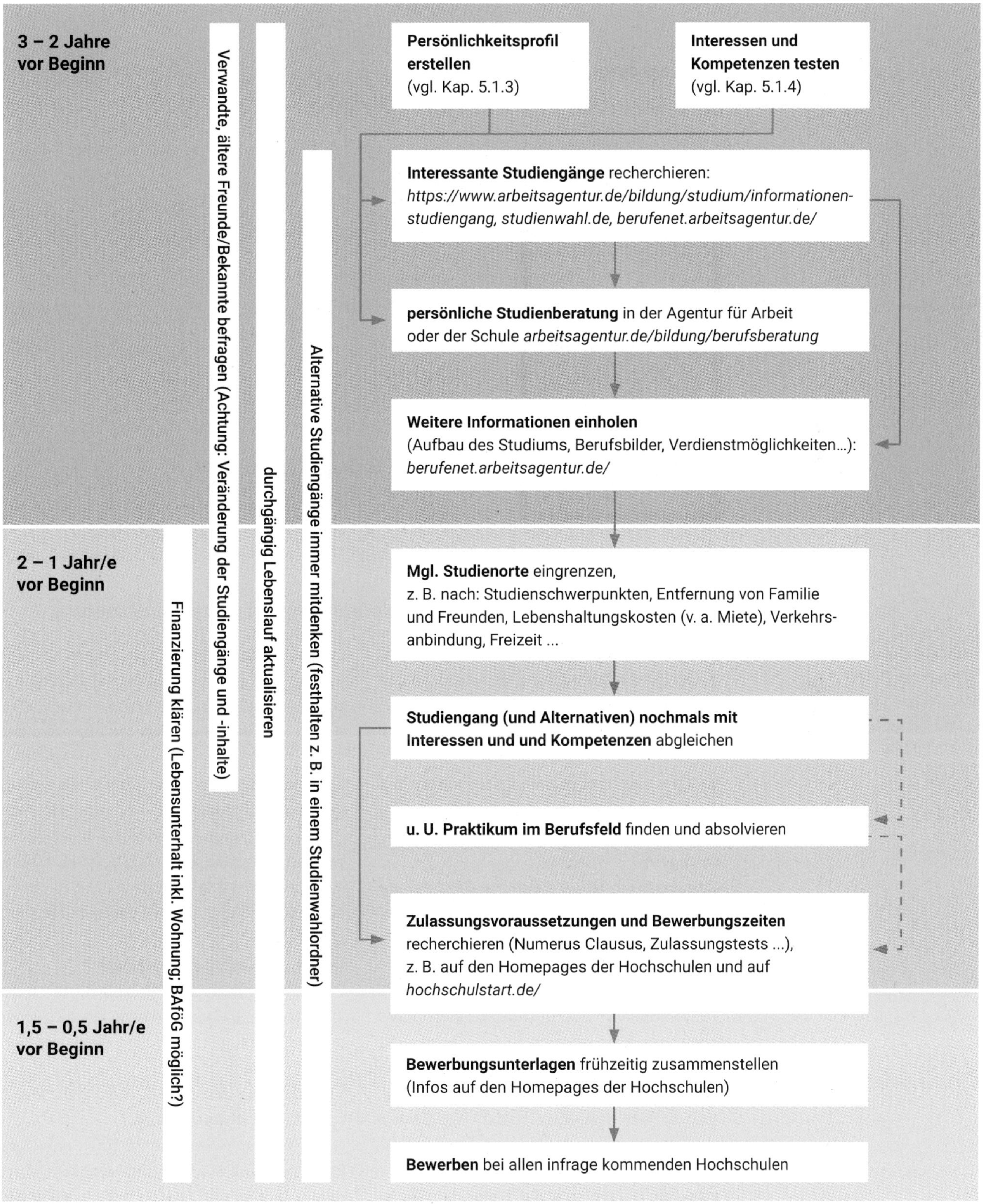

Autorengrafik

5.2.3 Kann ich mir das Studieren überhaupt leisten? Das BAföG

Einstiegsaufgabe

Deuten Sie die Abbildung auf der Briefmarke (**M11**).

M11 Die Liebe der Studierenden?!

Anlässlich des 50-jährigen Bestehens des BAföG wurde eine Briefmarke gestaltet, September 2021.

BAföG-Rechner
Im Internet können BAföG-Sätze probeweise errechnet werden, Links finden Sie hier.

72091-56

M12 „Das BAföG" – staatliche Unterstützung zur Studienfinanzierung

Seit 1971 unterstützt die Bundesrepublik Deutschland Studierende finanziell, deren Eltern es sich nicht (vollständig) leisten können, ihren Kindern ein Studium zu finanzieren. Die Leistungen und deren Bedingungen sind festgehalten im Bundesausbildungsförderungsgesetz („BAföG").

Wer kann Förderung nach dem BAföG beantragen?

Grundsätzlich jede/r deutsche Studierende, für ausländische Studentinnen und Studenten an deutschen Hochschulen gelten bestimmte Voraussetzungen. Auch Schüler:innen und Absolvierende einer schulischen Ausbildung, die einen Wohnort abseits der Eltern erfordert, können BAföG beantragen. Schüler:innen, die mindestens sechs Monate (bis maximal 12 Monate) im Ausland eine Schule besuchen, haben die Chance auf BAföG und einen Reisekostenzuschuss („Auslands-BAföG").

Wonach richtet sich die Höhe der Förderung (Stand: 2021)?

Da die Eltern unterhaltspflichtig sind, richtet sich die Förderungshöhe nach deren Einkommen. Verheiratete Eltern mit nur einem Kind, für das Unterhalt gezahlt werden muss, haben einen Freibetrag von 1.890,- € Gesamteinkommen pro Monat. Verdienen sie zusammen weniger, kann ihr Kind die BAföG-Höchstsumme erhalten. Durch jedes weitere unterhaltsberechtigte Kind erhöht sich der Freibetrag der Eltern um 570,- €.

Der monatliche BAföG-Höchstsatz liegt bei 861,- €.

Wie lange läuft die Förderung?

Gefördert wird das erste Vollzeit-Studium während der Regelstudienzeit bis zum Master, Magister, Diplom, zweiten Staatsexamen o.ä.

Verliert man den BAföG-Anspruch, wenn man das Studium wechselt?

Nein. Bis zum Beginn des dritten Semesters kann man den Studiengang wechseln, ohne dass die bisherige Studienzeit angerechnet wird. Beim Studienfachwechsel ist ein sogenannter „wichtiger Grund“ (z. B. Änderung der Neigung für ein Fach) anzugeben.

Darf man neben dem BAföG zusätzliches Geld verdienen?

Ja. BAföG-Empfängerinnen und -Empfänger dürfen jährlich knapp 5.500,- € brutto dazuverdienen. Das entspricht einem 450-Euro-Job. Ein eigenes Vermögen von bis zu 8.200,- € bleibt unangetastet. Wer mehr Geld besitzt, erhält einen geringeren BAföG-Satz.

Ist man dann nicht nach dem Studium zu hoch verschuldet?

Die Hälfte der erhaltenen Förderung muss nicht zurückgezahlt werden („Zuschussanteil“). Die andere Hälfte („Darlehensanteil“) wird zinslos in Raten zurückgezahlt, sobald man nach dem Studium berufstätig ist. Die monatliche Rückzahlungsrate beträgt in der Regel 130,- €, kann bei geringerem Einkommen aber auch niedriger sein. Nach höchstens 77 Raten ist man schuldenfrei, egal ob der Darlehensanteil bis dahin vollständig beglichen ist. Auch wenn man den Darlehensanteil nach 20 Jahren noch nicht zurückzahlen konnte, werden die restlichen Schulden erlassen.

Wer als Schülerin oder Schüler BAföG erhält, ist von jeglicher Rückzahlung befreit.

Autorentext

arbeiterkind.de
2008 gegründete, gemeinnützige und vielfach preisgekrönte Initiative von Studierenden, die junge Erwachsene unterstützen, die als erste in ihrer Familie studieren könnten. 6.000 ehrenamtliche Helferinnen und Helfer in 80 lokalen Teams beraten einzelne Schüler:innen oder (Schüler-)Gruppen zu Fragen des Aufbaus eines Studiums, der Finanzierung, des Übergangs in einen Beruf nach dem Studium u. v. m.

M13 Forderung: BAföG wieder ausbauen!

Das BAföG, eine der besten Ideen des Sozialstaats überhaupt, steckt in der Krise [...]. Die Zahl der jungen Leute, die die Förderung beziehen, ist um ein Drittel eingebrochen – von fast einer Million im Jahr 2012 auf 640.000. 11 Prozent der Studierenden erhalten heute BAföG [...].

Das Hauptproblem ist nicht, dass es an Geld fehlen würde; das Bildungsministerium lässt regelmäßig Etat-Mittel ungenutzt, die für das BAföG zur Verfügung stünden. [...] Das Hauptproblem ist, dass der Kreis der Menschen zu eng gezogen ist, die BAföG erhalten dürfen. Die Förderung endet mit der „Regelstudienzeit“ – die Mehrheit aber wird in dieser Zeit nicht fertig. Die Förderung endet spätestens mit dem 35. Geburtstag – wer erst arbeitet und dann ein Studium aufnimmt, fällt häufig aus der Förderung heraus. Und dann knausert der Staat schon bei Familien, die die Ausbildung eines Kindes längst nicht unterstützen können. Bei einer Studentin unter 25 Jahren, die alleine lebt und keine Geschwister hat, beginnt das BAföG zu sinken, wenn die Eltern etwas mehr als 2.000 Euro netto im Monat verdienen – gemeinsam. Das ist realitätsfremd. [...]

[Die Reform des BAföG] sollte sich von der Regelstudienzeit lösen, die Altersgrenze abschaffen und die Freibeträge beim Einkommen der Eltern regelmäßig erhöhen [...].

Munzinger, Paul: Hilfe, die keine mehr ist. In: Süddeutsche Zeitung, 03.09.2021

Stipendien zur Studienfinanzierung
Viele Studierende haben die – oft noch wenig bekannte – Möglichkeit auf ein nicht zurückzuzahlendes Stipendium zur Teilfinanzierung des Studiums, häufig bereits im ersten Semester. Einen Überblick finden Sie auf *www.mystipendium.de.*

Aufgaben

1. Stellen Sie das „BAföG“ dar – Leistungen, Voraussetzungen, Rückzahlung (**M12**).
2. Arbeiten Sie die vermutlichen Zielsetzungen der staatlichen Förderung von Studierenden heraus (**M12, M13**).
3. Überschlagen Sie Ihren monatlichen Finanzbedarf für ein Studium, wenn Sie nicht bei Ihren Eltern wohnen. Summieren Sie dazu die Kosten für Lebensmittel und andere Güter des täglichen Bedarfs sowie für Ihre Freizeitgestaltung. Recherchieren Sie voraussichtliche Mietkosten an einem Universitätsstandort, z. B. indem Sie studierende Geschwister oder Personen aus Ihrem Bekanntenkreis befragen.
4. Schätzen Sie ein, ob eine (Teil-)Finanzierung eines Studiums mithilfe von BAföG für Sie infrage kommt.

F zu Aufgabe 2
Recherchieren Sie, ob das BAföG seit 2021 reformiert worden ist.

5.2.4 Duales Studium – perfekte Mischung aus Theorie und Praxis?

M14 Duales Studium in Zahlen

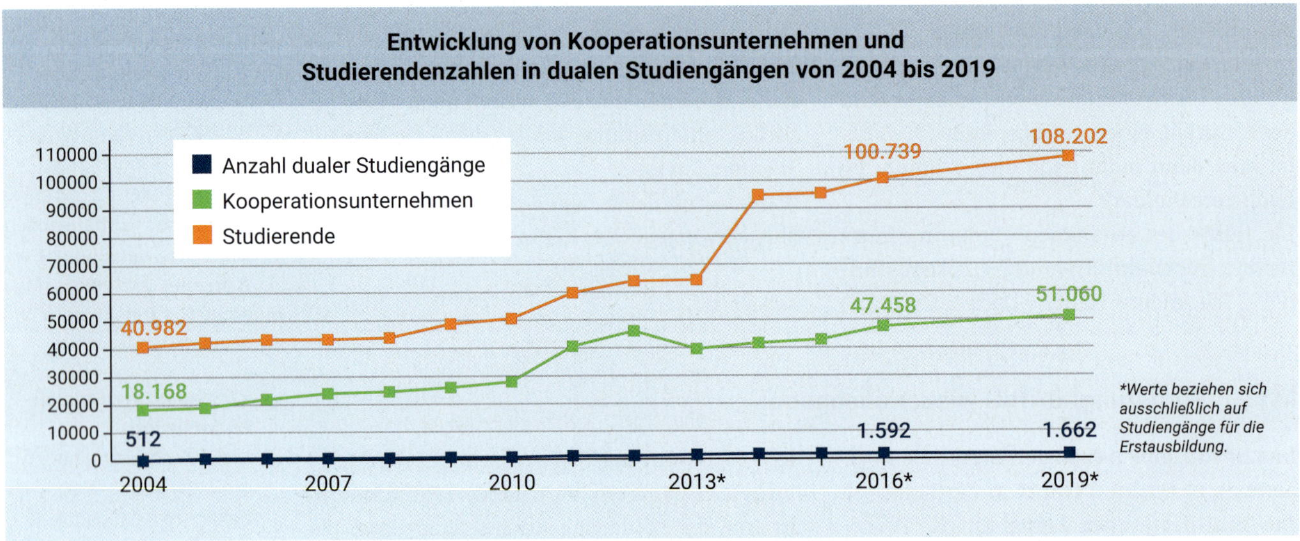

Autorengrafik, Zahlen nach: Bundesinstitut für Berufsbildung: Duales Studium in Zahlen 2016. Bonn 2017, S. 9

INFO

Duales Studium

Wer dual studiert, lernt an zwei Orten: an der Hochschule und in einem Unternehmen. Entweder hat man am Ende einen Bachelor und eine abgeschlossene Ausbildung, etwa zum Mechatroniker: Diese dualen Programme [...] [sind] unter dem Stichwort „ausbildungsintegrierend" [zu finden]. Oder man studiert „praxisintegrierend". Das heißt, man sammelt in Praxisphasen [während eines Bachelor-Studiums] viel Erfahrung im Unternehmen, macht aber keine klassische Ausbildung. Rund 70 Prozent aller dualen Studenten entscheiden sich für [letztere] Variante. [...]
Damit ein duales Studienangebot zustande kommt, müssen Arbeitgeber dafür Plätze anbieten. Das tun sie vor allem für Richtungen wie Betriebswirtschaftslehre, Ingenieurwesen und Informatik. Auch im Bereich Soziales und Gesundheit existieren mehr und mehr duale Programme, zum Beispiel für Ergotherapie und Pflege. [...]
Als dualer Student [...] [ist man] gleichzeitig Angestellter [und muss] [...] die Anweisungen des Chefs befolgen [...]. Statt monatelanger Semesterferien wie andere Studenten [...] [hat man] nur so viel Urlaubsanspruch wie Auszubildende: mindestens 24 Werktage im Jahr. Auch die Theoriephasen folgen einem straffen Stundenplan, und oft reicht eine 40-Stunden-Woche nicht. [...]
Dafür bekommt [...] [ein] dualer Student von Anfang an ein Gehalt – etwa 700 bis 1.000 Euro monatlich sind es im ersten Jahr. Große Konzerne zahlen meist mehr als Mittelständler, in Studiengängen mit Wirtschaftsbezug etwa verdient man besser als in technischen oder sozialen Fächern.

Lübke, Friederike: dual studieren. In: www.zeit.de, 29.06.2017

Semesterferien
umgangssprachlicher Ausdruck für die vorlesungsfreie Zeit, in der aber in nicht unerheblichen Teilen Studien- und Prüfungsleistungen erbracht werden müssen (z. B. Hausarbeiten, Praktika)

M15 Ist das duale Studium uneingeschränkt empfehlenswert?

Manchmal, wenn Samuel Baum nach Hause kommt und es draußen schon dunkel ist, wünscht er sich, sein Tag hätte mehr als 24 Stunden. Aufgestanden ist er um acht, zehn Stunden hat der 24-Jährige bei seinem Arbeitgeber, der Modekette Peek & Cloppenburg, verbracht. Wenn sich seine Kollegen in den Feierabend verabschieden, legt Baum ein zweites Mal den ersten Gang ein. Abendessen mit der Freundin. Bis in die Nacht hinein büffelt Baum, der in Wirklichkeit anders heißt, Mathematik und Mikroökonomik. [...] Gute Aufstiegschancen spornen an: „Absolventen dualer Studiengänge sind heiß begehrt", erklärt Susanne Walter, Sprecherin des Berufsbildungsinstituts. Auch Samuel Baum verspricht sich einen besseren Berufseinstieg. Denn eine Stelle [bei der Modekette] ist ihm nach dem Abschluss sicher. [...]

Doch ein duales Studium hat seine Schattenseiten. Für einen gesicherten Berufseinstieg investiert Baum viel: 46 Stunden muss er monatlich im Unternehmen in Essen arbeiten. Neben diesen sogenannten Praxisphasen absolviert er einen theoretischen Teil: Vierwöchige Lernblöcke, die Baum im Rahmen des Klassiker-Studiengangs Business Administration viermal im Jahr im Hörsaal an der Hochschule für Ökonomie und Management in Essen verbringt.

„Das Privatleben bleibt häufig auf der Strecke", erzählt Baum. Als ehemaliger Leistungssportler hatte er früher mehrere Stunden Training täglich. Jetzt geht er nur noch einmal pro Woche, immer sonntags, mit seinen Freunden laufen. „Meine sozialen Kontakte pflege ich beim Sport." Wenn Prüfungen anstehen, werden selbst die Abende nach Ladenschluss zum Lernen zu kurz. Dafür muss Baum Urlaub nehmen. Immerhin verdient er bereits – anders als viele Vollzeitkommilitonen. Leute aus einkommensschwachen Familien könnten ein Studium auf diese Weise ohne finanzielle Belastung absolvieren, heißt es. Eine nicht repräsentative Umfrage unter 600 dual Studierenden des Internetportals „Wegweiser-duales-Studium" hat allerdings kürzlich ergeben, dass zwei Drittel der Befragten kaum bis gar nicht mit ihrem monatlichen Gehalt auskommen.

Kein Wunder, sagt Kevin Heidenreich, Bildungsexperte beim Deutschen Industrie- und Handelskammertag: Oft kommen auf dual Studierende zusätzliche Kosten durch weite Fahrstrecken zu. Einige bezahlen zwei Wohnungen, eine am Studienort, eine in der Nähe des Unternehmens. Außerdem fallen an vielen privaten Hochschulen Studiengebühren an: Bei Samuel Baum etwa gehen dafür monatlich 295 Euro direkt von seinem Gehalt ab. [...] Nur in manchen Firmen gilt der Tarifvertrag der Lehre auch für die Studierenden. [...] Darüber hinaus haben dual Studierende keinen Anspruch auf BAföG, da sie, weil sie Geld verdienen, meist über der Höchstgrenze liegen.

Seidel, Carolin: Ausgelaugt und heiß begehrt. In: die tageszeitung, 31.07.2013

Aufgaben

1. a) Beschreiben Sie die Entwicklung des dualen Studiums in Deutschland (**M14**).
b) Erklären Sie die Entwicklung der Studierendenzahlen im dualen Studium hypothesenartig (**M14**, Infobox).

2. Stellen Sie Vorzüge und Nachteile des dualen Studiums einander gegenüber (**M15**, Infobox).

3. Beurteilen Sie, ob ein duales Studium nach der Schule für Sie infrage käme. Berücksichtigen Sie dabei die Analyse Ihrer Interessen und Fähigkeiten.

4. Recherchieren Sie Unternehmen (inkl. kooperierender Hochschulen), die duale Studiengänge anbieten in Branchen sowie Regionen, die für Sie infrage kommen.

Weitere gut verständliche Informationen zum dualen Studium finden sich beispielsweise auf der Seite der Hochschule Osnabrück: www.hs-osnabrueck.de → Studium → Studienangebot → Duales Studium

5.2.5 Sich orientieren und neue Erfahrungen sammeln: Bundesfreiwilligendienst und mehr

M16 Gutes Tun und eigene Kompetenzen erweitern – Erfahrungsbericht aus einem Freiwilligen Sozialen Jahr

Nach dem Abitur gleich ins Studium eintauchen? Das kam für Saskia Krebsz nicht infrage. Die 18-Jährige wollte lieber erst mal praktische Erfahrungen sammeln. Ihre Wahl fiel auf ein FSJ Digital beim Jugendberatungszentrum „Go Europe!" in Magdeburg.

Auch wenn Sie den Erwerb einer **Fachhochschulreife** anstreben (schulischer Teil bei Erreichen bestimmter Anforderungen am Ende von Klasse 12), ist ein einjähriger Freiwilligendienst eine sinnvolle Option: Dieser wird als berufsbezogener Teil anerkannt, sodass Sie im Anschluss über die Fachhochschulreife verfügen und die Zugangsberechtigung zum Bachelor-Studium an Fachhochschulen (vgl. Kap. 5.2.2) erhalten – und zwar in allen Fachrichtungen.

'Go Europe!' ist ein Jugendberatungszentrum, das jungen Menschen in Sachsen-Anhalt europäische Themen und interkulturelle Kompetenzen näherbringen will. Da ich später „Internationale Beziehungen" studieren möchte, hat mich der internationale Aspekt sofort angesprochen. Dass das Jugendberatungszentrum ein FSJ im digitalen Bereich anbietet, ist eine gute Möglichkeit für mich, selbst mitzumachen und hinter die Kulissen zu blicken.

Beworben habe ich mich über das Deutsche Rote Kreuz (DRK), das Freiwilligendienste in verschiedene soziale Einrichtungen vermittelt. Als kurz darauf die Zusage kam, habe ich mich riesig gefreut. Im September 2016 ging es los. Für alle Freiwilligen des DRK begann das Jahr mit einer Seminarwoche, die uns auf unseren Einsatz vorbereiten sollte. Zu Beginn konnte sich jeder von uns – in Absprache mit der jeweiligen Einsatzstelle – aussuchen, welche Projekte wir gerne im FSJ umsetzen würden. Ich entschied mich für die digitalen Bausteine „Umsetzung einer digitalen Kampagne" sowie „Digitales Storytelling". Außerdem haben wir die Aufgabe bekommen, ein Jugend-Bar-Camp mit verschiedenen Workshops rund um das Thema Medien zu organisieren.

In meiner Einsatzstelle „Go Europe!" habe ich mich Dank der lockeren Atmosphäre schnell eingelebt. Wir organisieren viele spannende Projekte. Viel zu tun gab es zum Beispiel bei den Vorbereitungen für eine internationale Jugendbegegnung, die im Dezember in Magdeburg stattfindet. Meine Aufgabe dabei ist es unter anderem, täglich Meldungen in den sozialen Netzwerken zu veröffentlichen. Mein bisheriges Highlight war aber eine Studienfahrt nach Brüssel, die „Go Europe!" organisiert hat und die ich begleiten durfte. Dort habe ich alles mit der Fotokamera festgehalten. Das hat mir unheimlich Spaß gemacht.

Schon jetzt habe ich viele praktische Einblicke und neue Kompetenzen gewonnen. Bisher kannte ich mich nicht besonders gut mit digitalen Medien aus, jetzt komme ich schon viel besser zurecht. Zum Beispiel habe ich gelernt, wie ein Videoschnittprogramm funktioniert. Außerdem konnte ich viele Kontakte knüpfen, die bestimmt auch für meine berufliche Zukunft hilfreich sind.

Krebsz, Saskia: Im digitalen Einsatz. In: abi>>, www.abi.de, 21.12.2016

Wer besonderes Interesse an Natur und Umwelt hat, kann z. B. ein Freiwilliges Ökologisches Jahr (FÖJ) in Betracht ziehen. Hier geht Dorit Himmelein mit einem Ochsen der Art „Rätisches Grauvieh". Sie macht ein Freiwilliges Ökologisches Jahr im Freilichtlabor Lauresham.

INFO

Welche Freiwilligendienste gibt es?

Freiwilligendienste		
Der Bundesfreiwilligendienst (BFD)	**Freiwilliges Soziales Jahr (FSJ) in Pflege Sport, Kultur, Politik u. a.**	**Freiwilliges Ökologisches Jahr (FÖJ)**
Was ist das? Wo kannst du es absolvieren?		
Der BFD wurde 2011 eingeführt und wird in gemeinwohlorientierten Einrichtungen geleistet, etwa in Behinderteneinrichtungen. Aber auch im Zoo, im Theater oder einem Sportverein ist ein BFD prinzipiell möglich.	Es gibt das „klassische" FSJ, bei dem Sie meistens in einer sozialen Einrichtung, etwa einer Kita, einer Behinderteneinrichtung oder in einem Krankenhaus tätig sind. Sie können Ihr FSJ aber auch in der Politik, beispielsweise in der Landtagsfraktion einer Partei, oder einer anderen politischen Einrichtung absolvieren. Möglich ist auch ein Einsatz in einem Sportverein (FSJ im Sport) oder einem Theater (FSJ in der Kultur).	Das FÖJ richtet sich an junge Erwachsene zwischen 16 und 27 Jahren, die etwas zum Erhalt der Umwelt beitragen möchten. Einsatzmöglichkeiten gibt es unter anderem bei Natur- oder Tierschutzvereinen, im Forstamt oder in einer Einrichtung der Umweltbildung.
Für wen ist dieser Dienst interessant?		
Bewerbungen und Einstieg sind immer möglich, variieren aber je nach Einsatzstelle und Träger. Daher sollten Sie früh Kontakt zu Ihrer Wunscheinsatzstelle aufnehmen.	Die meisten FSJ beginnen Anfang August oder September, den genauen Start legt jedoch die Einsatzstelle fest. Begehrte Plätze werden teilweise ein Jahr im Voraus vergeben, daher sollten Sie sich früh bewerben.	Die meisten FÖJ beginnen Anfang August oder September, den genauen Start legt jedoch die Einsatzstelle fest. Begehrte Plätze werden teilweise ein Jahr im Voraus vergeben, daher sollten Sie sich früh bewerben.
Was gibt es sonst zu beachten?		
Es wird ein Taschengeld bezahlt, über dessen Höhe die Einsatzstellen entscheiden. Die Höchstgrenze liegt bei 426 Euro, wobei Berufskleidung, Unterkunft und Verpflegung in der Regel gestellt oder die Kosten ersetzt werden. „Bufdis" sind über den Träger Mitglied der Sozialversicherungen.	Für den Dienst wird trägerabhängig eine Vergütung bezahlt. Die Bezahlung umfasst ein monatliches Taschengeld von mindestens 320 Euro sowie eine Verpflegungspauschale von 40 Euro.	Das FÖJ wird von den Ländern finanziert. Dadurch gibt es für jedes Bundesland spezifische Regelungen und auch die Vergütung unterscheidet sich. Die Freiwilligen können mit einem Taschengeld von üblicherweise 180 Euro rechnen, welches bei Unterbringungen außerhalb der Einsatzstelle um Zuschüsse zum Wohnen ergänzt wird.

Zusammenstellung des Autors

Weitere Freiwilligendienste – auch im Ausland
Auch der **Freiwillige Wehrdienst (FWD)** ist eine Form des Freiwilligendienstes, der nach Beendigung der Schulzeit gewählt werden kann.
Es gibt zudem Freiwilligendienste (Weltwärts, Internationaler Jugendfreiwilligendienst, Europäischer Freiwilligendienst, Kulturweit sowie FSJ und FÖJ), die im **Ausland** absolviert werden (können). Weitere „Auszeiten", die im Ausland absolviert werden (Horizonterweiterung, Spracherwerb), sind „Work and Travel" oder Au-Pair-Tätigkeiten.

Aufgaben

1. Beschreiben Sie die Anforderungen und Gestaltungsmöglichkeiten einer Tätigkeit im Rahmen eines Freiwilligendienstes (**M16**).
2. „Gutes Tun und die eigenen Kompetenzen erweitern". Erläutern Sie die mögliche Bedeutung eines Freiwilligendienstes für die eigene Entwicklung und berufliche Orientierung (**M16**, Infobox).
3. Recherchieren Sie für Sie – und Ihre gegenwärtige berufliche Orientierung – interessante Einsatzmöglichkeiten im Rahmen eines Freiwilligendienstes.
4. Reflektieren Sie, inwieweit das Absolvieren eines Freiwilligendienstes nach Beendigung der Schullaufbahn für Sie von Nutzen sein könnte.

Auf den Internetportalen
- www.bundesfreiwilligendienst.de und
- www.bundes-freiwilligendienst.de/stellen

können Sie mögliche Einsatzstellen (Region, inhaltliche Ausrichtung) recherchieren.

5.3 Anleitung zum Praktikum

5.3.1 Wie bewerbe ich mich für ein Praktikum und darüber hinaus?

Tipps und Vorlagen
Auf der Internetseite https://www.azubiyo.de/ (→ Bewerbungstutorial) finden Sie neben weiteren Tipps für die Bewerbung auch Formatvorlagen (word) für professionell gestaltete Bewerbungen sowie Negativbeispiele zum Üben.

M1 Die schriftliche Bewerbung

Um den von Ihnen favorisierten Praktikumsplatz zu erlangen, ist in der Regel eine aussagekräftige und formal überzeugende schriftliche Bewerbung erforderlich. Zugleich können Sie dabei das Bewerbungsverfahren für einen späteren Ausbildungsplatz oder ein duales Studium einüben.
Die Bewerbungsmappe (oder auch die Online-Bewerbung) besteht aus:

1. Anschreiben
2. Lebenslauf mit Foto
3. Kopien der letzten beiden Schulzeugnisse
4. Evtl. Bescheinigungen von Praktika oder Kursen

In dieser Reihenfolge werden die Unterlagen auch in der Mappe geordnet.

Autorentext

M2 Das Bewerbungsanschreiben

a) Das Anschreiben

In Bewerbungs-Ratgebern finden sich häufig die immergleichen Redewendungen wie „...hiermit bewerbe ich mich um...“, „finde ich reizvoll...“ . Wenn möglich, sollte man sich von solchen Standardformulierungen lösen und eigene Worte finden. Sich etwas anders auszudrücken ist allerdings immer Chance und Risiko zugleich; flapsige Worte können missverstanden werden.
Ein Anschreiben ist folgendermaßen aufgebaut:

- Absender
- Datum
- Anschrift des Unternehmens
- Betreffzeile: Hier nennt man die Berufs- oder Ausbildungsbezeichnung, auch die Quelle einer Stellenanzeige. „Betreff“ schreibt man aber nicht mehr davor.
- Anrede des Ansprechpartners, am besten persönlich; ansonsten gilt „Sehr geehrte Damen und Herren“.
- Begründung für den Einstellungswunsch: Was motiviert einen für diese Stelle, warum ist man dafür geeignet?
- Schlussformel: „Mit freundlichen Grüßen“
- eigenhändige Unterschrift

Das Anschreiben sollte nicht länger als eine Seite sein.
Für die Gestaltung gilt: Keine Krakel, keine Verzierungen oder Unterstreichungen!

Autorentext

b) Beispiel: Bewerbungsschreiben

Aysche Fuchs
Bahnhofsallee 5
37081 Göttingen
Tel. 0551/78563412

COMPUTECH AG
Frau Bauer
Ostring 106
26125 Oldenburg

25. August 2022

Bewerbung um einen Ausbildungsplatz Bachelor of Science (DHBW) Wirtschaftsinformatik

Sehr geehrte Frau Bauer,

in der Jobbörse der Bundesagentur für Arbeit hat mich das Stellenangebot Ihrer Firma sehr angesprochen. Ich möchte mich Ihnen gerne vorstellen.

Zurzeit besuche ich das Hainberg-Gymnasium in Göttingen, das ich voraussichtlich im Juni 2024 mit dem Abitur verlassen werde.

Seit ich im Rahmen des Wahlpflichtunterrichts Informatik der Jahrgänge 9 und 10 die Programmierung von Robotern kennengelernt habe, begeistern mich die vielfältigen Möglichkeiten des Einsatzes von Computern. Mit unseren Kursen haben wir mehrfach erfolgreich an regionalen und überregionalen Wettbewerben teilgenommen.
Bei meinem Betriebspraktikum bei der Firma Sartorius AG erhielt ich einen ersten Einblick in kaufmännische Tätigkeiten, besonders hat mir der Kontakt zu Kunden und Lieferanten gefallen.

Sowohl in der Projektarbeit als auch im Praktikum hat mir die Zusammenarbeit in einem Team Spaß gemacht, mich inspiriert und motiviert. Neben meinem Interesse am Umgang mit Computern und der Beschäftigung mit technischen Fragestellungen reizt mich sowohl die Herausforderung, den Wünschen von Kunden als auch den betrieblichen Erfordernissen gerecht zu werden.

Auf Ihrer Internetseite habe ich mich über Ihr Unternehmen ebenso intensiv informiert wie über den Studiengang an der Dualen Hochschule Osnabrück. Der Wechsel zwischen theoretischer Auseinandersetzung im Studium und praktischem Lernen vor Ort – auch an verschiedenen Standorten des Unternehmens – erscheint mir als tolle Möglichkeit, Theorie und Praxis miteinander zu verbinden.

Da ich mich für Ihre Firma und die sich dort stellenden Aufgaben sehr interessiere, bewerbe ich mich um einen Ausbildungsplatz in Ihrem Unternehmen.
Über eine Einladung zu einem persönlichen Vorstellungsgespräch freue ich mich.

Mit freundlichen Grüßen

Aysche Fuchs

Anlagen

INFO

Onlinebewerbung

Immer mehr Unternehmen verlangen Online- oder E-Mail-Bewerbungen. Dabei sind genauso Regeln zu beachten:

Online sollte man sich nur auf Wunsch der Firma bewerben und die dafür vorgegebenen firmeneigenen Bewerbungsformulare nutzen. Unterlagen wie z. B. Zeugniskopien schickt man erst auf Wunsch des Unternehmens nach.

Bei einer E-Mail-Bewerbung werden Anschreiben, Lebenslauf, Zeugnisse etc. als Anhang im PDF-Format versandt. Eine Online- oder E-Mail-Bewerbung muss genauso ernsthaft und sorgfältig wie eine postalische Bewerbung verfasst werden. Es gilt, auf vollständige, fehlerfreie Angaben, die komplette Post- und die eigene (seriöse!) E-Mail-Adresse zu achten, über die man kontaktiert werden möchte.

Wer eine eigene Homepage hat, sollte darauf nur verweisen, wenn sie zu dem Berufsbild passt, man sich z. B. in der Computer oder Medienbranche bewirbt. Auch hier zählt ein seriöser Auftritt. Fotos der letzten Geburtstagsfeier oder aus dem Urlaub sind fehl am Platz.

Autorentext

M3 Der schriftliche Lebenslauf

Der Lebenslauf sollte in tabellarischer Form am Computer erstellt werden. Er wird aspektorientiert gegliedert und innerhalb der Aspekte entweder herkömmlich (chronologisch aufsteigend von der frühesten Station aus) oder in der „amerikanischen Form" (absteigend chronologisch vom aktuellsten Stand ausgehend) aufgebaut. Entscheidend ist dabei ein einheitliches Vorgehen.

a) Aufbau eines tabellarischen Lebenslaufs

1. Überschrift „Lebenslauf"
2. Passfoto (meist oben rechts)
3. Vor- und Zuname
4. Anschrift, Telefon, E-Mail-Adresse
5. Geburtsdatum und Geburtsort, Staatsangehörigkeit
6. Besuchte Schulen
7. Angestrebter Schulabschluss
8. Evtl. Lieblingsfächer in der Schule (vor allem mit Bezug zur Ausbildung)
9. Besondere Kenntnisse, z. B. Sprachen, Computer
10. Evtl. FWD/BFD etc.
11. Evtl. Hobbys
12. Evtl. Ferienjob, Praktikum (Bescheinigung über Praktika beilegen)
13. Ort und Datum
14. Unterschrift

Wichtig ist ein gutes Bewerbungsfoto. Eine gepflegte Erscheinung und ein freundlicher Gesichtsausdruck erwecken auch beim Betrachter einen positiven Eindruck. Man sollte auf keinen Fall Automatenfotos verwenden und beim Fotografen nicht nur eines, sondern gleich mehrere Bilder machen lassen – das Beste für die Bewerbung auswählen!

Autorentext

b) Muster

Lebenslauf

Persönliche Daten

Name:	Aysche Fuchs
Anschrift:	Bahnhofsallee 5 37081 Göttingen Tel. 0551/78563412
Geburtstdatum, -ort	01.04.2005 in Göttingen

Schulbildung

Schullaufbahn:	2011 – 2015	Grundschule Diemarden
	2015 – 2024	Hainberg-Gymnasium Göttingen
	voraussichtlich Juni 2024	Allgemeine Hochschulreife (Abitur)
Sprachkenntnisse:	Englisch (9 Jahre), Spanisch (6 Jahre)	
	Teilnahme an Schüleraustauschprogrammen mit Polen (1 Woche) und Spanien (10 Tage)	
Lieblingsfächer:	Informatik, Englisch, Politik-Wirtschaft	
Prüfungsfächer:	Informatik, Mathematik, Politik-Wirtschaft (eA), Deutsch, Englisch (gA)	

Interessen, Kenntnisse

Praktika/Ferienjobs:	02/2021	Fa. Sartorius AG, 2 Wochen, Systemadministration und Programmierung
	07/2022	Fa. Bosch, 3 Wochen, einfache Verwaltungstätigkeiten
Hobbys:	Computer, Volleyball, lesen	
Ehrenamtliche Tätigkeiten:	Leiterin einer Jugendgruppe Mitarbeit bei der Gestaltung der Schul-Homepage	

Göttingen, 25. August 2022

Aysche Fuchs

c) Checkliste für die schriftliche Bewerbung

- ☐ Für Anschreiben und Lebenslauf sollte man weißes, unliniertes Papier in DIN A4-Format verwenden, rechts und links jeweils 2,5 cm Rand formatieren.
- ☐ Das Passbild (kein Automatenfoto) kann schwarzweiß oder farbig sein und z. B. mit Doppelklebeband – nie mit Fotoecken oder Büroklammern! – oben rechts auf dem Lebenslauf befestigt werden. Das Bewerbungsfoto kann auch digital eingefügt werden.
- ☐ Nur Kopien der Zeugnisse verschicken! Lebenslauf und Bewerbungsschreiben sollte man dagegen für jede Bewerbung neu schreiben.
- ☐ Pluspunkte gibt es, wenn man im Anschreiben auf Besonderheiten des Unternehmens eingeht.
- ☐ Datum und persönliche Angaben in Anschreiben und Lebenslauf müssen übereinstimmen.
- ☐ Vier Augen sehen mehr als zwei: Vor Absenden der Bewerbungsunterlagen sollte man sie von Eltern oder Lehrerinnen noch einmal auf Fehler in der Rechtschreibung, Grammatik oder Zeichensetzung überprüfen lassen.
- ☐ Die kompletten Bewerbungsunterlagen werden am besten in eine spezielle DIN A4-Bewerbungsmappe oder einen Clip-Hefter geheftet (nicht lochen).
- ☐ Wichtig: Am besten macht man von jeder schriftlichen Bewerbung eine Kopie, damit man noch weiß, was man geschrieben hat, wenn man zu einem Vorstellungsgespräch eingeladen wird.
- ☐ Auf ausreichendes Porto achten.

Autorentext

Aufgaben

1. Wählen Sie aus dem Stellenmarkt einer regionalen Tageszeitung (Samstag) einen für Sie interessanten Ausbildungsgang (einschließlich duales Studium) aus, recherchieren Sie zu diesem Ausbildungsgang sowie zum Unternehmen, das die Ausbildung anbietet.
   ODER
   Suchen Sie ein Unternehmen (bzw. eine Institution) aus Ihrer Region aus, das aufgrund seiner Branchenzugehörigkeit (bzw. inhaltlichen Ausrichtung) für Ihr Praktikum in Frage kommt und recherchieren Sie zu diesem Unternehmen.
2. Gestalten Sie eine vollständige schriftliche Bewerbung für den gewünschten Ausbildungsgang bzw. das gewünschte Praktikum.

5.3.2 Erfahrungen in der Arbeitswelt dokumentieren und reflektieren – der Praktikumsbericht

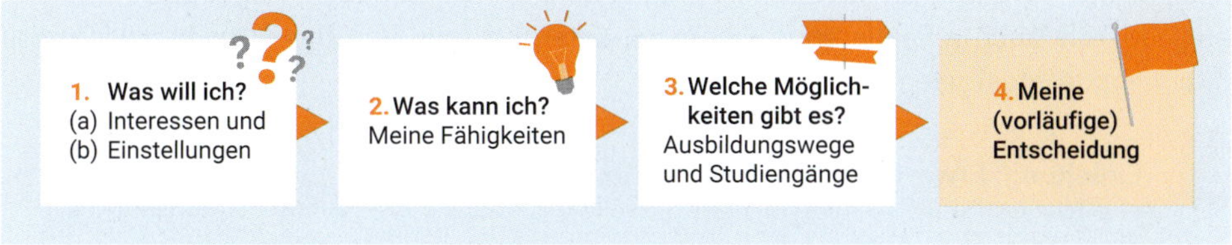

M4 Habe ich meinen Traumberuf gefunden? Arbeitserfahrungen reflektieren

Viele Schülerinnen und Schüler wünschen sich ein Praktikum, das Spaß macht. Nach Ihren intensiven Vorüberlegungen zu Ihrer eigenen Berufs- und Studienwahl sollte das Praktikum aber vor allem auch dazu dienen, Ihre bisherigen Überlegungen und (Vor-)Entscheidungen zu überprüfen, um anschließend diese weiter eingrenzen oder bei Bedarf revidieren zu können.
Ihre Vorüberlegungen und Erwartungen an das Praktikum (Abschnitt 1) sowie die Reflexion Ihrer Praktikumserfahrungen (Abschnitt 5) bilden wesentliche Bestandteile des Praktikumsberichtes. Anders als in den übrigen Abschnitten bringen Sie sich in diesen reflektierenden Abschnitten mit Ihren eigenen, ganz persönlichen Überlegungen und Wahrnehmungen ein.
Folgende Arbeitsschritte und Leitfragen können Ihnen dabei dienlich sein.

1 Vor dem Praktikum: Erwartungen klären

Halten Sie schriftlich fest, wie Sie sich den Arbeitsalltag im gewählten Berufsfeld bzw. Praktikumsbetrieb vorstellen. Konkret also:

- Wie verläuft ein „typischer“ Arbeitstag? Ist dieser eher eintönig oder abwechslungsreich?
- Sind die Arbeitskräfte vor allem körperlich, geistig oder kommunikativ/empathisch gefordert?
- Sind die Arbeitskräfte eher „Einzelkämpfer“ oder „Teamplayer“?
- Welche Anforderungen (Textverständnis, sich ausdrücken können, Umgang mit Zahlen, Umgang mit Technik, Umgang mit Menschen, Organisation und Administration ...) müssen die Arbeitskräfte vor allem bewältigen?
- Genießen die Arbeitskräfte und ihre Tätigkeiten Anerkennung? Können sich die Beschäftigten mit ihren Tätigkeiten identifizieren oder sind Formen der Entfremdung zu erwarten?
- Für welche dieser – vermutlichen – Anforderungen sind Sie bereits gut gerüstet? Welche dieser Anforderungen könnten Ihnen persönlich Schwierigkeiten bereiten?

→ Verfassen Sie auf dieser Grundlage die Einleitung zu Ihrem Praktikumsbericht. Gehen Sie dabei auch auf die Gründe für Ihre Wahl des Praktikumsbetriebes/Berufsfeldes ein.

2 Während des Praktikums

Beobachten Sie den Arbeitsalltag (vor allem in den ersten Tagen) möglichst genau und beschreiben Sie anhand der obigen Leitfragen den Arbeitsplatz. Befragen Sie gegebenenfalls auch Ihren Praktikumsbetreuer oder einen Vorgesetzten (insbesondere zum vereinbarten „fachlichen Schwerpunkt“). Vereinbaren Sie dazu vorher bei Bedarf einen kurzen Termin.

3 Nach dem Praktikum

- Gleichen Sie Ihre Erwartungen an den Arbeitsalltag im gewählten Berufsfeld ab und stellen Sie Gemeinsamkeiten und Abweichungen heraus.
- Reflektieren Sie selbstkritisch, inwiefern der beobachtete Arbeitsalltag mit Ihren Neigungen, Interessen, Fähigkeiten und Wertvorstellungen korrespondiert.

→ Gestalten Sie auf dieser Grundlage die Reflexion und Beurteilung Ihres Praktikums.

Autorentext

Einen Praktikumsbericht erstellen

In der Regel wird von Ihnen ein ausführlicher schriftlicher Praktikumsbericht gefordert, der benotet wird und dessen Note in die Fachnote Politik-Wirtschaft eingeht. Ungeachtet spezifischer Vorgaben an Ihrer Schule enthält der Praktikumsbericht folgende sowohl darstellende als auch reflektierende Elemente, deren Umfang und Bewertungsgewicht von Ihrer Lehrkraft festgelegt wird.

1 Einleitung: Erwartungen an das Praktikum

Was gehört hier rein?
- Gründe für die Wahl des Praktikumsbetriebes/Berufsfeldes
- Erwartungen (Hoffnungen, Sorgen) vor dem Praktikum

→ siehe **M4**

Beispiel
- Berufsfeld des Praktikums korrespondiert mit Lieblingsfach in der Schule/mit einem eigenen Hobby
- Erwartung, eigene Fähigkeiten (z. B. Programmieren, Aufbau von Netzwerken) weiter ausbauen zu können
- Sorge, einer bestimmten Anforderung (z. B. Kundenkontakt in einer Bank) nicht gerecht werden zu können

▼

2 Vorstellung des Praktikumsbetriebes

Was gehört hier rein?
- Wirtschaftsstrukturelle Einordnung: Branche/Sektor, Produkte, Bedeutung in der regionalen Wirtschaftsstruktur
- ggf. kurze Unternehmensgeschichte
- Organisationsstruktur des Betriebes
- Berufe und Ausbildungswege im Betrieb
- Arbeitsweisen und Arbeitsklima

Beispiel
- Sparkasse: Tertiärer Sektor (Finanzdienstleistungen), als Kreissparkasse starke Verankerung im regionalen Wirtschaftsraum, z. B. als wichtiger Kreditgeber für Unternehmen und private Haushalte
- Kleines Start-Up-Unternehmen in der Kreativwirtschaft: kaum erkennbare Hierarchien, geprägt von Teamstrukturen, in denen gemeinsam nach den besten Lösungen gesucht wird

▼

3 Die eigenen Tätigkeiten im Praktikum

Was gehört hier rein?
- Beschreibung des eigenen Arbeitsplatzes im Kontext der Betriebsstruktur
- Beschreibung selbst ausgeführter bzw. genau beobachteter Tätigkeiten
- ggf. exemplarische Tagesberichte zur Verdeutlichung des Arbeitsalltages

Beispiel
- *Die Abteilung ist verantwortlich für ...*
- *Die Abteilung arbeitet auf Anweisung des Teamleiters/auf Anweisung von Vorgesetzten außerhalb der Abteilung/nach Absprachen im Team ...*

4 Der Wandel der Arbeitswelt unter der Lupe – der fachliche Schwerpunkt

Was gehört hier rein?

→ siehe **M5**, nächste Seite

Beispiel

- Mein Praktikumsbetrieb in der internationalen Arbeitsteilung: Standorte und Märkte der Sartorius AG

5 Reflexion und Beurteilung des Praktikums

Was gehört hier rein?

- Erfüllung bzw. Nichterfüllung der Erwartungen (vgl. Schritt 1)
- Reflexion der Praktikumserfahrungen hinsichtlich der eigenen Berufswegeplanung

→ siehe **M4**

Beispiel

- *Der Arbeitsalltag hat mich sehr (wenig) gefordert, weil ...*
- *Der Arbeitsalltag war sehr eintönig/sehr abwechslungsreich, da ...*
- *Neu/überraschend für mich war, dass ...*
- *Für meinen weiteren Werdegang kann ich mir (nicht) vorstellen, ...*
- *Um das zu erreichen, müsste ich während meines weiteren Schulbesuches ...*

6 Formale Anforderungen

Der Praktikumsbericht sollte am Computer in einem einheitlichen und leserfreundlichen Layout (weitere Tipps, siehe Methode Portfolio) gestaltet werden. Hierzu gehören auch ein Deckblatt mit Angabe des eigenen Namens, der Klasse, des Praktikumsbetriebes und des Praktikumszeitraumes sowie ein Inhaltsverzeichnis.
Selbstverständlich wird auch die sprachliche Richtigkeit des Berichtes bewertet. Planen Sie daher Zeit für Korrekturgänge ein und nutzen Sie die entsprechenden Möglichkeiten Ihres Textverarbeitungsprogrammes.

M5 Den Wandel der Arbeitswelt vor Ort beobachten – der fachliche Schwerpunkt

Das Kerncurriculum für das Fach Politik-Wirtschaft fordert, dass im Praktikumsbericht Bezüge zu den inhaltlichen Schwerpunkten des Faches – also: „Wandel der Arbeitswelt in der globalisierten Wirtschaft" – hergestellt werden. Dabei geht es darum herauszufinden, inwieweit die aktuell diskutierten Wandlungsprozesse „an der Basis" im konkreten Betrieb bzw. am konkreten Arbeitsplatz bereits wirksam sind und welche Folgen dies hat.
Konkret könnten Sie in Ihrem individuell zu setzenden Schwerpunkt (Abschnitt 4) einer der folgenden Fragen nachgehen:

1 Welche Formen und welches Ausmaß der Flexibilisierung der Arbeit sind zu beobachten (Kap 1.2.2, 1.2.3)? Werden Tendenzen der „Entgrenzung von Arbeit" (vgl. Kap. 1.2.2) erkennbar?

2 Welche Rolle spielt die Digitalisierung in diesem Arbeitsumfeld (vgl. Kap. 1.2.1)? Stellt die Digitalisierung in dieser Branche bzw. in diesem Unternehmen eher eine Chance oder eher eine Gefahr dar?

3 Wie ist mein Praktikumsbetrieb in die internationale Arbeitsteilung eingebunden? Welche Beziehungen zu international agierenden Produzenten und Abnehmern gibt es (vgl. Kap. 2)?

4 Welche Internationalisierungsstrategie verfolgt mein Unternehmen? Welche Gründe in den Bereichen Beschaffung, Produktion und Absatz legen diese Strategie nahe (vgl. Kap. 2.1, 2.2)?

5 Leidet der Betrieb/das Unternehmen unter Fachkräftemangel (vgl. Kap. 1.2.4)? Welche Maßnahmen werden ergriffen, um dem Fachkräftemangel zu begegnen?

6 In welchen Berufen und beruflichen Positionen arbeiten Frauen und Männer im Berufsfeld meines Praktikums? Ist hier eine geschlechtsspezifische Arbeitsteilung bzw. Diskriminierung zu beobachten (vgl. Kap. 1.2.5)?

Die genaue Festlegung Ihres Schwerpunktthemas treffen Sie unbedingt in Absprache mit der Sie betreuenden Lehrkraft. Formulieren Sie dieses Schwerpunktthema unter einer aussagekräftigen Überschrift (z. B. „Digitalisierung bei der Schmidt Aluminium GmbH – Chancen und Risiken").
Die Ausarbeitung dieses analytischen Teils des Praktikumsberichtes erfolgt – je nach Themenwahl – auf der Grundlage von Befragungen und Beobachtungen im Unternehmen und der Auswertung unterschiedlicher Dokumente (Geschäftsberichte etc.), die vor dem Hintergrund der im Unterricht erworbenen allgemeinen Kenntnisse erfolgt. Da diese Recherchen meist recht zeitaufwendig sind und Ihre Anwesenheit im Unternehmen erfordern, sollten Sie Ihr Thema möglichst frühzeitig festlegen und das Vorgehen planen.

Autorentext

Operatoren für das Fach Politik-Wirtschaft

Die folgenden Operatoren finden Verwendung in den Aufgabenvorschlägen im Zentralabitur.

Operator	Beschreibung der erwarteten Leistung
Anforderungsbereich I	
beschreiben	strukturiert und fachsprachlich angemessen Materialien vorstellen und/oder Sachverhalte darlegen
darstellen	Sachverhalte detailliert und fachsprachlich angemessen aufzeigen
gliedern	einen Raum, eine Zeit oder einen Sachverhalt nach selbst gewählten oder vorgegebenen Kriterien systematisierend ordnen
wiedergeben	Kenntnisse (Sachverhalte, Fachbegriffe, Daten, Fakten, Modelle) und/oder (Teil-)Aussagen mit eigenen Worten sprachlich distanziert, unkommentiert und strukturiert darstellen
zusammenfassen	Sachverhalte auf wesentliche Aspekte reduzieren und sprachlich distanziert, unkommentiert und strukturiert wiedergeben
Anforderungsbereich II	
analysieren	Materialien, Sachverhalte oder Räume beschreiben, kriterienorientiert oder aspektgeleitet erschließen und strukturiert darstellen
charakterisieren	Sachverhalte in ihren Eigenarten beschreiben, typische Merkmale kennzeichnen und diese dann gegebenenfalls unter einem oder mehreren bestimmten Gesichtspunkten zusammenführen
einordnen	begründet eine Position/Material zuordnen oder einen Sachverhalt begründet in einen Zusammenhang stellen
erklären	Sachverhalte so darstellen (gegebenenfalls mit Theorien und Modellen), dass Bedingungen, Ursachen, Gesetzmäßigkeiten und/oder Funktionszusammenhänge verständlich werden
erläutern	Sachverhalte erklären und in ihren komplexen Beziehungen an Beispielen und/oder Theorien verdeutlichen (auf Grundlage von Kenntnissen bzw. Materialanalyse)
herausarbeiten	Materialien auf bestimmte, explizit nicht unbedingt genannte Sachverhalte hin untersuchen und Zusammenhänge zwischen den Sachverhalten herstellen
vergleichen	Gemeinsamkeiten, Ähnlichkeiten und Unterschiede von Sachverhalten kriterienorientiert darlegen
Anforderungsbereich III	
begründen	komplexe Grundgedanken durch Argumente stützen und nachvollziehbare Zusammenhänge herstellen
beurteilen	den Stellenwert von Sachverhalten oder Prozessen in einem Zusammenhang bestimmen, um kriterienorientiert zu einem begründeten Sachurteil zu gelangen
entwickeln	zu einem Sachverhalt oder zu einer Problemstellung eine Einschätzung, ein Lösungsmodell, eine Gegenposition oder ein begründetes Lösungskonzept darlegen
erörtern	zu einer vorgegebenen Problemstellung eine reflektierte, abwägende Auseinandersetzung führen und zu einem begründeten Sach- und/oder Werturteil kommen
sich auseinandersetzen	zu einem Sachverhalt, einem Konzept, einer Problemstellung oder einer These usw. eine Argumentation entwickeln, die zu einem begründeten Sach- und/oder Werturteil führt
Stellung nehmen	Beurteilung mit zusätzlicher Reflexion individueller, sachbezogener und/oder politischer Wertmaßstäbe, die Pluralität gewährleisten, und zu einem begründeten eigenen Werturteil führt
überprüfen	Inhalte, Sachverhalte, Vermutungen oder Hypothesen auf der Grundlage eigener Kenntnisse oder mithilfe zusätzlicher Materialien auf ihre sachliche Richtigkeit bzw. auf ihre innere Logik hin untersuchen

Niedersächsisches Kultusministerium 2017

Hinweise zur Bearbeitung von Aufgabenstellungen

Bis zum Abitur wird von Ihnen gefordert, mit Operatoren formulierte Aufgaben zu bearbeiten. Im Folgenden werden sieben häufig verwendete Operatoren näher erklärt, um Ihnen die Bearbeitung der Aufgaben zu erleichtern.

zusammenfassen

Sie sollen unter Beweis stellen, dass Sie einen fachspezifischen Text hinsichtlich seiner zentralen Aussagen „verstehen", indem Sie diesen mit eigenen Worten zusammenfassen.

Drei Gesichtspunkte sind hier zentral:

- die **inhaltliche Reduktion**; dabei ist zu beachten, dass oft in den Aufgaben ein Aspekt genannt wird, zu dem die Ausführungen zusammengefasst werden sollen. Alles andere sollte weggelassen werden.
- die **Strukturiertheit**; häufig ist es sinnvoll, sich vom Aufbau des Ausgangstextes selbst zu lösen und eine eigene sinnvolle Struktur für die Zusammenfassung zu finden.
- die **sprachliche Distanzierung**: Verwenden Sie durchgängig eigene Formulierungen (Ausnahme: Fachbegriffe) und grammatische Distanzierungsmittel (insb. Konjunktiv der indirekten Rede)

einordnen

Sie sollen – wie bei allen Aufgaben des Anforderungsbereichs II – fundierte Fachkenntnisse nachweisen, hier indem Sie diese in einem neuen Zusammenhang anwenden. Sie wählen sie bewusst aus und stellen diese nachvollziehbar dar.

Hier sind zwei unterschiedliche Aufgabenformate vorstellbar:
erstens Aufgaben, die genau angeben, in welchen Sachverhalt eine Position eingeordnet werden soll („*Ordnen Sie Bofingers Position in die Theorie der nachfrageorientierten Wirtschaftspolitik ein.*"); zweitens – und wahrscheinlicher – eine offenere Aufgabenstellung („*Ordnen Sie Benjamin Barbers Konzept ‚Starke Demokratie' demokratietheoretisch ein.*").
Beim zweiten Typus sollten Sie bei der schriftlichen Beantwortung der Aufgabe zunächst kurz darlegen, welche Demokratietheorien Sie zur Einordnung heranziehen. Dann können Sie ähnlich vorgehen wie bei der Aufgabenstellung „vergleichen".
In beiden Varianten geht es oft darum, die im Material nicht unbedingt explizit geäußerten Grundannahmen etc. Fachkonzepten zuzuordnen und diese Zuordnung erklärend zu belegen.

Bearbeitungstipp: Stellen Sie sich nur wenig vorgebildete Leser:innen vor! Nichts ist „selbstverständlich", sondern muss diesen Leser:innen genau erklärt werden (Fachbegriffe definieren, Zusammenhänge genau darstellen etc.).

erläutern

Hier sollten Sie unter Beweis stellen, dass Sie eine im vorliegenden Material nicht weiter begründete, aber allgemein als zutreffend angesehene Aussage („Sachverhalt") auf der Basis fundierten Fachwissens umfassend erklären können. Dadurch zeigen Sie, dass Sie gegebene Aussagen tief zu durchdringen verstehen.

Zwei Hauptschwierigkeiten beinhaltet der Operator „erläutern“:

- Zum Ersten weist der Sachverhalt häufig mehrere zu erläuternde Dimensionen auf, die zunächst von Ihnen identifiziert und in der Einleitung zur Aufgabenbearbeitung dargestellt werden müssen.
  Materialbeispiel: *„Das Problem des anthropogenen Klimawandels stellt eine der Hauptbedrohungen für die Menschheit dar und konnte politisch bislang allerhöchstens in Ansätzen politisch gelöst werden.“*
  Hier finden sich drei zu erläuternde Aspekte, nämlich erstens die Menschengemachtheit der globalen Erwärmung, zweitens die Behauptung, der Klimawandel sei eine globale Hauptbedrohung, und drittens die fehlende politische Lösung.
- Zum Zweiten müssen sinnvolle Beispiele und/oder Theorien zur Verdeutlichung der Aussage angeführt werden.
  Materialbeispiel: Das Bedrohungspotential des Klimawandels könnte am Beispiel bereits einsetzender Versteppung und daraus resultierender Nahrungskonkurrenz inkl. Hungermigration verdeutlicht werden. Zusätzlich wäre es möglich, das Nichtzustandekommen umfassender politischer Lösungen (Scheitern von Klimagipfeln) mit der Rationalchoice-Theorie systematisch zu analysieren.

vergleichen

Vergleiche sind kein Selbstzweck, sondern dienen in der Regel dazu, die Spezifika eines Sachverhaltes durch die Abgrenzung von einem „verwandten“ Sachverhalts zu erhellen.

Erfahrungsgemäß bereitet die **Kriterienorientierung** des Vergleichs die meisten Schwierigkeiten. Empfehlenswert ist daher in einem ersten Schritt, zur Vorbereitung auf die schriftliche Beantwortung der Aufgabe eine Matrix mit (min.) drei Spalten anzulegen: In der linken Spalte werden Vergleichskriterien festgehalten (die Sie in der Regel selbst finden müssen), zu denen dann die Spalten gefüllt werden.

	Fordismus	Postfordismus
Gesellschaftliche und technologische Rahmenbedingungen		
Produktionsweise		
Produkteigenschaften		
Unternehmensorganisation		
Rolle und Qualifikation der Arbeitskräfte		
Konsummuster		
...		

Bearbeitungstipp: Vergegenwärtigen Sie sich die mögliche Zielsetzung des Vergleichs (Darlegen der Spezifika eines Sachverhalts durch Analogie und Abgrenzung), um eine problemorientierte Einleitung formulieren und tragfähige Vergleichskriterien entwickeln zu können.

Gemeinsamkeiten bzw. Ähnlichkeiten sowie Unterschiede könnten in einem zweiten Schritt farbig markiert werden. Im dritten Schritt kann der eigene Text anhand der Kriterien oder – meist empfehlenswerter – nach Gemeinsamkeiten und Unterschieden strukturiert werden, wobei die stärksten Übereinstimmungen/ Unterschiede zuerst bzw. zuletzt genannt werden sollten.

Bearbeitungstipp: Nicht immer müssen miteinander verglichene Gegenstände Gemeinsamkeiten und Ähnlichkeiten und Unterschiede aufweisen. Denkbar ist z. B. auch, dass sich nahezu ausschließlich Unterschiede finden.

begründen

Der Operator ist vergleichbar mit **„beurteilen"** und **„sich auseinandersetzen"**. Wesentlicher Unterschied: Es wird von Ihnen keine eigene Positionierung verlangt, sondern „lediglich" das strukturierte argumentative Untermauern eines vorgegebenen Gedankens.

Richten Sie bei der Bearbeitung der Aufgabe Ihr Augenmerk u. a. auf folgende Aspekte:
- Verdeutlichen Sie sich zunächst die **Ausgangslage** der Aufgabenstellung: Formulieren Sie hierzu die zu begründende Aussage/These mit eigenen Worten.
- In der Planung der Aufgabenbearbeitung ist es sinnvoll, zunächst eine **Argumentsammlung** anzulegen. Argumente können auch ex negativo entwickelt werden, also in einer Darstellung dessen bestehen, was geschähe, wenn der Gedanke nicht umgesetzt würde.
- Die entwickelten Argumente können Sie an Urteilskriterien anbinden, müssen es aber hier nicht zwingend.
- Finden Sie eine **schlüssige Anordnung der Argumente**: Bei eher unzusammenhängenden Argumenten können Sie zentrale von weniger starken Argumenten trennen. Sachlich zusammengehörige Argumente sollten Sie so anordnen, dass die innere Logik für den Leser erkennbar wird (z. B. Ursache → Auswirkung → erwartete Folgen).
- Möglicherweise ergeben sich auch zwei oder **mehrere voneinander getrennte Begründungsstränge**. Versuchen Sie nicht zwangsweise, solche zu einer einzigen Begründung zusammenzufügen, sondern beschreiben Sie lieber im Einleitungsteil Ihr Vorgehen.

Bearbeitungstipp: Achten Sie genau auf die Aufgabenstellung: Ist gefordert, den Grundgedanken aus eine ganz bestimmten Perspektive zu begründen? Wenn ja, kann das Auswirkungen auf die Strukturierung der Argumentation haben.

entwickeln

Der Operator erfordert (anders als alle anderen im Anforderungsbereich III), dass Sie selbst ein Lösungskonzept bzw. eine Einschätzung erstellen und keine vorgefundene beurteilend kommentieren.

Achten Sie bei der Planung und Verschriftlichung der Aufgabe auf folgende sechs Punkte:
- Ein Lösungskonzept setzt sich häufig aus mehreren **Teillösungen für zentrale Problembestandteile** zusammen. Finden Sie für jede dieser wesentliche Problemursachen mindestens einen Lösungsansatz.
- Achten Sie unbedingt darauf, Problemursachen und nicht (nur) -folgen zu „bekämpfen".
- Häufig gibt es mehrere (miteinander nicht unbedingt vereinbare) Teil-Lösungsansätze. Wählen Sie jeweils einen aus und halten Sie die Begründung für die Auswahl stichwortartig fest.

- Achten Sie bei der Kombination der Teil-Lösungsansätze, dass Sie einander nicht „stören".
- Zur Verschriftlichung: Entweder präsentieren Sie – nach einer kurzen Einleitung – Ihre Gesamtlösung und erläutern diese in einem gesonderten schriftlichen Teil. Oder Sie präsentieren immer einen Lösungsansatz für eine wesentliche Problemursache und begründen diesen unmittelbar im Anschluss.
- Sie können am Ende der Aufgabe auch die politische Durchsetzbarkeit Ihres Vorschlags begründet einschätzen, auch wenn dies nicht zwingender Teil der Aufgabe ist.

Bearbeitungstipp: Beachten Sie die Aufgabe genau bzw. legen Sie bereits bei der Planung der Aufgabenbearbeitung fest, ob es sinnvoll ist, eine Einschätzung bzw. einen Lösungsvorschlag aus einer bestimmten Perspektive heraus und/oder für bestimmte Adressaten zu entwickeln.

erörtern

In Ihrer Erörterung (und das gilt genauso auch für die Operatoren **„beurteilen"** und **„Stellung nehmen"**) sollen Sie unter Beweis stellen, dass Sie ein gegebenes Problem unter Nutzung Ihres Fachwissens und der Übernahme unterschiedlicher Perspektiven vielschichtig abwägen können. Es wird eine rein sachorientierte Sprachwahl verlangt. Der erwartete Text unterscheidet sich daher deutlich von sich einseitig und oft polemisch positionierenden (Zeitungs-)Texten, die immer wieder auch Gegenstand des PoWi-Unterrichts sind.

Fünf Punkte sind wesentlich zu beachten:

- Ein politisches Urteil sollte unbedingt kategorial (Legitimität, Effizienz, Grundwerte) erfolgen und diese **Urteilskategorien** sollten je nach Problemstellung in **Kriterien** (z. B. Durchsetzbarkeit, Kosten, Legalität, Repräsentativität, Gleichheit, Freiheit, Sicherheit...) aufgefächert sein. Bei der schriftlichen Entfaltung von Argumenten sollten diese jeweils explizit den Kriterien zugeordnet werden, um den Leser:innen eine Orientierung zu ermöglichen.
- Der Operator „erörtern" fordert zwingend die Anführung von Pro- und Kontraargumenten.
- Jedes dieser Argumente muss durch einen (empirischen) **Beleg**, ein schlüssiges **Beispiel** oder eine **logische Herleitung** untermauert werden. Grenzen Sie diese umfassend und verständlich ausgearbeiteten Argumente stets durch Absätze ab.
- Die Argumente können auf zweierlei Weise angeordnet werden: Wenn Sie sich klar gewichten lassen, bietet sich das **„Sanduhrenmodell"** an (zuerst die Pro-, dann die Kontragesichtspunkte oder umgekehrt, endend mit dem überzeugendsten Argument für die eigene Meinung). Entkräften sich jeweils einzelne Argumente inhaltlich sinnvoll, ist das Modell **„dialektische Erörterung"** empfehlenswert (abwechselnd jeweils ein Pro- und ein Kontraargument auf der gleichen inhaltlichen Ebene, endend mit dem überzeugendsten Argument für die eigene Meinung).
- Im Schlussteil der Erörterung sollte die **eigene Position eindeutig geäußert** werden.

Bearbeitungstipp: Um Ihre Erörterung stimmig zu gliedern, muss Ihr Schreibziel, also die vertretene Position, im Voraus klar sein. Hilfreich kann es hierfür sein, die Problemstellung in Form einer Meinungslinie zwischen den Enden „stimme vollauf zu" und „stimme überhaupt nicht zu" zu visualisieren und die eigene Position als Schreibziel darin zu markieren.

Die Klausur bezieht sich auf Inhalte von **Kapitel 1**.

Bearbeitungszeit (insg.): 90 Minuten

Geiz macht arm

Das 20. Jahrhundert ist zur Hälfte vorbei, da registriert Jean Fourastié, dass Maschinen in den Fabriken und auf den Feldern immer mehr Arbeit übernehmen. In Industrie und Landwirtschaft, die lange dominierten, wird der Mensch weniger gebraucht, schreibt der Ökonom 1949. [...] Die anbrechende „Dienstleistungsgesellschaft" beschere den Menschen [aber] weniger schmutzige und besser bezahlte Jobs, häufig mit dem Kopf statt mit den Händen wie in Fabrik und Feld. [...]

Heute [...] findet tatsächlich nur noch jeder vierte Deutsche in der Industrie Beschäftigung. Drei Viertel dagegen sind Dienstleister. Und jene besser bezahlten Kopfarbeiter, die [Fourastié] vorausahnte, sind überall anzutreffen.

Allerdings profitieren längst nicht alle von dieser Dienstleistungsgesellschaft. Bei vielen Service-Jobs bleiben die Menschen beruflich zurück. Von wegen Kopfarbeit: Was Paketboten oder Altenpfleger, Kellner oder Verkäuferinnen überwiegend mit ihren Händen leisten, ist häufig unsicher und schlecht bezahlt. „Trotz Konjunkturbooms verdienen sieben Millionen Deutsche weniger als 9,60 Euro die Stunde", sagt DGB-Chef Reiner Hoffmann, „die meisten sind Dienstleister." [...]

Konjunkturboom
auch: Hochkonjunktur; Phase mit (weitgehender) Auslastung der Produktionskapazitäten in einer Volkswirtschaft sowie (sehr) hohem Beschäftigungsstand, tendenziell steigenden Löhnen und Preisen

Es lohnt sich, gerade jetzt nachzudenken, warum das so ist – und was sich ändern lässt. [...] Eine Ursache ist, dass sich für viele Arbeitnehmer jedenfalls bei der Bezahlung als Nachteil erweist, was er für einen Vorteil hielt. [...] Anders als die Produktion sind Dienstleistungen personengebunden, also schlechter durch Maschinen zu ersetzen. Die Jobs sind relativ sicher. Soweit der Vorteil.

Ohne Maschinen aber lässt sich auch ihre Produktivität schwerer verbessern, ihre Leistung pro Person. Ein wesentlicher Treiber für Lohnsteigerungen wie in der Industrie fällt damit aus. Denn wenn Fabrikwerker jedes Jahr dank technischer Hilfe mehr Autos herstellen, kann die Firma ihren Lohn erhöhen, ohne dass ihre Kosten [pro Stück] steigen. Wenn dagegen Köche nicht mehr Mahlzeiten kochen und Altenpfleger nicht mehr Alte pflegen als zuvor, steigert mehr Lohn die Kosten. [...]

Dabei gäbe es Möglichkeiten, die Bezahlung [...] zu verbessern. Der Koch kann zwar nicht viel mehr Mahlzeiten kochen als im Jahr zuvor, ohne die Qualität zu reduzieren. Er kann aber produktiver sein, indem er leckerer oder gesünder kocht, also die Qualität steigert – wofür der Kunde womöglich mehr zahlt. Hier aber zeigen sich Differenzen zur Industrie. Während Kunden ständig mehr für Neuwagen zahlen, die ihnen Hersteller als Premium suggerieren, zögern sie im Restaurant oder beim Friseur. Geiz ist geil – und zerstört Fourastiés Hoffnung, Konsumenten würden bereitwillig für individualisierten Konsum von Diensten zahlen. [...] Es liegt [also auch] an den Bürgern, ob sie als Konsumenten [...] verhindern, dass sich die Unterschiede in der Gesellschaft noch vergrößern [...].

Hagelüken, Alexander: Geiz macht arm. In: Süddeutsche Zeitung, 25./26.11.2017

Aufgaben

Zur Methode **„Texte strukturiert zusammenfassen"** → vgl. Kap. 1.3.3

1. Fassen Sie Hagelükens Aussagen zur Entlohnung im Dienstleistungssektor zusammen.
2. Erklären Sie die Entwicklung des Dienstleistungssektors in Deutschland. Beziehen Sie sich dabei auch auf die Drei-Sektoren-Hypothese.
3. „Es liegt [also auch] an den Bürgern, ob sie als Konsumenten [...] verhindern, dass sich die Unterschiede in der Gesellschaft noch vergrößern." Überprüfen Sie diese Annahme Hagelükens.

Aufgabe 1

Lösungsskizze	Formulierungshilfen
• Der **Einleitungssatz** sollte neben den Formalia (Autor:in, Erscheinungsmedium und -datum, Textsorte) die **Kernaussage**/n des Textes enthalten. Beachten Sie dabei aber unbedingt – falls vorhanden – den Fokus der Aufgabenstellung (hier „Entlohnung im Dienstleistungssektor“) • Zu referierende **Hauptaussagen** sind: • Der Soziologie Jean Fourastié habe in der Mitte des 20. Jahrhunderts – richtigerweise – angenommen, dass der tertiäre Sektor (Dienstleistungssektor) gegenüber dem primären (Landwirtschaft) und dem sekundären (Industrie) expandieren werde. • Er vermutete, dass diese Verschiebung zu einer Abnahme harter körperlicher Arbeit und gleichzeitig zu einer deutlichen Zunahme der Einkünfte der Arbeitenden führen werde. • Allerdings haben sich die Einkünfte von Dienstleistenden erheblich ausdifferenziert: Es gibt abhängig Beschäftigte und Selbstständige im tertiären Sektor mit überaus hohen Einnahmen. Gleichzeitig findet sich ein erheblicher Teil der Dienstleistenden in weit unten liegenden Einkommensbereichen. • Hierbei handelt es sich v.a. um Berufe im Verkauf, in der Gastronomie, der Pflege und um Paketdienstleister. • Die schlechten Löhne kämen zustande durch den Umstand, dass sich die Produktivität in diesen Bereichen kaum durch verbesserten Maschineneinsatz erhöhen lasse. • Außerdem seien die deutschen Kund:innen nicht bereit, für verbesserte Dienstleistungsqualität mehr zu bezahlen.	• **Einleitung** mit Nennung der Kernaussage: *In seiner Kurzanalyse der Entwicklung der Wirtschaftssektoren in Deutschland, erschienen in der Süddeutschen Zeitung vom 25./26.11.2017, stellt Alexander Hagelüken u. a. dar, dass sich die Bezahlung in Dienstleistungsberufen heutzutage stark ausdifferenziert habe.* • **Wiedergabe der Kernaussagen/-thesen/-argumente:** *Der Verfasser legt dar/führt aus/begründet/erklärt dies mit/erläutert/betont/beweist/belegt/untermauert/plausibilisiert/stützt dies mit/zieht dazu heran/zeigt auf/führt zusammen/argumentiert/grenzt sich ab von...* • Sprachliche Mittel zur Verknüpfung von referierten Gesichtspunkten können sein: *Zum ersten... zum zweiten.../darüber hinaus/ ergänzend/damit zusammenhängend/diesen Gedanken weiterführend/zentral für den Verfasser ist/daneben/außerdem*

Aufgabe 2

Lösungsskizze	Formulierungshilfen
• Sie können zu Beginn einen kurzen Überblick über die Struktur Ihrer Aufgabenlösung geben. • Zunächst sollte die Drei-Sektoren-Hypothese in Grundzügen erklärt werden: • Bei den drei Wirtschaftssektoren handelt es sich um „Land- und Forstwirtschaft/Fischerei“ (primärer Sektor), „Industrie“ (sekundärer) und den „Dienstleistungssektor“ (tertiärer). • Die Anteile, den die drei Sektoren jeweils an einer gesamten Volkswirtschaft haben, bemessen sich erstens an der Zahl der Beschäftigten im jeweiligen Sektor sowie zweitens am Anteil des jeweiligen Sektors an der volkswirtschaftlichen Leistung (Bruttoinlandsprodukt). • Die Hypothese besteht nun darin, dass sich eine Volkswirtschaft mit fortschreitender Entwicklung immer weiter von der Dominanz des primären („Agrargesellschaft“) über die des sekundären („Industriegesellschaft“) zu einer Vorherrschaft des tertiären Sektors („Dienstleistungsgesellschaft“) bewegt. • (Manche Autoren behaupten, dass sich ein vierter Sektor etabliert habe – Information – und dass die heutige Gesellschaft sich auf dem Weg in die „Informationsgesellschaft“ befinde.) • Die von Hagelüken dargestellte Entwicklung des Dienstleistungssektors untermauert die Drei-Sektoren-Hypothese:	**Möglicher Struktur-Überblick:** In einem ersten Schritt werde ich die Drei-Sektoren-Hypothese in ihren Grundzügen darstellen, um dann in einem zweiten Schritt mit deren Hilfe die konkrete Entwicklung des Dienstleistungssektors in der Bundesrepublik Deutschland zu erklären.

- In Deutschland stieg der Anteil des Dienstleistungssektors zwischen 1850 und ca. 1950 lediglich stetig von ca. 10 % auf ca. 20 %. Aber zwischen 1950 und 2010 stieg der Anteil deutlich steiler (aber ebenfalls nahezu linear) auf ca. 78 %, wobei sich die Entwicklungsdynamik im 21. Jahrhundert sogar noch etwas steigerte. In der frühen Mitte der 1970er Jahre „überholte" der volkswirtschaftliche Anteil des Dienstleistungssektors in Deutschland erstmals den der Industrieproduktion.
- Zu erklären ist dieses Phänomen einerseits mit den enormen technologiebedingten Produktivitätssteigerungen in Landwirtschaft und Industrie. Diese setzten erstens potenzielle Arbeitnehmer:innen für Dienstleistungsberufe frei. Zweitens stieg die Dienstleistungsnachfrage durch die erheblichen Einkommenssteigerungen der Jahre 1950 bis 1970. Drittens wurden (einfache) industrielle Konsumgüter durch die Verlagerung der Produktion in Länder mit extrem niedrigen Herstellungskosten deutlich verbilligt, was wiederum Mittel für den Konsum von Dienstleistungen freisetzte.

Aufgabe 3

Lösungsskizze

- Der **Einleitungssatz** sollte die zu diskutierende Frage/These/Forderung und deren Urheber:innen sowie optional einen ersten Hinweis auf die eigene Position aufweisen. Sinnvoll kann es auch sein, einen kurzen Überblick über den gewählten Aufbau der Argumente zu geben.
- Es wird eine **eindeutige** und wohlbegründete **Positionierung** (hier zur These Hagelükens) von Ihnen gefordert.
- Wenn Sie sich zu einer politischen Forderung oder Entscheidung positionieren (was hier aber nicht der Fall ist), sollte die **Argumentation kategorien-/kriteriengeleitet** erfolgen.
- **Inhaltsaspekte:**
- Hagelüken begründet seine Annahme anscheinend schlüssig, indem er ausführt, dass im Dienstleistungssektor kaum technologiebedingte Produktivitätsfortschritte gemacht werden können und dass daher auch die Einnahmen pro Dienstleistung und damit auch nicht die Gehälter gesteigert werden können.
- (Den einzigen ihm plausiblen Ausweg erkennt er in einer Qualitätssteigerung der Dienstleistung, die von Kund:innen mit höheren Preisen honoriert werden müsste.)
- Gegen diese (monokausale) Argumentation lässt sich erstens einwenden, dass ja auch die schlecht bezahlten Dienstleistenden wiederum Dienstleistungskund:innen sind. Würden sie zunächst besser bezahlt, könnten sie auch mehr Geld für hochwertigere Dienstleistungen aufwenden, zumal gerade geringer entlohnte Personen Mehrverdienste eher schnell in Konsum umsetzen werden als besserverdienende.
- Zweitens individualisiert Hagelüken das Problem tendenziell und blendet die systemische Ebene zu stark aus. Starke gesellschaftliche Ungleichheiten (v. a. im Bereich von Einkommen, aber auch Vermögen) können durch politische Regulationen eingedämmt werden. Der 2015 geschaffene Mindestlohn ist ein solcher Eingriff.
- Der **Schlussteil** enthält noch einmal Ihr eindeutiges Urteil (Achtung: Widersprüche zur Einleitung und zum Hauptteil vermeiden!) und referiert Ihr zentrales Argument in knappen Worten.

Formulierungshilfen

- **Möglicher Einleitungssatz:**
  Im Folgenden überprüfe ich Alexander Hagelükens Annahme, dass es auch „an den Bürgern [liege], ob sie als Konsumenten [...] verhindern, dass sich die Unterschiede in der Gesellschaft noch vergrößern.". Dabei setze ich mich mit Hagelükens zentralen Überlegungen auseinander und begründe zum Schluss/am Ende meine zustimmende/ablehnende Haltung.
- **Zwischen Argumenten/Argumentblöcken** für die eine bzw. die andere Seite bieten sich folgende sprachliche Überleitungen an:
  die Kritiker/Befürworter hingegen argumentieren damit.../auf der einen Seite... auf der anderen Seite.../ Entkräftet wird diese Aussage schlüssig durch die Überlegung.../ Dem setzt die andere Seite das sehr starke Argument entgegen, wonach...
- Für **Überprüfungsaufgaben** können z. B. folgende sprachliche Wendungen genutzt werden:
  diese Begründung scheint (nicht) sehr schlüssig, weil.../dieser Annahme kann (kaum) zugestimmt werden aufgrund von.../(nicht) nachvollziehbar ist die Aussage... wegen.../die Schlussfolgerung ist (nicht) plausibel hergeleitet, da...
- **Möglicher Schlusssatz:**
  Insbesondere wegen der... lehne ich ab/kritisiere ich/befürworte/unterstütze ich Alexander Hagelükens These von der Bedeutung der Konsument:innen für die Bezahlung von Dienstleistern.

Politikglossar

Arbeitsteilung, internationale
Aufgliederung einer [→] Wertschöpfungskette in Teilaufgaben, die von unterschiedlichen ökonomischen Akteuren (Personen, Unternehmen, Regionen, Nationen) verrichtet werden. Folge einer internationalen Arbeitsteilung ist die [→] Spezialisierung und gleichzeitig weltweite Verflechtung von Volkswirtschaften. Ziele von internationaler Arbeitsteilung sind die Steigerung der Produktivität und die Senkung von (Lohn-) Kosten. Weitgehender [→] Freihandel gilt als Voraussetzung für internationale Arbeitsteilung zwischen Volkwirtschaften.

Beschäftigung, atypische (siehe auch: Normalarbeitsverhältnis)
Beschäftigungsverhältnisse, die hinsichtlich ihres zeitlichen Umfangs (Teilzeit) und/oder ihres sozialrechtlichen Status' (Befristung, Leiharbeit, Solo-Selbstständigkeit) das Ideal des sog. Normalarbeitsverhältnisses unterschreiten.

Beschäftigungsstruktur
Wirtschafts- und sozialstatistische Größe, die die Verteilung der Beschäftigten auf unterschiedliche Branchen bzw. Sektoren (→ Drei-Sektoren-Hypothese) oder anhand sozialer Merkmale (z.B. Alter, Geschlecht, arbeitsrechtlicher Status) erfasst.

Betriebsrat
Die von den Beschäftigten gewählte Interessenvertretung in Betrieben, Unternehmen und Konzernen. Das Recht, einen Betriebsrat zu wählen, setzt in Deutschland voraus, dass im Betrieb mindestens fünf Arbeitnehmer:innen dauerhaft beschäftigt sind.

Click-Work
Über internetbasierte Plattformen organisiertes „Outsourcing" ursprünglich innerbetrieblicher Teilaufgaben an eine nahezu global verfügbare „Crowd" (daher häufig auch: Crowdworking), die als Solo-Selbstständige mit eigenem wirtschaftlichen Risiko Arbeitsaufträge sowohl analog – beispielsweise im Bereich von Lieferdiensten („Gig-Work") – als auch digital – beispielsweise komplexe Programmieraufgaben („Cloud-Work") – annehmen und ausführen.

COVAX
Abkürzung für *Covid-19 Vaccines Global Access*, einer globalen Initiative, die allen Menschen weltweit einen gleichen und gerechten Zugang zu Impfstoffen gegen Covid-19 ermöglichen soll. Gegründet wurde COVAX von der Weltgesundheitsorganisation, der Europäischen Kommission und Frankreich.

Demographischer Wandel
Allgemein der Wandel der Bevölkerungsstruktur einer Gesellschaft hinsichtlich der Bevölkerungsgröße, der Altersstruktur o. ä.; in Deutschland und anderen Gesellschaften der nördlichen Hemisphäre wird als „demographischer Wandel" angesichts der gegenwärtigen Tendenzen die Alterung der Gesellschaft in Folge einer höheren Lebenserwartung bei gleichzeitigem Geburtenrückgang verstanden.

Deregulierung
Maßnahmen einer liberalen Wirtschaftspolitik zur Verringerung staatlicher Regulierung des (nationalen bzw. internationalen) Marktes (= Abbau von Regeln). Ziele von Deregulierung sind der Abbau von gesetzlichen Vorgaben und staatlichen Markteingriffen. Nach Ansicht wirtschaftsliberaler Ökonomen beschränken diese die wirtschaftliche Innovationsfähigkeit und [→] Produktivität der Wirtschaft. Gefahren sind u. a. sinkende Verbraucher-, Sozial- und Umweltstandards.

Digitalisierung
Fortschreitender Wandlungsprozess, in dessen Verlauf immer mehr Prozesse von

Wirtschaft (z. B. Zahlungsverkehr, Produktionsüberwachung, Logistik) und Gesellschaft (z. B. Alltagskommunikation, Konsum) auf digitalen Technologien beruhen, die die vorherige analoge Vorgehensweise ablösen.

Direktinvestitionen
(auch: *Foreign Direct Investment* – FDI) Mitteleinsatz (Kapitalexport) eines Unternehmens im Ausland, um dort beispielsweise Betriebsstätten zu errichten (*Greenfield*), Tochterunternehmen zu gründen oder Unternehmen(santeile) zu kaufen (Akquisition). Die Höhe der ausländischen Direktinvestitionen in einem Land gilt als Indikator für dessen Integration in den Weltmarkt.

Drei-Sektoren-Hypothese
Annahme, wonach sich die Wirtschaftsstruktur von Gesellschaften – gemessen am Gewicht der unterschiedlichen Sektoren in der Beschäftigungs- und Produktionsstruktur – von einer vorindustriell-landwirtschaftlichen (Dominanz des primären Sektors) über eine industriell-güterproduzierende (Dominanz des sekundären Sektors) hin zu einer nachindustriellen Dienstleistungsgesellschaft (Dominanz des tertiären Sektors) wandelt.

Entgrenzung der Arbeit
Auflösung klarer räumlicher (Betrieb als Arbeitsort), zeitlicher (klare Arbeitszeiten) und sachlicher (Arbeitsaufgaben) Strukturen von Arbeit, die zu einer stärkeren Vermischung von Arbeits- und Privatleben führen; die Grenzen zwischen beiden Sphären lösen sich – vor allem im Kontext mobilen Arbeitens – auf, werden also entgrenzt.

externe Kosten, Externalisierung
(auch: negative externe Effekte) Negative Folgen von Wirtschaftstätigkeit (für Mensch und/oder Umwelt), für die Verursachende nicht aufkommen müssen, weil weder ein Preis noch Sanktionen für die Verursachung existieren. Beispiele sind Straßenlärm (z. B. durch LKW) oder die Produktion von Fleisch, bei der die Folgen des Treibhausgas-Ausstoßes der Schlachttiere nicht eingepreist werden.

Flexibilisierung der Arbeit
Auflösung klarer räumlicher (Arbeitsort), zeitlicher (Arbeitszeit, Schichtsystem) und vor allem vertraglicher (→ vgl. atypische Beschäftigung, Normalarbeitsverhältnis) Strukturen von Arbeitsverträgen, die aus Arbeitgebersicht zu einer besseren Passung der Arbeitsleistungen an beispielsweise schwankende Auftragsvolumen ermöglichen soll.

Freihandel
Grundprinzip des Wirtschaftsliberalismus, nach dem der internationale Handel weitgehend ohne staatliche Beschränkungen stattfinden soll (Gegenteil: [→] Protektionismus). Nach den Vordenkern des Freihandels, Adam Smith und David Ricardo, ist der Wohlstand aller Länder am größten, wenn alle [→] Handelshemmnisse beseitigt sind und die Vorteile von Wettbewerb und der [→] internationalen Arbeitsteilung ausgeschöpft werden. Die Welthandelsorganisation (WTO) setzt sich für die globale Verbreitung des Freihandels ein.

Gender Pay Gap
Lücke des durchschnittlichen Einkommens von Männern und Frauen einer Volkswirtschaft.

Globalisierung
Prozess der weltweiten Verflechtung der überwiegenden Zahl der Staaten auf verschiedenen Ebenen: wirtschaftlich u. a. durch Unternehmensinternationalisierung, politisch u. a. durch Abgabe von Souveränität an trans- oder supranationale Institutionen und internationale Regelungssysteme, kulturell z. B. durch die (mediale) Verbreitung einheitlicher Kulturgüter und gesellschaftlich z. B. durch Tourismus, Migration und weltweite Kommunikation. Historisch gesehen setzte ökonomische und politische Globalisierung bereits im 16.

Jahrhundert ein (u. a. europäischer Kolonialismus). Unsere jetzige Vorstellung von Globalisierung wurde etwa in den 1960er Jahren begründet und gewann spätestens in den 1980ern stark an Dynamik.

Handelshemmnis
Staatliche Maßnahmen zur Beschränkung des grenzübergreifenden Handels für Waren bzw. Dienstleistungen, auf die insbesondere bei einer [→] protektionistischen Ausrichtung der Außenhandelspolitik zurückgegriffen wird. Es lassen sich tarifäre Handelshemmnisse (Zölle) und nicht tarifäre Handelshemmnisse (z. B. Export- und Importverbote, Mengenbeschränkungen, Qualitäts-, Umwelt- und Sozialstandards, technische und rechtliche Vorschriften) unterscheiden. Je nach Kombination und Ausrichtung der Handelshemmnisse kann der freie Handel verringert oder (wirtschaftlich) unmöglich werden.

Human Development Index (HDI)
Indikator zur Messung des Entwicklungsstandes eines Landes, der jährlich im „Human Development Report“ der Vereinten Nationen veröffentlicht wird. Der HDI setzt sich aus drei Kriterien zusammen: langes und gesundes Leben, Wissen und Ausbildung sowie Lebensstandard.

Industrie 4.0
Zukunftsvision einer weitgehend digital getriebenen bzw. gesteuerten Industrie, in der mittels einer digitalen Vernetzung von Maschinen, aber auch von Produkten Arbeitsschritte wie die Auftragserteilung, die Produktion sowie die Wartung weitgehend automatisiert ablaufen sollen.

Internationalisierungstrategie (Unternehmen)
Planvolles Vorgehen eines Unternehmens, wirtschaftlich im Ausland tätig zu werden. Zu unterscheiden sind dabei erstens der Export, zweitens der Aufbau von Vertragsbeziehungen zu anderen Unternehmen im Ausland, ohne dabei selbst Betriebsstätten im Ausland zu unterhalten (z. B. Franchising), und drittens die [→] Direktinvestitionen.

Kostenvorteile
theoretische Grundlage der [→] (internationalen) Arbeitsteilung und des [→] Freihandelsleitbildes. Kann in einem Land A ein Gut (auch: Dienstleistung) kostengünstiger hergestellt werden als in einem anderen Land B, so besitzt das Land A einen absoluten Kostenvorteil. Nach Adam Smith sollte Land A diejenigen Güter exportieren, bei denen es absolute Kostenvorteile besitzt und dort, wo Kostennachteile bestehen, Import betreiben. Nach David Ricardo ist auch für den Fall, dass Land B alle Güter mit absoluten Kostennachteilen produziert, Handel sinnvoll, wenn es sich auf das Produkt mit den niedrigsten Opportunitätskosten [→] spezialisiert und so komparative Kostenvorteile realisiert.

Liberalisierung
Schaffung bzw. Gewährung von wirtschaftlichen Freiheiten (Wirtschaftsliberalismus). Im Außenhandel durch den Abbau von [→] Handelshemmnissen in den Bereichen des grenzüberschreitenden Waren-, Dienstleistungs- und Kapitalverkehrs.

Lieferkette, Liefernetz
(auch: *supply chain*) Volkswirtschaftliche Modellvorstellung, die die Schritte eines Gutes bzw. den gesamten Produktions- und Verteilungsprozesses von der Rohstoffgewinnung bis zum Endkonsumenten darstellt; heute ist auch vielfach von Liefernetzen (*supply network*) die Rede.

Normalarbeitsverhältnis (siehe auch: Beschäftigung, atypische)
Ideal eines sozialrechtlich umfassend abgesicherten (hoher Kündigungsschutz, soziale Sicherung, Urlaubsanspruch, betriebliche Mitbestimmung) und hinsichtlich des Einkommens „auskömmlichen“ Beschäftigungsverhältnisses, das in Vollzeit ausgeübt wird. Dieses ist bzw. war für die Beschäftigung von Facharbeiter:innen in der

deutschen Automobil-, Maschinenbau- und Chemieindustrie bis heute prägend.

Prekäre Beschäftigung
Ein Beschäftigungsverhältnis, das aufgrund seiner „atypischen" Vertragsstrukturen (→ atypische Beschäftigung, Normalarbeitsverhältnis) und – damit zusammenhängend – einem geringen Einkommen zu sehr unsicheren Lebensverhältnissen und Zukunftsperspektiven der Betroffenen führt.

Produktionsstruktur
Wirtschaftsstatistische Größe, die den gesamten Produktionswert einer Volkswirtschaft und dessen Verteilung auf unterschiedliche Branchen bzw. Wirtschaftssektoren (→ Drei-Sektoren-Hypothese) erfasst.

Produktivität
Mengenmäßiges Verhältnis zwischen produzierten Gütern (Waren, Dienstleistungen) und dem dafür aufgebrachten Einsatz an Arbeit bzw. Kapital. Arbeitsproduktivität ist die mengenmäßige Relation zwischen aufgewandter Arbeit und erzeugten Gütern, Kapitalproduktivität das quantitative Verhältnis zwischen eingesetztem Kapital (Abnutzung von Maschinen, Gebäuden, Fahrzeugen...) und produzierten Gütern.

Protektionismus
(engl. *to protect:* schützen) Staatliche Eingriffe zum Schutz der eigenen Wirtschaft im Ganzen oder einzelner Branchen vor ausländischer Konkurrenz, z. B. um Arbeitsplätze zu erhalten oder noch nicht wettbewerbsfähige Industriezweige (sog. *infant industries*) zu schützen. Protektionistische Maßnahmen sind alle Arten von [→] Handelshemmnissen, die die Einfuhr von Gütern oder Dienstleistungen zeitlich und/oder preislich erschweren. Protektionismus steht im Gegensatz zum Leitbild des [→] Freihandels.

Regulierung, siehe: Deregulierung

Spezialisierung
Bei der Spezialisierung im Bereich des Außenhandels konzentrieren sich Länder auf die Produktion von Waren und Dienstleistungen, bei denen sie [→] Kostenvorteile besitzen. Spezialisierung findet hier zwischen Volkswirtschaften statt, existiert aber genauso innerhalb von Volkswirtschaften zwischen den Unternehmen sowie unternehmensintern. Als Folge bildet sich eine (internationale) Arbeitsteilung heraus. Vorteile der Spezialisierung liegen v. a. in der erhöhten [→] Produktivität.

Standortfaktoren
Wesentliche Entscheidungskriterien für Unternehmen, sich zwischen Alternativen für einen (neuen, zusätzlichen) Standort für Betriebsstätten zu entscheiden. Bei der Standort-Abwägung werden die Kriterien von der Unternehmensführung gewichtet bzw. priorisiert. Diese Gewichtung hängt u. a. davon ab, wofür der Standort bestimmt ist (z. B. kapitalintensive Entwicklung von Produkten, arbeitsintensive Produktion, Vertrieb an Kund:innen etc.). Staaten bzw. Regionen versuchen, relevante Standortbedingungen positiv zu beeinflussen, um die Ansiedlung von Wirtschaftsunternehmen wahrscheinlicher zu machen.

Subventionen
(von lat. *subvenire*: zu Hilfe kommen) zweckgebundene Transferzahlungen des Staates an Wirtschaftszweige (z. B. Landwirtschaft) oder Unternehmen. Die Hilfen sind befristet (unterschiedliche Laufzeiten) und können in Form von Direktzahlungen oder indirekt als Steuererleichterungen gewährt werden.

Vereinte Nationen
(auch: Organisation der Vereinten Nationen; engl. *United Nations Organization, UNO*), 1949 gegründete, mittlerweile 193 Mitglieder umfassende Weltorganisation. Die UNO engagiert sich zusammen mit den Mitgliedstaaten und anderen Akteuren in den Bereichen Frieden und Sicherheit,

Menschenrechte sowie nachhaltige Entwicklung. Zu den Aufgaben der UNO gehört auch die Förderung der internationalen Zusammenarbeit.

Weltgesundheitsorganisation
(engl. *World Health Organization, WHO*) Sonderorganisation der Vereinten Nationen, die für Gesundheitspolitik zuständig ist. Ziel der Organisation ist das Verwirklichen des bestmöglichen Gesundheitsniveaus bei allen Menschen. Zu ihren Aufgaben gehört die weltweite Koordination von nationalen und internationalen Aktivitäten beim Kampf gegen übertragbare Krankheiten.

Wertschöpfungskette
(auch engl.: *value chain*) In den 1980er Jahren von Michael J. Porter entwickelte betriebswirtschaftliche Modellvorstellung, wonach die Tätigkeit in einem Unternehmen durch (mindestens) die drei miteinander verbundenen Prozesse Beschaffung (von Rohstoffen bzw. Vorprodukten), Produktion und Vertrieb gekennzeichnet ist. In allen drei Prozessen würden Werte geschaffen und Ressourcen eingesetzt. In Unternehmen dient das Modell u. a. dazu, Teilprozesse besser miteinander zu verzahnen und eventuell ineffiziente Elemente zu identifizieren und zu optimieren.

Ziele für nachhaltige Entwicklung
(engl. *Sustainable Development Goals, SDGs*) Politische Zielsetzung der Vereinten Nationen, die weltweit der Sicherung einer nachhaltigen Entwicklung dienen soll. Die insgesamt 17 Ziele beziehen sich auf die ökonomische, die soziale sowie die ökologische Dimension der Nachhaltigkeit. Sie richten sich an die Regierungen weltweit, aber auch an die Zivilgesellschaft, die Privatwirtschaft und die Wissenschaft.

Register

Die zentrale Fundstelle eines Begriffs ist **fett** gedruckt.

Bildnachweis

Alamy Stock Photo / Pictorial Press Ltd – S. 107; © Amnesty International / Rüdiger Fandler – S. 144; Avaaz / OLIVIER MATTHYS – S. 54; Baaske Cartoons / Thomas Plaßmann – S. 164; BDA – S. 37; Bergmoser + Höller Verlag, Aachen – S. 136; BÜNDNIS 90 / DIE GRÜNEN / © Urban Zintel – S. 87; Paolo Calleri, Ulm – S. 91, 157; Noemí del Val – S. 88, 93; DER SPIEGEL, 26.02.2021 / Bernd Riedmann – S. 142; Deutscher Bundestag / Achim Melde – S. 34, 134; DGB – S. 36; DIHK / Werner Schuering – S. 87; © 2016 Econ Verlag in der Ullstein Buchverlage GmbH, Berlin – S. 76; Fair Wear Foundation – S. 84; Fotolia / Daniel Ernst – S. 189; Fotolia / Friedrich Hartl – S. 150; Getty Images Plus / iStockphoto, amixstudio – S. 124; - / iStockphoto, AndreaObzerova – S. 169; - / iStockphoto, Leonid Andronov – S. 113; - / iStockphoto, bernardbodo – S. 96; - / iStockphoto, Bet_Noire – S. 81; - / iStockphoto, fotokostic – S. 91; - / iStockphoto, gorodenkoff – S. 10; - / iStockphoto, gpointstudio – S. 124; - / iStockphoto, kzenon – S. 10; - / iStockphoto, max-kegfire – S. 96; - / iStockphoto, monkeybusinessimages – S. 125; - / iStockphoto, philipimage – S. 170; - / iStockphoto, UberImages – S. 125; - / iStockphoto, udovichenko – S. 50; - / iStockphoto, Zelfit – S. 100; Humboldt-Universität / Juergen-Bauer.com – S. 40; IfW Kiel, G. Felbermayr/V. Stamer – S. 115 (2); imago images / CommonLens – S. 10; - / Ikon Images, Thomas Kuhlenbeck – S. 130; - / Kraft – S. 98; - / Jule Roehr – S. 88; - / Schöning – S. 180; - / snapshot-photography, M.Czapski – S. 82; iStockphoto / imaginima – Cover; Leibniz Universität Hannover / Marie-Luise Kolb – S. 177; © Sebastian Lörscher, www.sebastian-loerscher.de, Berlin – S. 128; Mauritius Images / Alamy Stock Photo, Classic Image – S. 108; - / Alamy Stock Photo, JENYA – S. 139; - / Alamy Stock Photo, Pacific Press Agency – S. 135; - / Collection Christophel, Charles Chaplin Productions – S. 163; picture-alliance / Uwe Anspach – S. 184; - / ASSOCIATED PRESS, © Maxar Technologies – S. 104; - / dpa-infografik GmbH – S. 112; - / K M Asad – S. 83; - / Hans Lucas, Valeria Mongelli – S. 118; - / Sven Simon, FrankHoermann – S. 10; - / SZ Photo, Manfred Neubauer – S. 88; Shutterstock / Danyomyte – S. 16; - / Drop of Light – S. 134; - / Alexandros Michailidis – S. 138; Statista GmbH, Hamburg – S. 116; Statistisches Bundesamt (Destatis) – S. 79; Symrise – S. 64, 65 (2), 67; toonpool.com / Timo Essner – S. 155; United Nations – S. 151, 152.

Mediencodes
C.C. Buchner Verlag, Bamberg – S. 43; www.wikimedia.org / Karl Martin Bolte – S. 43.